皖籍思想家文库

刘飞跃 主编

刘安 卷

LIU AN JUAN

陈广忠 著

时代出版传媒股份有限公司
安徽人民出版社

图书在版编目(CIP)数据

刘安卷/陈广忠著.—合肥:安徽人民出版社,2019.9

(皖籍思想家文库/刘飞跃主编)

ISBN 978－7－212－10646－1

Ⅰ.①皖… Ⅱ.①刘… ②陈… Ⅲ.①刘安(前179—前122)—思想评论 Ⅳ.①C ②B234.4

中国版本图书馆 CIP 数据核字(2019)第 189173 号

皖籍思想家文库·刘安卷

刘飞跃 主编 陈广忠 著

出 版 人:徐 敏   责任印制:董 亮
责任编辑:郑世彦   装帧设计:陈 爽

出版发行:时代出版传媒股份有限公司 http://www.press-mart.com
         安徽人民出版社 http://www.ahpeople.com
地   址:合肥市政务文化新区翡翠路 1118 号出版传媒广场八楼 邮编:230071
电   话:0551－63533258 0551－63533292(传真)
印   刷:安徽新华印刷股份有限公司

开本:710mm×1010mm   1/16   印张:24.75   字数:400 千
版次:2019 年 9 月第 1 版   2019 年 9 月第 1 次印刷

ISBN 978－7－212－10646－1   定价:62.00 元

绪　论

安徽这片文化沃土，自古就广袤而绵延。她山水秀丽、历史神奇、文化丰厚，先后孕育了道家哲学、建安文学、魏晋玄学、新安理学、徽派朴学、桐城文学、现代新学等，诞生了许多享誉中外的思想家，他们在中国思想发展史上，乃至世界文明史上，都产生过重大的影响，具有独特的思想文化价值。

安徽省委省政府、省委宣传部及学界，历来十分重视安徽的地域性文化研究、文化宣传和文化建设，提出了"文化强省"的战略，在打造"文化安徽"品牌、努力让安徽文化"走出去"、为提升我国的文化软实力和人类精神文明建设服务的同时，也扩大了安徽文化的对外影响。如已经出版的"徽学丛书""安徽文化精要丛书"及《安徽文化史》《安徽历史名人辞典》《朱子全书》《方以智全集》《戴震全书》《朱光潜全集》等。这些分别从安徽文化发展史和安徽个别思想家的角度，进行了开拓性的研究和整理，但是集中展示"皖籍"思想家的思想、文化及其研究成果的文献还没有。

"皖籍思想家文库"则填补了这方面的一个空白。

"皖籍思想家文库"首次较为广泛、系统、集中地展现了两千多年来"皖籍"思想家的思想原貌、文化精髓和研究水平，是一个思想长廊，是"文化安徽"的底蕴体现和实现"文化强省"目标的战略举措，也是安徽对外宣传的重大文化品牌，展示了安徽文化自信的源来，更为主要的是落实了习近平总书记系列讲话精神——传统文化是独特的战略资源，是最深厚的文化软实力；中华优秀传统文化是中华民族的精神命脉，是涵养社会主义核心价值观的重要源泉，也是我们在世界文化激荡中站稳脚跟的坚实根基；要认真汲取其中的思想精华，深入挖掘和阐发其"讲仁爱，重民本，守诚信，崇正义，尚和合，求大同"的时代价值。

"皖籍思想家文库"从政治、经济、文化、教育、哲学、美学、宗教、军事等方面，从众多皖籍思想家中选择了管子、老子、庄子、刘安（《淮南子》）、曹操、嵇康、陈抟、朱熹、朱元璋、方以智、戴震、王茂荫、李鸿章、陈撄宁、陈独秀、陶行知、胡适、朱光潜、宗白华、方东美、王稼祥、赵朴初等22位自先秦至近现代在我国思想史上有重大影响和代表性的"皖籍"思想家，以"文化皖军"方阵的形式，从思想研究"本论"和思想原典"文选"两个方面加以整理、研究，既呈现了其经典的思想，又展示了其研究的水平，使资料性、学术性、现代性得以统一，实现了对优秀传统文化的创造性转化、创新性发展。

这也是本文库的两大特色。

"皖籍思想家文库"所谓的"皖籍"，包括祖籍或本籍在皖。如淮南王刘安，其祖籍为江苏沛县，但刘安一生都在淮南，属于本籍在皖；朱熹是福建人，但他的祖籍为当时的徽州婺源，属于祖籍在皖；宗白华的祖籍是江苏常熟，但是他出生及幼年都在安徽安庆市，属于曾经本籍在皖。

"皖籍思想家文库"由安徽省社会科学院组织本院哲学、史学、文学、经济学、社会学等方面的专家学者负责指导、编撰，并特邀部分省内，乃至全国"皖籍"思想家研究方面的专家学者参与，如《老子》研究专家华中师范大学刘固盛教授，《淮南子》研究专家安徽大学陈广忠教授，宗白华研究专家首都师范大学王德胜教授，陈独秀研究专家安庆师范大学朱洪教授，胡适研究专家安徽大学陆发春教授，方以智研究专家陶清研究员，方东美研究专家余秉颐研究员，朱光潜研究专家钱念孙研究员，管子研究专家安徽省管子研究会龚武先生，曹操研究专家亳州市文化与旅游局赵威先生，陈抟研究专家亳州市陈抟研究会修功军先生，王茂荫研究专家黄山市社会科学联合会陈平民先生，王稼祥研究专家中共安徽省委党史研究室施昌旺先生等。

"皖籍思想家文库"是 2017—2018 年度中共安徽省委宣传部重大文化建设项目，共 22 册，包括《管子卷》《老子卷》《庄子卷》《刘安卷〈淮南子〉》《曹操卷》《嵇康卷》《陈抟卷》《朱熹卷》《朱元璋卷》《王茂荫卷》《方以智卷》《戴震卷》《李鸿章卷》《陈独秀卷》《陈撄宁卷》《陶行知卷》《胡适卷》《朱光潜卷》《宗白华卷》《方东美卷》《王稼祥卷》《赵朴初卷》等，每册 25 万～30 万字，包含"本论"和"文选"两部分内容，其中思想家思想研究"本论"部分 5 万～10 万字，思想家思想选录"文选"部分 20 万字以内，共约 550 万字。

由于时间仓促、课题容量限制，还有一些重要的皖籍思想家，如桓谭、杨行密、包拯、刘铭传、杨文会等，本辑未能收录，期待续集纳入。

"皖籍思想家文库"的申报、编撰、审阅、出版，分别得到中共安徽省委宣传部的主要领导及安徽省社会科学院、安徽人民出版社有关专家学者及编委和多位编辑的大力支持。

在此，表示衷心的感谢！

书中如有不妥不当之处，敬请读者朋友批评指正。

刘飞跃

2018 年 12 月

绪
论

目　录

附录 《淮南子》/ 142

前　言

中国近代著名学者梁启超（1873—1929）在《中国近三百年学术史》中说："《淮南鸿烈》为西汉道家言之渊府，其书博大而有条贯，汉人著述第一流也。"

梁先生说得很明白：《淮南子》的思想主旨属于"道家"；《淮南子》的内容极其"博大"；《淮南子》属于汉代"第一流"的著作。可知梁启超对《淮南子》的思想倾向、内容和结构、价值和影响，都做了非常准确的评价，奠定了我们认识《淮南子》的基础。

中国传世文献大约有十万种。《淮南子》获得梁氏的高度赞扬，我想，主要体现在它有三个方面的创新：

第一，文化创新。西汉前期，天下一统，文化复苏，科技兴盛。在东汉班固（32—92）的《汉书》中，就记载了署名"刘安"的15篇（部）著作。

《汉书·淮南衡山济北王传》记载："（刘安）招致宾客方术之士数千人，作为《内书》二十一篇，《外书》甚众；又有《中篇》八卷，言神仙黄白之术，亦二十余万言。"其他还有："初，安入朝，献《颂德》及《长安都国颂》"，"使为《离骚传》，旦受诏，日食时上。"《汉书·严朱吾丘主父徐严终王贾传》中收有上书《谏伐南越书》。《汉书·楚元王传》中有《枕中鸿宝苑秘书》。记载在《汉书·艺文志》中的著述有："《淮南道训》二篇，《琴颂》，《淮南内》二十一篇，《淮南外》三十三篇，《淮南王赋》八十二篇，《淮南王群臣赋》

四十四篇,《淮南歌诗》四篇,《淮南王兵法》,《淮南王杂子星》十九卷。"

这些著作,涉及《易》学、哲学、军事、文学、音乐、化学(炼丹术)、天文、养生、政治等众多门类,简直就是一部西汉初期的百科全书。而其中的许多篇章,都是文化创新的产物。

第二,思想创新。汉初七十年间,黄老道家思想占主导地位。但是儒家、兵家、法家、阴阳家、农家等各家学说,竞相争鸣。治国安邦,各显其能;百花绽放,争奇斗艳。而被当代学者胡适(1891—1962)称为"绝代奇书"的《淮南子》,便在时代大潮中应运而生。

《淮南子》以其独特的思想体系和不同流俗的谋篇布局,引起了朝野的极大关注。两汉年间,收藏、阅读、评价、参考、研究、记载《淮南子》的人物有:汉武帝、刘向、刘歆、班固、扬雄、王充、许慎、马融、延笃、卢植、高诱、应劭等人。除了汉武帝外,其他皆为汉代高官和学者。这种现象,在历代是绝无仅有的。其中许慎《淮南间诂》,高诱《淮南子注》,皆为传世最早的版本。

《淮南子》博大和精深的内涵,集先秦和汉初道家思想之大成,继承和发展了《老子》的"道"论,直接开启了王充的元气自然论和王弼的本体论思想;它在中国历史上第一个系统地阐述了宇宙生成论及其范式,并且影响中国学术史达两千年之久;它吸取了先秦人本主义思潮的精华,总结了秦汉黄老"无为而治"的历史经验,构建了一种倡扬主体意识、肯定主体地位和作用,与董仲舒的君主集权专制理论不同的政治哲学;它尊重人格独立,阐述了一种兼容豁达、既务实而又超脱的人生哲学;它克服了《老子》对直觉的偏执,重视理性思辨与感性直观的统一相思维模式;它以唯物的发展的眼光考察历史,得出了许多接近于唯物史观的朴素观点,并提出了一系列治国安邦的经济之策。总之,《淮南子》比《老子》更系统,比《论语》《孟子》更深刻,比《墨子》更全面,比《庄子》更现实。有鉴于此,梁氏才有"汉人著述中第一流"的感慨。

第三，科技创新。《淮南子·要略》中说："若刘氏之书，观天地之象，通古今之事，权事而立事，度形而施宜。"在"刘氏之书"建立的"天人合一"的理论构架中，把研究"天地"万事万物的规律，作为重要的内容。为此书中专门设立了《天文训》和《地形训》，谈"天"说"地"，并且涉及众多的科学领域。

比如，对天文学的研究中，就涉及二十四节气与北斗、二十八宿与分野、五星与岁星纪年、干支纪年与闰年、十六段计时法、太阳黑子、彗星与地震、宇宙模式与盖天说、宇宙起源论、五行与阴阳学说等。其中二十节气的第一次科学完整的记载，就出自《淮南子·天文训》："两维之间九十一度十六分度之五，而（升）〔斗〕日行一度，十五日为一节，以生二十四时之变。斗指子则冬至……"《淮南子》中用北斗斗柄旋转的方向和度数，确立了二十四节气的历法体系。汉武帝太初元年（前104年）把二十四节气列入太初历之中，至今已有两千多年。其颁行全国，影响亚州，传遍世界。2016年11月30日，联合国教科文组织把中国申报的"二十四节气"，列入"非遗名录"。这项中国古代的伟大发明创造，成为世界的宝贵财富。

淮南王和门客对太阳能的研究利用，堪称一绝。《淮南万毕术》中记载："削冰令圆，举以向日，以艾承其影，则火生。"把坚冰打磨成凸透镜的形状，对着太阳，能够聚焦成影；把艾叶放在后面，就能使它燃烧。水、火不相容。制成冰透镜后，却能得到火而冰不融化。这真是巧夺天工的创造。

中国豆腐，名扬天下。而它的发明者，就是淮南王刘安。刘安研发豆腐的最早记载，出自南北朝时梁代谢绰的《宋拾遗录》："豆腐之术，三代前后未闻。此物至汉淮南王亦始传其术于世。"（清）李兆洛撰《凤台县志》卷二、（清）陈元龙撰《格致镜原》卷二十四等，都引述了《宋拾遗录》的记载。（明）李时珍（1518—1593）《本草纲目》等40多种古代文献，记述了刘安发明"豆腐"，以及食疗、养生等内容。

　　淮南王刘安在汉武帝建元二年（前139年）把《淮南子》献给皇帝，至今已经两千多年。朝代更替，沧海桑田；风云激荡，大浪淘沙。"汉人著述第一流"的《淮南子》，历经狂风骤雨的洗礼，愈发挺拔于中国文化学术之林。

　　《淮南子》从历史的视野和哲学的高度，对秦朝统治的短暂灭亡以及汉初治政的得失，进行了深层的剖析，提出了以道家的自然天道观为主旨，集法家的进步历史观、儒家的仁政学说、阴阳家的阴阳变化理论、墨家的献身精神等为一体，兼收并蓄，扬长弃短，而建立了一整套新的治国理论体系。但是，这种较为宽容而明智、崇尚主体意识和自由精神的治国方略，随着汉武帝建元元年（前140年）"独尊儒术"文化和思想政策的出台，必然为当时的封建统治者所不容。淮南王刘安在内外矛盾的交织中被迫自杀，这部闪烁着煌煌光辉的学术巨著，也被儒家打入了冷宫。虽然历代学者对其孜孜不倦地进行了整理和研究，但是始终未能在中华思想和学术史上赋予其应有的地位。

　　在中华传统优秀文化日益兴盛、中外文化交流日渐频繁的今天，作为中国古代思想文化支柱之一的道家，及其黄老道家的精品之作《淮南子》，引起了中外学术界的极大兴趣。《淮南子》展现给我们的，是一座无穷无尽的智慧宝库，值得我们奋力开拓。唯其如此，方能洗去历史的污秽，再现其芬芳的光彩。

第一章　刘安生平与著述

第一节　刘安的生平

西汉初期的淮南国，是在楚、汉战争的刀光剑影中诞生的。陈胜（？—前208）起义吹响了反秦斗争的号角，沛县刘邦（前256—前195）、吴郡项羽（前232—前202）、六安英布（？—前196）等，都被卷进了反秦的狂风暴雨之中。

淮南国与淮南王

英布，一位大名鼎鼎的反秦英雄。英布功劳卓著，被楚怀王熊心（？—前206）封为"当阳君"。英布率兵攻破函谷关，占领秦都咸阳。前206年，项羽分封十八路诸侯时，便封英布为九江王，领有九江、庐江两郡，辖十四县，建都于"六"。

英布是一个很有头脑的诸侯王。受封九江王之后，他看到西楚霸王项羽施政逐渐不得人心，就对项羽疏远起来。就在这时，汉王刘邦采纳军师张良（前250—前186）的建议，派谋士随何策反英布。随何说以利害，指出只有归汉才是英布的唯一出路。汉高祖六年（前201年），刘邦剖符封英布为淮南王，仍都"六"，拥有九江、庐江、衡山、豫章四郡，共38万户，近177万人，辖县56个。从汉王四年（前203年）英布受封，到汉高祖十一年（前193年）的七个年头里，汉朝皇帝刘邦和淮南王英布相安无事。

恰好这时英布的宠妃与中大夫贲赫有来往，宠妃希望给贲赫以重用。此事引起英布的怀疑，贲赫逃奔长安，诬告英布"谋反"。英布便杀了贲赫全家，举兵造反。汉高祖十二年（前195年），刘邦率兵征讨，被流矢射中，没有几个月便死了。而英布作战失利，逃归长沙哀王吴臣（？—前193），遭到惨杀。也可以说，刘邦、英布同归于尽。

这便是第一位淮南王英布的始末。

早在高祖八年（前199年），刘邦率军打击投靠匈奴的韩王信（？—前196），路过自己的女婿、赵王张敖（前241—前182）的赵国东垣（今河北石家庄市东）。张敖把赵美人献给老丈人刘邦，幸而有身。高祖九年（前198）十二月，赵相贯高谋害刘邦之事被仇家告发，高祖下令逮捕赵王、贯高等。

当年侍奉高祖的赵美人，也被押往京师。她便对狱吏说："我曾得幸皇帝，现在已有身孕。"狱吏火速报告皇帝，刘邦没有理睬。赵美人便让弟弟赵兼，托吕太后的嬖幸审食其（？—前177），给予搭救。吕后得知，恨得咬牙切齿。审食其也不愿帮忙讲话。赵美人生下皇子，竟无人理睬，便吞金自杀。刘邦颇为后悔，便命吕后抚养，而把赵美人葬在娘家真定（今河北正定），并把孩子取名刘长（前198—前174），立为淮南王，统治英布故地，建都寿春（今安徽寿县一带）。可知这位淮南王来到人世间，也充满了悲凉和辛酸。

刘长不到20岁时，身材魁梧，力能扛鼎。汉文帝前三年（前177年），年已23岁的刘长，进京朝拜皇帝。一次打猎归来，经过左丞相辟阳侯审食其府第。刘长从袖中取出铁锥，照着辟阳侯就是一锥，审食其当场毙命。

刘长驱车来到皇宫门前，袒露上身，伏阙请罪。他说："我的妈妈和谋刺皇上没有任何关系，当时辟阳侯知道这件事，而且最有力量说动吕后，他不肯尽力，见死不救，这是罪责之一。赵王如意母子无罪，吕后害死他们，辟阳侯不加制止，这是罪二。吕后大封诸吕，危害刘氏，辟阳侯不加反对，这是罪三。我为天下诛杀贼臣审食其，并为母亲报仇，谨伏阙下请罪。"刘长说出这番道理，汉文帝听了，事事在理，同情他为母亲报仇，而且又是亲兄弟，就赦免了他。

这个青年王子亵渎皇权、先斩后奏的举动，震惊了朝野。《史记·淮南衡山列传》中说："这时，自薄太后及太子、诸大臣都畏惧他。"他们认为，刘长已经严重威胁到皇权。如果不除，后患无穷。因此，汉文帝采取了一系列行动。首先，派人到淮南国秘密刺探刘长的行止。其次，罗织一大堆"莫须有"的罪名，汉文帝命令自己的亲舅爷车骑将军薄昭，给淮南王刘长写了一封信，对他进行劝谏。三是借周公诛管叔鲜、蔡叔度，齐桓公杀弟，秦皇杀两弟，来警告刘长，下场将也是这样。四是让刘长尽早"上书谢罪"，"王若不改，汉击大王邸"。再次，让43名朝廷重臣联名上书弹劾刘长，并要求把他"弃市"。再次，说刘长要"谋反"。最后，汉文帝接受了"弹劾文书"，宣布废除刘长"王"的封号，将其发配到严道县（今四川荥经县）邛崃山邮舍安置。

刚烈的刘长，不堪忍受凌辱，在囚车里绝食而死。直到陕西雍县（今陕西凤翔南），县令打开囚车封条，才把死讯报告皇帝。刘长时年25岁，为王23年。

隔了几年，老百姓为汉文帝杀害刘长作了一首歌，司马迁把它记载在《史记》中：

一尺布，尚可缝；一斗粟，尚可舂；兄弟二人不能相容。

汉文帝除掉了淮南王刘长，刘邦的8个儿子中，只有他刘恒还活在人间，还有谁来威胁他的皇位呢？

这是第二位淮南王的悲惨结局。

刘长死后，汉文帝十一年（前168年），城阳王刘喜（？—前144）被改封为淮南王，为王4年。

刘安冤案

刘长死后，留下了四个儿子：刘安、刘勃、刘赐、刘良，这时他们都还不到10岁。汉文帝执政的第八年（前172年），将这四个孤苦伶仃的孩子，分别封为阜陵侯、安阳侯、阳周侯、东城侯。

隔了八年，汉文帝十六年（前164年）四月，淮南国部分地区被一分为三，长子刘安袭封为淮南王，仍都寿春；老二刘勃为衡山王；老三刘赐为庐江王。当时刘安的淮南国辖15个县，辖境相当于今安徽淮河以南，巢湖、肥西以北，凤阳、滁县以西，河南唐河以东，拥有江淮之间的部分地区。

淮南王刘安（前179—前122）学识渊博，才思敏捷。《史记·淮南衡山列传》中说："淮南王为人好读书鼓琴，不喜弋猎狗马驰骋。"而这样一位饱学的知识分子，却被加以"谋反"之名，也步其祖母、父亲的后尘，自杀而死。

刘安16岁被封为淮南王，到汉武帝元狩元年十月（前122年）自杀，其间经历文、景、武三个皇帝，为王43年，享年58岁。

在刘安为王的日子里，曾经在淮南国七年朝拜过汉文帝，十三、十九年朝见过景帝，二十六年朝见过汉武帝（武帝即位第二年），在相当长的时间里，这位一介书生的侯王，同父辈、兄弟辈、叔侄辈的皇帝之间，均相安无事，表面上未见有任何不愉快的事儿发生。但是，最终却以"谋反"自杀，这到底是什么原因呢？

原因之一：汉武帝独尊儒术的政治思想与刘安黄老道家思想之间的矛盾。

汉初七十年实行的是以黄老道家思想为主，兼收并蓄的"无为而治"的政策。而与刘安同时代，对文帝、景帝、武帝有重要影响的是汉文帝皇后窦猗房（？—前135），她经历3朝44年。这位窦太后对老子学说特别崇信。《史记·儒林列传》中说："太皇窦太后喜老子言，不说儒术。"在中国当时的第一家庭中，父子、母子、夫妇都尊崇黄老，实为罕见。这样就能很自然地把黄老思想推向全国，使其成为国家的统治思想。

汉武帝建元六年（前135年），窦太后去世。推行黄老政治的柱石倒塌，武帝摆脱了精神枷锁，从而大力推行儒家的神学专制思想。田蚡（？—前130）、公孙弘（前200—前121）等儒生，登上高位。此后，董仲舒（前179—前104）提出的"罢黜百家，独尊儒术"，就成为中国两千多年封建社会的主要统治思想。

《淮南子》中对儒家既有肯定，而更多的是批评。当然，《淮南子》成书于汉武帝即位之初，批儒不是针对汉武帝和董仲舒的，而是批判战国、秦汉之儒。

《淮南子》中批评儒家收买名誉，粉饰《诗》《书》；推行仁义道德，而自己都不能实行。《俶真训》中说：

> 周室衰而王道废，儒、墨乃始列道而议，分徒而讼。于是博学以疑圣，华诬以胁众，弦歌鼓舞，缘饰《诗》《书》，以买名誉于天下。繁登降之礼，饰绂冕之服，聚众不足以极其变，积财不足以赡其费。……孔、墨之弟子，皆以仁义之术教导于世，然而不免于儡，身犹不能行也，又况齐民乎？

儒生在执掌了大权之后，奉行黄老道家思想的刘安，遭到残酷的迫害和报复，就是很自然了。

原因之二：中央皇帝集权和地方诸侯王分权之间的矛盾。

汉代立国以后，中央政权同地方王国之间的关系一直比较紧张。在楚、汉战争中，刘邦为了分裂项羽的阵营，陆续封了八个异姓王：韩王信、赵王张耳、淮南王英布、楚王韩信、梁王彭越、燕王臧荼、长沙王吴芮、燕王卢绾。他们可以拥有军队、制定法令、设立官吏、自收赋税等。刘邦当了皇帝之后，便借口他们谋反，一个个加以剪灭。只有地小势弱的长沙王吴芮得以幸免。同时，大封同姓王。吕后专政时期，大杀刘邦之子，而立诸吕为王。汉文帝时则迫害死了淮南王刘长。

在汉武帝执政的54年中，仅在《汉书·武帝纪》中，记载的被杀、自杀的王族、丞相、御史大夫、将军就有二十多起。丞相中就有窦婴、李蔡、庄青翟、赵周、公孙贺、刘屈氂等6人，只有一个唯唯诺诺的石庆得以幸免。汉武帝除了对王侯、臣下大兴杀戮，对皇后、嫔妃及女儿，也充满了猜忌。在汉武帝时期，对后宫发动了四次残杀：一是陈皇后巫蛊事件；二是女儿诸邑公主、阳石公主与丞相公孙贺巫蛊事件；三是太子刘据、卫皇后巫蛊事件；四是惨杀汉昭帝刘弗陵之母钩弋夫人。可知，汉武帝的统治，充满了浓重的血腥味。

当然，中央政权与地方王国之间的争斗，也有因为矛盾激化，引起诸侯王谋图推翻中央政权的，吴、楚七国之乱便是。吴王刘濞（前216—前154）太子刘贤与皇太子刘启（即汉景帝）下棋争执，刘启竟砸死了刘贤。汉景帝二年（前155年），晁错（前200—前154）提出"削藩策"，终于酿成天下大乱。七国反叛，三月失败。淮南王刘安虽然没有起兵参战，但是已经被牵连，被说成"有意发兵响应"，成了被严密监视的对象。

在汉文帝朝生活了23年、汉景帝朝生活16年、汉武帝朝生活19年，对于"出身不好"的刘安，面临这样的险恶的环境，能不心惊胆战吗？

原因之三：宿敌谋害、酷吏治狱、儒生擅权。

酷吏张汤（？—前116），因治狱残酷而受到汉武帝青睐，由小吏升至御史大夫。《汉书·张汤传》中记载说：

> 及治淮南、衡山、江都反狱，皆穷根本。其治狱所巧排大臣以
> 为力功。

"巧"，指虚浮不实。"排"，指排挤、迫害。也就是说，他专门会用虚假的巧言，诋毁迫害他人，并置人于死地，并以此邀功。淮南王案被处死者竟达数万人，就是由张汤一手导演而酿成的。

对于张汤的胡作非为，博士狄山不畏权势，替淮南王讲了公道话。《史记·酷吏列传》中记载狄山斥责张汤说：

> 若御史大夫张汤乃诈忠。若汤之治淮南、江都，以深文痛诋
> 诸侯，别疏骨肉，使藩臣不自安。臣固知汤之为诈忠。

"深文"者，即苛细严酷之法律条文。"痛"者，"彻底"之义也。"诋"者，毁谤、污蔑之谓也。"深文痛诋"四字，对酷吏的阴险狡诈，以及这个冤案的实质，作了真实的记录。

儒生丞相公孙弘（前200—前121）也狠狠地踢了刘安一脚。《汉书·公孙弘传》中说：

> 后淮南、衡山谋反，治党与方急，弘病甚，自以为无功而封侯，居宰相位，宜佐明主填抚国家，使人由臣子之道。今诸侯有畔逆

之计，此大臣奉职不称也。恐病死无以塞责，乃上书。

刘安一案，还落到了他父辈的宿敌手里。《史记·淮南衡山列传》中记载：汉武帝得到淮南王之孙刘建的上书，命令廷尉处理这件事，廷尉又交给河南郡去审理。这时，被刘长椎杀的辟阳侯审食其的孙子审卿，与丞相公孙弘相善，怨恨淮南王刘长杀死了他的祖父，于是在公孙弘面前加以搆掇，公孙弘因此怀疑淮南王有叛逆的行为，便对此案深加究治。

这样，在酷吏张汤、儒生丞相公孙弘、宿敌审卿等的密谋策划下，迫害淮南王刘安的阴谋，终于得逞。

所谓"谋反"，有哪些罪状呢？

第一件，是关于汉武帝驾崩，当立淮南王事。图谋帝位，这是十恶不赦的大罪。把这个罪名加在淮南王刘安的头上，特别可笑。

《史记·淮南衡山列传》中说：

> 及建元二年，淮南王入朝。素善武安侯田蚡，武安侯时为太尉。
> 乃逆王霸上，与王语曰："方今上无太子，大王亲高帝孙，行仁义，
> 天下莫不闻。即宫车一日晏驾，非大王当立谁者！"淮南王大喜，
> 厚遗武安侯金财物。

这里的记载，不熟悉历史的人可能信以为真。实际上，这完全是诬蔑、不实之词。

其一，汉武帝即位时，年仅16岁。建元二年（前139年），汉武帝17岁，而刘安此时41岁。汉武帝正值青春气盛，田蚡有什么理由就能咬定汉武帝以后就没有儿子（武帝以后有六个儿子）呢？

恰巧就在建元二年的春三月上巳节，18岁的刘彻在大姐平阳公主家，得到歌女卫子夫（？—前91）。卫子夫得幸入宫，建元三年（前138年）怀孕，先后为汉武帝生下了三女一男。

其次，就算汉武帝一辈子没有儿子，他的老爹汉景帝共有14个儿子（刘彻排序第10），而且侄孙一辈的就更多了，怎么能轮到隔了两代和多层关系的叔爷辈的刘安，来侄终叔及呢？从汉初来看，都是父传子：刘邦与刘盈、刘恒与刘启，就是这样。我国从夏代开始，皇位直到商

周、秦汉，帝位继承都是父子相袭或兄终弟及，除了搞政变之外，从来没有侄终叔及的。

再次，田蚡是汉武帝生母王太后的亲弟弟，与武帝是甥舅至亲关系，作为长辈，怎么能对年仅17岁的皇帝外甥谈论"宫车晏驾"和接班人的问题呢？这与人物的身份是根本不相符的。对于学识渊博的刘安来说，连这些常识都不懂吗？可知《史记》所载田蚡的言论，是根本站不住脚的。

相似的内容，《史记·淮南衡山列传》还有记载：

> 元朔五年……王日夜与伍被、左吴等案舆地图，部署兵所出入。

> 王曰："上无太子，宫车即晏驾，廷臣必征胶西王，不即常山王，诸侯并争，吾可以无备乎！"

元朔五年（前124年），汉武帝的太子刘据已经5岁了。"上无太子"之词，显然是捏造罪状。

可以知道，所谓"谋反"当皇帝的罪证，完全是酷吏张汤之流"痛诋"的杰作。当然，如果司马迁对刘安没有偏见，那应当是太史公留下的一个"曲笔"。就是说，司马迁受了宫刑，处境艰难，只有曲折隐晦地表达吧！

第二件，《史记》所谓"阴结宾客，拊循百姓，为畔逆事"的问题。

淮南王重视人才，尊重知识，养士三千，这本是好事。《淮南子·要略》注中说：

> 安养士数千，高才者八人，苏非、李尚、左吴、陈由、伍被、毛周、雷被、晋昌，号曰"八公"也。

要说"为畔逆"，这是臆断之词。吴楚七国之乱时，淮南国门客中并无一人参战，也没有一个人为淮南王举旗造反的。

既然如此，刘安"养士数千"干什么？

其一，汉初距战国不远，养士之风尚存。战国四君子折节下士，唯才是用，常为王公贵族所倾倒。刘安所都之寿春，曾为春秋蔡国、战国楚国之都城，楚相春申君黄歇（前314—前238）曾养士三千。刘安效法春申，礼贤下士。否则，他的大批文化学术著作和科技成果，是不可能完成的。

刘安重视"士"人，充分发挥他们的聪明才智和学术专长，不是难能可贵的吗？

其二，招致宾客也是当时治理国家、安定天下形势的需要。汉高祖、惠帝时期，天下初定，便分封幼子到全国各地为王侯。其中同姓国辖地35郡，中央直接控制的地区只有15郡。中央政府要求各"郡国诸侯各务自拊循其民"（《史记·吴王濞列传》）。中央政府除了派遣丞相、太傅等主要官吏以外，御史大夫以下各级官吏，都由王国自己聘请和任命，中央政府并不加阻挠。各诸侯国的军政大权，实际控制在丞相手中，并规定没有中央虎符不得发兵。各国自征赋税，自铸货币，自行纪年，处于半独立状态。那些有头脑的王侯，便招请"士"人，参与管理。如河间献王刘德（汉武帝异母兄）、梁孝王刘武（汉景帝之弟）及淮南王刘安等人，它并非刘安的独创，而是当时振兴国家的需要。

不过，"养士数千"这一条，应是刘安被怀疑，乃至被控"谋反"的根本原因。在西汉初期，因为蓄养宾客而遭汉武帝处死的，不乏其例。汉武帝时两个外戚窦婴和田蚡不和，田蚡攻击窦婴"日夜招聚天下豪杰壮士议论，腹谤而心非，幸天下有变，而欲有大功"（《史记·魏其武安侯列传》），以致窦婴终被弃市。《汉书·卫将军骠骑列传》中说："自魏其、武安之厚宾客，天子常切齿。"可知汉武帝最忌恨的是结交豪杰，刘安当然在所难免了。

西汉皇帝欲除去他人，常冠以"谋反"之名。大将军韩信（？前231—前196）曾两次被夺兵符，进而削职，终以"谋反"之名，被吕后、萧何诱杀；丞相萧何（前257—前193），曾遭怀疑"谋反"，而被投入监狱；平定诸吕，迎立文帝的周勃（？—前169），以准备"谋反"而遭拘捕；扫平吴楚七国之乱的周亚夫（前199—前143），汉景帝以"莫须有"的罪名，诬他"谋反"，被逼而死。淮南王父子尽管与周氏父子及其他功臣遭遇不同，但被诬以"谋反"，却是一模一样的。

其三，从时代背景上看，当时诸侯王"谋反"没有可能。在汉景帝之前，各诸侯国尚有一定实力。吴楚七国叛乱之后，汉景帝改进王国制度，诸侯王的政权、军权全部被削去，成了象征性的国王。《汉书·诸侯王表》中说：

景遭七国之难，抑损诸侯，减黜其官。

景帝中元五年（前145年），令诸侯王不得复治国，天子为置吏。

汉武帝于元朔二年（前127年），采纳了主父偃（？—前126）的建议，实行"推恩法"，"藩国分析"。《史记·汉兴以来诸侯年表》中说："齐国分为七，赵分为六，梁分为五，淮南分为三。"

可知处于汉武帝执政18年之久的淮南王"谋反"案，是根本不可能发生的，而实际上也没有发生。退一步说，即使淮南王所有权力俱在，也不可能发生。刘安所居之地只是淮南王刘长的五分之一，人口是全国的1/76。弹丸之地，内有丞相控制，外有层层监视，怎么能兴师动众"谋反"呢？

所谓"谋反"的起因是怎样的？

第一，太子与门客之间的矛盾。在淮南王刘安55岁的时候，太子刘迁学习剑法，自认为天下无敌。他听说宫廷侍卫雷被是击剑高手，便召他比武。雷被不愿意，再三推辞，而太子不允许。结果交手没几下，太子便被雷被击中。雷被恐慌异常，便要求充军，出击匈奴。刘迁屡次在淮南王面前说雷被的坏话，于是淮南王便免去雷被的职务。雷被见凶多吉少，连夜潜逃长安，上书廷尉控告刘迁。结果皇帝削去淮南国2个县。这件事使为王已41年的淮南王忧心不已。

第二，太子与庶子的矛盾。在淮南王为王42年时，发生了太子刘迁和庶子刘不害争夺继承权的斗争。这件家族内部的矛盾，把淮南王刘安推上了绝路。

淮南王庶子刘不害，年纪最长。他的儿子叫刘建，高材而负气，父子俩埋怨待遇不公，因此便结交宾客，上书皇帝，想告倒太子，以便刘不害取而代之。诬告中说，太子迁"连夜会集宾客，潜议逆谋"，并说："建今尚在，尽可召问，一证虚实。"汉武帝接到诉状，就交给河南郡去处理。如狼似虎的官人，便气势汹汹地包围了淮南王宫。

第三，谋士伍被诬告，把刘安逼上绝境。从《史记·淮南王衡山列传》及《汉书·伍被传》中可以知道，伍被是首创和策划所谓"谋反"的人物。"伍被自诣吏，因告与淮南王谋反，反踪迹具如此"。伍被恶人先告状，向官吏诬告淮南王，并且大力称颂汉朝的美好，把自己打扮成一个主持正义的人物。他的诬告信，被司马迁收进了《史记》之中，给刘安身上覆盖了千古莫辨的迷雾。

这样，在淮南王室内部的儿孙之间、淮南王与门客之间、淮南国与中央政权之间、淮南王与父辈政敌之间等诸方面的矛盾得以总爆发，致使这位饱学的侯王，在58岁之时，便饮恨自杀了。这就是第四位淮南王的结局。

刘长、刘安父子为王66年。如果从英布算起，4位淮南王立国凡81年。

可以知道，在汉代刘氏政权的建立与巩固的过程中，淮南王英布、赵美人、刘长、刘安之死，不过是千万死于非命的代表而已。也就是说，他们是刘氏王朝的殉葬品，不过是历史发展长河中的小小涟漪。尽管如此，他们对建设淮南国所作出的贡献，尤其是淮南王刘安的文化创新、思想创新、科技创新，以及"绝代奇书"《淮南子》的传世，为中华文化树立了不朽的丰碑，留下了智慧的宝库，值得世人传承和弘扬。

第二节　刘安的著述

淮南王刘安博学多才，在文学、音乐、哲学、自然科学领域，多有建树。

刘安爱好"鼓琴"。在《汉书·艺文志》中，留下了淮南王所作《琴颂》这个篇名。

在汉武帝建元二年（前139年），41岁的刘安朝拜16岁的皇帝，献上新作《内篇》。对于二十余万言的鸿篇巨制，年轻的皇帝爱不释手，并命令皇室秘府把它珍藏起来。就是说，《淮南子》问世至今已经2159年了。

刘安在文学创作方面，擅长赋体和诗歌。东汉王逸（89？—158）在《楚辞·招隐士·序》中记载：

> 昔淮南王安博雅好古，招致天下俊伟之士，自八公之徒，咸慕其德而归其仁。各竭才智，著作篇章，分造辞赋。

在《汉书·艺文志》中，收有"淮南王赋八十三篇，淮南王群臣赋四十四篇"，可惜篇目和内容已经失传。在梁代萧统（501—531）编的《文选》中，收有刘安所作《招隐士》。在《古文苑》中，收有刘安的《屏风赋》，内容新奇，寓意深刻。

刘安的重要著作是《离骚传》，创作时间在汉武帝建元二年（前139年）。《史记·淮南衡山济北王传》中说："安入朝，使为《离骚传》，旦受诏，日食时上。"（唐）颜师古注："传，谓解说之。若《毛诗传》。"刘安作"传"，这是中国文学史上第一个评论《离骚》的文章，部分逸文保留在《史记·屈原贾生列传》中。

（宋）洪兴祖（1090—1155）《楚辞补注》收有东汉班固（32—92）所作的序言，其中说：

> 昔在孝武，博览古文。淮南王安叙《离骚传》，以《国风》好色而不淫，《小雅》怨诽而不乱，若《离骚》者，可谓兼之……推其志也，虽与日月争光可也。

刘安对《离骚》的主题意旨、创作特点、文体风格及屈原的道德情操，都做了精深的分析，两千一百年来研究《楚辞》的学者不胜枚举，或褒或贬。在褒扬者中，其主要观点都没有超出刘安之见解，可见其立论之精。

刘安在朝拜武帝时，还写了两篇颂体作品，一篇是歌功颂德的《颂德》，一篇是描写都城长安盛美的《长安都国颂》。

刘安在歌诗方面的创作，《汉书·艺文志》中载有"淮南王歌诗四篇"。此外，在《淮南子》中还有关于楚声民歌的记载："歌《采菱》，发《阳荷》。""欲美和者，始于《阳荷》《采菱》。"可惜这些诗歌已经失传。

刘安在《易》学研究方面成就突出。淮南王刘安聘请了九个通晓《易》学的专家,刘安称之为"九师",并写出了研究《易》学的两篇专著《淮南道训》。在《淮南子》中,明引《周易》有12条,暗引还有很多条。可知刘安对《易》学的精髓了如指掌,运用自如。比如:《淮南子·齐俗训》:

　　故《易》曰:"履霜,坚冰至。"

引文见于《周易·坤卦》,意思说:"踏着寒霜,冰雪时节就要到来。"

对《庄子》的研究,刘安也有专著传世。在(梁)萧统所编的《文选》中,(唐)李善注江文通《杂体诗》、谢灵运《入华子冈诗》、陶渊明《归去来辞》、任彦升《齐竟陵文宣王行状》等诗歌,都引用了刘安所著的《庄子略要》的文句:

　　江海之士,山谷之人,轻天下,细万物,而独往者也。

在张景阳的《七命》李善注中,还引用刘安《庄子后解》中的句子:

　　庚市子,圣人无欲者也。人有争财相斗者,庚市子毁玉于其间而斗者止。

可知刘安不仅精通《庄子》,还有两部研究《庄子》的著作,唐代还有传本。宋代以后,已经失传,无法窥知全貌了。

刘安笃志学术,爱贤如渴,各种高人,奉献技艺,使淮南国都成了文人荟萃的"稷下",许多学术著作应运而生。在《汉书·艺文志》中,记载的尚有《中篇》,也是二十余万言,研究的是神仙、黄白之术。而在《汉书·楚元王传》中记载:

　　上(即汉宣帝)复兴神仙方术之事,而淮南有《枕中鸿宝苑秘书》。书言神仙使鬼物为金之术,及邹衍《重道延命方》,世人莫见。而更生(刘向之字)父德,武帝时治淮南狱,得其书。

"黄白",即用化学方法从各种矿物质中提炼黄金、白银。西汉学者刘向(前77?—前6)根据书中的内容,去提炼黄金白银,可惜没有成功。可能《淮南中篇》与《枕中鸿宝苑秘书》,都是性质相近的著作。

传世的科学著作还有《淮南万毕术》，记载了大量的自然科学方面的知识。部分逸文保存在（宋）李昉等撰《太平御览》、（唐）徐坚撰《初学记》等类书中。比如《淮南万毕术》有古代女子避孕的记载：

> 守宫涂脐，妇人无子。取守宫一枚，置瓮中，及蛇衣，以新布密裹之，悬于阴处百日，治守宫蛇衣分等，以唾和之，涂妇人脐，磨令温，即无子矣。

这里的记载说明，在两千多年前，古人就在研究优生优育，而且经过实践检验，很有效验。这条资料，（晋）张华撰《博物志》、（宋）郑樵撰《通志》等，皆加以引述。

刘安其他著述还有：《汉书》本传有《淮南外》；《汉书·艺文志》"天文类"中有《淮南杂子星》19卷。载于《隋书·经籍志》的有《汉淮南王集》1卷，《淮南记》1卷，《淮南变化术》1卷，《淮南中经》4卷，《淮南八公相鹤经》2卷等。

淮南王刘安的"上书"保留1篇。汉武帝建元三年（前138年），闽越围攻东瓯，东瓯向朝廷告急。建元六年（前135年），闽越又举兵攻击南越。刘安给汉武帝上书，留下了《谏伐闽越文》，保存在《汉书·严助传》之中。

淮南王刘安及门客的著述，主要的就有20多种；历代史志中的记载还有很多，有的疑为伪托。从上面列举的篇名可以看出，淮南王刘安著述之丰富，涉猎之广泛，令人惊叹。

第二章　刘安的思想

第一节　《淮南子》成书

《淮南子》的写作时间，当在汉景帝中、后期；最后的定稿时间，当在汉武帝初年。《汉书·淮南衡山济北王传》中清楚地记载：

> 初，安入朝，献所作《内篇》，新出，上爱秘之。

> 招致宾客方术之士数千人，作为《内书》二十一篇。……亦
二十余万言。

"初"，指汉武帝建元二年（前139年）。《淮南子·览冥训》中又说：

> 逮至当今之时，天子在上位，持以道德，辅以仁义，近者献
其智，远者怀其德，拱揖指麾，而四海宾服，春秋冬夏，皆献其贡职，
天下混而为一，子孙相代，此五帝之所以迎天德也。高诱注："天
子，汉孝武皇帝。"

从汉武帝即位到刘安献书，中间相隔大约一年零九个月。按照常理推测，完成二十余万言的鸿篇巨制，不是短时间能够完成的。

关于书名，刘安自称为"刘氏之书"和"《鸿烈》"。在《淮南子·要略》中说：

> 若刘氏之书，观天地之象，通古今之变。故德行于内，治之大本，
此《鸿烈》之《泰族》也。

对于《鸿烈》的解释，目前有三家，各不相同。

东汉许慎（58？—149）在《淮南间诂》中说：

> 鸿，大也；烈，功也。凡二十篇，总谓《鸿烈》。

东汉晚期高诱在《淮南鸿烈解·叙》中说：

> 鸿，大也；烈，明也，所以大明道之言也。

清代庄逵吉（1760—1813）《校刊淮南子·序》中引证说：

> 《西京杂记》："安著《鸿烈》二十一篇。鸿，大也；烈，明也。言大明礼教。"

"鸿烈"的三种解释，许慎的意思是"大功"，高诱的观点是"大明道"，《西京杂记》说是"大明礼教"。"礼教"，指礼仪教化，其中的儒家思想成分较多，同《淮南子》的主旨不合。

《淮南子》的书名，高诱称为《淮南》《淮南记》。

高诱在《吕氏春秋·序》中说："诱正《孟子章句》，作《淮南》《孝经解》毕讫。"《淮南鸿烈解·叙》中说：

> 光禄大夫刘向校定撰具，名之曰《淮南》。

可知刘向校订群书，开始定名为《淮南》。但是并未称"子"。

高诱在《吕氏春秋·功名》注中又说：

> 《淮南记》曰："人甘，非正为蹠也，蹠而焉往。"

引文见于《淮南子·缪称训》："人之甘甘，非正为蹠也，而蹠焉往。"

班固《汉书·艺文志》中记载："《淮南内》二十一篇，《淮南外》三十三篇。"（唐）颜师古（581—645）注："《内篇》论道，《外篇》杂说。"

《隋书·经籍志》中记载：《淮南子》二十一卷，汉淮南王刘安撰，许慎注。《淮南子》二十一卷，高诱注。

《旧唐书·经籍志》载：《淮南鸿烈音》二卷，何诱撰。

（宋）郑樵撰《通志·艺文略》："《淮南鸿烈音》二卷。"

可知"刘氏之书"的名称众多，唐代始称《淮南子》《淮南鸿烈》，书名趋于统一。

《淮南子》成书背景是：《淮南子》总结了亡秦和汉初七十年治政的成败得失，汲取了春秋、战国以来诸子百家争鸣的思想成果，成为带有"总账式"的学术巨作，它只能产生在西汉前期这个多姿多彩的时代里。

属于黄老道家思想体系的《淮南子》，为什么成书在淮南国古都寿春，而不产生在通邑大都和儒墨之乡？

这是因为，淮水流域是中国道家的故乡。春秋时期道家创始人老子，出身于淮水支流涡河之畔。战国时代的道家旗手庄周，"蒙人也"，蒙城在涡河下流。

西汉时期，淮水流域的黄老政治家登上了政治舞台，施展了治国安邦的远大抱负。汉初第一任丞相萧何（？前257—前193），曾"以文无害为沛主吏掾"。第二任丞相曹参（？—前190）"其治要用黄老术，故相齐九年，齐国安集，大称贤相"。第三任丞相陈平（？—前178）"本好黄帝、老子之术"。军师张良（前250—前186），帮助刘邦平定天下后，"愿弃人间事，欲从赤松子游耳。乃学辟谷，道引轻身"。这些政治人物，大都信奉道家学说，并且将其作为治国的指导思想。淮南王刘安从中吸取黄老思想精华，并且将其升华到一定的理论高度，熔铸了时代精神的彪炳雄文《淮南子》便产生了。

《淮南子》的思想倾向，有"道家"和"杂家"之别。

高诱主"道家"。他在《淮南鸿烈解·序》中说：

> 其旨近《老子》，淡泊无为，蹈虚守静，出入经道。然其大较，归之于"道"。

班固在《汉书·艺文志》中，把《吕氏春秋》《淮南内》归入"杂家"。其小序中说：

> 杂家者流，盖出于议官。兼儒墨，合名法，知国体之有此，见王治之无不贯，此其所长也。

而在《史记·太史公自序》中，司马谈（前165—前110）"论六家要旨"之"道家"云：

> 道家使人精神专一，动合无形，赡足万物。其为术也，因阴

阳之大顺，采儒墨之善，撮名法之要，与时推移，应物变化，立

俗施事，无所不宜，指约而易操，事少而功多。

可知司马谈的"道家"——"采儒墨""撮名法"，与班固"杂家"——"兼儒墨，合名法"，竟完全相同。从司马谈的分类来看，"道家"的包容性，已经将"杂家"融入其中，没有必要再列一个"杂家"。它应该就是道家的一个分支。

可知《淮南子》的思想体系，以黄老道家为主，兼收并蓄，取长补短，撷取各家精华，用之于治国的理论和实践。应该说，这是由于治国的实际需要而形成的。这样看来，班固所说的"杂家"，是有鲜明的主题思想的，并不是所谓"拼凑而成的"，这也是对"杂家"的误解。

《淮南子》著作权属于刘安，这是从古至今无可非议的。《要略》中自称"刘氏之书"，就是最好的说明。但是，这样一部百家争鸣唯一殿后的巨作，涉及的领域如此宽广，肯定有一批门客参与创作。高诱《淮南鸿烈解·序》中说：

于是遂与苏飞、李尚、左吴、田由、雷被、毛被、伍被、晋

昌等八人，及诸儒大山、小山之徒，共讲论道德，总统仁义，而

著此书。

可知刘安门下有一个由各方面高手组成的写作和科研班子，而刘安则是总设计师，许多重要的章节和篇目，可能出自刘安手裁。

《淮南子》结构严谨，井然有序，体现了作者的匠心独运。全书共20篇，最后一篇名为《要略》，是作者的自序和提要。

在《要略》中，刘安对这部书的编纂目的、研究方法和它的特色，作了透彻的说明：

著书立说的目的，是用来整治道德，规划人世之事。向上考察天道的变化规律，向下研究大地的万事万物，在中间能够把许多道理贯通起来。即使这部书不能把深奥玄妙的道理提炼出来，但涉猎广泛，也完全能够观察事物的终始了。

刘安的指导思想，就是要建立一整套适应大一统的新兴国家的需要，

贯通天、地、人，统一人们的道德规范，而实现治国安邦的独特的理论体系。它不是重蹈前人的老路，也不是墨守某个学派的一隅之见，而是要弃其糟粕，取其精华，成就一家之言。看来，刘安的这个雄伟的目标，经过两千余年的历史检验，确实达到了。《淮南子》以超人的睿智，高远的气魄，瑰丽的文采，广博的知识，而永远立于中华诸子之林，成为熠熠闪光的优秀文化遗产之一。

第二节　刘安的治世论

淮南王刘安在《淮南子》中，集中而完整地表达了黄老道家学派关于治世的理论和实践。国家走向大治和长治久安，最根本的就是实现"无为而治"的政治理想。

一、治国论：无为而治

在先秦、两汉的儒、法、道诸家著述中，都提到过"无为而治"的治世思想。如《老子》二章中有："圣人处无为之事，行不言之教。"《庄子·知北游》中有："天地有大美而不言，四时有明法而不议，万物有成理而不说。圣人者，原天地之美，而达万物之理，是故至人无为，大圣不作，观于天地之谓也。"《韩非子·扬权》中说："夫物者有所宜，材者有所施，各处其宜，故上下无为。"而《淮南子》中论及"无为"的地方则更多。那么，"无为"是什么意思呢？"无为而治"又包含哪些内容呢？

"无为"释义

对于"无为"的解释，有人把它说成"无所作为"，这是对道家"无为"论的片面的理解。在论述天道、人道规律，"无为"的意思与"无违"相当。所谓"无违"，就是要按照自然和人类社会的客观规律办事，不要人为地去违背它。

《淮南子》为了消除世人对"无为"错误的理解，特地在《脩务训》中，做了解释：

有人说："无为，就是静寂地没有声音，淡漠地没有行动，招引它不来，推动它不去。像这样，才是掌握了道的样子。"我认为不是这样。试试说一说考察的结果。如果说到神农、尧、舜、禹、汤，可以说是圣人了吧！提出论题的人必定都不能废弃他们的观点。从五圣来看，那么他们作为圣人没有得到"无为"，也是很明确的。

接着，列举五圣治政业绩。神农教民播种五谷，结束了茹草饮水的野人生活；遍尝百草，为民治病，解除疾病之害。尧处置讙兜、三苗、共工、鲧四凶。舜作屋室，使人有了栖身之处。禹决江疏河，平治水土，定千八百国。汤出兵鸣条，困桀南巢。此五圣，除害兴利，忧心如焚，而被人称作无所事事的"无为"，岂不是荒谬绝伦吗？

接着，从治国的政治层面，对"无为"做了解说：

像我听说的"无为"，偏私的念头不能进入公道之中，嗜欲爱好不能使正道歪曲；根据道理而行事，按照资用而建立功劳；推究自然的规律，那么巧诈便没有容身之地了。事业成功而自己不夸耀，功名建立而不称说有功，而不是所说的感动而不响应，压迫而不活动的情形。

在《淮南子·诠言训》中，从伦理道德层面，论述了"君道无为"：国君治国之道，不要使他有所作为，而要使他"无为"。

什么叫"无为"？聪明的人不凭借自己的职位行事，勇敢的人不利用职务施行暴虐，仁惠的人不拿官位推行恩惠，可以说做到了"无为"了。

这就说明，"无为"不是"无所作为"，不是"感而不应，迫而不动"，而是因循社会和自然规律。顺应这个规律去进行治理，就是"无为而治"。

在《淮南子·原道训》中，集中论述了关于"无为""无不为""无治""无不治"的观点：

是故圣人内修其本，而不外饰其末，保其精神，偃其智故，漠然无为而不无为也，澹然无治也而无不治也。所谓无为者，不易自然也；所谓无不治者，因物之相然也。

可知"无为"与"无不为"、"无治"与"无不治"，就是遵循客观规律，因时制宜，待时而动。

与"无为"相对的，就是"有为"。《淮南子·脩务训》中，对"有为"做了解释：

至于像用火来烤干水井，把淮水引上山，这是凭主观想象而违背自然规律，因此称它叫"有为"。

像水行用船，沙地用鸠，泥地用辐，山地用蔂；夏天形成川流，冬天蓄为陂塘；按照高低而建成梯田，沿着低洼之地而修建池塘，这不是我所说的"有为"。

可知去干那些违背自然规律、得不偿失的蠢事，才叫"有为"。

刘安关于"无为"的理论，来源于《老子》。《老子》中直接提到"无为""有为"的地方有九条。

如：《老子》五十七章："我无为而民自化。"《老子》七十五章："民之难治，以其上之有为，是以难治。"

如果说《老子》中的"无为"，还有一些消极顺应自然的因素，那么《淮南子》中的"无为"，则对《老子》的消极成分，进行了彻底的改造，赋予其崭新的内容。

除暴安民

"无为而治"用于治国，首要是除暴、安民。"无为而治"提倡顺应自然而理民，治民要顺应民情。而国君的过分"有为"，即掠夺、盘剥、奴役百姓，只能导致社会矛盾加深，从而使其走向灭亡。《淮南子》中反对苛刑，反对暴政；主张宽刑薄敛，实现"国强民富"。

《淮南子》中强烈谴责国君对人民横征暴敛，以致造成民穷财尽，家破人亡。《淮南子·本经训》这样说：

末世的政治，种田打渔的人都被课以重税，关卡集市紧急征收赋税，百姓的力量被消耗在繁重的徭役下，财富被赋税征收干净，居家的人没有食粮，奔走在外的饿着肚子，年老的人没法受到赡养，死去的人没钱安葬。抵押妻子，卖掉儿子，用来供给国君的需求，还不够满足。

刘安极其痛恨暴君灭绝人性的罪行，其中的代表人物，就是夏桀和商纣。《淮南子·本经训》中说：

晚世的时候，暴君有夏桀和商纣。纣王兴建了挂满肉的"肉林"，倒满美酒的"酒池"，焚烧了天下财富，使万民疲于劳苦。剐开敢于直谏的叔父王子比干的心脏，剖开孕妇的肚子看个稀奇，掠夺天下人民的资财，百姓被害得死去活来。而这样一位残暴无比的君主，下场怎样呢？商汤以兵车三百乘，讨伐夏桀于南巢，并把他拘禁在夏台，夏桀最终国破家亡。

《淮南子·兵略训》中严厉谴责秦二世实行的暴政：

秦二世皇帝，放纵耳目的奢欲，享尽奢侈糜烂的生活，完全不顾老百姓的饥饿寒冷和财富的穷尽，发起万乘车辆，修建阿房之宫，征发闾左的贫民，征收繁重的赋税，百姓随时被逮捕、遭受极刑，挽着车辖头朝大路死去的，一个早晨就有成千上万。天下人民忧愤得像被焦烤灼热一样，悲愤痛苦达到了极点。

《淮南子》中强烈反对苛刑、暴政。刘安认为，百姓是国家的根本，要实行"安民""利民"和"富民"的政策，"予民休息"，振兴经济。

《淮南子》中的"民本"思想，旗帜特别鲜明。《淮南子·主术训》中说：

民者国之本也，国者君之本也。是故人君者，上因天时，下尽地财，中用人力。

民心向背，决定着国家的治乱和安危。《淮南子·诠言训》中指出，治理国家首先在于"安民"：

进行治理国家的根本，在于安定百姓；安定百姓的根本，在于满足他们的用度；满足用度的根本，在于不要耽误生产时节；不要耽误生产时节的根本，在于节省官事；节省官事的根本，在于节制贪欲；节制贪欲的根本，在于返回天性；返回天性的根本，在于抛弃外表的粉饰；抛弃外表的粉饰，就能达到虚静；虚静就能平定，平定是"道"的根本，宁静是"道"的归宿。

实现"安民"，第一要"利民"。《淮南子·氾论训》中写道：

治国有常，而利民为本；政教有经，而令行为上。苟利于民，不必法古；苟周于事，不必循旧。

第二要"富民"。《淮南子·人间训》中记载了西门豹的故事：

西门豹担任邺令时，仓库里没有积蓄，府库里没有储钱，兵库里没有兵器，官衙里没有账目，人们多次向魏文侯告状。文侯亲自到邺视察，发现反映果然属实。于是魏文侯就责备起西门豹来。西门豹说："我听说打算称王的君主使百姓富裕，称霸的君主使武备强盛，亡国的君主让仓库里堆满财物。现在君主要想成就霸业，我因此把财物积蓄在百姓之中。君主如果不信，我请求登城击鼓，武器、粮食能够立即准备好。"于是登楼击鼓。一鼓声落，百姓身披铠甲，手握兵器而来；第二次击鼓，民夫拉着车子装满辎重前来待命。

第三要合理征收赋税。《淮南子·主术训》中说：

国君从百姓那里收取租税，必须首先考虑一年的收成，计算人民积蓄的多少，知道饥馑、有余、不足的数量，然后才收取车马、衣食的租税，来供给他们的生活需求。从天下的大计划来考虑，三年耕种必须余下一年的粮食，大约九年耕种要有三年积蓄，十八年要有六年的积蓄，二十七年要有九年的储备。因此，爱民之君向下征收赋税，有一定的节制；用来养活自己的，有一定的标准。

第四要防止贫富两极分化。《淮南子·齐俗训》中说：

富贵人家就是车子也套上彩绘的锦绣，马儿身上拴缚着旄尾和象牙，挂起帷幕，铺上褥子，配上色彩鲜艳的丝带，青黄色彩互相交错，还不能够描绘它的形象。而贫穷之人夏天身披粗布衣，就像悬挂带子和用绳索串起来的简陋衣服，吃粗食喝生水以充饥肠，来支撑夏天的酷热。冬天身穿羊皮袄，破烂不堪。粗毛短衣无法掩盖身体，只能偎依灶前取暖。人们作为编入户籍的人没有差异，但是穷、富之间的距离，是很远的，就像国君和奴仆，是不能相提并论的。

那么，刘安理想中的黄老道家治理的社会是什么样子呢？

世道清平，君臣同心；轻徭薄赋，丰衣足食。《淮南子·本经训》中描述说：

古时候国君需求少，而百姓给用充足。国君施行他的德泽，而臣下尽献他的忠心；父亲施予他的仁慈之爱，儿子竭尽他的孝道，各人表达自己的爱抚之情，而没有怨恨、遗憾在其中了。

古时圣人在位，政治教化清平，对天下人民广施仁爱，上下同心协力，君臣之间和睦共事，衣食丰足，家家饶余，父亲慈爱，儿子孝敬，兄长善良，幼弟和顺，活着的人没有怨恨，死去的人没有遗憾，天下和谐，人们能够实现自己的愿望。

各行各业安其职，乐其业。《淮南子·俶真训》中写道：

古者德行最好的时代，商人在方便的地方设置店铺，农民以耕种为乐，大夫安于职守，隐士修炼道术。"工无伪事，农无遗力，士无隐行，官无失法"。

没有剥削压迫，衣食充足。在《淮南子·览冥训》中，描绘了理想社会图景：

从前黄帝治理天下的时候，有力牧、太山稽两个贤臣辅助他。按照日、月之行的规律治理，依照阴、阳变化制定法规。百官公正而无私，上下协调而和睦。法令制度明白而不昏暗，辅佐大臣不逢迎。种田的人不去侵占别人一寸土地，打鱼的人不去争夺多鱼的港湾。路上丢失的东西无人据为己有，市场上没有欺骗的商人。城郭之门无须关闭，偏僻村镇也无盗贼。边境上的戍卒，也把财物相让。

这种社会图景，虽有《老子》"小国寡民"的理想国的影子，但是比《老子》设计得更进步、现实和完美。它是刘安为西汉王朝设计的天下大治的美好图景。

人尽其才

要实现"无为而治"，重要的就是"人尽其才，物尽其用"。

民众是国家的基石，础石牢固，城池才能坚如磐石。《淮南子·泰族训》中比喻说：

国之有民也，犹城之有基，木之有根，根深则本固，基美则上宁。

《淮南子》中主张"人尽其才"，因人授任。《淮南子·主术训》说：

"人主之用人也，犹巧匠之制木也。"大的、小的、长的、短的，各得其宜；规矩方圆，各有所施；殊形异材，莫不得用。像中药中的天雄、乌喙，是有剧毒的东西，但是医生却用作良药。侏儒、瞽师，都是有生理缺陷的人，但是人主却用他们来制乐。

刘安对古代帝王重视发挥众人的智慧和力量，非常赞赏。尧任用九个贤臣来治理天下，舜有七个栋梁之臣，武王举用五个贤人。正因为善于集中大众的才能，群臣百官辐凑并进，才能使国家稳定，成就大业。知人善任对国君来说极其重要。

为什么要依靠千百万大众呢？因为个人的力量，即使是叱咤风云的人物，他们同群众的力量相比，也是渺小的。秦始皇与秦二世强大的国家统治机器，被地位低贱的陈胜吴广、刘邦项羽率领的起义大军所击碎，不正好说明了这个问题吗？《淮南子·主术训》中说：

依靠众人的智慧，那么没有什么不能取胜的；依靠众人的力量，那么没有什么不能战胜的。三万斤的重量，乌获不能举起来；众人帮助一人，那么一百人的力量都有剩余。因此任用一个人的力量，乌获也不能够举得起；凭借大众的力量，那么天下也能够被占有。

国君善于选贤用能，对于治国安邦，至关重要。《主术训》中说："所任者得其人，则国家治，上下和，群臣亲，百姓附。"反之，就会造成国家混乱。《淮南子·泰族训》中写道：

圣明的君主，举用贤才而建立功劳；不肖的国君，举用与自己兴趣相同的人。周文王举用太公望、召公奭而称王；齐桓公任用管仲、隰朋而称霸。这是选用贤才而建立功劳。夫差重用太宰嚭而失败，秦国任用李斯、赵高而灭亡。这是举用和自己兴趣相同的人。因此，可以观察他们举用人才的情况，而治乱便可以看到了。

《淮南子》中特别赞赏人主不计贵贱、亲疏、敌友，唯才是举的雄才大略。《淮南子·氾论训》中记载：

百里奚给人喂牛，伊尹当厨师烹调，姜太公敲击屠刀，宁戚商歌车下，他们的美德存在于其中。平常的人看到他们地位卑贱，从事的行业污浊屈辱，便认为他们不肖。等到他们被任为天子三公，而成为贤相，才开始相信他们确实与常人不同。这些人物或置于危难之中，或身处卑贱地位，人主慧眼识英豪，委以大任，就能兴国安邦，威慑诸侯。

淮南王认为，看人要看大局，不要计人小过，不能求全责备。《淮南子·氾论训》中说：

在人的性情中，没有不存在欠缺的地方。如果他的大的方面值得肯定，即使有小的差错，也不能够成为他的拖累。假如大的品行不好，即使得到乡里的称誉，也不能够授以大任。

行为仪表

在"无为而治"的治国方略中，对于统治国家的国君，有哪些具体要求呢？《淮南子·主术训》中说：

国君统治天下的手段，用"无为"去处理事物，用"不言"去教导大众，清虚安静而不妄动，统一法度而不动摇，沿袭规则而任用臣下，督责臣下完成任务而自己不辛劳。

"不言之教"，在国君身上，主要体现在：

其一，节欲。七情六欲，人皆有之。人主的好恶，影响到国家的兴衰成败，修身节欲，特别重要。《淮南子·精神训》中记载了五位昏君的败亡：

那些国君所以使国家破败，抛弃社稷，身死别人之手，而被天下人取笑的原因，未尝不是因为具有强烈的贪欲。狄君仇由贪爱大钟的贿赂，国家被知襄子灭掉。虞君贪图晋国的垂棘之宝玉，而自己被晋献公活捉。晋献公贪恋骊姬的美色，而使国家混乱了四代。齐桓公酷爱易牙送来的人肉汤，而被佞臣专权，自己死了身上生蛆。西戎胡王淫于秦穆公赠送的美女，而失去了大片的沃土。假使这五个国君，控制自己的情欲，抛开多余的外物，以适宜为节度，不随奢欲而受惑，难道会有这样的大难吗？

其二，贵正。国君掌握国家的权柄，操生杀之机，贵正、尚忠，至关紧要。《淮南子·主术训》中说：

国君重视正直，崇尚忠诚，忠正之士在高位，执掌大政，主管事务，那么逸佞奸邪之人，便没有办法向上爬了。国君诚正持平，奸佞而欲犯之，只能得到以卵击石、以火投水的下场。

其三，慎守。国君处事，不可不慎。《淮南子·主术训》中说：

齐桓公三次干有益人民的好事，便能够九合诸侯；商纣王两次干坏事，就连平民也当不成了。所以举止措施，是不能不认真审查的。

其四，俭约。国君安静，自己就不受干扰；节俭，百姓就没有怨言。《淮南子·精神训》中赞美尧：

尧在统治天下的时候，亲自提倡节俭。所住的茅草房不加以修剪，栎树椽子不加以雕琢，大车不用文饰，蒲草席连边也不剪掉，汤汁不调五味，主食中的谷米也不舂，巡察天下，推行教化，为天下辛勤劳作，踏遍了三山五岳。

其五，纳谏。国君要善于纳谏，改正自己的过失。《淮南子·主术训》指出：

尧设置敢于进谏的大鼓，舜设立指责批评过失的表木，商汤安排有检举不法的官吏，武王设立警诫自己要谨慎的小鼓，过失出现即使如毫厘一样，就已经戒备了。

刘安"无为而治"的治世思想，是在总结了战国纷争、秦政失败的经验教训，剖析了先秦、秦汉思想家治世理论的利弊得失，而提出的适应西汉初期政治、经济、社会的发展需要的治世理论，这种思想基本上适应了汉初国家统一、稳定、发展的要求。所谓"文景之治"那样的社会繁荣，正是"无为而治"理论和政策带来的结果。这种政策实行不到70年，在汉武帝"独尊儒术"的高压政策下被扼杀了。但是，刘安提倡的顺应自然和社会发展的规律，对人民实行宽刑薄敛，反对暴政、剥削和掠夺，充分发挥民众的作用，尊重个人的聪明才智和创造精神，对国君要求公正无私，为民表率，修身进德，选贤用能等，都具有一定的进步意义，充分显示刘安的卓识和远见。他的治世思想，被历代进步思想家所继承，在历史上发挥了重大的作用。

二、法治论：论世立法

秦始皇统一天下以后，把法家的"法治"思想作为国家的指导思想，进而强制性地采取了"以法为教""以吏为师"的专制政策，把法家思想推向了极端，终于导致秦朝的灭亡，宣告了法家政治的彻底破产。

兴起的汉朝，吸取了秦朝灭亡的惨痛教训，因此采取了黄老道家的"无为而治"，作为治国的理论基础，宽刑省法，薄赋轻徭，一系列顺应民心的政策，便自然产生了。

《淮南子》接受了荀子、韩非子的"法制"思想和进化的历史观，并用道家思想加以改造，建立起了自己的法律思想体系。

法修自然

"法"从何而生？"法"不是来源于天帝，也不是英雄人物创造的，而是产生于民间；循乎自然，而顺乎民心。《淮南子·主术训》中说：

法律不是从天上掉下来的，也不是从地上产生的，它从人间社会产生，而反过来要求人民白己走正道。

法律从道义中产生，道义从大众适宜的事理中产生，大众适宜的事理同人心向背相合，这是政治的关键。

这就表明，"法"是由人类社会的需要而产生、发展和稳定下来的。《淮南子·泰族训》说：

万物有用来生长的天然规律，而后人事便可以按照这个规律来进行治理。人类有爱好异性美色的天性，因此就制定了婚娶的礼节；有喜欢美食的爱好，因此就规定了大飨的礼仪；有喜爱音乐的特性，因此就制造钟鼓、管弦用来演奏；有悲哀的感情，因此就有了衰经、哭踊等丧礼的规定。所以先王制定法规，按照百姓的喜好而为他们进行节制修饰。

婚姻、礼仪、音乐、饮食、风俗、德行等，都是人类天性中所必不可少的，在长期的实际生活中形成的，因此，便制定出相应的法规，来进行统一的规范，反过来，又对每一个社会成员，起到约束的作用。

黄老道家的"法"，只是自然之道的一个组成部分，刘安主张"以道统法"，而"法"对"道"来说，处于从属的地位。《淮南子·泰族训》说：

所以用道术来统领他们，法规即使很少，完全能够使人们发生变化；

没有道术来推行它，即使法律很多，也只能引起混乱。

治理国家，最上等的是施行教化，其次是建立正常法制。赏赐好处而劝人行善，畏惧刑罚而不干非法之事，上面颁布法令而下面百姓服从，这是治国的下等方法。

因此，制定法律制度，要服从大道的要求，而"道"才是"万物之本也，无敌之道也"。这是由"道"的性质来决定的。《淮南子·缪称训》中说：

"道"是至高无上、至深无下的，同水准一样平，与绳墨一样直，和规一样圆，同矩一样方，包裹了整个宇宙，而没有内外，覆盖运载着无形，而没有什么阻碍。

由此可知，《淮南子》的法制理论，同法家的出自人为、儒家的来自神授，有着根本的不同，它来源于道家的自然天道观和社会生活的需要，因而也最容易为人民所接受，从而成为黄老道家"无为而治"治世理论的有机组成部分。

法与时变

《淮南子》认为，法度是随着社会发展而不断变化的，并没有所谓一成不变的常法。这与《韩非子·五蠹》的"不期修古，不法常行"是一致的。《淮南子·氾论训》指出：

先王的制度，不适宜就要废掉它。夏、商的衰败，是不变法而灭亡的；禹、汤、武三代的兴起，是不互相因循而称王的。因此圣人执政，法律与时代一起变动，礼节与习俗一起变化。衣服、器械，各自方便他们的使用；法令制度，各自按照他们的适宜情况而制定。因此改变古制，无可非议；而依循旧俗，不值得赞美。

淮南王批判那种因循守旧、墨守成规的行动，就像刻舟求剑一般。《淮南子·说山训》中说：

以一世之度制治天下，譬犹客之乘舟，中流遗其剑，遽契其舟桅，暮薄而求之。其不知物类亦甚矣。

在《淮南子·齐俗训》有个比喻：

用一个时代不同的礼制，来适应时代的发展变化，就像冬天身穿葛衣而夏天穿皮袭。因此世道的不同，那么事情就要发生变化；时代变移了，那么习俗就要加以改变。所以圣人研究世道的不同而设立法规，随着时代不同而行事。

这就是刘安著名的"论世立法"的法治观。它深刻揭示了法律要随着时代变化而变化的规律，这个规律不管时代怎样变迁，国度有怎样的不同，地域有什么样的差别，都是普遍适用的。那种不通世变、墨守成规的做法，用僵化保守的思想来治国，最终必然导致国家混乱。《淮南子·氾论训》中指出：

殷朝取代夏朝，周朝改变商朝，春秋改变周朝，三代的礼节是不同的，遵从什么古代呢？知道法律所产生的原因，可以适应时势变化；不知道法律所产生的根源，即使遵循古制，最终要造成混乱。现今社会的法律条文与时代一起变化，礼仪和习俗一起转移，从事学问的人却遵循先人，沿袭旧业，根据法籍持守旧教，认为不是这样不能治理，这就像拿着方形的榫头，要和圆形的榫眼相合，是很难适合牢固的。

执法公正

淮南王认为，法律不分贵贱、贫富、高下，对任何人都是平等的。《礼记·曲礼上》主张"刑不上大夫"。就是说，对贵族、对统治者不能使用刑法，刑法只用来对付老百姓。这种观点，比黄老道家的法制观要落后得多。

作为人主，即国家的最高统治者，执法要公正无私。《淮南子·主术训》中说：

绳墨对于内外的事物，没有私好与曲直，所以作为公正的准则。国君对于使用法律，没有偏向和爱憎的区别，因此可以作为命令。

国君执法，要赏罚分明，一视同仁。《淮南子·主术训》中说：

法者，天下之度量，而人主之准绳也。县法者，法不法也。

设赏者，赏当赏也。法定之后，中程者赏，铁绳者诛。尊贵者不轻其罚，而卑贱者不重其刑。犯法者虽贤必诛，中度者虽不肖必无罪。

是故公道通而私道塞矣。

在法律面前，"尊贵者""卑贱者"、贤者、不肖者，都是平等的，这样法度就能达到"私道塞""公道通"的理国治民的目的。

淮南王特别强调，作为一国之君，要作守法、执法的表率，这样才能达到令行禁止的目的。《淮南子·主术训》中说：

所以国君的立法，首先要以自己作为标准规范，因此法令才能在天下通行。孔子说：他的身子端正了，一下命令就能行得通；他的身子不端正，即使有命令人民也不听从。所以禁令在自己身上实行了，那么法令便可以在人民中实行了。

对国君不但要"以身为检式仪表"，而且法律对国君要有制约作用，防止人主行私、擅断，对于专制帝王来说，这一点对法律的贯彻和国家稳定，有着直接的关系。为此刘安提出了"以法禁君"的问题。《淮南子·主术训》中指出：

古代设立有司之官，是用来管理老百姓，不要让他们放任自流。拥立国君，用来控制有司，使他们不要专断，法典、礼义，是用来禁止国君的，使他不要擅自决断。

也就是说，普通百姓犯了罪，由司法官吏惩办；百官枉法，由国君制裁；而惩治国君的，则是"法籍礼义"。这个重要的观点，在秦汉法家那里，那是不可能存在的；这也是迄今所能见到的"以法禁君"的最早表达。可知在黄老道家眼里，法律的权威是高于国君的。"以法禁君"，就能限制国君的独裁统治，确保法律的推行。刘安的法制观，在中国古代法制思想史上，闪烁着独特的思想光辉。

法宽刑缓

《淮南子》总结亡秦的教训，认为要想成就千秋霸业，必须以"道"统法，强烈反对法家的"峭法刻诛"的政策。严刑苛政，不但不能长治久安，相反会导致灭亡。《淮南子·缪称训》中指出：

水混浊了，鱼儿便会呼吸困难；法令苛繁，那么便会引起百姓混乱。

城墙高耸，必然崩溃；河岸陡峭，必然会被水冲得高低不平。因此，商鞅建立起严酷的刑法，而终于被肢解；吴起推行了残酷的法制，而最后被车裂。治理国家就像张开瑟一样，大弦绷紧了，那么小弦就会断绝。因此拉紧马缰绳，频繁使用鞭子的，不是行驶千里的办法。

淮南王妙语连珠，深刻地告诉我们，像法家实行的那套严刑苛政，只能是"抱薪救火"，无益于治。

刘安所主张的黄老道家的法治，要达到什么样的要求呢？《淮南子·主术训》中描述道：

> "刑错而不用，法省而不烦"，"法宽刑缓，囹圄空虚，而天下一俗，莫怀奸心"。"上无苛令，官无烦治，士无伪行，工无淫巧"。

就是说，在"无为"的前提下，达到天下清平、奸佞伏匿、刑缓法宽的境界。这正是汉初文景时代实行"无为而治"所达到的目标。

那么国君制定法令的依据是什么呢？那就是有利于人民和国家大治，这样才能得到人民的拥护。这正如《淮南子·氾论训》中所说："治国有常，而利民为本。"《淮南子·齐俗训》中也指出："三皇五帝，他们的法律条文是不同的，但是他们得到民心是一致的。"而黄老道家所倡导的"法宽刑缓"，正是得到人民拥护、振兴国家的正确主张。

刘安特别重视法律，认为法律是治国必不可少的工具。《淮南子·泰族训》中说：

人的天性中有仁爱的资质，不是圣人替他们建立法度而教导他们，便不可能使他们通向正直。

《淮南子·主术训》中指出：

老百姓喜欢做善事，乐于走正道，不需要施加禁令和诛伐，而使自己行为符合法规制度的，一万中没有一个人。施行法律，赏赐服从者，处罚不服从者，那么，人类的仁义天性，便可以得到发展；天下所有人，都能自觉地服从统治，达到天下大治的目的。

《淮南子·主术训》中比喻说：

如果从后面牵牛尾巴，即使是乌获、藉蕃那样的大力士，也不能使它跟从。如果用桑条来穿牛的鼻子，即使是五尺高的孩童，也可以牵着它去周游四海。这就说明，法令制度，是符合人性的需要，它是引导百姓走上正路的牛鼻子。

可知刘安把法制放到治国的重要地位。希望建立法制，以便人人遵守。但是他也明确地指出，"法"不是万能的，依靠它并不能解决治国安邦的根本问题。最终要以"道"统法，法制才能发挥应有的作用。

刘安指出，法律只是治国理民的手段，而不是目的。《淮南子·氾论训》说：

法制礼义，是统治人民的工具，而不是作为治理的目的。也就是说，要按照自然、社会规律办事，而辅之以法，才能达到理想的效果。

《淮南子·泰族训》中说：

法律能够杀死不讲孝道的人，但是不能使人达到孔子、曾子那样的高尚品行；法律能够刑断盗窃之人，而不能使人像伯夷那样廉洁。

这说明"法"的作用仍是有限的。法制只是一个工具，一种手段，通过行法，达到治乱的目的。

刘安强调，法令的制定和实施，必须有待于"圣人"和"贤人"，否则，即使法规再好，也是一纸空文。《淮南子·泰族训》中说：

禹建立夏朝而称王，桀做了夏朝天子而灭亡；汤凭借殷朝而称王，纣王因为殷朝而灭亡。不是法令制度不存在了，是法纪不能实行，风俗已经败坏了。因此法令即使存在，必须等待圣人才能得到治理。因此说，国家所以存在的原因，不是因为有了法令，而是因为有了贤人；国家所以灭亡的原因，不是因为没有法律，而是没有贤人的原因。

刘安认为，"贤人"比法律还要重要，有了"贤人"，才能立法、执法，才能实现治理国家的大任。

淮南王刘安的法律思想独树一帜。他的"以道统法"的思想体系，"法修自然"的法律观，"法与时变"的历史进化论，公正无私的立法主张，"以法禁君"的防止暴政的措施，"法宽刑缓"的施刑原则，标志着黄老道家法学思想在理论上的成熟和完备，也给后代留下一份宝贵的思想财富，在中国法制思想史上写下了光辉的篇章。

三、伦理观：返性于初

刘安的伦理思想，是他的"无为而治"治世理论的组成部分。它以道家的"道德"论为主体，糅合儒家的"仁义"学说，从而形成了别具一格的黄老道家的伦理观，在中国古代伦理思想史上，占有一席之地。

"人生而静"

刘安认为，人的本性来自天道，天道自然无为，人性也应该仿效它。人的天性是纯朴、清静、平和的。《淮南子·原道训》中说：

人生下来就是安静的，这是人的天性。受了感触而后有活动，它是天性的外部表现。面对外物而精神上有了反映，它是智慧的活动。智慧与外物互相接触，喜爱、厌恶的感情便产生了，智慧被外物所诱惑，不能回到人的本性上去，那么天性便要衰灭了。

《淮南子·诠言训》中说：

大凡人的天性，喜欢恬静而憎恶忧虑，喜欢安逸而憎恶劳苦。心中常常没有欲望，可以说是恬静的了；自身常常没有事情，可以说是安逸的了。心思游动在恬静之间，形体休息在安逸之间，用以等待天命。

这就说明，人类具有清静的天性，但是人的无私、无欲、无邪的本性，并不是一成不变的。人的思想又有认识外物的能力。在同纷繁复杂的外物接触中，如果没有清醒坚定的理性来把握住自己的天性，那么就会被外物所俘虏，进而泯灭天性。因此要保全人的完美天性，就要"反性于初"，就是使人的性情返回到"赤子"那样的纯朴状态。

无穷无尽的欲望，戕害了人类的纯朴本性。《淮南子·原道训》中说：

喜怒是"道"的偏邪，忧悲是"德"的丧失，好憎是人心灵的过错，嗜欲是性情的牵累。喜好和憎恶太多，灾祸便会跟着来到。

喜怒、忧悲、好憎、嗜欲等，都是对外物的无止追求而造成的，长久浸淫，就要危害人的健康和肌体。

能够保持自然天性的，是有道德的圣人。《淮南子·齐俗训》中说：

人的天性是无邪的，长久时间沉溺于流俗之中，就会发生变化。人的本性要平静，而嗜欲来危害它。只有圣人能够抛弃外物，而回到自己的本性上去。

刘安做了巧妙的比喻：

乘船航行迷失了方向，辨不清东西，看见北斗星、北极星就能醒悟了。人的本性也是人的北斗星、北极星。

怎样才能保持人的纯正的天性？《淮南子·诠言训》中说：

搞清楚天性的根源，治理好思想，理顺好、憎关系，适宜自己的性情，治世之道就畅通了。搞清天性的根源，就不会被灾祸、幸福所迷惑。治理好思想，就不会妄生欢喜、愤怒的情绪。理顺好、憎关系，就不会贪得无用之物。适宜自己的性情，欲望不会超过限度。

这四个方面，不需要向外部寻求，不必要向他人求借，返身自求即可得到。

刘安所提出的返回本性的四个方面的要求，核心是加强个人的思想道德修养，即在于"修身"，而不必要向外界和他人去寻求。刘安在《淮南子·人间训》中，进一步阐述自身修养的方法：

得道的人，外部行为经常变化，是为了与世人和谐相处，内部不变化是用来保全他的身心。因此内部有固定的操守，而外部就能够屈伸变化，或长或短，或卷曲或舒展，与外物一起变迁，因此即使有万种举动，而不会陷入失败之中。

刘安所说的"一定之操"，就是要保持个人的高尚的德操，这样就能不被外物所干扰，永保纯真的天性。

在处理保持人的天性与外物纷扰的关系上，刘安继承了老、庄豁达和豪放的气魄，留下了极为精彩的篇章。《淮南子·精神训》这样说：

看轻天下的权势，那么精神就不会受到外物的牵累了；把天下万物看作小事，那么心思就不会受到诱惑了；把死、生等同起来，那么意志就会坚定了；把万物的变化同一起来，那么智慧就不会发生祸乱了。

刘安同时代的许多人，都认为这是不切实际的高论，他举出证据，来说明自己的观点。

所谓"轻天下"，就是看轻天下的权势地位。《淮南子·精神训》中说：

人们向往当国君的原因，就是因为可以满足自己的任何欲望和需求。当今之人，对于楼台亭阁，都是认为美丽的，但是尧的住房木头椽子不做加工，梁柱也不加修饰；美味佳肴，人人都是向往的，但是尧吃的是糙米饭，喝的是野菜汤；鲜明的彩帛，昂贵的狐白，是人人都喜欢的，而尧用布衣遮掩身体，用低劣的鹿皮御寒。不去增加养生的东西，而是日益增加对于国家大事的忧虑。因此把天子之位禅让给舜，就像解除了沉重的负担。不是尧正直诚恳的辞让，实在是没有办法做到这一点。这就是尧看轻天子权势的美德。

权势、名利、生死、贵贱、得失、祸福等外物，对一般人来说，都是无法避免的，也是最能潜移默化而改变人的本性的东西，如果能像尧那样，坦然地抛弃外物，恢复"人生而静"的天性，不也是可以办得到的吗？

"道德"论

刘安对道家的道德论有许多精辟的论述。什么叫"道"？什么叫"德"？在《淮南子·齐俗训》中有极为明白的阐述：依照本性而行叫做"道"，得到它的天性叫作"德"。

这就是说，按照人的自然天性行事，就是"道"，而"德"则是"道"作用在人身上的具体体现，它形成多种不同的道德关系、道德规范和道德行为，为人类所取法，"道"和"德"的关系是合二为一的。

刘安对有关人的操行、品德等"德"性的地位和作用，相当重视。《淮南子·缪称训》中说："道"，是万物的引导；"德"，是性情的扶持。

也就是说，"德"是人性的支柱、核心，它的作用是用来扶持人性的。"德"性对于治国安邦，更是至关重要的。《淮南子·诠言训》中指出：

天下不能够用智术来统治，不能够凭聪明来认识，不能够用事业来治理，不能用仁义来使人归附，不可以凭借强力来取得胜利。这五个方面，都是人的才能的表现。德行不隆盛，不能使一件事情成功。德行树立，那么五个方面都不会出现危险。

可知在刘安的眼里，智术、聪明、事业、仁义、强力这些治国的方法，都不能同"德"性相比，"德"在治国的方略中，是居于首位的。

刘安向往的具有最高人格的是"至德"之人。《淮南子·缪称训》中写道：

具有最高德行的人像山丘一样，高大雄伟而挺立不动，行路的人指着它作为自己的希望。山高生出万物，使百姓富足，不只是赐给百姓，使用它的财富也不受它的恩德，因此安宁而能持久。

刘安把"至德之人"比作高山，成为天下人仰慕的对象。高山产生一切生活、生产资料，而要靠人民劳动索取；人民享用不尽，又不去感戴它的恩德。由此可知，"至德之人"具有多么博大的胸怀、多么崇高的境界。

刘安也最喜欢赞美"水"，认为它具有最完美的"至德"。《淮南子·原道训》中用优美的语言，对"水"进行了描述：

天下万物中，没有什么比水更柔弱了。但是它大到没有尽头，深到没有办法测量。长的达到无穷无尽的地方，远的沦没在无边无涯之中。水的生息耗灭，减少增多，简直达到无法计量的程度。它蒸发到上天则成雨露，落到大地则润泽草木。万物得不到它不能生长，各种事情得不到它不能成功。它包容了所有的生物，却没有喜爱厌恶。恩泽达到长足的小虫，却不求得报答。它能使天下富有而又使用不尽，德泽遍施百姓又不认为破费。水的流行没有尽头，水的微小无法用手把握住。打击它没有创伤，刺伤它不留疤痕，利刀砍不断它，焚烧它不会燃烧。它柔软地流向任何地方，错杂纠纷不能离散。它锋利时可以穿透金石，刚强时可以通达天下。它动荡在无边无际的地方，自由翱翔在无穷无尽的太空。在山川、峡谷之间徘徊流连，有时翻腾在广袤无垠的原野。有时多，有时少，任凭从天地中索取。施予万物，不管是前是后，因此没有什么公私之分。水势浩荡，波涛汹涌，和天地相接在一起。它没有什么左右之别，委曲交错，和万物共度始终，这就是水的最高德行。

这就是刘安所崇尚的人格：它是柔软的，而又坚不可摧；它是普通的，而万物又依赖它；它是付出的，而又不求报答；它是微小的，而又博大无比；它能经受任何危害，而又毫不后退。

刘安的"水"论，化自《老子》八章"上善若水"。但是论述得更丰满，文字更生动，语义更完整。

刘安除了借高山、流水，表达自己对"至德"的追求和向往外，对现实的社会中的人物的"德"行，也做过评价。《淮南子·缪称训》中说：

具有最高德行的人，小的节行是完备的，大的节行就完备了。齐桓公大节完备而小节疏漏，晋文公大节疏漏而小节完备。晋文公在宫内获得成功，在境外失败；齐桓公在宫内失败，而在朝廷上却得到成功。

淮南王认为，至德之人，首先是小节完备，而大节自然就完备了，而这样的人是少见的。比如春秋五霸之首的齐桓公，称霸近半个世纪，关键是任人唯贤，把有一箭之仇的管仲任为相国，加上贤臣鲍叔牙、隰朋、宁戚等的忠心辅佐，走上了称霸的道路。这是"大节举"。而这位令天下诸侯敬畏的霸王，后宫却发生了大麻烦。《史记·齐太公世家》中说：

桓公好内，多内宠，如夫人者六人。桓公病，五公子各树党争立。

及桓公卒，遂相攻，以故宫中空，莫敢棺。桓公尸在床上六十七日，尸虫出于户。

从此齐国佞臣专权，互相争斗，国家陷入了混乱，霸主地位一落千丈。这就是"失之于闺内"。

刘安最理想是道德纯粹的"至德之世"。《淮南子·俶真训》中加以赞美：

在古代德行最好的时代，商人在方便的地方设置店铺，农民以耕种为乐，大夫安于职守，隐士修炼道术。当这个时候，狂风暴雨不毁折作物，草木生长旺盛，九鼎中有厚味，珍珠美玉闪着光泽，洛河里出现丹书，黄河里出现箓图。天子有为天下人谋利益之心，因此人们能够自乐其道于天地之间。

在刘安笔下的远古社会里，没有欺诈和压迫，各行各业的人尽忠职守，风调雨顺，五谷丰登，天下太平，社会和谐，符合原始社会人类的道德标准。

刘安认为，随着社会的发展，产生了私有制，人类的道德沦丧，距离纯朴本性越来越远了。到了神农、黄帝时代，天下虽得到治理，但是不能和谐。发展到昆吾、夏后之时，对外嗜欲无度，聪明被诱惑到外物上，而性命也失去了根本。等到周朝衰落之时，纯朴的本性消失了，离开了"道"而干起了虚伪的勾当，推行存有危险的德行，因此诈巧迅速产生了。因此百姓在荒淫之路上追逐，而失掉他们的道德根本。

在暗主统治的末世，社会的道德衰败，人们贪得无厌，国家陷入混乱状态。刘安予以谴责。《淮南子·览冥训》中说：

等到暴君夏桀执政之时，帝王昏庸不明国情，道德混乱而不加肃整。抛弃三皇五帝有效的治政措施，推倒三皇有利的法规，因此，最好的德行泯灭而无人宣扬，五帝之道藏匿而无人举兴。因此，朝野上下怒目而视，骨肉离散，各行其是。

到了战国时代，更无道德可言。诸侯互相残杀，充满浓重的血腥味。《淮南子·览冥训》中指出：

战国之时，七个异姓国家割据天下，各国举兵互相争斗，攻城夺邑，滥杀无辜。挖开死人坟墓，暴露人的尸骨。世间竟到了枕着人头，吃人肉，酱人肝，喝人血，却比吃家畜还甜美。所以，从三代往后的年代里，天下之人不曾得到安定他们的性情，喜爱他们的习俗，保养他们的生命和天性，而没有不遭到人祸残害而短命的。

人类社会从"至德之世"跌落下来，便有了自私、争夺、虚伪、欺诈，以致出现了永无休止的战争，皆是道德沦丧的产物。刘安对这种历史的倒退，充满了痛惜和愤慨，他想用黄老道家"无为而治"的理想，重新塑造一个"至德之世"，这无疑有积极的理论意义。

"仁义"观

"仁义"，是春秋时代孔子所倡导的儒家道德规范，对于调节人世间混乱的人际关系和社会矛盾，具有一定的积极意义。而在当时，尽管他周游列国，不辞劳苦进行宣扬，而竟没有一个国君采纳他的主张。到了汉代，属于黄老道家学派的淮南王刘安，对其进行了一定程度的改造，吸取了其中的合理因素，剔除了它的糟粕，从而使"仁义"思想，成为"无为而治"的伦理观的一个组成部分。

孔子的学说，以"仁"为核心。其中《论语》讲到"仁"就有109次。而"仁"的重要的内容就是"爱人"。《论语·颜渊》：樊迟问仁。子曰："爱人。"《论语·微子》注："仁者爱人。"而刘安对孔子"仁"的思想，有所继承。《淮南子·泰族训》中说得好：

具有仁惠和智慧的，是人才中的俊美者。所说的仁惠，就是爱护别人；所说的智慧，就是能知道别人。如果爱护别人，那么就没有暴虐的刑法了；如果知道别人，那么就没有混乱的政治了。智伯有五种超出常人的才能，而最后免不了自己死在别人手中，不爱护百姓是根本的原因。

可知刘安把孔子的"爱人"，作为道家"政宽刑缓"政策的一部分，是通向治世的重要途径，只有爱护人民，才能使天下太平；如果残害人民，即使像春秋末期的智伯那样，个人具有非凡的才能，最后也身死国灭。

淮南王对"仁义"评价很高，认为它是治国的重要手段。在人类社会的生活中，是不可能没有"仁义"的。《淮南子·主术训》中说：

国家之所以存在，是因为有了仁义；人民之所以得到生存，是因为国君推行了善政。

可知刘安把"仁"作为人的天性的重要外在表现之一，它是治理国家必要的途径，离开了它，国家就不可能存在，人民就不可能生存。

淮南王还考察了"仁义"产生的根源，明确地指出，它是衰世的产物，是为了解决经济纷争、人口增殖、财物匮乏、互相争斗而采取的措施。

在《淮南子·本经训》中指出：

"德"丧失而后珍视"仁"，"道"丧失然后重视"义"。因此，仁义建立而道德离散了，修饰礼乐而纯朴天真消失了，是非形成而百姓迷惑了，重视珠玉而天下便开始争夺了。大凡仁义、礼乐、珠玉、是非这四种东西，是衰败之世制造出来，而用在末世。

这里的叙述，是符合人类伦理道德发展演变历史的。刘安指出，仁、义、礼、乐，这是针对社会政治、经济混乱所采取的补救措施。《淮南子·本经训》中指出：

等到了衰败之世，人口增多，财源减少，从事繁重劳动，而养活不起众多的人口，在这种情况下，愤恨和争斗便产生了。因此，要提倡仁爱。

仁慈的人和卑鄙的人，是不可能一致的。一些人结党营私，互相勾结，设置阴谋欺诈手段，包藏了奇巧、诈伪之心，因而人的本性丧失了，所以要讲究道义。

人有阴阳二气交会，而产生感情，其中充满了血气。男女群居混杂在一起，没有任何区别，因此便尊重礼治。

人的生命中存在情欲，有的淫乱过分，便威胁别人，他人不得已来应付，就产生了不和，因此便倡导乐教。

所以仁、义、礼、乐这些规定，可以补救暂时的失败，而不能解决治理天下的根本问题。

刘安对仁、义、礼、乐这些儒家所崇尚的道德观念，阐述得准确而充分。可知刘安在建立自己的思想体系时，对儒家思想做了非常精深的研究。

道德与仁义的位置是怎样的呢？刘安指出："仁义不能比道德大，仁义在道德之中。"刘安并不是全部否定"仁义"，而认为解决人伦沦丧的根本途径，仍然是要提倡"道德"，恢复人的本质天性。《淮南子·本经训》中这样说：

仁，是用来制驭相互争斗的；义，是用来限制本性丧失的；礼，是用来遏制相互淫乱的；乐，是用来解除忧愁的。

在天下精神清明安定了，而意识就会返回到当初未有情欲之时，意识返回到当初，那么百姓便出现没有情欲的善良之性；返回到善良之性，而天地、阴阳的变化便可以包容进去了。那么财物充足而人民安静了，贪婪庸俗的争斗的情况就不会出现了。从这里可以看出，仁义可以不必使用了。道德在天下确立了，而百姓就会纯真质朴。

可知"道德"包含了"仁义"，只有提高人们的道德修养，才是解决自私、争夺、淫乱、虚伪、欺骗等的根本方法，而靠"仁义"是担负不起这项重任的。因为"仁义"的本身，就有一定的局限性。刘安对此也有阐述。《淮南子·精神训》中说：

现在儒生不探求造成欲望的根本原因，而禁止所想得到的权欲奢侈；不探求造成快乐的原因，而禁止人们想得到的快乐，这就像想掘开长江、黄河的源头，而用手来阻挡它一样。

这里指出，儒家所孜孜追求的仁义、礼乐等伦理观念，是治标而不治本的片面之举，这就注定了他们的观点行不通。

不仅如此，儒家竟靠招摇撞骗、沽名钓誉，来推行他们的"仁义""礼乐"等制度。《淮南子·俶真训》中说：

周朝统治衰败以后，先王所推行的王道被废除了，儒、墨两家开始分离而议论，两方信徒互相进行辩论。在这种情况下，运用广博的知识来模仿圣人，用美好的言辞来胁迫大众，用舞蹈、唱歌、奏乐，赞誉粉饰《诗》《书》，来向天下收买名誉。他们制订繁琐的臣下进见国君之礼，装饰带有佩带和礼帽的服饰，即使聚集很多人，也不能弄清它的变化；积累很多财物，也不够供给他们的费用。在这种情况下，老百姓便被糊里糊涂地引向邪路，各人想要施展自己的智巧，来求得逢迎于世，以便索取各种名利地位。

可知儒家所推行的伦理观，是使天下造成混乱，人心受到污染，社会走向腐败的原因之一。这种做法，距离人的本性是越来越远了。

刘安的伦理思想，为解决人类江河日下的道德衰败，恢复人的自然本性，提供了一副有价值的良药。它对净化人的灵魂，陶冶人的情操，尊重人的天性，医治人的精神创伤，促进社会进步，创造自然和谐的人类生存的环境，具有独到的意义。

四、教育观：学不可已

刘安的教育思想，也有其鲜明的特色。他特别强调德行修养和学习技艺，重视知识积累，倡扬励志求学，这在秦汉思想家中是独树一帜的，也与老、庄迥然不同。

刘安对于教育的作用，特别重视，认为它比法律、礼乐、仁义等起的作用还要大。《淮南子·泰族训》中说：

法律能够杀死不讲孝道的人，但是不能使人们达到孔子、曾子的高尚品行；法律能够刑断盗窃之人，但是不能使人像伯夷那样廉洁。

孔子弟子中贤人七十，培养了学生三千人，都能够做到入家讲孝，出外讲悌，言辞具有文采，行为可以作为表率，这是教育所达到的结果。

信奉墨子学说的百八十人，都可以使他们扑向烈火，脚踏利刃，至死不回头，这是教化而养成的。

可知教育的感化作用是多么巨大。刘安在《淮南子·脩务训》中比喻说：

纯钩、鱼肠这样的宝剑开始倒出模型的时候，用来砍杀则不能使外物断裂，用来击刺则不能进入物体之中。等到放在砥砺之上，磨利它的锋刃，那么在水中可以斩断龙舟，在陆地上可以截断犀甲。明镜在开始倒出模具的时候，模糊看不清面容。等到用玄锡来抛光，用白色毛毡加以摩制，那么鬓发眉毛，一点极微小的差别，都可以看得很清楚。学习也是人的磨刀石和玄锡。而有人却说学习没有益处，提出这种观点的人，是彻底错了。

刘安把学习比作"磨刀石"和"玄锡"，能够把人类的愚昧荡涤干净，培养出全新的、有用的人才。可知淮南王对教育、学习是多么重视了。

刘安指出，施行教化，要按照人类的本性来进行，因势利导，才能水到渠成。《淮南子·泰族训》中说：

先王制定法规，按照百姓的喜好而对他们进行节制修饰。

按照他们的爱好异性美色的本性，而制定了婚姻的礼节，因此男女之间才有了区别；

依照他们的喜爱音乐的特性，而有了纯正的《雅》《颂》之声，所以风气习俗不致趋于下流；

根据他们需要家室安宁、妻儿快乐的要求，用和顺来教导他们，因此父子之间讲究亲近的关系；

按照他们喜爱交结朋友，而用弟从兄来教诲他们，所以长幼之间讲究次序。

这些都是人的本性之中本来就具有的，而圣人把他们完备化了。因此人如果没有这样的本性，便不能加以教训，有这种本性而不加以修养，便不能遵循大道。

因此先王的教化，是按照百姓所喜爱的，来勉励他们推行善事；根据他们厌恶的，来禁止奸邪。

这种教化，根据人的天性来加以引导，就能容易使人走上正道；若是违背人性的要求，采取强制的手段，就会适得其反。

"教"与"学"，是进行德行教育的两个方面。刘安认为，只有学习，才能求得知识。《淮南子·脩务训》中论述知识传授的重要性时说：

现在使人生活在荒凉偏僻的国度里，生长在破烂不堪的房舍里，长大没有兄弟，少时没有父母，眼睛里不曾见到礼仪，耳朵里不曾听说圣贤之道，独自困守在隔绝的房子里而不准出门，这样即使他的天性不愚蠢，那么他的知识一定是很少的。

刘安指出，人非生而知之，而是靠后天的接触社会、师长传授，才能得到知识。如果后天不求学，即使天资聪颖者，也会变成孤陋寡闻之人。

社会上各种人物，对待学习的心态，是五花八门的，刘安对此进行了详细分析，鲜明地表达了自己的观点。《淮南子·览冥训》中说：

圣德之人的学习，是想把性情达到纯朴的境界之中。通达知命人的学习，是想提高自己的意识修养。世俗之人的学习，则完全是为了骗取虚名，哗众取宠。

刘安对"非学"的观点进行了批评。《淮南子·脩务训》中说：

社会的习俗废弛衰败，而非难学习的人增多。他们认为天性有高低的不同，就像鱼的跳跃高度不同，喜鹊的羽毛混杂不一，这是自然形成的，不能够增加、减少，因此不必要学习。我认为不是这样。

刘安举例说，一个小马驹，扬起蹄子，时跳时跃，人们不能禁止它。等到养马人把它驯服后，再用高明的驭手训练它，那么即使面对险阻、堑壕，也不敢违抗。马的形体没有变化，这是教训它所造成的。马是个无知的动物，还有待教训才能成功，何况是人呢？

学习不能进步，除了"非学"的错误认识外，还跟缺乏毅力、不能持之以恒，有着直接的关系。《淮南子·泰族训》中充满遗憾和惋惜地说：

人们没有不知道学习是有益于自己的，然而却不能够做到它，其原因就是嬉戏危害了他。人们大都用无用来妨碍有用，因此智慧不广博而每天都感到知识不够用。

拿挖掘水池的力量来耕作，那么田野必定能开辟了；用堆积高高的土山来修筑堤防，那么用水必定充足了；用喂养狗、马、鸿雁的食粮，来奉养知识分子，他的名誉就必定显耀了；拿打猎、下棋的时间，来读《诗》《书》，他的见识就必定十分广博的了。因此，学习和不学习之间的差别，就像聋哑人和正常人一样。

刘安的见解多么高明！古往今来，凡是游手好闲、吃喝玩乐、不务正业的人，不可能在学术上取得成就。淮南王对大量资财用在凿池沼、修假山、养玩禽、打猎博弈上，感到十分可惜。他无限伤感地说，把那些装进狗马肚子里的费用，用来养士，那么学业可以大进，事业可以大成，治政的名声一定是显赫的了。像这样竭力倡导学习，谆谆劝学，认识学习的重要性，具有如此精深见解的诸侯王，在中国数千载的封建社会中，是绝无仅有的。

刘安大声疾呼，要想成就学业，一方面要求师，一方面要"自强"。《淮南子·脩务训》中说：

生活在贫瘠土地上的人，多有创业之心，这是身心疲劳的结果；生活在肥沃土地上的人，多有不成器的人，这是富裕享乐的结果。从这里可以看出，聪明的人不能成事，不如愚笨的人好学深思。从国君、公卿，直到庶民百姓，自己不能发愤图强，而能够大功告成的，在天下是没有的。因此《诗经》中说："日日有所成就，月月有所奉行，为积累学习到光明。"说的就是这样的事。

只有自己奋力拼搏，那么"名声是能够勉力求得的，功业是可以努力成就的"。

刘安从切身的体验中，深切认识到，"学不可已"。知识的海洋是无穷无尽的，只有孜孜不倦，勤于求索，才能获得渊博的知识。《淮南子·脩务训》中指出：

从前仓颉创造文字，容成制造历法，胡曹教人做衣裳，后稷种植五谷，仪狄造酒，奚仲制造车子，这六个人都是掌握了变化莫测的道理，具有超人的聪明才智，而留下了光辉的业绩。

周朝以后，没有出现六子这样有才能的人，而都能从事他们的事业；当代的人，没有一个人具有六子这样的才智，而都能了解六子的技艺，这是为什么？一代代的教训使他们的技艺延续下来，而凭着知识才能够代代相传。从这里可以看出，学习不可以停止，是十分明确的。

仓颉、容成、胡曹、后稷、仪狄、奚仲，都是中国古代的发明家、科学家，后辈虽然没有他们的才能，但是也能够懂得他们的创造发明，而且他们创造的文明，能够一代代沿袭下来，这就是教育的作用。

在学习方法上，刘安重视知识的积累，反对形式主义的学习。《淮南子·泰族训》中说：

人们所知道的东西，都是很肤浅的，而万物的变化，则是无穷无尽的。过去不知道，而现在知道，不是智慧增多了，而是靠询问学习增加了知识。

只要勤学不倦，长期积累，就能有所成就。《淮南子·脩务训》中说：

现在眼睛瞎了的人，不能分辨白天和黑夜，分不清白色和黑色。但是弹琴抚弦，运用参弹、复徽等手法，时而收拢拉长，进而铺陈，指法熟练，不会弹错一弦。假使不曾鼓过瑟的人，即使有离朱那样明亮的眼睛，攫援那样敏捷的手指，也不能自由伸缩。为什么这样呢？长期积累而养成了习惯，才达到这样的效果。盲人乐师高超的技艺，就是"服习积贯"所达到的。

对于世俗学者拉虎皮，蒙骗世人，而学子却专门模仿，而不求真谛的学习，刘安是持批评态度的。《淮南子·脩务训》中说：

世俗之人，大多尊重古代而轻视现代，因此创立学说的人，必定托词于神农、黄帝，然后才能建立自己的学说。

从事学习的人，也被他们的观点所蒙蔽，而对他们的见闻很尊重。互相端正地坐着来加以称颂，摆正衣领而诵读它们。他们对于是非，是这样的分辨不清。

这种追风、托古的学风，严重地影响了学术的发展，也贻误缺少独立思维精神的学子。就像《淮南子·脩务训》中记载的"邯郸学曲"一样：

邯郸的乐师谱制了新的曲子，假托这是古代著名音乐家李奇所作，许多人都争着去学唱。后来知道不是的，便都把曲谱抛弃了。这说明那些人并不是真正懂得音乐。

这个故事告诉我们，向外界学习，不要盲从所谓"大师"名人，不能迷信所谓古人，要有自己的独到见解，不能人云亦云，以致真假不分，善恶莫辨。

第三节　刘安的科学观

淮南王刘安和众多门客的自然科学研究，重在科技创新，成就至为卓绝，代表了西汉的最高科学水平。有许多成果沿用两千余年，至今仍然熠熠生辉。

一、天文学研究

在我国古代人民的日常生活和农业生产中，特别是黄淮等流域的人民，同二十四节气结下了不解之缘。比如，黄河中下游地区流行"秋分早，霜降迟，寒露种麦正当时"的种麦经验，告诉人们从9月下旬初到10月上旬末，是播种冬小麦的最好季节。这些节气农谚，对农业生产有一定的指导意义。

第一次对二十四节气进行科学总结和完整记载的，则是《淮南子·天文训》：

两维之间，九十一度十六分度之五，而斗日行一度，十五日为一节，以生二十四时之变。

斗指子，则冬至，音比黄钟。

加十五日指癸，则小寒，音比应钟。

【加】十五日指丑，则大寒，音比无射。

加十五日指报德之维，则越阴在地。故日距日冬至四十六日而立春，阳气冻解，音比南吕。

加十五日指寅，则雨水，音比夷则。

加十五日指甲，则雷惊蛰，音比林钟。

加十五日指卯，中绳，故曰春分，则雷行，音比蕤宾。

加十五日指乙，则清明风至，音比仲吕。

加十五日指辰，则谷雨，音比姑洗。

加十五日指常羊之维，则春分尽，故日有四十五日而立夏。大风济，音比夹钟。

加十五日指巳，则小满，音比太蔟。

加十五日指丙，则芒种，音比大吕。

加十五日指午，则阳气极，故日有四十六日而夏至，音比黄钟。

加十五日指丁，则小暑，音比大吕。

加十五日指未，则大暑，音比太蔟。

加十五日指背羊之维，则夏分尽，故日有四十六日而立秋，凉风至，音比夹钟。

加十五日指申，则处暑，音比姑洗。

加十五日指庚，则白露降，音比仲吕。

加十五日指酉，中绳，故曰秋分，雷藏，蛰虫北乡，音比蕤宾。

加十五日指辛，则寒露，音比林钟。

加十五日指戌，则霜降，音比夷则。

加十五日指蹄通之维，则秋分尽，故日有四十六日而立冬，草木毕死，音比南吕。

加十五日指亥，则小雪，音比无射。

加十五日指壬，则大雪，音比应钟。

加十五日指子。

这里的"维"，高诱注："四角为维也。"《黄帝内经·至真要大论》："其在四维。"张志聪《集注》："维者，春夏之交，夏秋之交，秋冬之交，冬春之交，四隅之四维也。"一周天分为"四维"。

"绳""钩"，《天文训》中说："子午、卯酉为二绳，丑寅、辰巳、未申、戌亥为四钩。东北为报德之维也，西南为背阳之维，东南为常羊之维，西北为蹄通之维。"高诱注："绳，直。"《说文》："钩，曲也。"本义指弯曲的钩子。引申有勾连义。可知"二绳"，子午，连接冬至、夏至；卯酉，连接春分、秋分。分出两"分"两"至"。

"四钩"，丑寅，报德之维，连接冬春；辰巳，常羊之维，连接春夏；未申，背阳之维，连接夏秋；戌亥，蹄通之维，连接秋冬。可知"四钩"，分出四"立"。

由此可知，二十四节气全年为365$\frac{1}{4}$日，两维之间为91$\frac{5}{16}$度。具体分配是：冬至——大寒46日，立春——惊蛰45日，春分——谷雨46日，立夏——芒种46日，夏至——大暑46日，立秋——白露46日，秋分——霜降46日，立冬——大雪45日。

确定二十四节气的标准之一，是北斗斗柄的运行方向。北斗的运行，同月亮、太阳、二十八宿度数、十二音律、十二月等相配合，组成了一个古代完整的、科学的历法、天象体系。二十四节气包括历法、天象、节令、气温、降雨、降雪、物候、农事、天干、地支、十二律等内容。二十四节气的名称，涉及的范围主要有三类：

第一类是表明季节的。如二"分"、二"至"、四"立"，就是一年中四季的准确划分。《淮南子》中的"四维"，就是划分"四立"的理论依据。二次"中绳"，即是"二分"的根据。

第二类是表明气候特征的。表示温度变化的有大、小暑，大、小寒。

反映降雨、降雪量的时间和强度的如雨水、谷雨、小雪、大雪等。表明气温逐渐下降以及水汽特点的有白露、寒露、霜降等。

第三类是反映物候现象的。小满、芒种，表明农作物的成熟、种植、收获情况。惊蛰、清明，反映动物及植物活动的情况。

可知二十四节气具有极强的规律性和实践性，它充分说明，刘安及其门客具有超群的智慧和高度的科学水平。对于这样精妙的安排，不光是当时的域外各国望尘莫及，就是两千年后的外国人也极为叹服。而西方一直只使用二分、二至四个节气，其余的则没有涉及。

二十四节气的发生、发展和定型，经过了一千多年的漫长的时间。春秋时代就有了二"分"、二"至"的概念。《左传·昭公十七年》中记载：

> 玄鸟氏司分者也，伯赵氏司至者也，青鸟氏司启者也，丹鸟氏司闭者也。

"分""至""启""闭"，指的是春分、秋分，夏至、冬至，立春、立夏，立秋、立冬。《夏小正》中也使用了启蛰、雨水等节气名称。在秦代成书的《吕氏春秋》中，也有立春、立夏、立秋、立冬、雨水、白露等有关名称。只有到了刘安时代，继承了前人的优秀成果，并且进行了全面的观察和研究，才第一次确立了二十四节气的科学体系。它为我国古代人民掌握自然规律、发展农业生产、振兴国家经济，起到了巨大的作用。

2016年11月30日，联合国教科文组织把中国申报的"二十节气"列为"代表作名录"，举国欢欣。二十四节气的产生地望在淮南国故都寿春，它的地理和气候条件是淮河——秦岭一线的中国南北气候自然分界线，它的产生至今已经2158年。只要太阳、月亮、北斗、二十八宿、地球存在，就会有二十四节气。

我国古代人民，为了准确地掌握四季转换的规律，精确地指示出日、月、五星的位置和运行规律，经过长期的观测和实践，便创立了二十八宿的体系。二十八宿除了标志日、月、五星、彗星等的运行位置和各个恒星所在的位置以外，它还可以规定一年四季，划分二十四节气，编写历书，用来指导农业生产等，作用相当大。对于二十八宿，《淮南子·天文训》中记载：

> 星分度：角十二，亢五，氐十五，房五，心五，尾十八，尾十一四分之一，斗二十六，牵牛十八，须女十二，虚十，危十七，营室十六，东壁九，奎十六，娄十二，胃十四，卯十一，毕十六，觜嶲二，参九，东井三十，舆鬼四，柳十五，七星七，张、翼各十八，轸十七，凡二十八宿也。

淮南王对于二十八宿的记载，其价值主要在两个方面：

其一，完整地列出了二十八宿的星名，使二十八宿的观测和研究定型化。

其二，测出了以赤道为标准的二十八宿每宿的距度，也就是沿赤道上所测得的其初点之距离。二十八宿各宿的距度总和为$365\frac{1}{4}$度。《淮南子》中对二十八宿距度研究之成果，被《汉书·律历志》所接受，而记载在史籍之中。二十八宿的名称，虽然不是刘安首先确立的，但是他对二十八宿的方向、位置、距度等的测定，则是淮南王及门客全部完成的。

《淮南子》中对彗星也有重要的记载。《兵略训》中说：

> 武王伐纣，东面而迎岁，至汜而水，至共头而坠，彗星出而授殷人其柄。当战之时，十日乱于上，风雨击于中，然而前无蹈难之赏，而后无遁北之刑，白刃不毕拔，而天下得矣。

周武王讨伐商纣王之事，《史记·周本纪》中说："十一年十二月戊午，师毕渡盟津，诸侯咸会。"但是具体哪一年出师，众说纷纭，据说有44种说法。万国鼎《中国历史纪年表》定在前1027年，英国科学史家李约瑟《中国科技史》中认定是在前1030年。夏商周断代工程定在前1046年。用干支纪年法、王公纪年法等，都不能得到准确的结论。我国天文学家张钰哲（1902—1986）近年关于哈雷彗星的回归研究，认为武王伐纣时"彗星出"，应在前1057年—前1056年。根据《淮南子》中这条完整的哈雷彗星的回归记录，为解决了千古疑案提供了一定的依据。

除此之外，《淮南子》中关于北斗、分野观、五星及岁星纪年，对于太阳黑子、地震、宇宙模式及盖天说，宇宙起源论，五行和阴阳学说等方面，都有许多独特的见解，在我国古代天文学研究上，留下了极其光辉的一页。

二、物理化学探秘

人类在进化发展中，太阳是最为密切的伙伴，它源源不断地给人类送来光和热。现在，人们对无穷无尽的太阳能的开发利用，更成了当代的热门课题。《淮南子》中对于利用热能，也有许多精彩的记述。

刘安在《淮南子·原道训》中记载："两木相摩而然。"这就是钻木取火。《淮南子·天文训》中载："故阳燧见日，则燃而为火。"高诱注中说：

> 阳燧，金也。取金杯无缘者，熟摩令热，日中时以当日下，以艾承之，则燃得火也。

高诱说是用铜杯去掉边缘，经过摩擦，产生一定的热度，太阳当午时，对着太阳，用干燥艾叶来承接，那么就可以得到火。而许慎《淮南子》注中说：

> 阳燧，五石之铜精，圆而仰日，则得火。

根据许慎的记载，要用"五石"进行冶炼，可能得到类似玻璃的一种透明材料，铸成阳燧。两人记载虽然不同，但取火则是相同的。

阳燧制好以后，还要进行抛光处理。《淮南子·脩务训》中说：

> 明镜之始下型，曚然未见形容，及其粉之以玄锡，摩之以白旃，则鬓眉微毫，可得而察。

这里说的是铜镜。"阳燧"亦镜类，工艺要求相似。铸造定型后的阳燧，镜面是不太平正的，对受光产生一定影响。用一种"玄锡"粉敷在上面，又用毛毡加以摩擦，才能平正而发亮。"玄锡"有人说是水银，有的说是铅粉，还有说是铅汞剂，亦可能是氧化锡。这种抛光工艺，在现代光学仪器生产中还使用着。值得欣喜的是，1980年上海博物院和中国科学院上海材料研究所用锡、汞、矾、明矾、枯矾、鹿角灰等原料，配成"磨镜药"，疑与"玄锡"相似。

刘安对阳隧取火的原理即"聚焦"也有描述。《淮南子·说林训》中说：

> 凡用人之道，若以燧取火，疏之则弗得，数之则弗中，正在疏、数之间。高诱注："疏，犹迟也；数，犹疾也。"

按：高诱注解有误。凹面镜聚焦取火，与"迟""疾"无关。注文当作："疏，远也；数，近也。"就是说，凹面镜对日聚焦取火，火媒离镜面不宜太远或太近，而应当远近适当，即正好在焦点上。这与现代的"焦距"观点相近。虽然"阳燧"的发明权可能是周代人，但是刘安对其抛光和聚焦的研究，都具有独创性，它是光学研究中的一个重大进步。

对太阳能的研究利用，刘安及其门客还有一项突出的成就，就是根据凸透镜原理制成的冰透镜。《淮南万毕术》中说：

> 削冰令圆，举以向日，以艾承其影，则火生。

它的制作方法是：把坚冰打磨成圆形凸透镜的形状，对着太阳，能够使光线折射会聚为太阳的"影子"（像），把艾叶放在后面，就能使它燃烧。水、火不相容。制成冰透镜以后，却能得到火而不致融化，这真是巧夺天工的创造。这个重大发明，引起了历代学者的极大兴趣。晋代学者张华《博物志》卷四中说：

> 削冰令圆，举以向日，以艾于后承其影，则得火。

其后，宋代陆佃的《埤雅》、明际方以智的《物理小识》、清代朱骏声《说文通训定声》等著述，均作了转录，并予以赞扬和肯定。

淮南王除了对凹、凸透镜作了精心研究之外，还有关于潜望镜的记载。我们知道，多面平面镜组合在一起，有时能改变光的前进方向，还可以获得奇异的复成像。《淮南万毕术》中说：

> 取大镜高悬，置水盆于其下，则见四邻矣。

刘安根据平面镜组合反射光线的道理，制成了中国最早的开管式"潜望镜"，能够隔着墙壁观察户外的景物，这个装置虽然简单，但是却影响深远，它是近代使用的潜望镜的先驱。

《淮南子》中对磁学也有较多的记载。《淮南子·览冥训》中说:

> 若以磁石之能连铁也,而求其引瓦,则难矣。

> 夫燧之取火于日,磁石之引铁,蟹之败漆,葵之向日,虽有明智弗能然也。

《淮南子·说山训》中也说:

> 磁石能引铁,及其于铜,则不行矣。

这里指出,磁石具有吸引铁器的性能,如果引瓦、引铜就不行了。这里指出,铁磁体与非铁磁体的区别。

刘安还对人工磁化进行了研究。《淮南万毕术》中记载:

> 取鸡血与针磨捣,以和磁石,用涂棋头,曝干之,置局(棋盘)上,则相拒不休。

这种办法是利用磁性同性相斥的原理,以天然磁石的磁场作用,使"针"内部的单元小磁体——磁畴由杂乱排列而变为规则的排列,从而使"针"显示出磁性来。之所以用"针",是因为"针"的剩磁力强,可以成为永磁体。

《淮南子》中对力学也有大量的记载。《主术训》中说:

> 今夫桥直植立而不动,俯仰取制焉。

这是利用杠杆原理,用力相同的两个力,能处于平衡状态。这里的"桥",指的是横杆;"植",指的是支撑的直木。这个装置,就是桔槔。如要取水时,只需在一头加重,另一头必然上升。这样一高一低,水便可以灌上来,既方便又省力。

当然,桔槔取水的记载,早在《墨子·备城门》《庄子·天运》中已经见到,刘安进而从理论上给以概括。

对杠杆支点的利用,《主术训》中说:

> 十围之木,持千钧之屋;五寸之键,制开阖之门。岂其材之巨小足矣,所居要也。

《主术训》中还记载:

> 七尺之挠,而制船之左右者,以水为资也。

挠，通"桡"，即是船桨。用桨划水使船前进，也是杠杆原理的运用。

《淮南子》中还记载了一个违背力学原理的例子。《人间训》中记载：

> 高阳魋将为室，问匠人。匠人对曰："未可也。木尚生，加涂其上，必将桡。以生材任重涂，今虽成，后必败。"高阳魋曰："不然！夫木枯则益劲，涂干则益轻，以劲材任轻涂，今虽恶，后必善。"
> 匠人穷于辞，无以对，受令而为室。其始成，竘然善也，而后果败。

从力学方面来说，原来未经干燥的木头，虽然接榫是紧的，但是缩水以后，就会变松。支点发生变化，两边的力矩就要改变。原来是湿木头保持的平衡，干燥以后则要变形，力矩便不能保持平衡了。这样支点、力矩都发生了变化，房屋当然就要倒塌了。

《淮南子》中还有运用浮力的记载。《齐俗训》中记述了一件重要的发明：

> 鲁班、墨子，以木为鸢而飞之，三日不集。

这个记载尚见于《墨子·鲁问》和《韩非子·外储说左上》，但字句稍有不同。这是世界飞行史上最早的飞行器，利用空气的浮力作用，在天空自由飞翔。

《淮南子·道应训》中记载了孔子观"宥卮"的故事：

> 孔子观桓公之庙，有器焉，谓之宥卮。孔子曰："善哉！得见此器！"颜顾曰："弟子取水。"水至灌之，其中则正，其盈则覆。

接着孔子又对弟子讲述了"持盈之道"的哲学观点。

这种"宥卮"用的是力学中的重心理论。当水壶空着的时候，因为容器的重心略近于支点之上，用绳把壶悬挂起来时，壶身略有倾斜。当壶中注水达到一定量的时候（60%～70%），水壶重心下降到支点之下，壶就不倾斜而直立。当在壶中继续注水，使重心升到支点之上时，壶便又自动倾斜。这种壶是利用重心和定倾中心相对位置与浮体稳定性的关系而制造的。

这种"宥卮"，属于距今五千多年的仰韶文化的西安半坡出土的盛水陶罐，就与此相同。战国时代的《荀子·宥坐》中也有记载，称为"欹器"。到了汉代，最完整和准确的记述，则是《淮南子》。

对"雷""电"形成原因的研究，秦汉时代无过刘安者。《天文训》中说：

> 阴阳相薄为雷，激扬为电。

刘安认为，由于阴气、阳气彼此迫近而产生雷，相互剧烈作用下便产生了电。这是第一次对"雷""电"成因，给以合理的科学解释。

《淮南子》中对放电现象也有经验性的总结。《说林训》中说：

> 荫不祥之木，为雷霆所扑。高诱注："扑，击也。"

这就说明，有些高大的树木，在雷雨天气中，带电云层经过时，就有可能发生放电现象，或击毙人畜，或烧死树木。但是他认为是由于不吉祥的树木所引起的，则是错误的。

刘安在化学方面的重大贡献，是关于炼丹术、炼金术方面的研究。中国乃至世界的化学史，源于中国古代的炼丹术，这是公认的事实。

所谓炼丹术，就是用一些矿物药物提炼"长生不老"的"金液"和"还丹之术"，以供食用。《汉书·艺文志》中记载刘安著有"《中篇》八卷，言神仙黄白之术"。《汉书·刘向传》中也载有刘安的《枕中鸿宝苑祕书》，刘向曾经根据其中的方法提炼黄金，但没有成功。可知这两部著作是炼金、炼丹术的专著。

在今本《淮南子》中，虽然没有直接言及炼丹、炼金，但是书中和淮南王其他著述中涉及了不少的矿物，都是炼丹的主要原料。其中有：

丹砂（HgS），属硫化物。《淮南万毕术》载："丹砂为汞。"

硫黄，即雄黄。在矿中质软如泥，见空气即变硬。《天文训》中说："流黄泽，半夏生。"

石精，大约与赤石脂（Fe_3O_3）相似。《天文训》有"石精出"。

磁石（Fe_3O），云母（$H_2KAL_3·SiO_4$），《地形训》中有："磁石上飞，云母来水。"

曾青（空青$Cu(OH)_2·CuCO_3$），《淮南万毕术》中有："曾青得铁化为铜。"

礜石（Fe A$_s$S），《说林训》中记载："人食礜石而死。"

这些矿物，在《神农本草经》中都指出其有养生、延年，"久服成仙"的记载。

炼丹术中首先提炼的是水银。"丹砂为汞"，就是从丹砂中提炼出水银。提炼水银通常用的是火法。红色硫化汞一经加热，便会分解出水银。水银和硫黄化合生成黑色硫化汞，再加热使它升华，就又恢复到红色硫化汞状态。这便是方士所称的"还丹之术"。

淮南王还有水法炼丹的记载。它是利用水溶液中的金属置换反应进行的。《淮南万毕术》中记载：

> 曾青得铁化为铜。

曾青，指的是天然硫酸铜，它是从辉铜矿（Cu$_2$S）或黄铜矿（CuFeS$_2$）与潮湿空气接触而形成的。它的溶液与铁接触后，铁便能置换硫酸铜中的铜。晋代葛洪在《抱朴子·内篇》的《黄白篇》中记载了自己的试验：

> 以曾青涂铁，铁赤色如铜。外变而内不化也。

这就说明，刘安和门客对这个试验也是做过的，其结论并为葛洪所证实。这个反应发展到宋代，形成了大规模的水法炼铜——胆铜法的新工艺。

刘安和科研团队在炼丹术方面的贡献是巨大的。

首先，它对十多种乃至几十种矿物及化合物的性质、功用、化合情况进行了研究，这些成果许多是开创性的。

其次，由对化学的研究，进而影响到其他各种科学领域。如对医学的影响就十分深远。《淮南万毕术》中载："夜烧雄黄，水虫成列。"现在知道，雄黄有抗菌及抗血吸虫病的作用，用作治疗人体疾病的范围很广，杀虫解毒功效尤佳。

再次，炼丹术扩大了中西文化交流。后来，中国的炼丹术传播到阿拉伯，并由此传入欧洲。英国科学史家李约瑟《中国科学技术史》中指出："整个化学最重要的根源之一（即使不是唯一最重要的根源）是道道地地从中国传出去的。"这是结论非常正确。

最后，炼丹术的发明，出现了新的科学成就，即火药的发现。在火法炼丹的过程中，火候控制很重要，否则就要发生火灾事故。炼丹家把硫黄、雄黄、硝石等放在一起燃烧，便可以分解出碳。而硫黄、硝石、炭合在一起就是最初的黑火药，极易爆炸。后代的火药就是在此基础上产生的。

三、农学、水利与气象

农业作为立国的根本，历代政治家都对发展农业生产，振兴农业经济，予以高度的重视，刘安也不例外。

《淮南子》中记载了古代农业发明家的不朽业绩，第一位是神农。《脩务训》中说：

> 古者民茹草饮水，采树木之实，食蠃蛖之肉，时多疾病毒伤
>
> 之害。于是神农乃教民播种五谷。

《隋书·经籍志》有《神农本草经》三卷。这是最早的托名神农的著作。

第二位是后稷。《泰族训》中记载：

> 后稷垦草发菑，粪土树谷，使五谷各得其宜，因地之势也。

神农和后稷，对开发西北和黄河流域，发展农业生产，建立了巨大的功绩。

《淮南子》中对土质情况也有记述。《地形训》中说：

> 轻土多利，重土多迟。
>
> 坚土人刚，弱土人肥，垆土人大，沙土人细，息土人美，耗
>
> 土人丑。

这里虽然谈的是土质与人类性格形成之间的关系，但是对七类土壤的性能和类别，留下了重要的记录。

刘安对农业政策和农事活动，也有很高明的见解。《主术训》中说：

> 是以群生遂长，五谷蕃植。教民养育六畜，以时种谷；务脩

田畴，滋植桑麻。肥墝高下，各因其宜；丘陵险阪，不生五谷者，

以树竹木。春伐枯槁，夏取果蓏，秋畜疏食，冬伐薪蒸，以为民资。

是故生无乏用，死无转尸。

刘安指出，农、林、牧、副（桑麻）要四业并举，不能偏废。土地有高有低，有肥有瘠，要因地制宜，合理安排，能粮则粮，能树则树。这样就能按照季节的不同，源源不断地获得生活资料。

对全年的农作物的收获和种植，《主术训》中有这样的规定：

昏张中，则务种谷。大火中，则种黍菽。虚中，则种宿麦。昴中，

则收敛畜积，伐薪木。

这里说，朱雀七宿的张星黄昏时出现在中天，时值春三月，要抓紧时间种植谷类。四月，要不失时机播种黍类和谷类。八月，要种越冬小麦。季秋之月，要及时收获。

可知《淮南子》中对农业政策、农事活动、农作物的种植与收获等，都做了明确的规定。特别是根据二十八宿中的天象来安排指导农事，在古代典籍中是极为罕见的。

刘安和门客所发明的豆腐，为中华民族的繁衍发展，养生健身，防病治病，留下了极为宝贵的财富，至今仍为中国和世界人民所称道。

刘安研制豆腐，在古籍中记载甚明。最早的记载，是南北朝时南朝梁代谢绰《宋拾遗录》，其中说：

豆腐之术，三代前后未闻。此物至汉淮南王亦始传其术于世。

（后晋）刘昫撰《旧唐书·经籍志》有“《宋拾遗录》十卷，谢绰撰”。（宋）欧阳修撰《新唐书·艺文志》记载相同。（元）陶宗仪撰《说郛》卷五十九下，引《宋拾遗录》逸文八条。（清）李兆洛《凤台县志》卷二、（清）陈元龙撰《格致镜原》卷二十四等，都引述了《宋拾遗录》淮南王发明豆腐的记载。

（宋）朱熹（1130—1200）撰《晦庵集》卷三，载有所作十三首素食诗，其中《豆腐》云：

世传豆腐乃淮南王术。

种豆豆苗稀，力竭心已腐。

早知淮王术，安坐获泉布。

元朝吴瑞所作《日用本草》云："豆腐之法，始于汉淮南王刘安。"其书记录食物540多种，分为米、谷、菜、果、禽、虫等八类，是元代一部专论食疗的代表作。

明代以后，关于豆腐的记载则逐渐增多，主要有：

叶子奇（1327？—1390）撰《草木子·杂制篇》（约成书于1378年以后）中载："豆腐始于汉淮南王刘安之术也。"

苏平（约1435年）的《咏豆腐》诗中说："传得淮南术最嘉，分明水底炼精华。"

明代著名药物学家李时珍（1518—1593）在其巨著《本草纲目》中曾引用《淮南子》《淮南万毕术》《淮南八公相鹤经》、三十六水法等淮南王及八公著述。其中二五卷《谷部》则有详细的记载：

豆腐之法，始于汉淮南王刘安。

凡黑豆、黄豆及白豆、泥豆、豌豆、绿豆之类，皆可为之。

造法：水浸砐碎，滤去滓，煎成，以盐卤汁或山矾叶或酸浆、醋淀就釜收之。又有入缸内，以石膏末收者，大抵得咸、苦、酸、辛之物，皆可收敛尔。

其面上凝结者，揭取晾干，名豆腐皮，入馔甚佳也。

味甘、咸、寒，有小毒。

这里指出了豆腐的发明者、原料、制法、工艺流程、豆腐皮及其药性。可以说，李时珍对豆腐之法保留了完整的记述。

清代嘉庆年间李兆洛（1769—1841）担任凤台县令时所修《凤台县志·食货志》云：

屑豆腐，推珍珠泉所造为佳品。俗谓豆腐创于淮南王，此盖其始作之所。

八公山豆腐用山泉水所造，细嫩洁白，质地极佳，今其址犹存。

豆腐自刘安研制出来以后，很快蔓延开去，成为国内外饮食界最受欢迎的食品。如古代淮南国治下的凤阳，明代产生了宫廷名菜——凤阳酿豆腐，风行沿淮地区。陆游所记南宋时代的煎豆腐，今川东流行的口袋豆腐，清代同治年间产生的麻婆豆腐，北宋苏轼烹制的东坡豆腐，杭州的冻豆腐，屯溪的霉豆腐，无锡的镜箱豆腐……豆腐至今可作菜肴四百余种，也成为宫廷、寺院、各民族地区、域外各国的佳肴。

豆腐传入日本较早。至今见到与中国名称、写法完全相同的记载，是日本建武五年（元顺帝至元四年，即1338年），日本文献《嘉元记》中"豆腐汁"的名称。传入朝鲜，据《李朝实录》中所说，是在南宋末叶。在清末传入欧洲和美洲。从而使"豆腐"成为名副其实的"全球食品"。

刘安特别重视兴修水利，来为人类造福。《淮南子》中第一次记载了我国两项大型水利工程——春秋时的楚国期思、雩娄灌溉工程和秦朝的航运工程灵渠。

《人间训》中记载：

> 孙叔敖决期思之水，而灌雩娄之野。

孙叔敖（前630？—前593）是楚国著名的政治家，由期思（今河南淮滨）之"鄙人"，而被提拔为令尹，帮助蛮夷之君楚庄王（？—前591）成就了霸业。

期思、雩娄灌区大约兴建于前600年，是我国最早的一项大型水利工程。期思之水，就是现在的史河和淠河。汉代设有期思县，故城在今河南固始县西北。雩娄，汉代县名，故城在今安徽金寨县北。这个著名灌区的部分位置，就是今寿县之南的安丰塘，距淮南王国都有30多公里。《汉书·王景传》中说，孙叔敖在今寿县修建芍陂。芍陂的名称出现较晚，最早见于《汉书·地理志》。《地理志》中说，沘水（即淠河）入芍陂。《水经注》上说："陂周围一百二十里，陂水北经孙叔敖祠下，谓之芍陂渎。"芍陂的设计利用了当地东、南、西三面较高而北面较低的地形特点，因势而筑成。四周设有水门，用来调节水量大小，使用极为便利。芍陂历代都有所增补，现在灌区面积达到4.2万公顷，成为淠史杭综合利用工程的一部分，发挥了巨大的经济效益。

另一处为规模巨大的水利航运工程——灵渠。《淮南子·人间训》中记载说，秦朝统一以后，为了开发岭南，派遣"尉屠睢发卒五十万为五军"，戍守五岭，并且派遣监禄负责转运粮饷。"又以卒凿渠以通粮道"。"凿"的这个"渠"，就是今灵渠。这个珍贵的史料，秦代文献中没有保存下来，而汉代首先给以记载的，则是《淮南子》。

秦始皇为了解决南下数十万大军的给养问题，决定采取陆路运输的办法，于是便在三十八年（前219年）派运输粮草的监禄开渠。灵渠选取湘江上游海阳河的一个地方，用石头筑成分水的"铧嘴"和起溢洪作用的"天平"，使湘江水分别流入南、北两条水渠。北渠仍通湘水，南渠和漓水相通。这样，便巧妙地把湘江和漓江两条水道联为一体，一南一北互相沟通，进而连接起来珠江和长江两大水系。南宋诗人范成大在《桂海虞衡录》中这样说：

> 渠从新安界，深不过数尺，广丈余。六十里间，置斗门三十六。土人谓之斗。舟入一斗，则复开一斗。俟水积渐进，故能循岩而上，建瓴而下。千斛之舟，亦可往来。治水之妙，莫如灵渠者。

此渠布局合理，设计周密，独具匠心，在中国及世界水利史上，都占有很重要的地位。

淮南王对气象也进行了研究。特别是对"风"的名称、风力的观测，留下了重要的记录。

《淮南子·天文训》中说：

> 何谓八风？距日冬至四十五日条风至。条风至四十五日明庶风至。明庶风至四十五日清明风至。清明风至四十五日景风至。景风至四十五日凉风至。凉风至四十五日阊阖风至。阊阖风至四十五日不周风至。不周风至四十五日广莫风至。

而在《地形训》中也有记载：

> 何谓八风？东北曰炎风，东方曰条风，东南曰景风，南方曰巨风，西南曰凉风，西方曰飂风，西北曰丽风，北方曰寒风。

这样，就把四季、八时与"风"的八个方位结合起来，构成了一幅完整的全国风向运行图。

"八风"的研究，已经达到了很高的水平。它与现代的气象学中所揭示的季风规律是基本一致的。在司马迁《史记·律书》中，便全部采用了刘安的理论和研究成果。

"八风"和气象的研究的目的，是为了指导农业生产和政事活动。淮南王刘安在《淮南子·天文训》中这样说：

条风吹拂时，则赦免轻罪之人，放出监狱犯人，以便于春耕。明庶风来临，正是春播时节，要修正疆界，整治田地。清明风到来，天子要拿出币帛之类财物，聘问诸侯。景风吹拂之时，要给有功德的人封赏授爵。凉风到来，五谷丰登，要报答土地的功德，祭祀四方之神。阊阖风到来，要收起钟、磬等悬挂的乐器，琴瑟不再张弦。不周风吹来，寒气袭人，要修缮房室，整治边城。广莫风来临，要封闭关卡、桥梁，处罚有罪之人。

可知四时八风与人民的生活和国家安定，关系至为重大。而刘安这些安排，按照自然气象变化行事，可以顺应自然而取得成功，并且能够避免失误。

淮南王和门客还研制有测定风力、风向和测湿的器具。对于测风，《淮南子·齐俗训》中说：

　　　　倪之见风也，无须臾之间定矣。

"倪"，是一种风信器。唐代李淳风在《乙巳占》中，记载了一种风信器：立五丈长的竿子于高岗之上，用鸡毛八两做成盖状，以象征八方，缚于竿顶，以测风力。这与淮南王所制相似。

对于测湿，《淮南子·天文训》中记载：

　　　　燥故炭轻，湿故炭重。

《淮南子·说山训》中也有：

　　　　悬羽与炭，而知燥湿之气。

这种装置是这样的：在衡（与天平相似）的两端，一边悬羽毛（或土），一端悬炭（炭吸湿性强），以观察湿度的变化。在冬至之前二三天，把羽毛或土、炭分别悬挂在衡的两端，使之平衡。到冬至之日，如果炭重，就说明大气的湿度增加了。测定夏至日的湿度情况也是这样。这可以称得上是最早的天平式测湿计了。

四、医药与养生

人类为了生存发展，就要同疾病进行斗争。无数次的成功和失败，使人们逐渐认识到，单纯地头痛医头脚痛医脚的办法，是消极的。而最好的办法，是事前预防。为此，《淮南子·说山训》提出了一个重要的观点：

> 良医常治无病之病，故无病。

就是说，能够把各种疾病消灭在萌芽状态，才是最高明的医生。《淮南子·人间训》中还说：

> 患至而忧之，犹病者已惓而索良医，虽有扁鹊俞跗之巧，犹不能生也。

不重视预防，已经病入膏肓才去求医，就是扁鹊、俞跗这样的神医，也无济于事。《淮南子·泰族训》中说：

> 所以贵扁鹊者，非贵其随病而调药也，贵其摩息脉血，知病之所从生也。

人们尊重扁鹊，是因为他能够知道疾病产生的根源。淮南王的预防观，与《黄帝内经·四气调神大论》的观点相同：

> 是故圣人不治已病，治未病；不治已乱，治未乱，此之谓也。夫病已成而后药之，乱已成而后治之，譬犹渴而穿井，斗而铸兵，不亦晚乎？

刘安的以预防为主的思想，历来为我国医学界和养生学家所重视，并且成为中华医学的一个重要特色。金元时期的医学家朱丹溪，就写了《不治已病治未病》的专论，来发挥和研究预防为主的这一医学思想。

刘安对于养生，有许多精辟的见解。他特别重视精神方面的修养。《淮南子·诠言训》中说：

> 凡治身养性，节寝处，适饮食，和喜怒，便动静，使在己者得，

而邪气自不生。

起居有常，饮食适当，精神安定，适宜的运动，这四者是养生的要道。

对于药物养生，《淮南子》中虽没有专门论述，但所涉及的几十种药物，则有养生之功效。

其中有茯苓、兔丝。《淮南子·说山训》中说：

千年之松，下有茯苓，上有兔丝。

《淮南子·说山》中也说：

茯苓掘，兔丝死。

茯苓、兔丝为菌类植物，寄生在山间古松之上。许多医籍如《红炉点雪》《名医验方类编》《本草纲目》等，记载茯苓有"发白返黑""齿落更生""固精气""延年"的功效。兔丝，《抱朴子》中有"治腰膝去风，兼能明目，久服令人光泽，老变为少"的记载。

对于紫芝，《淮南子·说山训》中载：

紫芝生于山，而不能生于盘石之上。

《淮南子·俶真训》中也有：

巫山之上，顺风纵火，膏夏、紫芝，与萧、艾俱死。

刘安对"紫芝"的记载，是比较早的。紫芝，又叫木芝，魏晋以后叫"灵芝"。《神农本草经》中记载它的性能：

主耳聋，利关节，保神，益精气，坚筋骨，好颜色。

经现代药理检验，紫芝确实有抗衰老、延年益寿的作用。

对于地黄，《览冥训》中说："地黄主属骨。"《神农本草经》中记载："久服轻身不死。"

丹砂、空青、水银、玉、云母等矿物，是炼丹术的主要原料。《神农本草经》中将其均列为矿物类药物中的上品，并认为有"长生益寿"的功效。由此可知，刘安对养生进行了全面的研究，并且成了道家养生观的实践者。

刘安对疾病防治和药物知识的记载，保留下了许多有价值的史料。

对于眼科疾病，《淮南子·俶真训》说：

夫梣木色青翳，而嬴愈蜗睆。

梣木，又叫秦皮，又叫苦枥木。青翳，即角膜翳。《神农本草经》中说，梣木"除热目中青翳白膜"。《药性论》中记载："主明目，去肝中久热，两目赤肿疼痛，风泪不止。"《名医别录》中也说："可作洗目汤。"

蠃，通"螺"，即池塘中的螺蛳。

蜗睆，高诱注中说："目疾也。"大约类似白内障。《名医别录》中说："主明目。"《本草汇言》记载："此物体性大寒，善解一切热障，因风因热因燥因火者，服用见效甚速。"可知《淮南子》的记载是可信的。

对于辨证论治，刘安也有非常精辟的见解。《淮南子·缪称训》中说：

> 天雄、乌喙，药之凶毒也，良医以活人。

《淮南子·主术训》中也记载：

> 天下之物，莫凶于奚毒，然而良医橐而藏之，有所用也。

天雄、乌喙，都是指同一种有毒的植物。对其药性，《别录》中说："乌头，甘，大热，有大毒。"那么，这样有毒的药物是否弃之不用呢？不是的，良医却视为宝贝，用来救死扶伤。

《淮南子》中还有用单方治大病的记载。《说林训》中说：

> 蝮蛇螫人，傅以和堇则愈。

"堇"，《本草纲目》中叫"紫堇"，又叫断肠草、蝎子花，《新修本草》中记载："除蛇蝎毒及痈肿。"《陕西中草药》中也说："鲜蝎子花根，捣烂外敷。"可知江淮之间常见的剧毒蝮蛇，对其螫人，也是有药可治的。

五、生物进化观

在自然界中，人类最为密切的伙伴，就是动植物。它们和人类的关系怎样？生物界是怎样产生的？在刘安之前，还没有人对这个问题进行过专门的研究。

刘安在《淮南子·地形训》中详细研究了生物的生成、演化规律，提出了有关生物的进化模式：

肢生出海人，海人生出若菌，若菌生出圣人，圣人生出庶人。凡是肢者一直发展到庶人。

羽嘉生飞龙，飞龙生凤凰，凤凰生鸾鸟，鸾鸟生出庶鱼。凡是有羽毛类一直发展到庶鸟。

毛犊生应龙，应龙生建马，建马生麒麟，麒麟生庶兽。凡是兽类一直发展到庶兽。

鳞薄生蛟龙，蛟龙生鲲鲠，鲲鲠生建邪，建邪生庶鸟。凡是有鳞类一直发展到庶鱼。

介潭生先龙，先龙生玄鼋，玄鼋生出灵龟，灵龟生出庶龟。凡是有甲壳类一直发展到庶龟。

煖湿生出肢，煖湿又从毛风中产生，毛风从湿玄中产生。湿玄又产生羽风，羽风生出烦介，烦介生出鳞薄，鳞薄生出介潭。

五类不同种类的动物在自然界中兴盛起来，它们的形体来源有相似之处，而各自向不同的方向发展。《淮南子·地形训》还记载了植物的发展演变：

日冯生出阳阆，阳阆生出乔如，乔如生出干木，干木生出庶木。凡是木类一直发展到庶木。

根荄生程若，程若生玄玉，玄玉生醴泉，醴泉生皇辜，皇辜生庶草。凡是草类一直发展到庶草。

海闾生屈龙，屈龙生出容华，容华生出蒉，蒉生出萍藻，萍藻生出浮草。凡是浮游植物没有根的一直发展到浮草。

根据上面记载，可以制成如下生物进化模式图：

```
                    ┌→煖湿→肢→海人→若菌→圣人→庶人    （人类）
            ┌毛风┤
湿玄┤         └→毛犊→应龙→建马→麟麒→庶兽    （兽类）
    └→羽风→羽嘉→飞龙→凤皇→鸾鸟→庶鸟    （鸟类）
    
       煥介→鳞薄→蛟龙→鲲鲠→建邪→庶鱼    （鱼类）
              ↗
       介潭→先龙→玄鼋→灵龟→庶龟    （龟类）
                    （动　物）

       日冯→阳阏→乔如→干木→庶木    （木类）
       根茇→程若→玄玉→醴泉→皇辜→庶草（草类）
       海闾→屈龙→容华→蔈→萍藻→浮草    （藻类）
                    （植　物）
```

从上表可以知道，所有的动物其中包括人类的发展变化，都来源于一个共同的祖先即"湿玄"。"湿玄"又分为两支：一支是毛风，分别产生了高等的哺乳类动物、兽类和人类。另一支是羽风，它分别产生了鸟类、鱼类和龟类。这个观点与现代生物学研究的理论基本接近。它的贡献在于，刘安鲜明地提出了动物同源论，并且阐明了生物进化的思想，而且对各种生物进行了科学的分类，提出了自己的生物进化模式。当然，其中不乏臆测的成分，但是其中的思想方法，则是基本正确的。

适者生存，物竞天择，是近代英国生物学家达尔文《进化论》首先提出来的。但是在两千多年前的《淮南子》中，却有明确的记载。

刘安指出，生物的特性与它所生存的环境，有着密切的关系。只有适应了环境，才能得到生存和发展。《淮南子·原道训》中说：

夫萍树根于水，木树根于土，鸟排虚而飞，兽蹍实而走，蛟龙水居，虎豹山处，天地之性也。

水流、土地、空气、山林，是这些生物各自赖以生存的环境。《淮南子·齐俗训》中写道：

其(指尧)导万民也，水处者渔，山处者木，谷处者牧，陆处则农。地宜其事，事宜其械，械宜其用，用宜其人，泽皋织网，陵阪耕田。得以所有易所无，以所工易所拙。

这里指出，人类必须发挥自己的优势，因地、因时制宜，充分利用所处的自然环境，获得生活资料，才能生存下去。如果违反了这个规律，则将被环境所淘汰。

在自然环境中，对气候的适应和选择，是重要因素之一。刘安在《淮南子·天文训》中说：

> 日冬至，井水盛，盆水溢，羊脱毛，麋角解，鹊加巢。

而到了夏至，"蝉始鸣，半夏生，蚊虻不食驹犊，鸷鸟不搏黄口"。

气候条件，对生物已形成较为稳定的条件反射。《淮南子·缪称训》中说：

> 鹊巢知风之所起，獭穴知水之高下，晖日知晏，阴谐知雨。

可知动物对气象条件的适应，成为保障生存的先决条件。

地理环境也是生物生存的重要因素，对人的性格、习俗、生活方式等，起到一定的制约作用。《淮南子·原道训》中说：

> 九疑之南，陆事寡而水事众，于是民人被发文身，以像鳞虫；
>
> 短绻不绔，以便涉游；短袂攘卷，以便刺舟，因之也。

这是生活在南方水乡泽国，人民的生活情形。而北方草原、大漠人类的生存情况，《淮南子·原道训》中说：

> 雁门之北狄不谷食，贱长贵壮，俗上气力；人不弛弓，马不解勒，
>
> 便之也。

自然、地理、气候条件，造就了人类的生活习俗，如果改变，就会造成很大的困难。《淮南子·说山训》中记载：

> 鲁人善织冠，妻善织履，往徙之于越，则大困穷。

九疑、雁北、鲁、吴、越，地域不同，自然条件千差万别，人们产生了各自的适应性，得到能够适宜生存、发展的处所。

生存竞争，促使了生物的发展。《淮南子·齐俗训》中说：

> 水积则生相食之鱼，土积则生自穴之兽。

大鱼吃小鱼，野兽相互争斗，都是为了争夺生存环境。《淮南子·说林训》说得好：

> 狐不二雄，神龙不匹，猛兽不群，鸷鸟不双。

各种动物都想击败对方，获得主宰者的地位。除了激烈竞争之外，而更多的是相互依存。《淮南子·道应训》中记载：

北方山区有一种前腿短、后腿长、不善奔跑的野兽蟨鼠，与它相依为命的是前腿长、后腿短、善于奔跑的涿鹿。蟨鼠常常把甘美的青草奉献给涿鹿，而涿鹿则在危险时刻背着蟨鼠逃命。

竞争和依存，构成了生物界的平衡关系。

刘安对人类社会的发展进化，也留下许多有益的史料。《淮南子·地形训》中对以中国为中心的各个不同地域的黄种人的形态，曾有这样的记述：

东方是大川深谷水流所注入的地方，也是太阳、月亮所升起的地方。东方之人体形尖，小脑袋，高鼻子，大嘴巴，肩膀像鸢一样，走路踮起脚后跟。……人体个子高大，成熟早，但不能长寿。

南方是阳气所聚积的地方，酷热潮湿占据这个方域。那里生活的人体高个子，上部尖，大嘴巴，眼角有皱折。……人成熟早，死得快。

西方是高山大川产生的地方，也是日、月落下的地方。那里的人脊背弯曲，长脖子，昂头走路。……那里的人勇敢强悍而不讲仁慈。

北方是昏暗不见阳光的地方，是被上天封闭之处，也是冰雪常年不化，蛰伏动物长期隐蔽的地方。那里的人身体萎缩，短脖子，大肩膀，尻尾向下突出。……那里的人愚笨但是长寿。

中央是四面通达，八风、云气、雨露所会合之处。那里的人大脸盘，短面颊，胡须很美，身体过肥胖，……那里的人聪明仁慧而善于治理国家。

这里淮南王对五大地域的人群的生理特征，即形体、肩部、面部、身材、头形、寿命、智力、性格等诸方面，进行了非常直观的描绘，勾画出了一幅两千多年前亚洲部分地区黄色人种分布的图景。与现代黄色人种的生理特征有相似之处。刘安对形体不同特征的原因的分析，归之为地理环境的因素，这是很有见地的。如南方"暑湿"，人类"早壮而夭"，发育快，死得也快，便符合热带、亚热带地域特征。中原人"短颈"，西方人"隆鼻"，北方人"多寿"，都能得到合理的解释和科学的映证。可以说，刘安为研究古代人种学说，作出了有益的尝试。

自然界为人类提供了无穷无尽的物质财富，使人类得以生存和繁衍。因此，保护自然资源和人类赖以生存的环境，是刘安特别关注的问题。《淮南子·时则训》中对一年之中自然资源的保护和利用，有着详细的规定：

孟春之月，禁伐木，毋覆巢、杀胎夭，毋麛毋卵。

仲春之月，毋竭川泽，毋漉陂池，毋焚山林，毋作大事，以妨农功。

季春之月，田猎毕弋，置罘罗网，馁毒之药，毋出九门。乃禁野虞，毋伐桑柘。

孟夏之月，毋伐大树，令野虞驱兽畜，勿令害谷。

仲夏之月，禁民无刈蓝以染，毋烧灰，禁民无发火。

季夏之月，令鱼人伐蛟，取鼍，登龟；令萍人入材苇。是月也，树木方盛，勿敢斩伐。

季秋之月，草木黄落，乃伐薪烧炭。

孟冬之月，乃命水虞渔师，收水泉池泽之赋，毋或侵牟。

仲冬之月，农有不收藏积聚、牛马畜兽有放失者，取之不诘。山林薮泽，有能收疏食田猎禽兽者，野虞教导之。其有相侵夺，罪之不赦。水泉动，则伐树木，取竹箭。

季冬之月，命渔师始渔。

《淮南子·时则训》当采自《吕氏春秋·十二纪》，与《礼记·月令》的记载相近。由此可知，古代政治家对保护自然资源特别重视。具体措施有：设置渔师、萍人、野虞、水虞等官吏；严格规定动物在孕期、植物在生长期，不准捕杀和砍伐；明确规定捕取、砍伐的季节；对农、桑等制定了具体的保护措施。现在看来，这些措施和规定，仍有积极的现实意义。

《淮南子》中记载了一个精彩的保护鱼类的故事。《道应训》中说：

孚子贱治理单父三年后，巫马期头戴绲巾，身着粗衣，改变容貌，微服观察当地的变化。在单父看到打渔的人，把捕来的鱼扔到了水里。巫马期便问："你打渔为的是得到鱼，现在把捕到的又放回水里，这是为什么？"打渔的人说："宓子不希望人捕取小鱼。因此所捕到的小鱼，又放入水中。"

在春秋时期，自然资源比较丰裕。孔子的弟子，能够自觉保护自然资源，鱼不满尺不准捕食。

刘安把认真保护和合理利用自然资源，作为国君统治天下的大事来认识。《淮南子·主术训》中这样说：

食粮是百姓的根本，百姓是国家的根本，国家是国君的根本。因此国君要上面按照天时的情况，下面凭借土地的财力，中间要合理使用人力。

因此各种生物顺利生长，五谷蕃殖，教导百姓养育六畜，按时种植树木，力求整治好田地，培植好桑林、麻类，按照土地肥瘠、高下，各自种植它们适宜的植物。斤陵险阪，不能生长五谷的地方，适宜种植树木。春季砍伐枯木，夏季收获瓜果，秋季积聚菜蔬谷物，冬季砍伐大木和树枝，用来作为民生的资用。因此，人民活着的时候不缺乏用物，死了的时候也不会无葬身之地。

所以先王的法规，打猎的时候不捕尽兽群，不捕捉杀死小鹿、幼鹿，不准使水泽干涸来捕鱼，不允许烧焚山林去打猎。十月之时，豺没有祭兽时，兽网不能安置在野外；孟春之月，水獭没有祭鱼时，渔网不能放入水中。立秋之时，鹰隼没有捕杀鸟类，鸟网不能布张在溪谷之上。九月之时，草木没有落叶之时，斧斤不能够进入山林。十月之时，昆虫没有进入冬眠期，不能够放火烧田。孕育时期的动物不能杀害，鸟类的卵不能够掏取，鱼儿长不满尺不得捕食，猪不过一年不能宰杀。

这是淮南王为国君设计的一幅发展农业生产、保护利用自然资源的美好蓝图。"因天时""尽地财""用人力"，三者有机统一，不可偏废。植五谷，育六畜，种竹木，修田畴，树桑麻，因地制宜，发展生产。规定了"十一"个"不得"的禁令，对麋、鹿、鱼、兽、孕育者、卵者、猪、昆虫等生物，实行严格的保护。这样人们就能有取之不尽，用之不竭的自然资源，也有效地控制了人类和自然界的生态平衡。

六、地理研究

刘安对地理研究非常重视，在《淮南子》中专门开设一章《地形训》，来研究自然地理、经济地理、神话地理和人文地理。淮南王所开创的地理研究内容和方法，为历代史学家所继承，从班固设立《汉书·地理志》开始，各朝正史中都设有这个专题。可知刘安的研究方法，确实是独树一帜的。

自然地理

在自然地理的研究中，有关于大地形状的设计。刘安认为大地是由一块块陆地和分割陆地的海洋及水域所组成，那就是"大九州"。

"大九州"之说，为战国阴阳家代表人物邹衍（前324？—前250）所创。《史记·孟子荀卿列传》中记载："以为儒者所谓中国者，于天下乃八十一分居其一分耳。中国外如赤县神州者九，乃所谓九州也。"邹衍原文已经失传，《淮南子》中所载，疑为邹衍逸文。《淮南子·地形训》中说：

> 何谓九州？东南神州曰农土，正南次州曰沃土，西南戎州曰滔土，正西弇州曰并土，正中冀州曰中土，西北台州曰肥土，正北济州曰成土，东北薄州曰隐土，正东阳州曰申土。

这就是"赤县神州"一词的由来。也就是说，像"神州"这样的地方，在全世界还有九个呢，这就是"大九州"。它的构成有九州、八殥、八纮和八极。它的经度、纬度规定是：东西为纬，南北为经；南北长，东西短。

对"神州"内地形的构成，有九山、九塞、九薮的记述，还有发源于昆仑山的四大水系的记载。《淮南子·地形训》中说：

> 河出昆仑东北陬，贯渤海，入禹所导积石山；
>
> 赤水出其东南陬，西南注南海；
>
> 丹泽之东，弱水出其西南陬，绝流沙，至于南海；
>
> 洋水出其西北陬，入于南海羽民之南。

可知黄河、赤水、弱水、洋水，是源于昆仑山的四条大河。

此外，《淮南子·地形训》对四十余条"神州"境内水道作了记载：

长江之源出岷山，向东流经过汉水入海。左拐返回向北流，到达东方的开母山之北。向右拐返回向东流，到达东方极远之处。黄河出自积石山，睢水出自荆山，淮水出自桐柏山，睢河出于羽山，清漳出自揭戾山，浊漳河出于发包山，济水出自王屋山，时水出乌河，泗水源于东蒙山，沂水出于鲁山，北洛河出于猎山，大汶河出于弗其山，向西汇流入到济水。西汉水出自嶓冢山，泾水北源出自薄落之山，渭水源于鸟鼠同穴山，伊水源于上魏山，雒河出自熊耳山，浚水出自华窍，潍河出自覆舟山，汾水出自燕京山，袿水出自渍熊，淄水出自鲁山，丹水出自高褚山，股水出自嶕山，镐水源于鲜于，凉水出自茅卢、石梁，汝水出于猛山，淇水出自大号山，晋水出自结细山，合水出自封羊山，辽水出自砥石山，釜水出自景山，歧水出自石桥，呼池河出自鲁平山，泥涂渊出自樠山，维湿向北流出于燕山。

对于江水，《淮南子》中多次记载。两千多年以前，人们认为长江的源头是岷山。《淮南子·人间训》中说：

江水之始出于岷山也，可攘衣而越也，及至其下洞庭，鹜石城，

经丹徒，起波涛，舟杭一日不能济也。

刘安对中国古代水道的记载，它的特点是：其一，数量众多。它的记载，超过秦汉任何一部著述。比如《尚书·禹贡》中，只记载37条。其二，富有创见性。《淮南子》中同《禹贡》相同的只有18条，《淮南子》中加以记载而《禹贡》中没有的22条，可知他的研究范围远远超过了《禹贡》。其三，源流清楚。《淮南子》中的四十余条水道，其发源记述完整。其四，地域广泛。《禹贡》中记述的水流，仅限于中原"九州"的范围之内，而《淮南子》记述，则涉及燕山、辽河流域及昆仑山系。

《淮南子》中对"神州"五十余座山峰、九塞、九薮及四十余条水道的研究，构成了完整的自然地理体系，在秦汉时代，是绝无仅有的。

经济地理

古代人民在开发利用自然资源的过程中，十分重视经济地理的研究。《淮南子·地形训》中有关于经济区域划分的理论：

东方川谷之所注，……其地宜麦，多虎豹。

南方阳气之所积，暑湿居之，……其地宜稻，多兕象。

西方高土，川谷出焉，……其地宜麦，多旄犀。

北方幽晦不明，寒冰之所积也，蛰虫之所伏也，……其地宜麦，多犬马。

东方之美者，有医毋闾之珣玗琪焉。东南方之美者，有会稽之竹箭焉。南方之美者，有梁山之犀象焉。西南方之美者，有华山之金石焉。西方之美者，有霍山之珠玉焉。西北方之美者，有昆仑之球琳琅玕焉。北方之美者，有幽都之筋角焉。东北方之美者，有斥山之文皮焉。中央之美者，有岱岳以生五谷，桑麻鱼盐出焉。

刘安按照四面八方的地理位置、地形特点、气候因素，对其所出产的矿物、植物、动物以及其他珍贵物产，进行了分类和区域上的划分。可以说，这是一幅简明而全面的汉初经济地理区划图。

人文地理

土质、水文、气候等地理因素，对人类的生存发展至为紧要，这也是人文地理研究的课题之一。刘安在《淮南子·地形训》中写道：

坚土人刚，弱土人肥，垆土人大，沙土人细，息土人美，耗土人丑。

土地各以其类生人。是故山气多男，泽气多女，障气多喑，风气多聋，林气多癃，木气多伛，岸下气多肿，石气多力，险阻气多瘿，暑气多夭，寒气多寿，谷气多痹，丘气多狂，衍气多仁，险气多贪，轻土多利，重土多迟。清水音小，浊水音大；湍水人轻，迟水人重，中土多圣人，皆像其气，皆应其类。

这里说，人的性别男女之差，声音的大小轻重，长相的美貌丑陋，身材的高矮，性格、德行中的刚毅与贪婪，动作的快慢，寿命的短长，以及聋哑、癃伛、痹瘘等疾病，都与地理因素有关。

对于人种以及种族的一些遗传性状，如肤色、眼色、发型、发色、身长、面型、头型、鼻型、遗传性疾病等因素，《淮南子·地形训》中也有记载：

> 东方……其人兑形小头，隆鼻大口，鸢肩企行。
>
> 南方……其人修形兑上，大口决眦。
>
> 西方……其人面末偻，修颈印行。
>
> 北方……其人夆形短颈，大肩下尻。

这些四方人群的不同体形，大概是对两千多年前中国境内黄色人种的描绘。

对于世界上其他的人种和民族，《淮南子·地形训》中有海外36国的记载：

> 凡海外三十六国。
>
> 自西北至西南方，有修股民、天民、肃慎民、白民、沃民、女子民、丈夫民、奇股民、一臂民、三身民。
>
> 自西南至东南方，结胸民、羽民、讙头国民、裸国民、三苗民、交股民、不死民、穿胸民、反舌民、豕喙民、凿齿民、三头民、脩臂民。
>
> 自东南至东北方，有大人国、君子国、黑齿民、玄股民、毛民、劳民。
>
> 自东北至西北方，有跂踵民、句婴民、深目民、无肠民、柔利民、一目民、无继民。

其中"白民"，疑似白种人。其活动位置在"西北方至西南方"。高诱注中说："白民，白身，民被发，发皆白。"另有"玄股民"，具有黑人的特征，两股以下都是黑色。郭璞《山海经》注中说："两骹以下皆黑。"

《淮南子》中对行政地理和军事地理也有记述。其中对秦朝的疆域、万里长城以及戍五岭的记载，尤为重要。

对于秦朝的四方界域，《淮南子·氾论训》中说：

西至临洮、氐道，东至会稽、浮石，南至豫章、桂林，北至飞狐、阳泉。

可知秦朝的西方疆域到达今甘肃岷县、武山东南，东方到达大海，南方到达南昌、桂平西南，北方到达河北涞源、阳原。

对于长城的记载，见于《淮南子·人间训》：

秦皇挟《箓图》，见其传曰："亡秦者胡也。"因发卒五十万，使蒙公、杨翁子将筑修城，西属流沙，北击辽水，东结朝鲜，中国内郡挽车而馈之。

流沙，即今甘肃临洮；辽水，即今辽河；朝鲜，即今朝鲜平壤南境。这是对长城的最准确记载。

对于开发戍守南方，《淮南子·人间训》中说：

（秦皇）又利越之犀角象齿，翡翠珠玑，乃使尉屠睢发卒五十万为五军：一军塞谭城之岭，一军守九疑之塞，一军处番禺之都，一军守南野之界，一军结余干之水。

谭城，在今湖南靖县西南；九疑，在今湖南宁远县南；番禺，在今广东广州；南野，在今江西南康西南。可知戍守的地域在今江西、湖南、贵州、广西、广东境内，控制着都市、险塞、湖泽及粮食基地。把这数条记载联系起来，可知秦朝的疆域十分广大，东到辽东、朝鲜，北至河北阳原，西到甘肃临洮，南至两广，形成最为强大而地域辽阔的秦帝国。

第四节　刘安的文学观

淮南王刘安是西汉前期的文学巨子，他不仅擅长文艺，谙于辞赋，而且开创对屈原《离骚》研究的先河，创作"绝代奇书"《淮南子》，为中国文学殿堂的繁荣，立下了不朽的功绩。

一、《淮南子》的文采

淮南王的文采，冠绝一世。在《楚辞》的浪漫文风和艺术形式的影响下，他不光创作《骚》体抒情小赋，而且把韵、散结合的大赋引入政论文中，形成洋洋洒洒二十余万言的《淮南子》，这就是一篇形式完美的散体大赋。

吞吐天地之势

刘安所处的时代，正是中国封建社会旭日东升之时。社会的稳定，经济的发展，文化的兴盛，为一批有作为的知识分子，提供了自由驰骋的广阔天地。道家思想的超逸和对精神自由的追求，楚文化的瑰丽神奇和浓重的浪漫气息，熔铸在《淮南子》之中，使之成为古代"书论"之"绝唱"。

打开《淮南子》，扑面而来的就是作者那吞吐天地、雄视八方的气势。全书以"覆天载地，高不可际，深不可测，包裹天地，禀授无形"的"道"开篇，把万般纷纭的上天的"九野、五星、八风、二十八宿、五官、六府"，日月、阴阳、四时、风雨、雷电、生物，大地的"九州、八极、九山、九塞、九薮"，东、西、南、北、中四方地形物产，海外三十六国，宇宙世界的发生发展，形成了无穷无尽而又和谐统一的自然界。这就像他在《淮南子·泰族训》中所描写的那样：

上天极尽它的高远，大地极尽它的深厚，明月照亮黑夜，太阳照耀白昼，阴阳相互变化，星辰悬挂高空，不偏不倚地按照规律运行，万物都出于自然形成。

在刘安笔下，熔天、地、人于一炉，展现的是一幅上天、大地的无比恢宏壮美的景象，充满了对自然的挚爱，表达了驾驭自然的宏伟理想。

就是谈说历史，刘安也是立意高远，胸有千载，具有战国雄辩之风。《淮南子·泰族训》中这样说：

圣人治理天下，不是改变百姓的性情，而是抚慰他们已有的品德，而使之条达通畅。所以，按照规律行事，就会逐渐壮大；违背规律，就会逐渐衰亡。"禹凿龙门，辟伊阙，决江濬河，东注之海，因水之流也。后稷垦草发菑，粪土树谷，使五种各得其宜，因地之势也。汤、武革车三百乘，甲卒三千人，讨暴乱，制夏、商，因民之欲也"。

短短几句话，就把夏、商、周悠悠千余载，其祖先创业或开基的英雄业绩，用"因"即顺应自然和社会规律而取得成功，令人信服地勾画了出来。

对于人生和精神追求，刘安告诫人们不要仅仅局限于一隅，而要把目标引向无限广阔闳大的外部世界。《淮南子·泰族训》中写道：

大凡人们用来养生的，是衣服和食物。现在把人囚禁在暗室之中，即使用佳肴来供养他，穿的是锦绣的衣服，也不能使他快乐。因为眼睛看不到光明，耳朵听不到声音。

通过孔隙，见到零落的细雨，他就会快意地笑起来，何况打开了门窗，从黑夜见到光明呢？

从黑暗见到光明，还要放纵地高兴起来，又何况出了内室，坐在厅堂之上，见到日月的光亮呢？

见到日月的光亮，开怀而乐，又何况登上泰山，脚踏石封，放眼八荒，看到天空像盖子，江河像银带子，万物在其间生存呢？它作为快乐不是更大了吗？

可以知道，刘安所要追求的，精神自由翱翔在天地之间，达到一种内在的、超现实的、精神绝对自由的境地。

雄奇的想象

《淮南子》全书，洋溢着强烈的进取精神，体现了汉初黄老道家思想家的恢宏气度，而集中地体现在昂扬的、雄奇的想象上。刘安在想象之中，蕴含着深刻的哲理。

"燕雀之类"，只会在房梁间屋檐下飞来飞去，却自以为天下之能，莫过于己。《淮南子·览冥训》中展开想象的翅膀，描绘出了一幅壮美的画卷：

凤凰翱翔在最好的清平之世，以致雷霆不再发作，风雨不再兴起，深谷大川之水不会泛滥，但是麻雀、燕子却轻视它，以为不能和自己在屋檐、栋梁之间争高下。

等到它高飞万仞之上，翱翔在四海之外，经过昆仑山的疏圃，饮黄河三峡砥柱山的湍流，徘徊在日出之地的大水之上，漫行中原大地，东南到达都广之野，持节徐行送日西落，在弱水洗濯羽翼，晚上在北方风穴过夜。

当这个时候，天鹅、仙鹤，都没有不惊恐害怕潜伏逃窜的，长嘴插在地下不敢乱动，又何况那些麻雀、燕子之类呢？这些蛇鳖、燕雀能明了小的举动，而不知道大事是怎样发生的。

这里展现的"凤凰"的形象，它是多么的博大：向上，高飞万仞；四方，翱翔四海；东到日出之地，西经昆仑，送太阳落山；北宿风穴，南达都广。而目光短浅的燕雀之类，却沾沾自喜，在凤凰面前，不是显得渺小而可悲吗？

淮南王的想象，刚健而丰满。他常常运用想象的武器，抒发自己的政治理想。

在《淮南子·本经训》中，他提出：大凡祸乱产生的原因，都在于国君的放荡淫逸，而这种放纵淫逸表现在五个方面：

大兴土木，兴建宫室亭阁，群楼并起，栈道相通。……这是在"木"的方面的淫逸。

挖掘深深的沟池，水面辽阔，无边无际。……这是淫逸在"水"的方面。

筑起高高的城郭，设立重重险阻，建起雄伟的台榭，圈起巨大的苑囿，用来满足观赏的奢望。……这是淫逸在"土"的方面。

铸起大的钟鼎，修造精美的重器，在金属铜器上雕铸花草鸟虫，互相交织在一起。……这就是淫逸在"金"的方面。

煎熬烧烤美味佳肴，调剂合适的口味，吃尽楚国、吴国的各种不同的风味。……这就是淫逸在"火"的方面。

这五个方面，在其中一个方面大肆淫逸，完全可以使天下灭亡。

在这里，刘安采用大赋常用的铺陈手法，在五个方面，极力描写腐败统治者的穷奢极欲、挥霍民脂民膏的腐烂生活，既有对现实生活的摹写，又有想象的成分，结合紧密，天衣无缝，显示刘安卓绝一代的灿烂文采，表达了他提倡节俭，反对奢侈的治国思想。

刘安的想象，体现了唯物的、辩证的观点，表达了人类对宇宙和自然界的正确认识。他对广大而无穷的外部世界的大胆探索和勇敢追求，使得他的想象更加绚丽多彩。

《淮南子·俶真训》中把天地开辟到万物形成，由近及远分为"有始者""有未始有有始者""有未始有夫未始有有始者"三个阶段；又对现实世界从"有"到"无"的四个发展过程进行了横的剖析："有有者""有无者""有未始有有无者""有未始有夫未始有有无者"。刘安认为，宇宙原始是由"气"的发展与变化，排斥与吸引，分散与聚合而逐渐形成的，这种"气"很类似现代的"宇宙星云物质"。在这里，刘安对这种看不见、摸不着、听不到的原始演化过程，展开了合理想象，给我们展示了一个五光十色的无限美妙的大千世界。

富丽的辞章

刘安的辞采，朴实与华丽并重，俗语与格言交织；时而排山倒海，波澜壮阔；时而平静如水，娓娓道来。许多词语、故事，隽永深刻，从而形成成语，流传千古。

层层排比，而不注重堆砌辞藻。比如：《淮南子·要略》中谈及本书编纂目的时写道：

> 夫作为书论者，所以纪纲道德，经纬人事，上考之天，下揆之地，中通诸理。

这里把向上考察天道的变化规律，向下研究大地的万事万物，在中间能够把许多道理贯通起来。"上""中""下"有机排列，言简意明，表达了作者鲜明的创作意旨。

在《淮南子·原道训》中，他用排比的语言，热情地描绘了体道的"大丈夫"，遵循自然之道所达到的境界：

> 故以天为盖，则无不覆也；
>
> 以地为舆，则无不载也；
>
> 四时为马，则无不使也；

阴阳为御，则无不备也。

刘安仰望苍穹，置身于美妙的大自然之中，与无穷的自然化为一体，实现了完美的"天人合一"。排比工整，音调铿锵。

《淮南子·原道训》中写到得道之人：

> 是故不以康为乐，不以慊为悲，不以贵为安，不以贱为危，
> 形神气志，各居其易，以随天地之自然。

这里连用四个排比句，非常集中地阐述了掌握大道的人对待安康、贫困、尊贵、卑贱的态度，说明形体、精神、气志，各自都有合适的场所，以用来适应天地的变化。

韵散交错，变化多端

《淮南子》全书大部分都是韵文，它采取韵、散结合的方式，使句式不仅具有我国传统诗赋的韵律之美，又有散文的行文自由，跌宕起伏，一气呵成的特点。

比如，《淮南子·原道训》中写道：

> 万物有所生，而独知守其根［文部］；
> 百事有所出，而独知守其门［文部］。
> 故穷无穷，极无极。
> 照物而不眩，响应而不乏，
> 此之为天解。

这里的行文，是韵、散结合的典型。前四句中的"根""门"押韵，上古音属文部；用韵类型，是《诗经》《楚辞》中常用的偶句押韵；而后面为三字、五字的散句。句式整齐，语言优美。

《淮南子》中用韵类型多变。有句句用韵的。如《淮南子·原道训》：

> 故兵强则灭［月部］，
> 木强则折［月部］，
> 革固则裂［月部］，
> 齿坚如舌［月部］，
> 而先之弊［祭部，祭月合韵］。

这里阐明了"物极必反""柔弱胜刚强"的哲理。其中的"灭、折、裂、舌",均为入声月部,"弊"为祭部。祭、月合韵。

使用交韵与换韵,可以增强句子的韵律和节奏感。如:《淮南子·道应训》:

> 人大怒破阴〔侵部〕,大喜坠阳〔阳部〕;
>
> 薄气发喑〔侵部〕,惊怖为狂〔阳部〕。
>
> 忧悲多恚〔锡部〕,病乃成积〔锡部〕。

这里的前面四句,奇句"阴""喑"为平声侵部,偶句"阳""狂"为平声阳韵。奇句、偶句为交韵。"恚""积"为入声锡韵。由交韵转为入声韵。音调抑扬顿挫,给人以声调和谐之美。

句句押韵,也是《淮南子》中用韵的常见格式。如:《淮南子·原道训》:

> 无形而有形生〔耕部〕焉,
>
> 无声而五音鸣〔耕部〕焉,
>
> 无味而五味形〔耕部〕焉,
>
> 无色而五色成〔耕部〕焉。

除了"生""鸣""形""成"四字句句押韵外,四个"焉"字也是押韵的,这就构成了双尾韵。

《淮南子》中的叙事散文,往往也是有韵的。比如《淮南子·原道训》:

> 昔者夏鲧作三仞之城,诸侯背之,海外有狡心。禹知天下之叛也,乃坏城平池,散财物,焚甲兵,施之以德〔职部〕,海外宾服〔职部〕,四夷纳职〔职部〕。合诸侯于涂山,执玉帛者万国〔职部〕。

本节整体是散文。但是前面用散文,后面却用韵文,散、韵结合,结构奇特,浑然天成。

妙语连珠,语意深刻

在《淮南子·俶真训》中,论及自然之道与人类及万物之关系时,这样写道：

> 若此，则有所受之矣，而非所授者。所受者，无授也，而无
> 不受也。无不受也者，譬若周云之茏苁辽巢彭濞而为雨，沈溺万物，
> 而不与为湿焉。

这里连用六个"受""授"字，看似文字游戏，实则表达了极为深刻的哲学道理。受、授二字，为一组古今字。"受"，是"接受"的意思；"授"，是"付给""授与"之意。意思是说：像这样，那么则是对"道"有所接受，而不是强行授与的。接受"道"所授与的，正因为不是强迫外物接受的，因此没有什么不能接受之处。没有什么不能接受的，就像密云聚集在一起便成为雨，虽然使万物沉没于水中，但却不会同万物一样沾湿。

《淮南子·本经训》中写到人性的特点时，采用顶针的修辞手法，其中说：

> 凡人之性，心和欲得则乐，乐斯动，动斯蹈，蹈斯荡，荡斯歌，
> 歌斯舞，歌舞节则禽兽跳矣。

> 人之性，心有忧丧则悲，悲则哀，哀斯愤，愤斯怒，怒斯动，
> 动则手足不静。

> 人之性，有侵犯则怒，怒则血充，血充则气激，气激则发怒，
> 则有所释憾矣。

这里，刘安谈到歌舞、愤怒等行为产生的原因，它完全是人的内心的真情实感的外在流露。字字顶针，环环相扣，妙不可言，显示了刘安驾驭语言的极为深厚的功力。

比较典范的"连珠"式，在《淮南子》中大量出现，运用自如。如《淮南子·俶真训》：

> 道始于虚霩，虚霩生宇宙，宇宙生气，气有涯垠。

《淮南子·天文训》也有：

> 天道曰圆，地道曰方。方者主幽，圆者主明。明者吐气者也，
> 是故火曰外景；幽者含气者也，是故水曰内景。

《淮南子·天文训》中谈到五音十二律相生时有：

> 徵生宫，宫生羽，羽生角，角生姑洗，姑洗生应钟。

对五行相生，则有：

> 水生木，木生火，火生土，土生金，金生水。

《淮南子·精神训》中还有词组与词组之间的递进顶针：

> 耳目淫于声色之乐，则五藏摇动而不定矣。五藏摇动而不定，
> 则血气滔荡而不休矣。血气滔荡而不休，则精神驰骋于外而不守矣。
> 精神驰骋于外而不守，则祸福之至，虽有丘山，无由识之矣。

这里，把耳目、五藏、血气、精神、祸福之间的因果关系，十分准确地表达了出来。像这样字数如此众多的七字/七字/九字顶针，在中国古代的修辞学中，是极为罕见的。

寓理于文，其味无穷

刘安善于把深邃的道理，寓含于生动有趣的故事之中，使人受到潜移默化的感染。《淮南子·人间训》中有一则家喻户晓的故事：

> 近塞上之人，有善术者，马无故亡而入胡，人皆吊之，其父曰：
> "此何遽不为福乎？"居数月，其马将胡骏马而归。……故福之为祸，
> 祸之为福，化不可极，深不可测也。

这里告诉我们，坏事可以变成好事，好事也可以变成坏事。所以后来就留下了"塞翁失马，安知非福"的成语，蕴含着深刻的哲理。

"兔死狗烹"的成语，化自《淮南子·说林训》：

> 狡兔得而猎犬烹，高鸟尽而强弩藏。

尔后，司马迁在《史记·淮阴侯列传》和《越王勾践世家》，都化用了刘安的名言。（韩）信曰：

> 果若人言，狡兔死，良狗亨；高鸟尽，良弓藏；敌国破，谋臣亡。
> 天下已定，我固当亨！

可知司马迁对这个成语是很感兴趣的。《淮南子》中的《说山训》《说林训》两篇，可以说是人生和社会的箴言集锦。如《说林训》：

> 夫所以养害所养，譬犹削足以适履，杀头而便冠。

"削足适履"，是说用削去脚的办法来适应鞋子的大小，比喻那些不顾具体条件，而一味生搬硬套，其结果只能是适得其反。

"尺璧寸阴"，比喻时间的宝贵，来源于《淮南子·原道训》：

> 夫日回而月周，时不与人游，故圣人不贵尺之璧，而重寸之阴，时难得而易失也。

从《淮南子》中加以提炼而约定俗成的格言、警句、成语，不下150条，在中国古代文献中是首屈一指的，尤为可贵的是，他们都是属于原创的成语。可知刘安为文，特别注重锤炼字句，许多地方已经达到了炉火纯青的地步。

壮美而瑰丽的神话的大量运用，使《淮南子》增添了浓郁的文学色彩，这是秦汉诸子望尘莫及的。

"女娲补天"的神话，第一次出现在《淮南子》中。刘安为我们塑造了一位同大自然进行顽强斗争，而又不居功的中华始祖女神形象。《淮南子·览冥训》中记载：

> 往古之时，四极废，九州裂，天不兼覆，地不周载，火爁炎而不灭，水浩洋而不息，猛兽食颛民，鸷鸟攫老弱。于是女娲炼五色石以补苍天，断鳌足以立四极，杀黑龙以济冀州，积芦灰以止淫水。苍天补，四极正，淫水涸，冀州平，狡虫死，颛民生，背方州，抱圆天……考其功烈，上际九天，下契黄垆，名声被后世。然而不彰其功，不扬其声，隐真人之道，以从天地之固然。

在这里，描绘了天崩地坠，洪水奔流，烈焰漫天，猛兽猖獗，万民面临灭顶之灾的情景。而女娲却挺身而出，拯救天地和百姓。她的功绩和美名上达九天，下传万代。然而她却不彰明她的功德，不显扬她的名声，因天地自然而行动，这是多么伟大、高尚而使人讴歌的女神！

"嫦娥奔月"的神话，较早的记载，也出自淮南王的笔下。《淮南子·览冥训》中写道：

> 羿请不死之药于西王母，恒娥窃以奔月。怅然有丧，无以续之。何则？不知不死之药所由生也。

淮南王刘安引用这个故事的本义，是为了批判法家申不害、韩非子、商鞅等一类人物，不去解决治国的根本问题，探索社会弊端产生的原因，而专门实行严刑峻法，造成人人恐惧，天下动乱。

在刘安的时代，对奔月的嫦娥，含有责难的意味。指责她不该偷吃仙药，升入月宫，孤孤单单地生活着。到了南北朝以后，人们由批评而转为同情，并且演化出许多带有迷离色彩的文学和神话故事，成了人人皆知的文学形象，反映了古人对探索宇宙奥秘的向往和追求。毛泽东《蝶恋花·答李淑一》中写下著名的词句："寂寞嫦娥舒广袖，万里长空且为忠魂舞。"把孤独而美好的女神嫦娥形象，生动地展现了出来。

神话与历史的有机结合，而表达自己鲜明的政治思想，这是刘安最常用的一种创作手法。《淮南子·本经训》中说：

> 逮至尧之时，十日并出，焦禾稼，杀草木，而民无所食。猰貐、凿齿、九婴、大风、封豨、修蛇，皆为民害。尧乃使羿诛凿齿于畴华之野，杀九婴于凶水之上，缴大风于青丘之泽，上射十日而下杀猰貐，断修蛇于洞庭，禽封豨于桑林。万民皆喜，置尧以为天子。

"十日并出"的记载，来源于《庄子·齐物论》和《楚辞·天问》，而"羿射十日"的神话，则首见于《淮南子》。这里描写的是一位上射十日、为民除害的英雄形象，他的丰功伟绩，赢得了人民的赞颂。而派遣他从事这一救民于水火的尧，也被老百姓立为天子。

《淮南子》中的所记载的神话，产生了巨大的魅力。他塑造的女娲、后羿、嫦娥等形象，在中华民族的文化宝库中，成了永不磨灭的艺术典型。

二、《淮南子》与美学

淮南王的美学思想，对于汉代美学思想的发展，具有开创和奠基的重要作用。他把美学的领域，从传统的儒、道思想中注重内在的人格精神的完善，引向五彩缤纷的外部世界，表达了新的一代思想家对征服外部世界的巨大的信心和力量，充满了对丰富多彩的美的世界的渴求和向往。他的美学思想，对后代产生了极为深远的影响。

刘安认为，一切美好的东西都来源于自然之道，它是物质世界美的源泉和根本。因此，美是自然的，也是多种多样的。《淮南子·说山训》中说：

> 兰生幽谷，不为莫服而不芳。

兰草的芳香，不是因为人类的佩戴、欣赏才散发出来，而是天然形成的，它是一种客观存在。《淮南子·说山训》中指出：

> 琬琰这样的美玉，放在污泥之中，即使是清廉的人也不会放弃；破烂的盖席和陶甑、甑带，放到毡褥之上，即使是贪财的人，也不会去取。

> 品德美好的君子，即使是处在污秽屈辱之处，人们也不能认为他卑贱；邪恶的小人所存在的地方，即使是处于高贵之处，世人也不能认为他高贵。

美玉、贤人，具有自然的美质，它们不因人的主观意愿而发生改变。因此，《淮南子·说山训》中这样说：

> 求美则不得美，不求美则美矣；求丑则不得丑，求不丑则有
>
> 丑矣。不求美又不求丑，则无美无丑矣，是谓玄同。

美与丑，是自然形成的，它不是以个人本身的愿望"求"所能达到的目的。违背自然，人为地"求美""求不丑"，往往只能是适得其反。

来源于自然的美，在客观世界中的表现是五彩纷呈的。《淮南子·说山训》中说：

> 佳人不同体，美人不同面，而皆说于目。

《淮南子·说林训》中也写道：

> 西施、毛嫱，状貌不可同，世称其好，美钧也。

《淮南子·脩务训》中也说：

> 今夫毛嫱、西施，天下之美人。

赵飞燕以"瘦"为美，杨玉环以"肥"为美，"沉鱼落雁""闭月羞花"，都是中国古代美人，而面貌都是不同的，不可能有一个共同的美人模式。

尽管美是多样的，而构成美的事物则是有条件的。《淮南子·说林

训》中指出：

女子的酒窝长在面颊上就很美，但是长在额头上就很丑了。刺绣的丝织品裁制衣裳则是很适宜的，做成帽子就会让人讥笑了。

《淮南子·泰族训》中也说：

衣带不厌烦用新的，而带钩不讨厌用旧的。各自处于不同的地方，有不同的适宜的特点。

刘安告诉我们，人类对待美的事物，是以适宜作为美的前提的。但是，世界上没有绝对的"美"，也没有绝对的"丑"。只要看到大美，而不要苛求其小美。《淮南子·说山训》中说：

桀有得事，尧有遗道；嫫母有所美，西施有所丑。

夏桀作瓦遗留给后代，有值得肯定的地方；尧有缺陷的地方，不能流放四凶，任用贤人。嫫母虽丑，但是有美好的精神境界；西施虽然很美，但是贞操不够。因此，在《淮南子·氾论训》中指出：

夏禹时的玉璜，不能没有瑕点；明月之珠，不能没有瑕疵。然而天下的人却把它作为宝贝，这是为什么？"以其小恶不足妨大美也"。

对于源于自然的美，淮南王特别重视事物的内在美质。《淮南子·说林训》中说：

白玉不雕，美珠不文，质有余也。

意思是，白色的美玉不要雕琢，美丽的珍珠不要文彩，天然的美质就已经足够了。可知这里的"质"，指的是事物的自然属性、天然之美；"文"，指的是外部的、人为的粉饰。

对于人的美，就是指本身的素质和外貌。《淮南子·脩务训》：

曼颊皓齿，形夸骨佳，不待脂粉芳泽而性可说者，西施、阳文也。

但是，淮南王虽然重视"质"，也并不是一味地反对文饰。《淮南子·脩务训》中说：

今夫毛嫱、西施，天下之美人。若使之衔腐鼠，蒙猬皮，衣豹裘，带死蛇，则布衣韦带之人，过者莫不左右睥睨而掩鼻。尝试使之施芳泽，正娥眉，设笄珥，衣阿锡，曳齐纨，粉白黛黑，佩玉环，榆步，杂芝若，笼蒙目视，冶由笑，目流眺，口曾挠，奇牙出，靥摇，则虽王公大人，有严志颉颃之行者，无不惮悇痒心而悦其色矣。

这里的记载，说明"美人"的丑饰与美饰，其效果是截然不同的。

但是，那些具有丑陋形质的，增加文饰，只能是东施效颦。《淮南子·脩务训》中说：

齿缺、耳聋、嘴歪、臃肿、驼背，即使在脸上涂抹白粉，画上青黑色的眉毛，也不能成为美人的，是嫫母、仳催这样的丑女。

而绝美、奇丑的毕竟是少数，大量的是芸芸众生的中人。《淮南子·脩务训》说：至于美丽的不如西施，丑陋的不像嫫母的人，就需要用芳香的油脂来打扮她们了。

可知刘安对文饰的理解，不仅有其合理性，而且具有普遍的意义。

但是，刘安又深刻地指出，对于"文"的过分追求，就会损害"质"的美。《淮南子·诠言训》中这样说：

粉饰外部的，要损伤内部；放荡他的情感的，要伤害他的精神；显现文饰的，就要掩蔽他的质朴。因此，羽毛翅膀漂亮的，要损伤它的骨骸；树的枝叶茂美的，必然妨碍根茎。"能两美者，天下无之也"。

这里说明，"质""文"两美俱全的，是不可能存在的。而儒家主张，"质胜文则野，文胜质则史，文质彬彬，然后君子"（《论语·雍也》)，即要求"文""质"的完美结合。在刘安看来，能够两全其美的，在世界上是没有的。

刘安在肯定自然造物主创造的万物之美的同时，特别崇尚雄浑博大之美。《淮南子·泰族训》中写道：

观察六艺的博大精深，探究道德的渊源，可以到达无穷的高度，达到无尽的深度；运行起来没有极限，翱翔起来没有形体；广大达到四海，高崇超过太山，富饶胜过江河；空旷地无所不通，明亮地照耀四海；天地之间，没有什么办法能阻隔它。它所用来照视的，难道不是很大吗？

在刘安的笔下，外部世界的"无上""无下""无极""无形"，以及"四海""太山""江河"，构成了一幅幅无比壮美的色彩斑斓的美的图景，它使人无限向往。

《淮南子·泰族训》中还写道，天地造化所形成的"大巧"，其美是无法比拟的：

天地所包容的，阴阳所抚育的，雨露所滋润的，化育产生了万物。珍珠碧玉，翠羽玳瑁，出于自然，色彩鲜明，光泽像浸渍进去一样；抚摸它而不会损坏，长久而不会改变。奚仲不能仿效它，鲁班不能够制造它，"此之谓大巧"。

宇宙间至为精妙的"大巧"，是来自自然的鬼斧神工，它非区区的人力所能奏效的。因此，那种拘泥于一隅之见的小美，是不具备宏伟阔大的气魄的。这正如《淮南子·俶真训》中所说：

就像牛蹄那样小的水坑，不会有一尺长的鲤鱼。块阜这样的小山丘，不会长出一丈高的木材。造成这样的原因是什么呢？都是因为它们所处的范围狭小，而不能容纳巨大的事物罢了，又何况用无形来包裹的万物呢？

由此可知，在刘安的美学思想中，已经从老、庄道家学派所主张的内在的、超现实的、精神绝对自由的那种美学追求，走向了广阔无垠的外部世界，从中实现自己的美学理想。这种质朴而闳大的美学思想，对后代产生了重大的影响。

这种崇尚自然的美学思想所体现的审美意识和艺术创作的要求，同样具有其鲜明的特色。《淮南子·缪称训》中说：

文者，所以接物也，情系于中，而欲发外者也。以文灭情，则失情；以情灭文，则失文。文情理通，则凤、麟极矣。

意思是说，音声（"文"）是用来交接万物的，感情联系在其中，而要显露出来。用音声来湮灭情感，那么就会失去真情；用情感湮没声音，就会失去音声。音声、情感条达通畅，那么就是凤凰、麒麟也会来临。

这就说明，"情"是自己内心的真情实感，而通过"文"表达出来。"文情理通"，才是艺术创作和审美的基本原则。有"情"无"文"，有"文"无"情"，都不能给他人以美感。因此，淮南王多次强调要"情发于中"。《淮南子·氾论训》中说：

及至韩娥、秦青、薛谈之讴，侯同、曼声之歌，愤于志，积于内，盈而发声，则莫不比于律，而和于人心。何则？中有本主，以定清浊，不受于外，而自为仪表也。

这里说，韩娥等古代著名的歌唱家，激情充满内心，他们美妙的歌声，能得到听众共鸣。关键就在于"心中有根本在主宰"，从而形成自己的独特风格。而那种"强哭者，虽病不哀；强亲者，虽笑不和，情发于中而声应于外"（《淮南子·齐俗训》）。由此可知，淮南王对艺术美所达到的要求，就是一定要反映内在的真实感情，这就给艺术创作提出了一个带有根本性的问题。

在刘安的笔下，"中有本主"，又叫"君形者"，即主宰形体的精神。《淮南子·说山训》中说：

画西施之面，美而不可说；规孟贲之目，大而不可畏，君形者亡焉。

最后一句的意思是：支配实在形体的生命的生气已经不存在了。《淮南子·说林训》中也说：

让倡优吹竽，使乐工按孔洞，即使符合节拍，而不能入耳，失去主宰音声的东西。

《淮南子·览冥训》中也记载：战国大音乐家雍门子，一曲悲歌，感动得孟尝君痛哭流涕：

精神形于内，而外谕哀于人心，此不传之道也。使俗人不得其君形者而效其容，必为人笑。

这就说明，画家、音乐家创造美的形象，他们的内在精神主宰，是创作的灵魂。只有真正有所感，创造的艺术形象才能成功，才能感染他人。那种专门模仿，缺乏独创精神，或者言不由衷，或者虚伪造作，其作品根本就不会有生命力，更谈不到什么美学价值了。

第五节 《淮南子》：道家哲学的集大成

近代学者家梁启超在《汉书·艺文志·诸子略·考释》中，曾经这样说：

> 刘、班以《淮南》次《吕览》之后而并入杂家者，盖以两书皆成于宾客之手，皆杂采诸家之说，其性质颇相类也。刘安博学能文，观《要略》所提挈各篇要点及排列次弟，盖匠心经营，极有伦脊，非漫然獭祭而已。故《淮南鸿烈》实可谓集道家学说之大成。就其内容为严密的分类，毋宁以入道家也。

梁任公认为，东汉学者刘歆、班固，把《淮南子》归入杂家。就其思想接近《老子》的特点，应该归入道家；就其书内容来说，不仅包容了道家的所有思想精华，而且又有所创新。所以，"集大成"的评价是切实可信的。

一、刘安与老、庄

在汉代四百多年间，直接继承老、庄学说，建立起完整而严密的道家思想体系，承前启后，而立于诸子之林的，只有不朽著作《淮南子》。

对于《老子》和老聃，《淮南子》中引用58处，可以分成三类：

其一，《老子》语录，引用56条。如：《淮南子·道应训》中记载：

> 赵简子以襄子为后，董阏于曰："无恤贱，今以为后，何也？"简子曰："是为人也，能为社稷忍羞。"异日，知伯与襄子饮，而批襄子之首。大夫请杀之，襄子曰："先君之立我也，曰'能为社稷忍羞'，岂曰能刺人哉！"处十月，知伯围襄子于晋阳，襄子疏队而击之，大败知伯，破其首以为饮器。故《老子》曰："知其雄，守其雌，其为天下溪。"

引文见于《老子》第六十二章。

《淮南子》中引用的形式，基本上是叙述一个故事，然后用《老子》的名言加以印证，通俗易懂，很有说服力。

《淮南子》的引言，保留了汉初《老子》版本的面貌，与诸本有所不同，显得弥足珍贵。如：《淮南子·道应训》："美言可以市尊，美行可以加人。"并见于《淮南子·人间训》。

而西汉河上公本《老子道德经章句》作："美言可以市，尊行可以加人。"马王堆汉墓帛书《老子》甲、乙本，与河上公本相同。从内容的完整性方面来说，《淮南子》的记载为胜。

其二，老子的师从。《淮南子·缪称训》中记载："老子学商容，见舌而知守柔矣。"这是第一次关于老聃师承的记载。

商容，又作"常枞"。"守柔"，即柔弱胜刚强，讲的是道家哲学观和人生观。比喻贴切，回答精妙。在《淮南子·原道训》中写道：

柔弱是可贵的。所以兵力强大的，最终要被人消灭；木质强硬的，最终要折断；皮革坚固的，到底要裂开；牙齿比舌头坚硬，但是先脱落。

其三，学生求教老子。在《淮南子·脩务训》中，记载南荣畴向老子求教：

从前鲁国南荣畴对圣王之道在自己身上失去，感到十分羞耻。于是他踏着霜露，磨破了鞋子，快步疾行，跋山涉水，穿过荆棘，越过千里，脚上磨起层层老茧，也不敢休息，而向南去求教于老聃，受到了一句话的教诲，精神顿时开朗，昏昏的心绪彻底清楚了，高兴得七天也没有吃东西，还像享用太牢一样。

这则故事，出自《庄子·庚桑楚》。不是《淮南子》的原创。

对于庄子，《淮南子·齐俗训》中记载："惠子从车百乘，以过孟诸。庄子见之，弃其余鱼。"

两位学者的政治、学术观点，虽然相差极大，但是相处和谐，富有生活情趣，而又充满睿智和玄理。

《淮南子·脩务训》记载：惠施死了，庄子闭口不再说话，看到世上没有人可以对他说的了。这里的记述，见于《庄子·徐无鬼》。

对于老、庄学说中的精要，刘安则给予了全面的继承，成为汉代弘扬道家精神的旗手。

《淮南子·要略》中说：

《道应》的内容，选取成功之事的事迹，追寻观察往古之时的印迹，考察祸福利害之间的正反关系，同老子、庄子的学说相验证，以便符合得失的趋势。

这里《淮南子·要略》第一次把"老、庄"并列："考验乎老、庄之术。"把春秋《老子》和战国《庄子》并列，意义非凡。其一，正式确立《老子》《庄子》属于相同的道家派别，其思想有继承关系。在《汉书·艺文志》中，有"道三十七家"。《庄子·天下》有"彭蒙、田骈、慎到""关尹、老聃""庄周"等分类，并未指明老、庄之联系。其二，确认了道家的代表人物。那就是：春秋以《老子》为代表，战国以《庄子》为代表。而后司马迁撰《史记·老庄申韩列传》，得到认可。那么，列子、文子、庚桑子等，皆不是道家的代表人物。

《淮南子》对《老子》思想的继承，全面而准确。比如：《淮南子》对《老子》人生观的继承。《淮南子·道应训》中记载：

楚国将军子发攻打蔡国，旗开得胜，楚宣王亲自到郊外去迎接，并割给他土地百顷，封他为楚国执圭。子发坚辞不受，他说："治理国家，制定政策，诸侯朝拜，这是国君的大德所致；指挥部队，号令三军，双方军队没有交锋而敌人逃跑，这是将军们的威力所致；出兵上阵，围歼敌军，这是成千上万士兵的功劳。凭借他人的力量，而建立一点功劳，便要取得爵号、俸禄，这不符合道德的要求。"因此坚决辞去而不接受。所以《老子》中说："大功告成而不居功，因此就不会丢掉功劳。"

对待功劳、名誉、权势、地位、金钱、富贵，千百年来的政治家，大多难以正确解决，甚至有的为此上了断头台。而刘安引用《老子》，很好地回答了这个问题。

对于《老子》的治国和修身，《淮南子·道应训》中也有精妙的记述：

楚庄王问詹何说："怎么样才能把国家治理好呢？"詹何回答说："我对于修身是懂得的，对于治国不大清楚。"楚王说，我据有楚国之政，想学习守卫它的方法。詹何回答说："我没有听说过国君自身正直而国家混乱的，也不曾听说过自身堕落而国家得到大治的。因此根本在于自身，不敢用末节来回答。"楚王说："好！"因此《老子》中说："修治自身，他的德行才能真诚！"

刘安认为，建立和保持国家政权，要害在于国君自身修德。从立身到治家、治乡、治国、治天下，都要求执政者具有很高的德行修养。从来没有见到国君腐败荒淫，贪婪残暴，荼毒人民，而国家能够得到大治的。

《老子》中充满了朴素的辩证法思想，刘安对此做了透彻的阐释。《淮南子·道应训》中记载了伯乐相马的故事：

秦穆公对伯乐说："你年岁大了，子孙中有没有相马的能手，推荐给我。"伯乐说："我的子孙都是平庸之辈，不能识别千里马。我有个砍柴的朋友叫九方堙，对于相马之术，不在我之下。"秦穆公于是接见了九方堙，派他到外地寻求千里马。过了三个月，回来报告说："已经寻到一匹千里马，正在沙丘那个地方。"穆公问："是什么样的马？"九方堙回答说是："黄色母马。"派人取回来后，却是一匹"黑色公马"。秦穆公一肚子不高兴，指责伯乐推荐的人太差劲了。

伯乐听了，长叹一声，说："这就是他超过我千万倍的地方。像九方堙所见到的，是马的天然特性。得到精髓而忘掉粗疏，看到内在特质而丢掉了表象。他见到了他应该见到的东西，而不去注意他所不需要的东西；考察了他应该考察的东西，而放弃了他所不必要考察的东西。像九方堙这样相马的经验，比我要超过千万倍啊！"把马牵到大家面前，果然是一匹千里马。因此就像《老子》中所说："最正直好似枉曲，最灵巧好似笨拙。"

打柴人九方堙，秦穆公认为他连马的毛色、雌雄都辨不清楚，但是他的相马技术，竟达到极其神妙的地步。而那位只看表象、看不清实质的君主，不是显得太浅薄了吗？

对于《老子》中贵贱、高下等对立的矛盾及其转化，《淮南子·道应训》中说：

狐丘丈人对孙叔敖说："你由布衣擢为令尹，别人有三件事埋怨你，你知道吗？"孙叔敖说："请问哪三件？"丈人说："爵位高了，大夫嫉妒你；权势大了，国君厌恶你；俸禄多了，百姓埋怨你。"孙叔敖回答说："我的爵位高了，我的欲望更小；我的权势大了，我更加小心；我的俸禄多了，我广施于人。用这三条，是否可以免除大臣、国君、百姓对我的怨气呢？"因此，《老子》中说："尊贵必须以卑贱作根本，高耸必须以低下为根基。"

《淮南子》中明引《庄子》只有一条，但是暗引《庄子》总数超过百条。

《淮南子·道应训》中记载卢敖与士人的对话，最后士人举起双臂，升入云中。卢敖茫然若失，说："我同这个人相比，就像黄鹄同小虫一样。"因此，《庄子》中说：

> 小人不及大人，小知不及大知；朝菌不知晦朔，蟪蛄不知春秋。

这四句引文见于《庄子·逍遥游》。第一句《庄子》作"小年不及大年"。这个寓言告诉我们，自然界是无穷无尽的，人的认识，也是无穷无尽的，确实是人外有人，天外有天，那种妄自尊大、故步自封、自以为是的人，就像卢敖、朝菌、蟪蛄一样，不是很可悲的吗？

对于荣辱、毁誉，刘安继承了《庄子》中的豪放豁达的气魄，显示了道家的博大襟怀。《淮南子·俶真训》中说：

> 是故举世而誉之不加劝，举世而非之不加沮。定于死生之境，而通于荣辱之理。虽有炎火洪水弥靡于天下，神无亏缺于胸臆之中矣。若然者，视天下之间，犹飞羽浮芥也，孰肯分分然以物为事也？

其中"举世"至"之理"四句，出自《庄子·逍遥游》。就是说，《淮南子》把《庄子》的精华，不光加以引用，而且融化在自己的思想中。

对于养生，《淮南子·精神训》中说：

耳目过分沉溺于声色之中，那么五脏就受震动而不得安宁。因此说，各种色彩可以扰乱视线，使眼睛看不清楚；各种声音扰乱了听觉，使耳朵听不明白；各种气味扰乱了味觉，使嘴巴受到伤害；取舍的念头扰乱了思想，使行为脱离轨道。这四个方面，天下的人都是用来养生的，然而却成了人的牵累。

刘安不是全盘否定五色、五味、五音、取舍这些东西，但是沉迷美色、美音、美味、游猎等享乐纵欲、奢侈荒淫的生活，就会心志昏乱，乱政害民，自己也会受到极大的伤害。因此，他提倡贵俭、质朴。刘安的这个观点，来源于《庄子·天地》：

> 且夫失性有五：一曰五色乱目，使目不明；二曰五声乱耳，
> 使耳不聪；三曰五臭薰鼻，困惾中颡；四曰五味浊口，使口厉爽；
> 五曰趣舍滑心，使性飞扬。此五者，皆生之害也。

而《庄子》的论述，则出自《老子》十二章：

> 五色使人目盲，五音使人耳聋，五味使人口爽，驰骋田猎使
> 人心发狂，难得之货使人行妨。

可知《淮南子》在伦理思想方面，继承了老、庄的崇尚素朴、返璞归真的价值观。

在人性论方面，道家强调保持人的自然天性和纯朴本真。在《淮南子·原道训》中说：

> 所说的"天性"，是指纯粹朴素，质直洁白，不曾与其他的东西混杂在一起；所说的"人为"，是指反复无常，玩弄权术，逢迎巧诈，和世俗之人同流合污。

刘安倡导恢复人的本质天性，充分发挥个人的主观能动作用，而不主张人为地泯灭人的天性。而这种思想来源于《庄子·秋水》：

> 无以人灭天，无以故灭命，无以得殉名。谨守而勿失，是谓
> 反其真。

《庄子》和《淮南子》对于人性的精辟论述，像春风吹散了笼罩在人类头脑中的阴霾；似甘霖浸透到干涸的荒原之中，给人类带来了勃勃生机。

庄子是战国时代养生理论的开创者，在《庄子》中提出了"缘督""踵息"等功法，提倡"心斋""坐忘"等静功。刘安也接受了《庄子》养生的观点。《庄子·刻意》中记载：

> 吹呴呼吸，吐故纳新，熊经鸟伸，为寿而已矣，此导引之士，

养形之人，彭祖寿考者之所好也。

在《淮南子·精神训》中，由《庄子》中记载的两种导引动作，发展成六种：

若吹呴呼吸，吐故纳新，熊经鸟伸，凫浴猿躩，鸱视虎顾，是养形之人也，不以滑心。

庄子和刘安都是养神论者。对待养形与养神的问题，重在养神。《庄子·刻意》中说：

纯粹而一尘不染，清静专一而不变化，淡泊而无为，按照自然规律而行动，这是颐养精神的正道。

《淮南子·泰族训》指出：

治身，太上养神，其次养形。治国，太上养化，其次正法。神志清平，百节皆宁，养性之本也；肥肌肤，充肠腹，供嗜欲，养生之末也。

刘安继承庄子旷达的生死观，对生死表现了极为乐观、超然的态度。他认为，生和死，在漫漫无尽的自然界，本来没有什么差异的，不过是一个问题的两个方面。《淮南子·精神训》中说：

大自然生下我，我也不强求死去；它们处死我，我也不强求苟活，自然造化力想使我生存，而我也不必侍奉它；它厌恶使我死去，而我不需要向它告辞。人们认为我卑贱也不憎恨，人们认为我尊贵也不欢喜。随着上天的赐予，安享它而不息。我生下来有七尺之形，我死了占有一棺材大小的土地。我活着同有形体之类相并列，就像我死后沦没到没有形体之类中去一样。虽然如此，那么我生存时万物不因此增多，我死去土地也不因此加厚，又怎么知道其中存在着喜欢的、憎恶的、有利的、有害的事情呢？

在《淮南子·俶真训》中，对生、死还有巧妙的比喻：

生好比是梦，死好比是醒；梦中自己变成了鸟，就飞上天；变成鱼了，就沉没到深渊。当他做梦时，自己并不知道是在做梦；醒来以后，才知道一切都是梦中的幻景。

《淮南子》中关于生死观的阐述，来源于《庄子》的《齐物论》和《大宗师》。

用道家自然主义的生死观来看待世俗中的人们，终生孜孜不倦地追求个人的权势、名利、富贵、金钱、地位，而不是投身到大众的正义的事业中，难道不是十分可笑吗？

当然，刘安在宇宙论、人生观、政治观、养生论、价值观等许多方面，对老、庄有直接的继承关系，但是毕竟因为时代、环境、背景不同，淮南王也不是机械地照搬和一味地模仿，而是在许多方面进行了创新和改造，使之更加符合汉初治世的实际需要。比如，淮南王吸取《老子》中反剥削、反干涉的积极思想，主张慎刑简罚，减轻剥削；批判继承了《老子》"无事""无欲"的主张，要求封建统治者"省事""节欲"；刘安从积极意义上解释了"贵柔""持后"等观念，提出了巩固封建政权的战略思想。在政治上，老子把"小国寡民"作为最高理想，而刘安把"黄帝之治"作为理想社会；刘安对老子"无为"论做出了新的解释，克服"无为"论的消极因素。在宇宙论方面，对老子"道生一"的观点进行了改造，指出"道"等于"一""一也者，万物之本也"的论点。这些无疑是刘安对道家思想宝库的重大贡献。

二、道家：自然观

"道"，是中国道家学派的理论核心，是《老子》中提出的最高哲学范畴。在《老子》五千言中，分为"德""道"二经。其中"道"字，在《老子》中出现74次。《淮南子》继承了《老子》"道"的学说，抓出了自然天道观这个"道"家学说的精髓，进行了详细的论说，赋予"道"在汉初的更为广泛的含义。

在《淮南子》中，刘安特意开辟《原道》《道应》两篇，专门论述大道的精义。仅"道可道，非常道"一句，就在《氾论》《道应》《本经》《原道》中四次加以引用，来反复申说"道"的自然规律和宇宙本原的性质。

首先，"道"是无所不在的，它是不依人的意志为转移的客观存在。

在《淮南子·原道训》开头，以优美的韵文，对"道"的规律性，进行了生动的描绘：

夫道者，覆天载地，廓四方，柝八极；高不可际，深不可测。
包裹天地，禀授无形；原流泉浡，冲而徐盈；混混滑滑，浊而徐清。
故植之而塞于天地，横之而弥于四海；施之无穷，而无所朝夕。
舒之幎于六合，卷之不盈于一握。约而能张，幽而能明；弱而能强，
柔而能刚；横四维而含阴阳，纮宇宙而章三光。

《淮南子·缪称训》中对"道"也有描述：

"道"是至高无上、至深无下的，同水准一样平，与绳墨一样直，和规一样圆，和矩一样方。包裹了整个宇宙而没有内外，覆盖运载着无形而没有什么阻碍。

刘安把"道"称作"一""无形"。《淮南子·诠言训》：

一也者，万物之本也，无匹合天下者也。

"道"在空间上包容一切，在时间上是无穷无尽的。它没有内外表里，没有大小短长。它在宇宙间是独一无二的，"卓然独立""块然独处"，没有什么能够与之相匹敌。

其次，"道"化生万物，无所不能，宇宙间万事万物，无论多么巨大和微小，不管有生命还是没有生命的，都是由"道"而化生的。《淮南子·原道训》中说：

"道"产生了万物，但万物却不知"道"，而与万物共处；最高的"道"，产生万物而不据为己有，化成万物的形象，而不去主宰它们。那些用腿走路、用嘴呼吸的动物类，飞翔和爬行的昆虫类，依靠它然后才能产生，但是没有什么动物去感戴它的恩德。依赖它而后死去的，也没有哪一类去怨恨它。得到利益的不能去称赞它，采用它而失败的也不会非难它。

再次，"道"处于不停地运动变化之中，它是由于自身内部阴阳二气的矛盾作用而推动的。《淮南子·原道训》中写道：

在大道之中，"一"确立而万物便可以产生了，所以说"一"的道理，可以施予四海。"一"如果扩散，便可以掌握天地变化的枢机。它处于整体时，纯粹得像未经加工的玉器；它分散开来时，混沌浑浊。但是混浊可以逐渐

澄清；空虚而逐渐充满。平静不动而又像深渊一样，飘浮不定就像浮云，若有若无，若存若亡。它的活动没有形体，但是变化像神灵一样。它的行动没有踪迹，常常在后面又因此领先。

可知"道"是推动事物运动力量的源泉，自然界和人类社会依赖它而得以运行，天地万物凭借它而发挥自己的功能。"道"的原动力存在于自己的内部，由于阴阳矛盾运动，引起了事物的不断变化。因此可以说，"道"体现了宇宙万物运动最根本规律。

再次，"道"是构成宇宙的物质实体而又没有形象，但是却主导万物。《淮南子·原道训》中说：

无形生有形，因此无形成为万物的最高祖先。无音生有音，无音便成为声音的老祖宗。所以看它见不到形体，听它听不到声音，握它不能摸到身子。因此说，无形的"道"，产生了有形的万物，无声之处有五音鸣奏，无味之处有五味形成，无色之处有五色构成。所以，有从无中产生，实物从虚无中产生。

刘安继承了《老子》的自然天道观，认为要实现"无为而治"的目标，就要因循自然，"不易自然"，按照自然规律办事，而不要违背这个规律。

自然规律是普遍存在的。《淮南子·原道训》从各方面对"自然之势"加以论说：

夫萍树根于水，木树根于土。鸟排虚而飞，兽蹢实而走。蛟龙水居，虎豹山处，天地之性也。两木相摩而然，金火相守而流。圆者常转，窾者主浮，自然之势也。

《淮南子·原道训》中还从季节、物候、地域等方面对自然规律加以说明：

春风吹来，雨水就要降下，万物得之就会萌生。有羽的鸟类孵卵，有毛的兽类怀胎。草木欣欣向荣，鸟类孵出雏儿，兽类生育幼兽。没有人见到它（指"道"）干了什么，却使万物大功已经告成了。

刘安在《淮南子·原道训》中告诉我们，怎样才能叫作按照自然规律办事：

　　禹之决渎也，因水以为师；神农之播谷也，因苗以为教。

　　《淮南子》中还谈到如何引导百姓掌握自然规律，《淮南子·齐俗训》中说：

　　其导万民也，水处则渔，山处则采，谷处则牧，陆处则农。

　　地宜其事，事宜其械，械宜其用，用宜其人。

　　什么叫违背自然规律呢？《淮南子·主术训》中说：

　　大禹疏通长江、黄河，而为天下人谋取利益，但是不能使水向西流动。后稷开垦荒地，而为百姓致力农事，但是不能够使禾苗在冬天生长，难道只是人事力量达不到这样吗？是它们的自然规律不能得到改变。

　　刘安总结了当时自然科学的许多成果，并对各种自然现象加以解剖、分析，认识到自然规律是不可抗拒的。如果违背了它，就要遭到无情的惩罚，因此他特别强调人类要同自然界保持和谐一致，这就是他的自然天道观的精彩之处。

三、道家：认识论

　　刘安道家哲学中的认识论，在人类的认识论历史上，也产生了很大的影响。他的主要贡献，在于它第一次系统地论述了物质世界的起源和发展的过程，并且就主观、客观的关系，认识的来源及其产生，客观规律与主观规律的关系，感性认识和理性认识的关系，认识的相对性及其标准等一系列问题，进行了深刻的阐述，《淮南子》虽然没有设立专门的篇章，但是却提出了许多有价值的观点。既有对前人的继承，又有自己独特的创新。

　　在《淮南子·俶真训》中，刘安对宇宙万物的生成及其演化，提出了自己的认识，构成了他的认识论基础，把人类从上帝创造世界的神学迷信中彻底解放出来，赋予它的物质世界自然形成的本来面目。原文的意思是：

　　宇宙的发展，近的是"有开始的时候"，远的是"有未曾有开始的开始的时候"，更远的还有"未曾有开始的未曾有开始的开始的时候"。宇宙产生了现实存在的万物，但是也产生了物体以外的广大宇宙空间。远的就是未曾有的广大宇宙空间，再远的就是未曾有的未曾有的广大宇宙空间。

刘安这里描绘的是客观世界的自然演化过程，虽然其中具有不科学的臆测部分，但是他把宇宙的演化看成"气"的发生、发展和变化过程，没有掺杂着一点的神造宇宙的成分，所以它具有唯物论的性质，成了人类认识史上的一次重大变革。由于他的大胆探索，同传统的上帝造物的宇宙观的彻底决裂，从而在中国古代思想史上，留下了重要的一章。

刘安认为，大千世界虽然纷纭复杂，变化万千，但是自然界和人类社会都是能够被认识，有规律可循的。在《淮南子·缪称训》中说：

要想知道天体的运行法则，可以观察律历的规定；要想知道土地生长规律，可以考察树木生长情况；要想知道人事的规律，可以从君子、小人的欲望中得知。

要掌握天、地、人的规律，必须充分发挥感觉和认识器官的作用。《淮南子·缪称训》指出：

天有春、夏、秋、冬四时变化，人有视、听、闭、合四种功能。看到并描述形体特征，没有什么比眼睛更清楚的了；听到声音而且精通它，没有什么比耳朵更灵敏的了；庄重而能够闭藏，没有什么比嘴巴更牢固的了；包容而收藏，没有什么比心更深藏的了。眼睛看到物体的形状，耳朵听到他的声音，口中表达他的诚信，而心中把精华集聚在一起，那么万物的变化都有标准了。

可知人类依靠耳、目、身、心这些感觉和认识器官，认识客观事物，并且可以掌握它们的规律。但是光有感官还不行，如果感官有缺陷，不能有直接接受外物的作用，那也就不可能反映客观的事物。《淮南子·氾论训》中说：

现在盲人在道上行走，人告诉他左就左，告诉他右就右，遇到君子容易走正道，遇到小人那么就会陷入沟壑之中。为什么这样呢？因为眼睛没有办法同外物相接触。

刘安还认为，如果一个人一生与世隔绝，不与客观事物相接触，就不可能认识世界。《淮南子·说林训》中说：

遗腹子不想念他的父亲，在心里没有他父亲的形貌；梦中未曾见过的形象，是平时没有看到过的，在眼中就没有他的形体。

刘安在认识史上的重要贡献，就是在肯定世界可知和在事物复杂多变的前提下，承认真理的客观性和相对性。《淮南子·齐俗训》中有一段精辟的论述：

天下的是非没有什么办法确定，世上之人各自认为他们的"是"是正确的，而认为别人的"非"是不正确的。所说的是和非各不相同，都是自以为是而以别人为非。

从这里可以看出，事情有合乎自己心意的，而不一定是正确的。因此寻求"是"的，不是探求其中的道理，寻求的是符合自己心意的东西。抛弃"非"的，不是排除不正之术，而是抛弃背离自己心意的东西。背离自己的，不一定不合乎别人的要求；符合我的心意，不一定不被世俗所非议。

最高的"是"，它是没有不正确的东西存在的；最高的"非"，它是没有正确的东西存在的。这就是真正的是非观。至于认为这里是正确的，而认为那里是不正确的；认为这里是不正确的，而认为那里是正确的；这叫作一是一非。这里的一个是非，只是一个角落；那里的一个是非，是一个宇宙。

这里告诉我们，世人判断"是""非"的标准，往往是以"我"为标准的，符合我的意愿的就是真理，同"我"相背离的就是谬误。刘安指出，这种观点是十分错误的，客观真理是"至是"，是不能掺杂任何个人的意志在其中的。以个人出发点判断是非，不过是一个角落的见解；而抛弃个人的偏见看待是非，则是站在宇宙的立场上。这样去认识是非，它才具有一定的客观性。

刘安强调指出，世间事物是复杂多变的，由于各人的立场、时代、教养等不同，对是非的认识，就有很大的不同。《淮南子·氾论训》中说：

用琴瑟伴奏唱歌，击鼓跳舞来作乐，回旋周转、反复谦让来学习礼义，丰厚的葬品，长时期服丧来送别死者，这是孔子所倡导的，而墨子对此有非议。兼爱、尚贤、右鬼、非命，是墨子所创立的，但是杨朱对此有非议。

保全天性，不因为外物而拖累形体，这是杨子创立的学说，而孟子却非议它。采纳和舍弃，因人而异，各自心中对自己学说都很明了。因此"是"与"非"各自都有一定的环境，得到它的环境则没有"非"，失去它的环境就没有"是"。

刘安认为，判断是非，必须以客观实际作为准绳，否则，就没有统一的是非标准。《淮南子·氾论训》中说：

高皇帝存亡继绝，举天下之大义，身自奋袂执锐，以为百姓请命于皇天。当此之时，丰衣博带而道儒、墨者，以为不肖。逮至暴乱已胜，海内大定，继文之业，立武之功。当此之时，有立武者见疑。一世之间，而文武代为雌雄，有时而用也。今世之为武者，则非文也；为文者，则非武也。文武更相非，而不知时世之用也。此见隅曲之一指，而不知八极之广大也。

刘安认为，汉高祖起兵讨秦时重武非文；天下平定时重文非武。文、武的换位，是由于时代不同而决定的。因此，那些争论文、武地位孰重孰轻，都是持守一隅之见，而不知八极的广大无边。

刘安认为，认识观察问题要把握其主导方面，而不能绝对化。《淮南子·说山训》中说：

夏桀作瓦遗留给后代，有值得肯定的地方；尧有缺陷的地方，不能流放四凶，任用贤人。嫫母虽丑，但是有美好的德行；西施虽美，但贞操不够。

因此亡国的法律中，有能够照着实行的；治理得好的国家习俗，也有不能推行的。

有鉴于此，淮南王特别强调，"祸与福同门，利与害为邻"。在《淮南子·人间训》中举例说：

秦始皇看到《箓图书》上记载说："灭亡秦朝的是'胡'。"因此征发士卒50万，派蒙恬、杨翁子为将，率兵修筑长城。又想得到越地的犀角、象齿、翡翠、珠玑之类，便派尉屠睢率领50万人，分为五军，驻守南越。人们不堪忍受，终于导致陈胜率领900人在大泽乡起兵反秦，刘、项随着起兵，灭了秦朝。

淮南王评价道：

祸患在于防备"胡人"而贪图越地的奇珍。想筑起长城来防备胡人，不知道修筑长城正是导致灭亡的原因。发动士卒来防备越人，而不知道灾难正是从中产生的。

可知刘安主张认识事物要从两方面来考虑，祸福、利害，都是相互转化的，那种一成不变看问题的方法，是最终要导致失败的。

同时，刘安对认识上的"绝对"化，给以严正的批评，《淮南子·脩务训》中指出：

现在发表言论的，不是夸到九天的顶端，就是贬到黄泉的底部，这样从两个极端来发议论，怎么能够得到公平的结论呢？

桔柚在冬天是生长的，而人们通常说植物冬天死亡，因为植物冬天死亡的多；荠菜、麦类夏天是枯死的，人们通常说植物夏天生长，因为植物夏天生长的多；长江、黄河曲折往复，也有时出现南北走向，但是人们认为长江、黄河都向东流；岁星、土星、日、月都向东行驶的，而人们认为星辰、日月向西移动，是以大概情况作为依据的。

刘安认为，走向极端的认识方法，是不科学的，因为它们都离开了实际。认识的可取值，应该从主要倾向和多数的方面去考虑，就不会陷入极端、盲目偏激了。

判断是非，检验认识正确与否的标准是什么？刘安在《淮南子·脩务训》中曾经记载两个故事：

楚国有人杀了一只猴子，召唤他的邻人来品尝，邻人以为是狗肉汤，觉得味道很甜美。吃过以后听说是猴肉，扶着地面吐了出来，一直到全部吐光。这说明这个人并不懂得真正的味道。

有个乡下人得到一块未雕琢的美玉，喜爱它的外貌，认为是宝贝而珍藏起来。一次他拿出来给人看，人们认为是石头，乡下人于是把它扔掉了。这说明这个人并不懂得真正的美玉。

刘安的意思是：对于事物的真伪，要尊重实际，并以此来验证是非的标准，而不能像吃猴肉的"邻人"和扔掉玉璞的"鄙人"那样，凭主观意识来判断事物的是非，凡是符合实际情况的，就是正确的；否则就是虚假的和错误的。

秦汉以来，禁锢人们思想的是"天命"论，凡是符合"天命"的，就是正确的；反之，就是错误的，而刘安却清醒地提出，主观认识要接受客观实际的检验，这是同传统的认识观彻底决裂的行为，是他对认识论的重要贡献。《淮南子·主术训》中说：

假使他说的是正确的，即使是割草打柴的山野之人，也不能抛弃它；假使说得不正确，即使是公卿、宰相、国君，提出自己的妙策于庙堂之上，也不能够采用。决定是非的关键所在，不是贵贱、尊卑。

可知刘安把评判是非的标准，摆在神权、君权之上，在等级森严、君权至上的封建社会，这是一种多么可贵的捍卫真理的大无畏精神！

四、道家：逻辑论

刘安对先秦逻辑思想作过精深的研究，对古代的形名、名法家的名实论也有继承；在逻辑学的推理方法上，还有许多新意。同时，《淮南子》以其丰富的逻辑学史料，而为学者所注目。

刘安对先秦从事逻辑研究的邓析、儿说、公孙龙、惠施等名家人物，曾作过评述和记载。

名家的早期创始人，是春秋时代的郑国大夫邓析（前545—前501），他精通形名，被《汉书·艺文志》列为"名家"第一人。《淮南子·诠言训》中载：邓析能言善辩而扰乱法律。《淮南子·氾论训》中说：子产诛邓析，而郑国的奸诈便被禁止了。

儿说是战国时宋国有名的名辩学者。他善于巧辩巧解，睿智超人。《淮南子·人间训》中说：

儿说的巧技，对于闭结没有什么解不开的，但是并非他真的能将所有的闭结全部解开，而是不去解不能解开的"解"（以不解为解）。等到用不解来解开闭结，便能够和他谈论道了。

名家人物赵国的公孙龙（前320？—前250？），刘安对他的逻辑思想也有记载。《淮南子·齐俗训》中说：

公孙龙高深的辩词折服众人，能够区别同类与异类，离析"坚、白、石"

之间的关系，但是不能够和众人同道而行。

刘安对公孙龙的"坚白论"的学术思想特点和重要影响，作了简明的概括。《淮南子·诠言训》中还说："公孙龙粲于辞而贸名。"同时论及的尚有苏秦、邓析：

公孙龙发论奇特而扰乱概念，邓析能言善辩而扰乱法律，苏秦善于游说而自己被杀。按照他们的学说，虽然很好，但没有规章；依循他们的道理，虽然很巧，但是没有名分。

这里对公孙龙既肯定了其文辞的特色，也指斥其搞乱了概念的整体性，走上了诡辩论。

刘安对于名家的"贸名""巧辩"虽有所批评，但是对名家的逻辑思想却有多方面的吸收，如对"名实"的运用就是如此。

刘安对名实关系，也有精当的描述。在《淮南子·原道训》谈到自然万物的本源时说：

所以"有"从"无"中产生，实物从虚无中产生。如果把天下作为它的圈栏，那么名称、实物便共处在一起。

就是说，从物质世界产生后，便产生了名实，对于名实，理应浑然一体而能相互协调。

刘安对于"名"，强调它反映自然规律，要和实际相吻合，要体现出概念的严密性和科学性。《淮南子·主术训》中说：

天下万物，名称要符合自己的名分，分类要符合自己的类别，各种事物就像来自天然一样，没有什么是从自己一方发出的。

这里要求，不要对"名"人为地加以扭曲，要符合它的本来面目。同样的观点，在《淮南子·缪称训》中也有表述：

因此体察到"道"的人，不悲哀也不欢乐，不欢喜也不发怒。万物到来时给它命名，事情到来时为它应付。

刘安要求名实相副。《淮南子·缪称训》中说：

所以俸禄超过他的功劳的，就会受到损害；名位超过他的实际功德的，就会受到蒙蔽。情理、行事符合，而名位、实际相一致的，灾祸福气就不会平白地赶到。

刘安认为，名位和实际必须保持一致，如果相符，就会保持个人、国家的稳定；如果双方失去一致，就会造成麻烦和混乱。

在对待名实问题上，当时世俗所存在的弊端，刘安在《淮南子·主术训》中也揭示：

天下的人多被名位、声誉所迷惑，而很少考察他的实际情况。因此，那些被尊宠、重用的人，在实绩方面却无一建树。

刘安的看法可谓一语中的，体察到了当时造成国家混乱、奸佞横行的问题症结之所在。

刘安还对名实之间的同异关系，进行了辨析。《淮南子·说山训》中说：

因此，圣人把生、死看成相同的，愚蠢的人也把生、死看成相同的。圣人的同生、死，是通达了名分的道理；愚蠢的人同生、死，不知道利害所在的地方。

徐偃王因为仁义而使自己国家灭亡，但是国家灭亡的原因不仅在仁义；比干因为忠直而被诛，被杀的人不一定都是忠直之士。

因此受寒的人打颤，害怕的人也打颤，这是名称相同，而内容不同。

"生死""仁义""打颤"，这些概念是相同的，但是它们所包含的实际内容，却是根本不同的。

《淮南子·说山训》中还举了六个例子：

喜欢武力的人，并不都是侠客；热爱文学的人，不见得是儒生；爱好方技的人，也不都是医生；喜爱马的人，不都是养马的；通晓音乐的人，不见得都是乐师；善于品味的人，不一定都是厨师。这些都是只掌握了一端，而没有掌握主要概念。

刘安这里所说的"主名"，指的是大的概念，而"侠""儒""医""骀""瞽""庖"，则是其中小的概念；小概念在大概念的范围之内，大概念包容了小概念。《淮南子·说林训》说：

有的地方叫"冢"，有的叫"垄"；有的称为"笠"，有的叫"篷"。

名称虽不同而实际内容则是相同的。

头上的"虱"与空木发声之"瑟"，读音相同而内容不同。

可知刘安对"名"与"名"、"名"与"实"之间的关系，作了透彻的研究，给我们留下了一份古代逻辑理论的宝贵财富。

如同所有古代逻辑学者一样，刘安研究的名实论，也是为了运用这个武器，来达到治世的目的，因此，他特别重视"循名责实"，认为这是国君治政的方法之一。《淮南子·主术训》中指出：

治国则不然，言事者必究于法，而为行者必治于官，上操其名，以责其实，臣守其业，以效其功，群臣辐凑，莫敢专君。

国君掌握臣下的名分，来考察他们的实际工作，这是国君驾驭臣下的有效手段。同篇中又说：

因此有"道"的国君，按照名分来督责他们的实际工作（"循名责实"），使主管部门任职而不需诏旨，督责而不加教诲。把握了权势的要柄，它对于感化万民就很容易了。

在《淮南子·要略》中总结《主术训》的指导思想时又说：

《主术》的内容，要讲国君统治天下之事，国君按照百官任职，督察责罚，使群臣各自发挥自己的才能。高明地执掌权柄，用来控制臣下；举出名目，按照实际督责检查（"提名责实"），并且互相参照。以使国君掌握权术，抓住要害，不致妄生喜怒之情。

可知刘安比较全面地继承先秦逻辑思想治世中的精华，并用之于汉代治国的实践之中，使之成为切实可行的、卓有成效的治政的好办法。

"类"，是古代逻辑学中关于定名、立辞、推理的基本概念。在《墨子》和后期墨家的《经上》《经下》《经说上》《经说下》《大取》《小取》中，有关于"类"的丰富内容，而刘安则对此不光有所继承，而且又有所发展和创新。

千差万别的物质世界，是有规律可循的。分类是认识事物的共同性或一类事物本质特点的重要方法，也是进行类比推理的依据。《淮南子·诠言训》中对分类也有记载：

无形的天地，混沌不分，充满质朴的元气，没有创造而形成万物，称呼这种情况叫"太一"。万物都共同产生于"太一"，所形成物种是各不相同的。有鸟、有鱼、有兽，称呼它们是要区别名分。同类事物聚集在一起以相分别，万物又进一步按照群体加以分类（"方以类别，物以群分"）。

有对民族生活习性特色的分类。《淮南子·齐俗训》中分析说：

> 胡人便于马，越人便于舟，异性殊类。

有对动物特点的分类。《淮南子·主术训》中指出：

> 鸟兽不同群者，其类异也。

对有关事物大小的分类。《淮南子·说山训》中说：

> 小马（非）[亦]大马之类也，小知非大知之类也。

搞清千差万别事物的类别，就可以进行归纳、演绎的推理活动，从而对认识自然及改造自然起到一定的指导作用。如《淮南子·说山训》中就有：

> 看到空木头在水里能浮起来，便知可以作舟；观察到飞蓬旋转，而懂得可以造车子；看到鸟兽足迹，而知道可以造成文字。按照各自类同的现象，得到启示（"以类取之"）。

刘安对"类取"有大量的运用，如《淮南子·说山训》中说：

> 尝一脔肉，知一镬之味；悬羽与炭，而知燥湿之气，以小明大。
> 见一落叶，而知岁之将暮；睹瓶中之冰，而知天下之寒，以近论远。
> 见微以知明，故蛇举首尺，而修短可知也；象见其牙，而大小可论也。
> 水出于山而入于海，稼生于野而藏于廪，见所始则知终矣。

这里"以小明大""以近论远""见微知明""见始知终"，都是由个别现象而归纳为一般规律，反过来，再由一般规律，去认识具有个性特色的具体事物。《淮南子·说山训》中有：

> 视书上有"酒"者，下必有"肉"；上有"年"者，下必有"月"，以类取之。

可知"类取"的理论，在饮食、气象、计时、季节、物候、动物、植物、地理等科学领域，有着极为广泛运用。刘安以其渊博的自然科学知识，把握逻辑学理论与人类生活实践，天衣无缝地结为一体。

"类取"，反映了人类对自然的正确而科学的认识；而"不知类"，则是对自然万物的同异关系的错误的判断。刘安对此也有精彩的记述。《淮南子·说林训》中说：

凭借一个朝代的制度来治理天下，就像客人乘船，到达中流，剑落入水中，于是急急忙忙在船舷边刻上记号，天晚的时候去到舷边求剑，其不知物类亦甚矣！

"刻舟求剑"，船行剑不行，物类之间没有相同的关系，而"求剑者"却主观认为相同，只能成为大笑话。《淮南子·说林训》中有：

以篙测江，篙终而以水为测，惑矣。

篙的长短，并不能表示江水的深浅，而把它们作为同类，也是太糊涂了。《淮南子·说林训》还说：

披上铠甲可以免于被射，而披着它不能进入水中；曾经抱着瓠而渡过水流，若抱着瓠去冲向烈火，"可谓不知类矣"。

"被甲"可以"免射"，而与"入水"不同类；"抱瓠"可"渡水"，而与"蒙火"不同类。把它们混为一谈，可以说是不懂得物类之间的变化。

然而，许多假象和伪装，广泛存在于社会之中，往往让人真伪难辨。《淮南子·氾论训》中写道：

万物种类之间互相类似的，是国君所造成迷惑的原因；疑惑难辨的，这是众人所迷惑的原因。因此狠毒的人，类似有智慧，却实际没有智慧；愚昧的人，类似仁惠，却不仁惠；刚直而愚昧的人，类似勇敢，却不勇敢。

假使人与人之间的差别，像宝玉和石头、美好和丑恶一样明确，那么评论人就很容易了。能够扰乱人的，像芎䓖和稾本，蛇床和靡芜之间，叶、茎、花的形状都很相似。

刘安指出，表面上"相类"的事物，是造成人们受骗上当的原因所在。而区别作伪者，不是很容易的，因为它们的形状往往完全相似。只有具备"见微知明"的功夫，才能洞察人间的真伪。

"类"与类属之间的关系，是极其复杂的，有的可"推"，有的不可

"推"。可推者，符合逻辑思维的规律；不可推，则是违背自然规律。《淮南子·览冥训》中说：

至于像用火能够烧焦木头，因而用它熔化金属，那么这样的道理是行得通的。假若因为磁石能够吸引铁器，而要求它吸引瓦块，那么就是十分困难的了。

"火"能够"焦木""销金"，这是依"类"相"推"。"磁石"连"铁"，性质相同；而"磁石"引"瓦"，则性质不同，"类"不可相"推"。《淮南子·说山训》中写道：

病人躺在席子上，医生用针石去扎，女巫用稽藉去求神，所用来救人的目的是一样的。狸猫的头，可以治疗鼠瘘；鸡头实能治愈恶疮；牛虻可以消散瘀血；啄木鸟可以治疗龋齿，"此类之推者也"。

但是，自然界的许多类属之间，不能够推论的现象也是很多的。《淮南子·说山训》说：

磁石能引铁，及其于铜则不行矣。

油脂能杀死鳖，鹊矢能杀死刺猬，腐烂的木灰能生出苍蝇，清漆遇到蟹而不能干燥，"此类之不推者也"。

这六种现象，都是在一定条件下发生的，但是不是一定能够发生的。同文中还说：

小马大眼睛，不能称作大马；大马的眼睛瞎了，可以叫作瞎马。万物中本来有像这样，而不是这样的。因此有的断手指头而身体会死去，有的断臂却能够活下来的，"类不可必推"。

《淮南子·说林训》中也有：

人吃了礜石就要死亡，蚕食了它而不饥饿；鱼食巴豆而死，鼠吃了它长肥。"类不必可推"。

刘安通过大量的科学试验和实际观察，得出类属之间不能推论的例子，它对于人类认识世界，具有重要意义。

识别物类之间的可推与不可推，是一个复杂的问题，不能用简单的"类比"来解决。刘安对此也有深刻的揭示。《淮南子·人间训》中说：

万物种类之间互相接近而门径不同，大多数是难以识别的。因此有的相类似而实际不是，有的不类似而实际相似；有的像这样而不是这样；有的不像这样而实际是这样。

其例一：开封富豪虞氏，一日在高楼摆宴作乐赌博。这时一只老鹰衔臭老鼠飞过，臭老鼠落到从楼下经过的众游侠身上。游侠认为虞氏财大气粗，故意污辱他们，便率领徒众灭了虞氏。"此所谓类之而非者"。

其例二：春秋楚国白公胜礼贤下士，大斗出，小斗进，门户不加门栓。大夫屈建对白公门客石乞说："白公将要为乱。"石乞不相信。过了三年，白公胜果然作乱，杀掉令尹子椒、司马子期。"此所谓弗类而是者也"。

其例三：楚大夫子发担任上蔡令，百姓中有人犯罪被判刑。案件结案，请县令决定。子发叹了一口气，表示惋惜。罪人已经服刑，却没有忘记他的恩德。以后子发得罪楚威王而出奔。服刑的人便把子发掩护起来。追赶的人来到，服刑的人顿足愤怒地说："子发判我的罪，我恨之入骨。就是吃他的肉，也不解恨！"追赶的人认为是这样，而没有搜寻。"此所谓若然而不然者"。

其例四：越王勾践被吴王夫差打败，卑身侍奉吴王，自己去当奴仆，妻子去当贱妾；供奉四时祭品，春秋献上贡品，社稷托付给吴王，礼节非常卑下，言辞非常恭顺，没有一点怨恨的样子。然而，却以甲兵三千，在姑苏活捉夫差，而终于复国。

所以，刘安认为：万物类别之间类似的情况就像这样，而不能从外部认识它，一般大众是很难识别的。因此不能够不审慎地加以考察。刘安的"类不可推"的论述，具有很高的理论和实践价值，对于认识事物的本质和内在规律，具有一定的作用。

五、道家：辩证思维

中国道家的朴素辩证法，是古代思想的闪光之处。而刘安对道家的思想精华，也有全面的继承，并有所发展。在《淮南子》中，到处闪耀着辩证思维的光芒。

阴阳学说是老子宇宙观和辩证法的核心。《老子》四十二章中说：

> 道生一，一生二，二生三，三生万物。万物负阴而抱阳，冲气以为和。

意思是说，万物内部包涵着阴阳两种对立的势力，它们在"冲气"中得到统一。这种观点对淮南王影响很大，他认为，阴、阳二气的对立和融合，形成了天地万物。刘安在《淮南子·本经训》中说：

天地之间的气体互相融合，阴气、阳气结合生成万物，都是依赖"一气"。

《淮南子·俶真训》论述阴阳、和气时说：

上天所覆盖的，大地所运载的，六合所包含的，阴阳所吐纳的，雨露所沾湿的，道德所扶持的，这些都产生在一个天地之内，一起汇集在"和气"之中。

《淮南子·氾论训》中写道：

天地之间的气体，没有什么比"和气"更大的了。有了"和气"，阴阳可以协调，日夜分开，生长万物。春分万物开始生长，秋分开始成熟。生长和成熟，必然得到"和气"中的精微之气。阴气积聚了就会沉溺，阳气积聚了就会上扬。阴气、阳气交接，才能成为"和气"。

《淮南子·天文训》中也用阴、阳矛盾的运动，来解释天地万物的形成：

天地的聚集之气，变为阴阳。阴阳的会合之气，成为四季。四季的消散之气，成为万物。阳气聚集，它的热气生成火。火的精气，变成太阳。阴气积聚，它的寒气生成水。水的精气，变成月亮。

刘安在《淮南子·天文训》论述冬至、夏至及白天、黑夜阴阳交替时说：

夏至的时候是阴气依附阳气，所以万物靠近它而逐渐死亡。冬至的时候阳气依附阴气，所以万物向着它而逐渐复苏。白昼，是阳的分界；夜晚，是阴的分界。所以阳气胜就会白天长而夜短（夏至），阴气胜就会白天短而夜长（冬至）。

可知日月、星辰、四时、白昼、水火等宇宙中的一切物质，都是由阴阳对立物的气化而形成的，这种观点具有朴素的唯物论特色。

刘安总结了社会生活中的经验教训，深刻地揭示了其中相反相成的道理。《淮南子·人间训》中举例说：

事情有时想对他有利，恰好完全对他有害；有时想对他有害，却反而对他有利；有功的反而被怀疑，有罪的反而更加得到信任；有的夺取了别人反而被人夺取，有的给予了他而反夺取了他；有的言语正直而不能被人采用，有的逆耳背心而能够符合事实；有的距离远而觉得近，有的距离近而觉得远；有的言听计从而被疏远，有的计谋不被采用而日益亲近；有的被称誉而成为灾害，有的诋毁别人而反有利于他人；有的事想干成它，却恰好能使它失败；有的想防备它，却能够招致它来到；有的阐明礼义推行道义而行不通，有的附会胡说反而适当。

这里的利与害、取与予、祸与福、成与败、备与致、近与远等，都是对立物相反相成的例子。其他如刚与柔、美与丑、奇与正、好与坏等，在淮南王刘安笔下，皆信手拈来，比比皆是。如《淮南子·兵略训》中说：

清静是躁动的特殊；治理是混乱的特殊；温饱是饥饿的特殊；安逸是劳苦的特殊。对于正面交锋与奇计袭击，互相呼应，就像水火、金木互相转化为主次一样。

这里讲的是用兵的策略。治乱、静躁、先后、数疏、抟缺、饱饥、佚劳等诸方面因素，都是作战所要周密考察的，如果在这两方面谋划失当，就会导致失败。

刘安对于对立物之间的依存和转化，也有深刻的阐述。《淮南子·说林训》中记载：

谷物得水浸湿便可以加热，甑子用火燃烧食物便能煮化。水中有火，火中也有水。

相互依存和互相转化，是对立物的两个侧面。刘安在《淮南子·缪称训》中写道：

君子不能够认为小的好事不值得干而舍弃它，小的好事积累多了，而可以成为大的好事。君子不认为小的不好的事情没有损害而去干，小的坏事积累多了，而可以成为大的坏事。因此说，羽毛积累多了，可以使大船沉下；许多轻的东西堆聚在车上，可以折断车轴。所以君子要禁止微小的弊病产生。一件痛快的事情不能够成为善行，积累很多快事可以成为大德；一次遗憾不能够成为大错，积累多了就成为终身怨恨。

《淮南子·人间训》中运用比喻的手法，说明事物之间互相转化的道理：

小小的火星在冒着轻烟的时候，一个指头就能熄灭它；大塘出现像鼷鼠穴那样小的漏洞，一个土块就能把它堵住。等到烈火焚烧了孟诸而冲上云台，洪水冲决了九江而涌向荆州，即使千军万马，也不能解救它。

这里说明了大小、轻重、爱恨、祸福之间互相转化的道理。这种转化是有条件的，它要经过一个不断积累的过程，也就是从量变到质变的转化。

《淮南子·人间训》中有名的"塞翁失马"的故事，告诉人们一个深刻的道理：

好事可以变成坏事，坏事也可以成为好事，它们的变化是不能穷尽的，深奥的道理是难以测度的。

《淮南子·道应训》记载一个由胜利变为失败的例子，给人以深刻的启迪：

战国魏武侯问相李克说："强大的吴国为什么会灭亡呢？"李克回答说："每次打仗都打了胜仗，所以要灭亡。"武侯说："每次打仗都打了胜仗，这是国家的福气，他们却偏偏灭亡，这是什么原因呢？"李克回答说："经常打仗，那么百姓就会疲惫不堪；经常得到胜利，那么国君必然骄横。用骄横的国君驱使疲惫的百姓，而国家不灭亡的，天下是很少见的。骄傲就会放肆，放纵那么就会极尽外物之欲；百姓疲困就会怨恨，怨恨就会极尽巧诈之虑。国君和百姓都达到了最高限度，吴国的灭亡还算晚的呢？这就是夫差在姑苏自杀的原因。"

越王勾践"卧薪尝胆"，终于灭掉强大的吴国，这个故事发人深省。刘安根据吴国从胜到败、由强变弱，揭示了辩证法的一个重要规律——物极必反。《淮南子·道应训》中记载：

万物极盛就要走向衰亡，快乐到极点就要走向悲哀；太阳过正午就要移动，月亮满了就要变亏。因此，聪明智慧的人，要用无知来持守；见闻广博的人，要用浅陋来持守；勇武刚强的人，要用畏惧来持守；富贵豪华，要用节俭来持守；德施天下，要用谦让来持守。违反这五个原则，没有不曾遭到危险的。

刘安在《淮南子·泰族训》中，又申述了这个自然规律：

天地的自然法则，"极则反，盈则损"。五色即使很鲜艳，时间长了就能改变颜色；茂密的树林，丰盛的野草，秋后就要落叶。万物有盛衰残败的时候，不能够保持原样。

这就是说，事物发展到一定限度——"极"和"盈"，就要发生转化——"反"和"损"。

刘安对辩证思维的重要贡献，就是对矛盾的同异性的论述。《淮南子·说山训》中说：

事物中本来就有相互依存而成功的。两个人一起淹在水中，不能互相拯救，一个人处在岸上则可以了。因此与国君同言不能治理国家，必须有待不同的意见才能成功（"故同不可为治，必待异而后成"）。

高诱注中加以解释：

"同"，谓君所谓"可"，臣亦曰"可"；君所谓"否"，臣亦曰"否"。

可以知道，如果事物的性质相同，就不可能产生动力，推动事物的发展；必须有性质不同的互相对立的事物的矛盾性，才能促使事物的自然转化。

刘安在《淮南子·主术训》中谈到君臣关系和谐治政时说：

国君的治国之道是"圆"的，臣下的为国之道是"方"的，因此君臣圆道、方道的不同，则天下大治；君臣相和，不能互相补充，那么天下便大乱（"异道则治，同道则乱"）。君臣各自奉行适宜的道理，各自处于妥当的位置，那么上下之间便有了互相使用的方法。

　　这里告诉我们：执政的国君和辅佐的臣下，异口同声，而臣下只是作为国君简单的传声筒，不会治理好国家，只会给国家造成极大的混乱；保持国君、臣下治政之道圆、方的不同，就能够取长补短，拾遗补阙，避免失误。

　　淮南王用"同异"的矛盾和对立统一的辩证方法，来解决国家治政中带有普遍性的国君独裁问题，可以说是辩证论治的精彩的篇章。我想，如果历代封建帝王能够采用淮南王的这个辩证的思维方法，中国历史也不会长期停滞不前，也可以减少无数次王朝倾覆的危险。

第三章　《淮南子》的传播和影响

第一节　研究蜂起

刘安融入自己心血的杰作《淮南子》问世以后，以其博大的体系、丰富的内容、灿烂的文采，很快引起了同朝代学者的注意，并且开始了对它的研究，这在中华学术史上，是极为罕见的。此后两汉约400年间，阅读、评价、参考、研究、记载《淮南子》的有汉武帝、刘向、刘歆、扬雄、王充、许慎、马融、延笃、卢植、高诱、应劭等人。当然，司马谈、司马迁父子对《淮南子》也是相当熟悉的。在史记三家注中，引用《淮南子》作注，就有70多条。

一、注家众多

在东汉之时，对刘安和他的著作倾注巨大精力的，是被称为"五经无双"的文字学巨擘许慎（约58—149）。许慎大约在42岁（依张震泽《许慎年谱》）时作《淮南子注》，其书名今存于《隋书·经籍志》《唐书·艺文志》及《宋史·艺文志》之中，日本的《日本国见在书目录》中也有收录。许慎之注，到了北宋时代，与高诱注本相混。今仅存8篇，见于高诱注本之中。

许慎注释《淮南子》之文，在他晚年手订《说文》时，采撷其中数百条，用来训释字义。比如：

　　《说文》"芸"字注："艸也，似目宿。《淮南子》说：'芸艸可以死复生'。"

　　《说文》"蝄"字注："蝄蜽,山川之精物也。淮南王说,蝄蜽状如三岁小儿,赤黑色,赤目,长耳,美发。"

　　《淮南子·原道训》中有:"昔者夏鲧作三仞之城。"许慎注:"八尺曰仞。"《说文》中说:"伸臂一寻八尺。"而高诱注则说是"七尺"。可知许慎研究《淮南子》,为以后的《说文》撰写,提供了大量的资料准备。

　　比许慎年轻20多岁的东汉学者马融(79—166),有弟子千余,他也注过《淮南子》。南朝宋代范晔撰《后汉书·马融传》中说:

　　融注《淮南子》。

　　马融所注《淮南子》已经失传。而许慎"少博学经籍,马融常推敬之"。可知马融对许慎是极为崇拜的。

　　马融的弟子延笃(?—167),学识渊博。《后汉书·延笃传》中记载:"从马融受业,博通经传及百家之言,能著文章,有名京师。"他也有《淮南子注》,今仅存一条,见于《文选·嵇叔夜〈养生论〉》:"豫章生七年,然后可觉耳。"李善注:"《淮南子》曰:'豫章之生,七年可知。'延叔坚曰:'豫章与枕木相似,须七年乃可别耳。'"李善注引《淮南子》,见于《淮南子·脩务训》。

　　马融的另一弟子卢植(139—192),曾为中郎将。《后汉书·卢植传》:"少与郑玄俱事马融,能通古今学,好研精不守章句。"卢植注《淮南子》之文,今可考者只有三条,皆见于《淮南子》高诱注之中。

　　比如,《淮南子·览冥训》:"于是女娲炼五色石以补苍天。"高诱注:"女娲,阴帝,佐宓羲治者也,三皇时,天不足西北,故补之。师说如是也。"这里的"师",即高诱之师卢植。

　　卢植的学生高诱,学养深厚,曾著有《孟子章句》《孝经注》《战国策注》《吕氏春秋注》等。高诱继承东汉诸家研究《淮南子》的成果,撰有《淮南子注》,流传至今。他在《淮南鸿烈解·叙》中说:

　　从故侍中同县卢君,受其句读,诵举大义。

建安十年，辟司空掾，除东郡濮阳令，睹时人少为《淮南》者，惧遂凌迟，于是朝铺事毕之间，乃深思先师之训，参以经传道家之言，比方其事，为之注解。

可知东汉时代，许慎首开《淮南子》研究先河，而后一大批学者接踵而至，从而使《淮南子》大行于世。

许慎、高诱对《淮南子》的研究，也像磁石一样，吸引了众多的学子。首开其端的是北宋学者苏颂（1020—1101）。在《苏魏公集》卷六十六《校淮南子题序》中，论许、高注《淮南子》之别时说：

是书有后汉太尉祭酒许慎、东郡濮阳令高诱二家之注。隋、唐目录，皆别单行。今校崇文旧书与蜀川印本暨原某家书凡七部，并题曰《淮南子》。二注相参，不可复辨。

唯集贤本卷末有前贤题载云：许标其首，皆曰"间诂"；《鸿烈》之下，谓之"记上"。高题卷首，皆谓之"鸿烈解经"，"解经"之下，曰"高氏注"；每篇之下皆曰"训"，又分篇数为上下，以此为异。

在苏颂之后，辨析《淮南子》许慎、高诱注之风甚盛，尤以清人为多。清代学者陶方琦（1845—1884）以毕生之力，从事《淮南子》研究，除《淮南许注异同诂》《续补》《补遗》等三书外，还有《淮南参正》24卷，《淮南许氏间诂》21卷，《淮南许诂篇徵》《淮南说文补诂》等数种著述，成就可谓巨大。清代有影响的学者著作，如劳格的《读书杂识》、曾朴的《补后汉书·艺文志》、易顺鼎的《淮南许注钩沉》、叶德辉的《淮南鸿烈间诂》，王仁俊的《淮南许注异同诂校补》、孙冯翼的《许慎淮南子注》、蒋曰豫的《许叔重淮南子注》，今人刘盼遂的《淮南子许注汉语考》、马宗霍《淮南高注参正》等，都是研究许慎注、高诱注的力作。

在《淮南子》的历代版本校勘、辨音、释义、订误等方面，许多学者都不遗余力。如：清代傅山有《淮南存隽》《读淮南子》《淮南子》评注三书，王夫之有《淮南子注》，陈昌齐著《淮南子正误》，刘台拱撰《淮南子补校》，汪文台有《淮南子校勘记》，俞樾有《淮南内篇评议》，王仁俊有《读淮南子扬榷》，孙诒让作《札迻》，洪颐煊有《淮南子丛录》等。

有清一代，对《淮南子》版本考校功绩最大的，当数清代有学界泰斗之称的王念孙（1744—1832）。王氏以72岁高龄，用数年之力，九校《淮南子》，剖析毫厘，匡正旧注，凡所订止，九百余条，实为《淮南子》考释的第一功臣。其书今存《读书杂志》之内。

近代学者也效法前贤，各抒才智，著作篇章，主要有陶鸿庆的《读淮南子札记》、吴承仕的《淮南旧注校理》、吕传元的《淮南子斠补》、胡怀琛的《淮南集解补正》、于省吾的《淮南子新证》、杨树达的《淮南子证闻》、王叔岷《淮南子斠证》、郑良树的《淮南子斠理》、于大成《淮南子校释》、吴则虞《淮南子书录》等。而现代学者合肥人刘文典的《淮南鸿烈集解》，河北宛平人刘家立的《淮南内篇集证》、何宁的《淮南子集释》、张双棣的《淮南子校释》、陈广忠校点的北宋本《淮南子》，是近半个世纪以来较有影响的校勘本。刘文典之《淮南鸿烈集解》，胡适曾为之作序，认为"最精严有法"，多所褒奖，故其书影响面较大。

对《淮南子·天文训》的研究，首推清代学者钱塘的《淮南天文训补注》。《淮南子·天文训》号称难读，高诱注书时留下了"诱不敏也"之语。这位治学严谨的学者，注书特别慎重，不懂就不乱注，因而此"训"注文甚少。钱氏采摘丰富，搜罗详尽，补正前人之说，发表己之新意，成为《淮南子·天文训》校释的力作。当代天文学史家席泽宗的《淮南子天文训述略》、吕子方的《淮南子在天文学上的贡献》，对《淮南子》卓绝的天文学成就，进行了研究发掘。

对于汉代音韵研究，《淮南子》是一部绝好的语言资料。以散文为主、韵散结合的创作手法，乃是汉人著述的一大时尚。刘安所代表的南方语音系统，与屈赋相通，而与代表北方音系的《史记》等著作，存在着较大的差异。因此，许多学者致力于其音读的研究。《旧唐书·经籍志》杂家类中有"《淮南鸿烈音》一卷，何诱撰"。《新唐书·艺文志》中则记载"高诱注《淮南子》二十一卷，又《淮南鸿烈音》二卷"。高诱、何诱，应为两人。高诱所处的东汉晚期，标音仅有直音，反切使用较少，若要完成音学专著，那是不可能的。现代著名语言学家罗常培、周祖谟合著的《淮南子韵谱》和发表的论文《淮南子音韵研究》，按照21卷的顺序，考察了《淮南子》中的入韵字。这是第一次用古音学理论对《淮南子》的用韵规律进行的探索。香港中文大学刘殿爵先生著有《淮南子韵读》，张双棣撰《淮南子用韵考》，陈广忠发表《淮南子楚语考》《淮南子楚语的汉语史价值》两篇论文，都是研究《淮南子》的古音和楚语的力作。

近现代以来，对刘安和《淮南子》的研究，逐渐增多。胡适1930年写成《淮南王书》，对其中的哲学思想进行了剖析。他认为："道家集古代思想的大成，而《淮南》书又集道家的大成。"李泽厚、刘纲纪在长篇巨著《中国美学史》，专辟《淮南鸿烈的美学思想》，认为《淮南子》的美学"对气象宏伟博大，质朴雄强的汉代艺术的一般特征作了美学的概括，很好地反映了汉代艺术所表现的时代精神"，"《淮南鸿烈》美学上承先秦，下启魏晋，是一个不可忽视的重要历史环节"。吴光的《黄老之学通论》，则对黄老之学与《淮南子》之关系进行了探索。陈广忠的《淮南子科技思想》（增订本），对刘安和众门客杰出的自然科学成就，进行了全面的研究。陈广忠在《两淮文化》中，对淮河流域道家文化产生的源流，即《老子》《庄子》、汉初黄老、《淮南子》的继承发展，进行了深入的探索，确认了两淮流域乃中国道家故乡的地位。陈广忠的《淮南子译注》，是比较全面的一部今译今注本，既阐发了其书的精髓，又为今人提供了一部现代语体的普及读本。中华书局《全本全注全译淮南子》，工作底本使用的传世最早的北宋本，并参照《说文》《尔雅》《广雅》等及许慎、高诱旧注，做了新的注释。根据《广韵》《集韵》《韵镜》等音韵学著作，对书中的疑难、生僻字以及通假字，按照古今语音演变的理论，做了标音。译文基本上以直译为主，尽量保存原意。

对于淮南王刘安身世的记载和研究，司马迁《史记·淮南衡山列传》《汉书·淮南衡山济北王传》等，都有所谓"谋反"的记录。陈广忠所著

《刘安评传（增订本）》及论文《试析刘安冤案》《淮南子的倾向性和淮南王之死》，以《史记》的记载揭示了《史记》中所用的曲笔，对这场冤案的实质，做了透彻的分析。

海内外的各方面研究者，从哲学、文学、思想、伦理、认识论、逻辑学、教育、医学、法律、音律、版本、养生、历史、军事等各方面对《淮南子》进行的研究，所发表的专著、论文，不下二百部（篇），涉及的领域极为广泛，《淮南子》研究出现了十分兴盛的局面。

对刘安其他书目的研究，主要集中在《淮南万毕术》上。《隋书·经籍志》中载有"《淮南变化术》一卷，《淮南万毕经》一卷，《淮南中经》四卷"。这部宝贵的著作现在已经失传。唐代徐坚撰写的《初学记》中引用2条，唐代《开元占经》中采用4条。宋代李昉所编的《太平御览》中，撷取《淮南万毕术》之文58条。清代陈元龙撰《格致镜原》中，引用《淮南万毕术》18条。清代学者对《淮南万毕术》的研究，倾注了很大的精力，各种辑本不断出现。从事辑佚并且有著述流传于世的，就有茅泮林、孙冯翼、黄奭、丁晏、黄以周、王仁俊、吴广霈、叶德辉、沈小垣等人。当代从事辑录工作的有台湾学者于大成，其编有《淮南万毕术集证》一书。对《淮南万毕术》进行实验研究的有温州大学学者洪震寰，其所作《淮南万毕术及其物理知识》，集中了他多年的研究成果，颇多创见。

刘安对《易经》研究，用力甚勤。他曾经聘请九个研究《易》学的专家，进行了深入的探索，并著有《九师说》。可惜其书已经失传。清代马国翰辑有《周易淮南九师道训》一书，收入《玉函山房》。近人胡兆鸾也撰有《淮南周易古义》2卷，《补遗》1卷，考证至为详备。

淮南王刘安著述宏富，但大多已经失传。致力于刘安佚文的搜集和研究工作，历代均不乏其人。清代有孙志祖、王仁俊，近人有刘文典、吴则虞、王叔岷、于大成等人，成绩斐然。其中于大成撰有《淮南鸿烈遗文》一卷，《附录》2卷，共109条。

二、版本源流

1. 二十一卷本

《淮南子》有二十一卷本和二十八卷本之别。二十一卷本见于《汉书·艺文志》："淮南内二十一篇，王安。"《汉书·淮南衡山济北王传》相同。淮南王在《要略》中说"故著二十篇"，当不含序言性质的《要略》。以后的《隋书·经籍志》《新唐书·艺文志》《宋史·艺文志》等历代正史，都有二十一卷版本的记录。

《淮南子》二十一卷本流传久远，目前传世最早的是北宋本。上海古籍出版社2016年11月出版、陈广忠校点的《淮南子》，底本就是北宋本，这是第一次出版的精校本。本书底本为《四部丛刊·子部》所收上海涵芬楼影印刘泖生（1827—1879）影写北宋本。端识题写"太尉祭酒臣许慎记上"。正文前载有"淮南鸿烈解叙"，虽未署名，实为高诱所作。其中十九篇题写《淮南鸿烈解》卷第X。但有《缪称训》《要略》两卷题写："《淮南鸿烈间诂第十》""《淮南鸿烈间诂第二十一》"字样。这就说明，北宋本是许慎、高诱两家注本相掺而成。

宋代苏颂曾在宋仁宗皇祐五年（1053年），调升国史馆集贤院校理，任职九年。经过他校定的《淮南子》，共得高注十三篇，许注八篇。《淮南子》原文二十余万言，今存宋本仅有131300多字，就是说，残失了八万多字（参见丁原植：《〈淮南子〉与〈文子〉考辨》）。

判定北宋本《淮南子》，是通过避讳而得到确认的。经过考证，避讳者共有六人。

①避"圣祖名"。圣祖赵玄朗，即赵公明，民间尊为财神爷，赵氏先祖。

玄（缺笔）：

《地形训》："湿玄生羽风。"

《时则训》："朝于玄堂太庙。"

弦（缺笔）：

《俶真训》："弦歌鼓舞。"

《道应训》："郑贾人弦高。"

眩（缺笔）：

《主术训》："心有目则眩。"

《齐俗训》："则百姓眩矣。"

炫（缺笔）：

《脩务训》注："燿，炫也。"

《俶真训》注："炫煌，采色貌。"

朗（缺笔）：

《原道训》："新而不朗。"注："朗，明也。朗，读汝南朗陵之朗。"

②避"翼祖祧庙"。宋翼祖，即赵匡胤的祖父赵敬。

敬（缺笔）：

《齐俗训》注："曾子事亲，其敬多。"

《氾论训》注："敬至也。"

撇（缺笔）：

《脩务训》："弓待撇而后能调。"

镜（缺笔）：

《俶真训》："镜太清者视大明。"

《览冥训》："故圣若镜。"

境（缺笔）：

《时则训》："边境不宁。"

《原道训》："驰骋于是非之境。"

③避"宣祖祧庙"。宋宣祖，即赵匡胤之父赵弘殷。

殷（缺笔）：

《齐俗训》："殷民叛之。"

《齐俗训》："克殷残商。"

④避"庙讳太祖"。宋太祖，即赵匡胤（在位：960—976），宋朝的开创者。

匡（缺笔）：

《主术训》："匡床蒻席。"注："不安其匡床蒻席也。"

筐（缺笔）：

《齐俗训》："筐不可以持屋。"

《诠言训》："筐床衽席。"

⑤避"庙讳真宗"。宋真宗，即赵恒（在位：997—1022）

恒（缺笔）：

《时则训》："东绝两恒山。"

《泰族训》："事之恒常。"

⑥避"庙讳仁宗"。宋仁宗，即赵祯（在位：1022—1063）

贞（缺笔）：

《原道训》："蚑蛲贞虫。"

《说山训》注："而行贞正。"

征（缺笔）：

《览冥训》："手征忽恍。"

苏颂生活在宋仁宗时代，可知宋本《淮南子》，最后成书于宋仁宗时期，当出于苏颂之手。

对于北宋本在南宋、元、明时期的流传，尚无记载。有清一代，最初为曹雪芹祖父曹寅（1658—1712）所藏。曹寅私家书目《楝亭书目》卷三"子集"记载："《淮南子》，旧本一函十二册，汉淮南［王］刘安著二十一卷。"此后《淮南子》多次易手。

清代陈奂（1786—1863）曾经写下"题识"："此北宋本。旧藏吴县黄荛圃（1763—1823）百宋一廛，后归同邑汪阆源（1786—？）家。高邮王怀祖（1744—1832）先生属余借录至都中。遂倩金君友梅景钞一部，藏之于三百书舍。顾涧蘋（1770—1839）景钞豫大其贾四十金者，即此本也。道光四年陈奂识。"

《四部丛刊》的题识是："上海涵芬楼景印刘泖生影写北宋本，原书叶心高营造尺五寸三分，宽三寸六分。"

可知北宋本在清代顾氏（1820年）、陈氏（金钞本，1823年）处皆有钞本，但已散失。所幸浙江江山刘履芬（号泖生）1872年从陈氏影抄一部，后入商务印书馆上海时期的涵芬楼。1920年，收入《四部丛刊》初编。

北宋本《淮南子》，清代学者顾广圻曾经抄录和校勘，他认为是当时"最善之本"，远出于《道藏》本之上。北宋本与诸本多有不同，其中不乏精到之处，且保留宋代以前旧貌。

比如，《原道训》："源流泉滂，冲而徐盈。"高诱注："浡，涌也。"正文中的"滂"字，《道藏》本、《道藏辑要》本、刘绩《補注》本、《汉魏丛书》本、庄逵吉本正文及注文皆作"浡"。浡，《广韵》"没"韵："浡然兴作。"《尔雅·释诂下》："浡，作也。"即"兴起"义，与文义不合。滂，《说文》："沛也。"徐锴《说文解字系传》："水广及皃。"指水盛涌出。《玉篇》："滂，滂沱也。"知以"滂"字为胜。

明代《淮南子》二十一卷本则较多。编辑较早的有明刊花口九行本，前除有高诱叙文外，又有《淮南总评》一文。集扬子《法言》、刘勰《文心雕龙》、刘知几《史通》、晁公武《郡斋读书志》、高似孙《子略》、陈振孙《直斋书录解题》、黄震《黄氏日抄》、周端朝《周氏涉笔》、王祎《文训》、王世贞《艺苑卮言》、孙鑛等十余家评论而成。其中明代四人，皆为文坛、政坛要人。本书收入明代归有光（1506—1571）所编《诸子汇函》中。实际刊刻于归有光早已过世的（明）天启六年（1626年）。

其次还有明万历八年（1573年）茅一桂刻本，成书于1580年。收入《广汉魏丛书》（1791年）、《四库全书》《丛书集成初编》之中。其书系列尚有（明）茅坤批评本、明末闵氏刊朱黄套印本；明万历十八年（1590年）汪一鸾本；明崇祯年间姚江张焙如刻本，有著、注、评、推、订等体例。

值得注意的是清代江苏武进庄逵吉（1760—1813）在乾隆五十三年（1788年）勘定的《淮南子》二十一卷本，影响甚大。后代诸多丛书如《四部备要》《子书二十五种汇函》《二十二子》《诸子集成》《子书四十八种》《十子全书》等，皆有收入。

近代著名学者梁启超（1872—1929）在《中国近三百年学术史》中说：

> 《淮南鸿烈》为西汉道家言之渊府，其书博大而有条贯，汉人著述中第一流也。清儒首治此书者为庄伯鸿（逵吉），当乾隆末，用《道藏》本校俗本，而以案语申己见，虽名校实兼注也。自庄书出，而诵习本书者认为唯一之善本，盖百余年。

> 最近则刘叔雅（文典）著《淮南鸿烈集解》二十一卷，民国十三年刻成，博采先辈之说，参以己所心得，又从《御览》《选注》等书采辑佚文佚注甚备，价值足以与王氏《荀子集解》相垺。

梁先生对庄本、刘本的评价，后代学者看法多有不同。于大成《淮南王书考》列举五家评议，云：黄丕烈斥庄逵吉为"庸妄人"。顾广圻谓其书"全无一是"。王念孙谓其"未晓文义，而辄行删改，妄生异说"。吴则虞以为其大疵有五："一曰底本不明也。二曰误从俗本。三曰注文与正文间隔。四曰引类书之不备。五曰校字疏失，更仆难数。"郑良树谓其过尚不止此，更有三疵："六曰改今从古。七曰妄言曲说。八曰删省注文。"而于大成的看法是："庄氏所校，固不得谓之善本，然在晚明清初缪本充斥之际，得此本出而矫之，亦足以一清学者耳目。"但他认为庄本不是"善本"。

对于刘文典本的《淮南鸿烈集解》，陈广忠曾写下"校记"360多例，校正其失误。

当然，庄本、刘本对《淮南子》的流传和研究，曾起到非常重要的作用，然而作为供研究使用的"底本"，则不能称为"善本"。

2. 二十八卷本

《淮南子》二十八卷本，目前最早的为明正统十年（1445年）官刻《正统道藏》本。1988年，文物出版社、上海书店出版社、天津古籍出版社，以涵芬楼影印本《道藏》为底本，重新影印出版。《淮南子》收入《道藏·太清部》第836册至第867册。

清代学者王念孙在《读书杂志·淮南内篇第二十二》中说："余未得见宋本，所见诸本，惟道藏本为优。"而他所用力校勘者，实际上是《道藏》本的翻刻本。

《道藏》本翻刻的较多，如明万历叶近山刻本，1581年刊刻；明万历刘氏安正堂刻本，1593年刊刻；明王元宾刻本；明江夏刘绩补注、明弘治王溥校刊，1501年刻本；明嘉靖九年（1530年）王鎣刻本；明万历临川朱东光（1532—1618）刻"中都四子"本；明嘉靖吴仲刻本；明刘莲台刊小字本；清嘉庆所刻《道藏辑要》本等。

在诸多《淮南子》二十八卷本中，以刘绩补注本和朱东光中都四子本为最佳。

黄山书社2012年12月出版陈广忠校点的刘绩补注本《淮南鸿烈解》。刘绩是明代著名学者，江夏芦泉（今武汉市江夏区）人，生卒年不详。明弘治三年（1490年）进士，官至镇江知府。刘绩学识渊博，精于考据，著述宏富。据清代黄虞稷（1629—1691）《千顷堂书目》记载，著有《礼记正则》《三礼图》《六乐图》《太玄经注》《补注管子》《补注淮南子》《芦泉集》等。其中有三部著作收入《四库全书》。

刘绩补注本《淮南鸿烈解》，成书于明孝宗弘治辛酉（1501年）。清代著名学者王念孙在《读书杂志·淮南内篇》二十二中说："余未得见宋本，所见诸本中，唯《道藏》本为优，明刘绩本次之，其余各本，皆出二本之下。"

刘绩补注本的跋文中说："据他书补数千字，改正数百字，删去百字。难释者，草草数语释之。"刘绩补注的主要内容有：

①用直音法和反切法，标示音读。

如，《原道训》下："先者隳陷。"刘绩注："隳，音颓。"

《天文训》下："秋分蔈定。"刘绩注："蔈，芳烧切。"

《淮南子》的语音，属于上古音系统，并有楚语方言。而刘绩所处的明代，属于近古音系统。时代相距一千六百余年，语音发生了巨大的变化，时人已经不能准确读音和释义，标举音读，当然非常必要。

②对许慎、高诱注文进行补注，尤其是对《天文训》《地形训》等篇，做了大量的增补。这是刘绩补注本的最佳之处。

如，《地形训》上："有角者脂而无后。"刘绩按："《大戴礼》作'无后齿'。"

同时，也纠正了高诱、许慎注文中的失误。

如，《原道训》上："劲策利錣。"刘绩按：錣，旧作"锻"，非。"

③对于刘绩补注二十八卷本的底本来源，有与北宋本相同者。

如，《原道训》上："恬愉无矜，而得于和。"矜，《道藏》本作"矜"。

也有与北宋本不同者。

如，《原道训》上："絃宇宙而章三光。"絃，刘绩补注本作"纮"。

④刘绩补注本二十八卷本与《道藏》二十八卷本，有一定联系。

刘本与《道藏》相同者。如，《览冥训》："平公癃病。"注："无灾耳。平公德使薄。"《道藏》本同。北宋本"使"字在"无"字上。刘本与《道藏》本同误。

刘本与《道藏》本不同者。如，《天文训》上："岁名曰执除。"除，《道藏》本作"徐"。北宋本作"除"，与刘本相同。

对于刘绩补注本底本的来源，时下有三说：其一，"别一宋本"说。郑良树《刘绩本〈淮南子〉校记》云："其底本实本于北宋，《道藏》而外之别一宋本。"其发轫者当为吴则虞《淮南子书录》。其二，出自《道藏》本说。黄丕烈《百宋一廛书录》、于大成《淮南王书考》等，主张刘绩本"翻刻《道藏》本"。其三，"混合本"说。陈静《淮南子的版本系统》引罗浩《淮南子版本史》认为："刘绩本的祖本不止一个，而是旧本、一本和别本的混合物。"

我的考察结果是：刘绩本的底本，主要采自《道藏》本，并参照北宋本、旧本、一本、别本，精心校勘而成。这个结论的主要依据是：刘绩本与

《道藏》本共同失误的次数，远远超过刘绩本与北宋本共同失误的次数。

⑤刘绩本胜于北宋本、《道藏》本者。

如，《天文训》下："为积分十七万七千一百四十七。"十七万，北宋本、《道藏》本作"七十万"。皆误。

⑥刘绩本失误者。分为五类：

沿袭北宋本、《道藏》本失误者。

如，《主术训》上："横局四方而不穷。"局，北宋本、《道藏》本同误。庄逵吉本作"扃"。当是。

正文增字失误者。

如，《本经训》："帝者不体阴阳则侵。"刘绩案：旧本无"不"字，下皆然，非。陈广忠案：刘绩本三句中增加了三个"不"字，皆误。

注文失误者。

如，《天文训》下："太阴元始，建于甲寅。一终而建甲戌，二终而建甲午，三终而复得甲寅之元。"刘绩按："每终二十年，三终共六十年。"王念孙《读书杂志》王引之曰："盖一终而建甲戌，积千五百二十岁；二终而建甲午，积三千四十岁；三终而复得甲寅之元，积四千五百六十岁。"刘注误。

脱文例。

如，《时则训》下："命有司大傩，磔。"北宋本、《道藏》本"磔"上有"旁"字。当脱。

形误例。

如，《主术训》下："势不反君。""反"字形误。北宋本、《道藏》本作"及"。

《时则训》下："命曰畅月。"北宋本、《道藏》本作"畼"。《说文·田部》："畼，不生也。从田，昜声。"《大戴礼记·夏小正》旧注："畅，一作畼。"畅、畼虽然可以通假，但本字当作"畼"。

⑦刘绩补注本的参照版本。

刘绩补注本的参照本，主要来自《道藏》本，其次是北宋本，同时还参考了多种版本。

参考"旧本"例。

如，《地形训》下："煖湿生寏。"旧本"寏"作"容"。

陈广忠案：刘绩本是。北宋本、《道藏》本作"容"。形误。

《原道训》上："而无所私。"刘绩案："所私"，旧本作"好憎"，非。陈广忠案：北宋本、《道藏》本作"好憎"。

参考"别本"例。

如，《地形训》下："青土树木之野。榑木，榑桑。"刘绩案：别本注皆"日所出之地"。陈广忠案：北宋本、《道藏》本无此注。

参考"一本"例。

如，《缪称训》："而不可以昭詫。"刘绩案：一作"昭志"。非。陈广忠案：北宋本、《道藏》本作"照志"。

明万历年间临川朱东光（1532—1618）刊刻"中都四子"本，1579年刻于凤阳。其中的《淮南子》，为二十八卷本。《四库全书总目》云：

> 《中都四子集》六十四卷。
>
> 明朱东光编。东光字元曦，浦城人。隆庆戊辰进士，官分巡淮徐道。以老子在亳，庄子在濠梁，管子在颍，淮南子在寿春，皆中都所辖地，因与凤阳府知府张云登（当作张登云）衷而刊之。《老子》二卷，用河上公注。《庄子》十卷，用郭象注。《管子》二十四卷，用房玄龄注及刘绩增注。《淮南子》二十六卷，用高诱注。时郭子章奉使凤阳，每书各为之题词。其书刊版颇拙，校雠亦略，又于古注之后时时妄有附益，殆类续貂。遂全失古本之面目，书帕本之最下者也。

本书卷端"汉汝南许慎记上，涿郡高诱注释，明临川朱东光辑订，宁阳张登云参补，休宁吴子玉繙校"。其书后有万历己卯（1579年）李太和跋曰："张君乃求得高注本于郭工部相奎，遂汇为中都四子集。"知底本出自郭相奎之家。"中都四子"本刻成，风行学界。

《道藏辑要》本《淮南子》二十八卷，较早的有清嘉庆间蒋元庭翻刻本。清光绪三十二年（1906年），成都二仙庵《重刊道藏辑要》本，题名"许慎记上"，内容也有所修正。这是当前流行的版本。

3. 节本

《淮南子》的节本中，影响较大的，主要有：

初唐魏徵、褚遂良等编《群书治要》，节录的《淮南子》内容有《原道》《主术》《缪称》《齐俗》《道应》《氾论》《诠言》《说山》《人间》《泰族》等有关篇章的内容。

明代归有光等辑有《淮南子》七卷，收入《诸子汇函》本之中。每卷卷末附有评语，分析段落气势及大旨。

明代张榜芟辑有《淮南鸿烈辑略》，每篇摘选数段，书眉及篇末，各缀有评语。

明汪明际有《淮南子·删评》二卷。上有眉批，旁有圈点。

明代江宁焦竑注释《淮南子》二卷，存于注释《九子全书》之中。

4. 国外《淮南子》版本

黄山书社2011年6月出版陈广忠主编《淮南子研究书目》，对国外《淮南子》的版本、注疏、考释、论著、检索等，进行全面梳理。这部书是《淮南子》研究的较为完备的专书目录学专著。

其中的国外部分，分为美国、加拿大、法国、德国、新加坡、马来西亚、日本、韩国、朝鲜等国。

《淮南子》传入日本很早，日本今存《淮南子》版本较多，研究成果也非常突出。据藤原佐世（829—898）编纂的《日本国见在书目录》中所载，约在我国唐代时，日本就有《淮南子》二十一卷，汉淮南王刘安撰，高诱注；《淮南子》二十一卷，许慎注：《淮南略》一卷。

日本还发现唐钞本《淮南鸿烈·兵略间诂》第二十残卷，字迹与敦煌卷子本略近。此卷与今本颇多出入，注文尤盛。如高诱注本中"有毒者螫"之句，钞本"螫"作"蛬"。"蛬"即《说文》之"蚔"（螫也，从虫若省声），《太平御览》九百四十四引作"蠚"，今本作"螫"者为形近而讹。由此可知，唐钞本《兵略间诂》残卷，具有很高的价值。

对《淮南子》版本源流进行系统研究的，是仓启武四郎的《淮南子考》。全文对许慎注、高诱注及北宋、明、清及近代《淮南子》研究，做了全面性梳理，内容翔实，脉络清楚，颇有影响。

在各个学术领域对《淮南子》的专题研究，近百年来，日本人发表的论文，就有数百篇。

西方学者对中国道家哲学思想兴趣极大。1944年，由巴黎大学汉学研究所编印的《淮南子通检》，正式刊行。《通检》以《四部丛刊》本《淮南子》为准，并参考1923年商务印书馆印行的刘文典《淮南鸿烈集解》而编成。1968年9月上海古籍出版社予以重印。

美国夏威夷大学哲学教授安乐哲（Roger T. Ames）长期从事东西方比较文化的研究，成就卓著。其研究《淮南子》的专著较多，代表作有《中国政治艺术之一环——主术》，对《淮南子·主术训》所倡导的统治术"无为""法""术""势""用众"等范畴进行了研究，并同先秦儒、法、道各家的统治术进行了对比，益见淮南王刘安思想之卓越。

美国布朗大学宗教及东亚研究所教授罗斯（Harol D. Roth）的《淮南子的文献源流》一书，对《淮南子》进行详尽的文献分析，成为英语系统中论述《淮南子》版本系统的佳作。

加拿大蒙特利尔大学东亚研究中心白光华（Chartes Le Btanc）教授对研究东方文化投入了全部身心。他的《汉代早期哲学思想的综合——淮南子》，也是一部具有很高学术水平的专著。此外，他研究《淮南子》和中国传统文化的论文，涉及的领域极为广阔，显示了他的深厚功力。

第二节　嘉言眇义

《淮南子》行世以后，首先给其以评论的，则是东汉高诱《淮南鸿烈解·叙》：

> 其旨近《老子》，淡泊无为，蹈虚守静，出入经道。言其大也，则焘天载地；说其细也，则沦于无垠；及古今治乱存亡祸福，

世间诡异瑰奇之事。其义也著，其文也富，物事之类，无所不载。

然其大较，归之于"道"。故夫学者不论《淮南》，则不知大道之深也。

高诱之"叙"，第一次对《淮南子》的主旨、特点、价值，做了切合实际的评价。其中暗含了对世俗社会因人废言、因言废人的做法的否定和批评，显示了学者的远见和明察。

南朝梁代文论家刘勰（约465—520）在《文心雕龙》中多次提到《淮南子》。《诸子》："《列子》有移山跨海之谈，《淮南》有倾天折地之说。""《吕氏》鉴远而体周，《淮南》采泛而文丽。"《诏策》："是以淮南有英才，武帝使相如视草。"《神思》："淮南崇朝而赋《骚》。"

可知刘勰对刘安既熟悉又崇拜。他称赞刘安为"英才"，《淮南子》辞藻"文丽"；他读过刘安的《离骚传》，并化用《淮南子》"共工"的故事。刘勰真乃淮南王的知音。

盛唐时期史论家刘知几（661—721）在名著《史通·自叙》中这样评价说：

惜汉世刘安著书，号曰《淮南子》。其书牢笼天地，博极古今，上自太公，下至商鞅。其错综经纬，自谓兼于数家，无遗力矣。

刘知几不愧是史家之英，他独具慧眼，认为《淮南子》"牢笼天地，博极古今"，发前人之所未发，确实是石破天惊之语。

南宋高似孙（1158—1231）在《子略》中写道：

少爱读《楚辞》"淮南小山"篇，耸峻瑰磊，他人制作不可企攀者。又慕其《离骚》有《传》，窈窕多思，致每曰："淮南，天下奇才也！"又读其书二十篇，篇中文章，无所不有。《淮南》之奇，出于《离骚》；《淮南》之放，得于《庄》《列》；《淮南》之议论，错于不韦之流；其精好者，又如《玉杯》《繁露》之书。

淮南王之书，吸取屈原、列子、庄子、吕不韦、董仲舒诸家之长，集雄奇、旷达、宏论于一炉，可谓名副其实的"天下奇才"！

明代嘉靖"后七子"之首领王世贞（1526—1590）在《读书后·读淮南子》中也说：

> 淮南王之才甚高，其笔甚劲，是以能成一家之言。盖自先秦
> 以后之文，未有过《淮南子》者也。

淮南王刘安的《淮南子》，代表了汉代政论文中韵、散文结合的最高水平，气魄宏大，立意高远，王氏赞其"成一家之言"，"先秦"之后两千年来为"文"者，未有超过《淮南子》的。

明代郭子章（1543—1618）天资卓越，著述宏富。他在《中都四子》本之《淮南子题序》中这样评价：

> 自有子部以来，未有若是书有理而且备者。岂史称淮南好读书，
> 无声色犬马嗜欲他好，专精力于是书。

郭氏指出，史书称说"淮南好读书"，不好犬马、声色，专心致志从事著述，所以才能成就自有"子部"以来，没有哪部著作，像《淮南子》这样条理分明、内容详备的。

清代词人谭献（1832—1901）《复堂类稿》中说：

> 《淮南子》为九流之铃钥。欲求百家之学者，当以此权舆。

"九流"，《汉书·艺文志》指儒家、道家、阴阳家、法家、名家、墨家、纵横家、杂家、农家，共九家。

"权舆"，出自《诗·秦风·权舆》："今也每食无余，于嗟乎！不承权舆。"朱熹《诗集传》："权舆，始也。"权舆，即开始之义。

谭献认为，研究诸子百家的学说，应当从《淮南子》开始。

近代著名学者梁任公在《中国近三百年学术史·淮南子》中这样评论：

> 《淮南鸿烈》为西汉道家之渊府，其书博大而有条贯，汉人
> 著述中第一流也。

现代学者刘文典（1889—1958）在所著《淮南鸿烈集解·自序》中这样赞道：

> 淮南王书博极古今，总统仁义，牢笼天地，弹压山川，诚眇

> 义之渊丛，嘉言之林府，太史公所谓"因阴阳之大顺，采儒墨之善，
> 撮名法之要"者也。

而胡适（1891—1962）在为刘文典所作的《淮南鸿烈集解·序》中说：

> 中世儒者排斥异己，忽略百家，坐令此绝代奇书，沉埋不显。
> 迄乎今世，经师旁求故训，博览者始稍稍整治秦汉诸子，而淮南
> 王书，治之者尤众。

胡适"绝代奇书"之誉，真乃一语中的。他在自己的《淮南王书》中也说：

> 道家集古代思想的大成，而《淮南书》又集道家的大成。

对历史人物及学术评价，不可能千人一面，千部一腔。除了赞扬、肯定的评价之外，尚有贬损、非议之词，也不乏中性的观点。东汉学者扬雄（前53—18）《法言·君子》中这样说：

> 《淮南》说之用，不如太史公之用也。太史公，圣人将有取焉，
> 《淮南》鲜取焉尔。

他认为《淮南子》无所取。看来这位专研《太玄》、撰写《法言》、收集《方言》的学者，评价《淮南子》的观点是不能成立的。究其原因，他虽然游走于儒、道之门，但是把儒家思想作为判断是非的标准，失之远矣。

而东汉学者王充（27—97）认为刘安不是因为著书而致祸，他在《论衡·书解篇》中说：

> 古以言为功者多，以文为败者希。吕不韦、淮南王以他为过，
> 不以书有非。使客作书，不身自为；如不作书，犹蒙此章章之祸。

可知王充的看法比较实在，他认为《淮南子》并无过失，而"过"在"他"处。王氏也并未贬低《淮南子》。

而现当代一些学者，不知道出于什么背景和心态，有的对《淮南子》不屑一顾，甚而泼起了脏水。当代哲学家冯友兰（1895—1990）在《中国哲学史》中说：

《淮南鸿烈》为汉淮南王刘安宾客所共著此书，杂取各家之言，无中心思想。

冯先生知道《汉书·艺文志》列《淮南子》于"杂家"，但是不能望文生义，就认为是"杂取""无中心思想"。《淮南子》的思想主旨，就是黄老道家。高诱、梁启超、胡适等诸人，都说得明明白白。

当代历史学家范文澜（1893—1969）在《中国通史》中说：

《淮南子》虽以道为归，但杂采众家，不成一家之言。

大名鼎鼎的唐代刘知几说《淮南子》"博极群书"，明代独领文坛二十年的王世贞说《淮南子》"成一家之言"，而范先生的评价，为何同前贤的说法，相距如此之远？

当代思想史家侯外庐（1903—1987）在《中国思想通史》中说：

这部杂家之言，间有儒者六艺与法家术势诸说，而主要篇幅则为阴阳五行家与老庄道家的混血种。

梁启超誉《淮南子》为"汉人著述中第一流"，胡适称《淮南子》为"绝代奇书"，而侯先生称之为"混血种"。可叹！可叹！

诸多学者，左右文坛，叱咤风云。其言是欤？非欤？大浪淘沙，时代早已有公论。

在漫长的"独尊儒术"的中国文化史上，一叶障目，不见泰山。《淮南子》的博大精深，并未能得到应有的重视和评价，可以说，《淮南子》是中国学术史上最遭不幸的学术著作之一。它的不幸，乃是长期的封建文化专制政策所造成的恶果。现在，污水已经擦去，迷雾已经拨开，恢复了它的本来面目。呈现在我们面前的，乃是一片无比璀璨、光彩夺目的世界。它将理所应当地在中国文化学术史上，树立起一座挺拔的丰碑。

《淮南子》

刘安　著　　陈广忠　注释

第一卷　原道训

【原文】

夫道者，覆天载地，廓四方，柝八极①；高不可际，深不可测。包裹天地，禀授无形②；原流泉滂，冲而徐盈③；混混汨汨，浊而徐清④。故植之而塞于天地，横之而弥于四海；施之无穷，而无所朝夕⑤；舒之幎于六合，卷之不盈于一握⑥。约而能张，幽而能明；弱而能强，柔而能刚；横四维而含阴阳，絃宇宙而章三光。甚淖而滒，甚纤而微⑦；山以之高，渊以之深；兽以之走，鸟以之飞。日月以之明，星历以之行；麟以之游，凤以之翔。泰古二皇，得道之柄，立于中央⑧；神与化游，以抚四方。

【注释】

①道：指自然规律和宇宙本原。廓（kuò）：张大。八极：八方极远之处。

②禀授：给予。

③原：水源。滂：《说文》："沛也。"指水盛涌出。冲：通"盅"。《说文》："盅，器虚也。"即空虚义。

④混混：水流不绝的样子。汨汨（gǔ）：水流声。

⑤施：使用。"无所朝夕"：黄锡禧本作"无朝夕盛衰"，指"道"永恒，无时间、空间之变化。

⑥舒：舒散。幎（mì）：覆盖。六合：四方上下为六合。一握：一把。

⑦淖溺（nào gē）：指柔和的样子。

⑧二皇：指伏牺、神农。

【原文】

夫太上之道，生万物而不有，成化像而弗宰①。跂行喙息，蠉飞蠕动，待而后生，莫之知德②；待之后死，莫之能怨。得以利者不能誉，用而败者不能非；收聚畜积而不加富，布施禀授而不益贫；旋县而不可究，纤微而不可勤③；累之而不高，堕之而不下；益之而不众，损之而不寡；斫之而不薄，杀之而不残；凿之而不深，填之而不浅。忽兮怳兮，不可为象兮④；怳兮忽兮，用不屈兮⑤；幽兮冥兮，应无形兮；遂兮洞兮，不虚动兮；与刚柔卷舒兮，与阴阳俯仰兮。

【注释】

①太上：指最高的。化像：自然造化而生成的物像。

②跂（qí）行：用足行走。喙（huì）息：用嘴呼吸。蠉（xuān）飞：指虫类飞行。蠕（rú）动：爬行的虫类。

③旋县：双声叠韵连绵词，状微小之貌。勤：穷尽。

④忽兮怳兮：高诱注："无形貌也。"象：形象。

⑤屈：高诱注："竭也。"按：即枯竭义。

【原文】

夫释大道而任小数，无以异于使蟹捕鼠，蟾蜍捕蚤，不足以禁奸塞邪，乱乃逾滋①。昔者夏鲧作三仞之城，诸侯背之，海外有狡心②。禹知天下之叛也，乃坏城平池，散财物，焚甲兵，施之以德，海外宾服，四夷纳职。合诸侯于涂山，执玉帛者万国。故机械之心藏于胸中，则纯白不粹，神德不全，在身者不知，何远之所能怀！是故革坚则兵利，城成则冲生，若以汤沃沸，乱乃逾甚③。是故鞭噬狗，策蹄马，而欲教之，虽伊尹、造父弗能化④。欲宾之心亡于中，则饥虎可尾，何况狗马之类乎！故体道者逸而不穷，任数者劳而无功⑤。

【注释】

①蒲（fǔ）：疑通"捕"，捕捉。蟾蜍（chán chú）：蛤蟆。

②鲧（gǔn）：禹之父。仞：八尺曰仞。狡心：狡猾之心。

③冲：古代用来攻城冲锋用的战车。汤：热水。沃：浇灌。

④噬（shì）：咬。蹄：踢。伊尹：商汤时贤相。造父：周穆王时臣，善驾驭。

⑤宾：《道藏》本作"寅"，刘绩《补注》本作"害"。《干禄字书》："宾肉，上俗下正。"知"宾"字是，即残杀义。

【原文】

夫峭法刻诛者，非霸王之业也；箠策繁用者，非致远之术也①。离朱之明，察箴末于百步之外，不能见渊中之鱼②；师旷之聪，合八风之调，而不能听十里之外。故任一人之能，不足以治三亩之宅也；脩道理之数，因天地之自然，则六合不足均也③。是故禹之决渎也，因水以为师④；神农之播谷也，因苗以为教。

【注释】

①箠：马鞭。繁：多。

②离朱：黄帝时臣。

③脩：王念孙《读书杂志》云："脩"当为"循"。《文子·道原》亦作"循"。均：平。

④渎（dú）：大河。

【原文】

夫萍树根于水，木树根于土；鸟排虚而飞，兽蹠实而走①；蛟龙水居，虎豹山处，天地之性也。两木相摩而然，金火相守而流；员者常转，窾者主浮，自然之势也②。是故春风至则甘雨降，生育万物；羽者妪伏，毛者孕育③；草木荣华，鸟兽卵胎；莫见其为者，而功既成矣。秋风下霜，到生挫伤④；鹰雕搏鸷，昆虫蛰藏⑤；草木注根，鱼鳖凑渊；莫见其为者，灭而无形。木处榛巢，水居窟穴⑥；禽兽有芄，人民有室⑦；陆处宜牛马，舟行宜多水；匈奴出秽裘，干、越生葛绤⑧；各生所急，以备燥湿；各因所处，以御寒暑；并得其宜，物便其所。由此观之，万物固以自然，圣人又何事焉？

【注释】

①排虚：排击空气，而获得浮升之力。蹠（zhí）：指脚。也有践踏义。实：土地。

②窾（kuǎn）：空。

③妪（yù）伏：指孵卵。

④到（dǎo）生：草木倒地而生。到，古"倒"字。挫伤：指凋落。

⑤鸷：击杀鸟类。蛰（zhé）：伏，指冬眠。

⑥榛（zhēn）：丛生。

⑦芄（wán）：兽穴里的垫草。当作"芄"。

⑧秽（huì）裘：粗陋的皮衣。干：高诱注："吴也。"按：通"邗（hán）"。古邗国在今扬州市东，为吴所灭。越：周代诸侯国，在今浙江东部。葛：草本植物，茎皮可织布。绤（chī）：用葛纤维织成的细布。

【原文】

九疑之南，陆事寡而水事众，于是民人被发文身，以像鳞虫①；短绻不绔，以便涉游②；短袂攘卷，以便刺舟，因之也③。雁门之北狄不谷食，贱长贵壮，俗尚气力；人不弛弓，马不解勒，便之也。故禹之裸国，解衣而入，衣带而出，因之也④。今夫徙树者，失其阴阳之性，则莫不枯槁。故橘树之江北，则化而为枳⑤；鸲鹆不过济，貈度汶而死⑥。形性不可易，势居不可移也。

【注释】

①九疑：在今湖南宁远县南，传说舜所葬之地。被发：剪断头发。文身：在身上刺上鱼龙形花纹。

②短绻：短衣。绔（kù）：胫衣，类似今套裤。

③袂（mèi）：袖子。攘：挽起。

④裸国：古代南方国名。

⑤枳（zhǐ）：落叶灌木，果实黄绿色，可入药。

⑥鸲鹆（qú yù）：鸟名，即八哥，喜生活于南方。济（jǐ）：济水，古"四渎"之一。源于河南济源市西王屋山，东汇流大野泽，入东海。今已堙。貉（hé）：狗獾，分布于我国北方、朝鲜半岛等地区以及日本、俄罗斯等国，毛皮珍贵。汶（wèn）：水名，在山东境内。

【原文】

夫善游者溺，善骑者堕；各以其所好，反自为祸。是故好事者未尝不中，争利者未尝不穷也。昔共工之力，触不周之山，使地东南倾①；与高辛争为帝，遂潜于渊，宗族残灭，维嗣绝祀②。越王翳逃山穴，越人熏而出之，遂不得已③。由此观之，得在时，不在争；治在道，不在圣；土处下，不争高，故安而不危；水下流，不争先，故疾而不迟。

【注释】

①共工：传说中的水神。触：指与南方火神祝融大战，不胜，而头触不周山。不周之山：在西北，传说中天柱之一。

②高辛：帝喾，黄帝之曾孙。维：《道藏》本作"继"。《文选·颜延之〈宋郊祀歌〉》："维圣飨帝。"吕延济注："维，继。"知"维"字不误。

③翳：越太子名。《庄子·让王》作"王子搜"。有贤德。

【原文】

昔舜耕于历山，期年而田者争处墝埆，以封壤肥饶相让①；钓于河滨，期年而渔者争处湍濑，以曲隈深潭相予②。当此之时，口不设言，手不指麾，执玄德于心，而化驰若神③。使舜无其志，虽口辩而户说之，不能化一人。是故不道之道，莽乎大哉！夫能理三苗，朝羽民，从裸国，纳肃慎，未发号施令而移风易俗者，其唯心行者乎④！法度刑罚，何足以致之也？

【注释】

①历山：高诱注："在济阴成阳也。一曰济南历城山也。"按："一曰"在今山东济南历城区南。期年：一周年。塉埆（qiào què）：土地贫瘠之处。封壤：指田界。

②湍濑：石滩上的急流。曲隈：崖岸弯曲处。

③设：陈说。指麾：指挥。玄德：天然的德性。驰：行。神：指神化。

④理：治理。三苗：古代指生活在长江流域洞庭湖一带的少数民族。羽民：南方羽国之民。从：化。裸国：南方国名。肃慎：生活在东北、华北的古老民族。

【原文】

是故圣人内修其本，而不外饰其末；保其精神，偃其智故；漠然无为，而无不为也；澹然无治也，而无不治也。所谓无为者，不先物为也；所谓不为者，因物之所为①。所谓无治者，不易自然也；所谓无不治者，因物之相然也。

万物有所生，而独知守其根；百事有所出，而独知守其门。故穷无穷，极无极，照物而不眩，响应而不乏，此之谓天解。

【注释】

①"所谓不为者"句：刘绩《补注》本在"所谓"下增补"无"字。

【原文】

故得道者，志弱而事强，心虚而应当。所谓志弱者，柔毳安静，藏于不敢，行于不能①；恬然无虑，动不失时；与万物回周旋转，不为先唱，感而应之。是故贵者必以贱为号，而高者必以下为基。托小以包大，在中以制外；行柔而刚，用弱而强；转化推移，得一之道，而以少正多。所谓其事强者，遭变应卒，排患扞难②；力无不胜，敌无不凌③；应化揆时，莫能害之④。是故欲刚者，必以柔守之；欲强者，必以弱保之。积于柔则刚，积于弱则强；观其所积，以知祸福之乡⑤。强胜不若己者，至于若己者而同；柔胜出于己者，其力不可量。故兵强则灭，木强则折，革固则裂，齿坚于舌而先之弊。

【注释】

①柔毳（cuì）：柔弱。毳，兽类动物细毛。

②卒：通"猝"，突然。扞：抵御。

③凌：逾越，战胜。

④挍：考察。

⑤乡：通"向"，方向，趋向。

【原文】

天下之物，莫柔弱于水，然而大不可极，深不可测；脩极于无穷，远渝于无涯①；息耗减益，通于不訾②；上天则为雨露，下地则为润泽；万物弗得不生，百事不得不成；大包群生，而无好憎；泽及蚑蛲，而不求报③；富赡天下而不既，德施百姓而不费④；行而不可得穷极也，微而不可得把握也；击之无创，刺之不伤；斩之不断，焚之不然；淖溺流遁，错缪相纷，而不可靡散⑤；利贯金石，强济天下；动溶无形之域，而翱翔忽区之上⑥；遭回川谷之间，而滔腾大荒之野⑦；有余不足，与天地取与，授万物而无所前后⑧。是故无所私而无所公，靡滥振荡，与天地鸿洞⑨；无所左而无所右，蟠委错纷，与万物始终⑩。是谓至德。夫水之所以能成其至德于天下者，以其淖溺润滑也。故老聃之言曰："天下至柔，驰骋于天下之至坚。出于无有，入于无间。吾是以知无为之有益。"

【注释】

①渝：《道藏》本同。刘绩《补注》本作"沦"。沦，即沦没义。

②訾：通"赀"（zī），计算、计量。

③蚑（qí）：虫行。蛲（náo）：微小之虫。

④赡：富足。既：尽。

⑤淖（nào）溺：水性柔软的样子。流遁：指流散。错缪（móu）：错杂。

⑥动溶：摇荡。忽区：无形象之义。

⑦遭（zhān）回：徘徊之义。大荒之野：特别荒远的地方。

⑧与天地取与：《天中记》九引作"任天地取与"。

⑨靡滥：水势浩荡。靡：通"瀰"（mǐ），水流的样子。滥，泛滥。鸿洞：融通，连续。

⑩蟠委：盘旋，委曲。错纾（zhěn）：交错变化。

【原文】

夫喜怒者，道之邪也①；忧悲者，德之失也；好憎者，心之过也；嗜欲者，性之累也。人大怒破阴，大喜坠阳；薄气发喑，惊怖为狂②；忧悲多恚，病乃成积③；好憎繁多，祸乃相随。故心不忧乐，德之至也；通而不变，静之至也；嗜欲不载，虚之至也；无所好憎，平之至也；不与物散，粹之至也。能此五者，则通于神明。通于神明者，得其内者也。是故以中制外，百事不废；中能得之，则外能牧之。中之得，则五藏宁，思虑平；筋力劲强，耳目聪明；疏达而不悖，坚强而不鞼④；无所大过，而无所不逮。处小而不逼，处大而不窕⑤；其魂不躁，其神不娆⑥；湫漻寂漠，为天下枭⑦。

【注释】

①邪：偏邪。

②薄气：阴阳相迫之气。喑（yīn）：哑。狂：指人的精神失常。

③恚（huì）：怨恨。

④悖：悖乱。鞼（guì）：折。

⑤窕：空旷。

⑥娆（ráo）：烦扰。

⑦湫漻（qiū liáo）：清静。寂漠：恬淡。枭（xiāo）：猛禽，这里指枭雄。

【原文】

故天下神器，不可为也。为者败之，执者失之。夫许由小天下而不以己易尧者，志遗于天下①。所以然者，何也？因天下而为天下也。天下之要，不任于彼而在于我，不在于人而在于我身②，身得则万物备矣；彻于心术之论，则嗜欲好憎外失③。是故无所喜而无所怒，无所乐而无所苦，万物玄同也。无非无是，化育玄耀，生而如死。夫天下者亦吾有也，吾亦天下之有也；天下之与我，岂有间哉！夫有天下者，岂必摄权持势，操杀生之柄，而以行其号令邪④？吾所谓有天下者，非谓此也，自得而已，自得则天下亦得我矣。吾与天下相得，则常相有已，又焉有不得容其间者乎？所谓自得者，全其身者也⑤；全其身，则与道为一矣。

【注释】

①许由：尧时隐士。遗：抛弃。

②任：《道藏》本作"在"。我身：刘绩《补注》本作"身我"。

③彻：贯通。心术：指思想、意识、方法。"失"作"矣"，"失"字形讹。

④摄：执掌。

⑤全其身：指保全自然赋予人的天性。

【原文】

夫形者生之舍也，气者生之充也，神者生之制也，一失位则二者伤矣。是故圣人使人各处其位，守其职，而不得相干也。故夫形者，非其所安也而处之，则废；气不当其所充而用之，则泄；神非其所宜而行之，则昧。此三者，不可不慎守也。夫举天下万物，蚑蛲贞虫，蠕动蚑作，皆知其所喜憎利害者，何也①？以其性之在焉而不离也。忽去之，则骨肉无伦矣②。今人之所以眭然能视，营然能听，形体能抗，而百节可屈伸，察能分白黑、视丑美，而知能别同异、明是非者，何也③？气为之充，而神为之使也。何以知其然也？凡人之志，各有所在，而神有所系者，其行也，足蹪趎埳，头抵植木，而不自知也④；招之而不能见也，呼之而不能闻也，耳目去之也，然而不能应者，何也⑤？神失其守也。故在于小则忘于大，在于中则忘于外；在于上则忘于下，在于左则忘于右；无所不充，则无所不在。是故贵虚者，以毫末为宅也。

【注释】

①贞虫：细腰蜂之类昆虫。无牝牡之合曰贞。蠕：虫类慢慢爬行的样子。蚑：动物行走。

②无伦：高诱注："言骨肉靡灭，无伦匹也。"

③睢（huī）然：目光专注的样子。眭（yíng）：通"荧"，明。抗：抵御。

④系：联系，牵挂。蹪（tuí）：颠仆，跌倒。趀（chú）埳：坑坎。趀，通"株"，木头倒下。植：树立。

⑤"耳目去之也"：刘绩《补注》本在"耳目"下增"非"字。

第二卷　俶真训

【原文】

有始者，有未始有有始者，有未始有夫未始有有始者①。有有者，有无者，有未始有有无者，[有未始有夫未始有有无者②。]

【注释】

①"有始者"句：高诱注："天地开辟之始也。""有未始有"句：高诱注："言万物萌兆，未始有始者，始成形也。""有未始有夫"句：高诱注："言天地合气，寂寞萧条，未始有也。夫未始有始，仿佛也。"按：未始，未曾。

②"有有者"句：高诱注："言万物始有形兆也。"按：后"有"字，指现实存在的万物。"有无者"句：高诱注："言天地浩大，言无可名也。"按：无，指物体以外的广大宇宙空间。"有未始有有无者"句：高诱注："言道微妙，包裹天地。'未始有有无者'，在'有无者'之前。"["有未始有夫"]句：高诱注："天也。"此句宋本脱。《道藏》本有此

句。以上化自《庄子·齐物论》。

【原文】

所谓有始者：繁愤未发，萌兆牙蘖，未有形埒垠堮，无无蠕蠕，将欲生兴而未成物类①。

有未始有有始者：天气始下，地气始上，阴阳错合，相与优游竞畅于宇宙之间，被德含和，缤纷茏苁，欲与物接而未成兆朕。

有未始有夫未始（者）有有始者：天含和而未降，地怀气而未扬，虚无寂寞，萧条霄霓，无有仿佛气遂，而大通冥冥者也。

【注释】

①繁愤：积聚散发的样子。萌兆：开始。牙蘖（niè）：树木的嫩芽。牙，通"芽"。"形埒"：形，形朕；埒，畛域。即"际涯"义。垠堮（è）：界限。无无：李哲明《淮南训义疏补》：按"无无"义不可晓，疑当作"冯冯"。《天文训》："冯冯翼翼。"注："无形之貌。"蠕蠕：昆虫爬行的样子。

【原文】

有有者：言万物掺落，根茎枝叶，青葱苓茏，萑蔰炫煌，蠉飞蠕动，蚑行哙息，可切循把握而有数量①。

有无者：视之不见其形，听之不闻其声，扪之不可得也，望之不可极也，储与扈冶，浩浩瀚瀚，不可隐仪揆度而通光耀者②。

有未始有有无者：包裹天地，陶冶万物，大通混冥，深闳广大，不可为外；析毫剖芒，不可为内；无环堵之宇，而生有无之根。

有未始有夫未始有有无者：天地未剖，阴阳未判，四时未分，万物未生，汪然平静，寂然清澄，莫见其形。若光耀之问于无有，退而自失也③。曰：予能有无，而未能无无也。及其为无无，至妙何从及此哉？

【注释】

①掺落：参差错落，即杂乱之义。青葱：青翠茂盛的样子。苓茏：茂盛。蘿蔿（guàn hù）：草木繁荣茂盛。炫煌：光彩鲜艳的样子。切循：抚摸。循，通"揗"。《说文》："揗，摩也。"

②扪：摸。储与扈冶，广大的意思。浩浩瀚瀚：广大无边的样子。隐仪：仪度。揆度：度量、考察。光耀：指无形。

③自失：隐藏不见。

【原文】

夫道有经纪条贯，得一之道，连千枝万叶①。是故贵有以行令，贱有以忘卑，贫有以乐业，困有以处危。夫大寒至，霜雪降，然后知松柏之茂也；据难履危，利害陈于前，然后知圣人之不失道也。是故能戴大员者履大方，镜太清者视大明，立太平者处大堂②；能游冥冥者，与日月同光。是故以道为竿，以德为纶，礼乐为钩，仁义为饵，投之于江，浮之于海，万物纷纷，孰非其有③？

【注释】

①经纪：纲常，法度。一："道"之根本。

②大员：指天。大方：指地。太清：指天空。太平：天下太平。大堂：指明堂。

③冥冥：指昏暗。

【原文】

夫贵贱之于身也，犹条风之时丽也①；毁誉之于己，犹蚊虻之一过也。夫秉皓白而不黑，行纯粹而不糅，处玄冥而不暗，休于天钧而不伪，孟门、终隆之山不能禁，唯体道能不败②。湍濑、旋渊、吕梁之深不能留也，大行、石涧、飞狐、句望之险不能难也③。是故身处江海之上，而神游魏阙之下④。非得一原，（执）〔孰〕能至于此哉⑤？

【注释】

①条风:春天的东北风。丽:通"历",即"迅速经过"义。

②玄冥:昏暗,又指北方之神统治之地。天钧:北极之地。伪:通"硙"(huǐ),毁坏。孟门:在今陕西宜川东北、山西吉县西,绵延黄河两岸。终隆:终南山。

③湍濑:急流。旋渊:深潭。吕梁:古水名,在江苏铜山东南。大行:太行山绵延山西、河北、河南三省。石涧:深谷名。飞狐:要隘名,在今河北涞源县北、蔚县南。两岸峭立,一线微通,迤逦百余里。句望:又名句注山。在今山西代县西。因山势勾转,水势流注而得名。

④魏阙:王宫之门阙。"是故"二句见《庄子·让王》。

⑤"执":《道藏》本作"孰"。

【原文】

夫天之所覆,地之所载,六合所包,阴阳所呴,雨露所濡,道德所扶,此皆生一父母而阅一和也①。是故槐榆与橘柚,合而为兄弟;有苗与三危,通为一家②。夫目视鸿鹄之飞,耳听琴瑟之声,而心在雁门之间。一身之中,神之分离剖判;六合之内,一举而千万里。是故自其异者视之,肝胆胡越;自其同者视之,万物一圈也。百家异说,各有所出。若夫墨、扬、申、商之于治道,犹盖之无一橑,而轮之无一辐③。有之可以备数,无之未有害于用也。己自以为独擅之,不通之于天地之情也。

【注释】

①呴(xǔ):张口出气,这里有长养义。父母:喻天地。阅:汇总。和:和气。

②有苗:在今洞庭湖一带的古老部落。三危:山名,在今敦煌一带。

③墨:墨翟,春秋、战国之际思想家。有《墨子》传世。扬:《道藏》本作"杨"。杨朱,战国初期道家人物。申:申不害,战国中期法家人物。商:商鞅,战国法家,卫国人,曾仕秦为相。橑(liáo):屋椽,又指伞盖的骨架。

【原文】

今夫善射者，有仪表之度，如工匠有规矩之数，此皆所得以至于妙①。然而奚仲不能为逢蒙，造父不能伯乐者，是皆谕于一曲，而不通于万方之际也②。

【注释】

①仪表：指法则、标准。如：而。

②奚仲：夏后氏时车的发明者。逢蒙：古代善射之人，羿弟子。造父：周穆王时善驾驭之人。伯乐：秦穆公时善相马者。谕：告晓。一曲：一事。

【原文】

今夫积惠重厚，累爱袭恩，以声华呕符妪掩万民百姓，使知之䜣䜣然人乐其性者，仁也①。举大功，立显名，体君臣，正上下，明亲疏，等贵贱，存危国，继绝世，决挐治烦，兴毁宗，立无后者，义也②。闭九窍，藏心志，弃聪明，反无识，芒然仿佯于尘埃之外，而消摇于无事之业，含阴吐阳，而万物和同者，德也。是故道散而为德，德溢而为仁义，仁义立而道德废矣。

【注释】

①厚：《文子·精诚》作"货"。袭：相袭，承袭。声华：声誉，荣耀。呕（xū）符：怜爱。妪（yǔ）掩：抚育。"知"：刘绩《补注》本无"知"字。䜣䜣然：欣喜的样子。

②体：亲近。决挐（rú）：解决纷乱。

【原文】

是故圣人内修道术，而不外饰仁义；不知耳目之宜，而游于精神之和。若然者，下揆三泉，上寻九天，横廓六合，揲贯万物，此圣人之游也①。若夫真人，则动溶于至虚，而游于灭亡之野②；骑蜚廉，而从敦圄③；驰于方外，休乎宇内；烛十日，而使风雨；臣雷公，役夸父；妾宓妃，妻织女④；天地之间，何足以留其志？是故虚无者道之舍，平易者道之素。

【注释】

①揆（kuí）：度量。三泉：三重泉，即地下深处。廓：开扩，扩大。揲（dié）贯：有积累、贯通之义。

②动溶：摇荡。溶，通"搈"。

③蜚廉：兽名，长毛有翼。敦圄：似虎而小。一曰仙人名。

④宓（fú）妃：洛河女神名。

【原文】

及世之衰也，至伏羲氏，其道昧昧芒芒然①。吟德怀和，被施颇烈，而知乃始昧昧睐睐，皆欲离其童蒙之心，而觉视于天地之间，是故其德烦而不能一②。

乃至神农黄帝，剖判大宗，窍领天地，袭九窾，重九㸴，提挈阴阳，嫥捖刚柔，枝解叶贯，万物百族，使各有经纪条贯③。于此万民睢睢盱盱然，莫不竦身而载听视，是故治而不能和④。

下栖迟至于昆吾、夏后之世，嗜欲连于物，聪明诱于外，而性命失其得⑤。

施及周室之衰，浇淳散朴，杂道以伪，俭德以行，而巧故萌生⑥。周室衰而王道废，儒墨乃始列道而议，分徒而讼。于是博学以疑圣，华诬以胁众，弦歌鼓舞，缘饰《诗》《书》，以买名誉于天下⑦。繁登降之礼，饰绂冕之服，聚众不足以极其变，积财不足以赡其费⑧。于是万民乃始憹觟离跂，各欲行其知伪，以求凿枘于世，而错择名利⑨。是故百姓曼衍于淫荒之陂，而失其大宗之本。夫世之所以丧性命，有衰渐以然，所由来者久矣。

【注释】

①昧昧：淳厚的样子。芒芒：同"茫茫"，广大。

②吟：吟咏。怀和：含怀和气。被：覆盖。施：施加。烈：大。昧

昧：似明未明的样子。琳琳（lín）：求知的样子。离：离开。童蒙：指寡知蒙昧之人。烦：无常，纷歧。一：统一。

③乃：《文子·上礼》作"及"。剖判：分离。大宗：事物的本源。窍：贯通。领：理。袭：因袭。九寰：九天之法。九熬（yín）：九地之形。塼挽（tuān wán）："和调"义。解：会合。叶贯：积累。族：种类。

④睢睢（huī）盱盱（xū）：张目直视的样子。竦：敬仰地站立看。载：通"戴"，头顶着。和：谐和。

⑤栖迟：停留。昆吾：夏的同盟部落名。夏后：指夏桀。得：通"德"，指根本。

⑥施：通"延"，延续。浇：薄。淳：通"醇"，纯酒，指淳朴本性。杂：于大成《俶真校释》："许本作'离'而高本作'杂'。"俭：王念孙《读书杂志》云：读为"险"。

⑦"于是博学"句：高诱注："博学扬、墨之道，以疑孔子之术。"按：本于《庄子·天地》。疑，其文作"拟"。华诬：高诱注："设虚华之言以诬圣人。"胁：胁迫。缘饰：赞誉粉饰。

⑧登降：进退揖让之礼。绂（fú）：系印章或佩玉用的丝带。冕：大夫以上贵族所戴的礼帽。

⑨懑（mán）：糊涂，不明事理。劻：通"懈（xié）"，有二心。离跂：用力的样子。枘：榫眼。凿枘，指迎合世俗。错：施行。择：索取。

【原文】

是故圣人之学也，欲以反性于初，而游心于虚也。达人之学也，欲以通性于辽廓，而觉于寂漠也。若夫俗世之学也，则不然：擢德搴性，内愁五藏，外劳耳目，乃始招蛲振缯物之豪芒，摇消掉捎仁义礼乐，暴行越智于天下，以招号名声于世，此我所羞而不为也①。是故与其有天下也，不若有说也②；与其有说也，不若尚羊物之终也始，而条达有无之际③。是故举世而誉之不加劝，举世而非之不加沮。定于死生之境，而通于荣辱之理。

虽有炎火洪水弥靡于天下，神无亏缺于胸臆之中矣。若然者，视天下之间，犹飞羽浮芥也，孰肯分分然以物为事也？

【注释】

①擢（zhuó）：去掉。攓（qiān）：拔取。招蟯（náo）：有循环往复之义。振缱（qiǎn）：情意缠绵的样子。摇消掉捎：有奔走鼓动之义。暴：表露。越：扬。

②说：通"脱"，舍弃。

③尚羊："逍遥"义。"终也始"：疑衍"也"字。条达：通达。

【原文】

水之性真清，而土汩之①；人性安静，而嗜欲乱之。夫人之所受于天者，耳目之于声色也，口鼻之于芳臭也，肌肤之于寒燠，其情一也②。或通于神明，或不免于痴狂者，何也？其所为制者异也。是故神者智之渊也，渊清则智明也；智者心之府也，智公则心平矣。人莫鉴于流沫，而鉴于止水者，以其静也；莫窥于生铁，而窥于明镜者，以睹其易也。夫唯易且静，形物之性也。由此观之，用也必假之于弗用也。是故虚室生白，吉祥止也③。

【注释】

①真：《太平御览·方术部》一引此作："夫水之性清。"无"真"字。汩（gǔ）：乱。

②痴：傻。

③虚：心。室：身。白：指"道"。止：栖息。二句见《庄子·人间世》。

【原文】

圣人有所于达，达则嗜欲之心外矣。孔、墨之弟子，皆以仁义之术教导于世，然而不免于僈，身犹不能行也，又况所教乎①？是何则？其道外也。夫以末求返于本，许由不能行也，又况齐民乎？诚达于性命之情，而

160

仁义固附矣，趋舍何足以滑心②？若夫神无所掩，心无所载，通洞条达，恬漠无事，无所凝滞，虚寂以待，势利不能诱也，辩者不能说，声色不能淫也，美者不能滥也，知者不能动也，勇者不能恐也，此真人之道也。若然者，陶冶万物，与造化者为人，天地之间，宇宙之内，莫能夭遏③。夫化生者不死，而化物者不化④。神经于骊山、太行而不能难，入于四海、九江而不能濡。处小隘而不塞，横扃天地之间而不窕⑤。不通此者，虽目数千羊之群，耳分八风之调，足蹀《阳阿》之舞，而手会《绿水》之趋，智终天地，明照日月，辩解连环，泽润玉石，犹无益于治天下也⑥。

【注释】

①儡（lěi）：疲困。

②固：《文子·守真》作"因"，归依。

③为人：王念孙《读书杂志》王引之云："人"者"偶"也。夭遏（è）：阻挡。

④化生者：指天。化物者：指德。

⑤扃（jiōng）：贯穿。窕：充满。八风：八方之风。

⑥蹀（dié）：踏，踩。《阳阿》：古楚曲名。又为古之名倡。会：配合。《绿水》：古舞曲。又为古诗。趋：节奏。终：周遍。连环：本指连成串不可解之玉环，喻紧密相连之事物。泽：润泽。

【原文】

静漠恬澹，所以养性也；和愉虚无，所以养德也。外不滑内，则性得其宜；性不动和，则德安其位。养生以经世，抱德以终年，可谓能体道矣。若然者，血脉无郁滞，五藏无蔚气，祸福弗能挠滑，非誉弗能尘垢，故能致其极①。非有其世，孰能济焉？有其人，不遇其时，身犹不能脱，又况无道乎？且人之情，耳目应感动，心志知忧乐，手足之捵疾蛘、辟寒暑，所以与物接也②。蜂虿螫指而神不能憺，蚊虻噆肤而知不能平③。夫忧患之来撄人心也，非直蜂虿之螫毒而蚊虻之惨怛也，而欲静漠虚无，奈之何哉④？夫目察秋毫之末，耳不闻雷霆之音；耳调玉石之声，目不见太山之高。何则⑤？小有所志而大有所忘也。今万物之来擢拔吾性，攓取吾情，有若泉源，虽欲勿禀，其可得耶⑥？

【注释】

①蔚气：病色。蔚，通"菱"。病。挠滑：扰乱。极：尽。

②攒（fèi）：除去。蛘：后作"痒"。"辟寒暑"：郑良树《淮南子斠理》云："辟寒暑"上疑脱"肌肤"二字。

③虿（chài）：蝎类毒虫。螫：有毒腺的虫刺人。憺：平定。噆（zǎn）：刺穿。

④撄：干扰。直：只。惨怛：伤痛。

⑤玉石：《太平御览》十三引《文子·九守》作"金石"。

⑥擢（zhuó）：拔取。攓（qiān）：拔取。禀：承受。

【原文】

今夫树木者，灌以潘水，畴以肥壤，一人养之，十人拔之，则必无余糵，有况与一国同伐之哉①？虽欲久生，岂可得乎？今盆水在庭，清之终日，未能见眉睫；浊之不过一挠，而不能察方员。人神易浊而难清，犹盆水之类也。况一世而挠滑之，曷得须臾平乎？

【注释】

①潘（fán）：《道藏》本作"瀿"，古楚语，指水暴涨。畴（chóu）：壅土。"一人"二句：《韩非子·说林上》："然使十人树之，而一人拔之，则毋生杨矣。"糵（niè）：再生的枝条。

【原文】

古者至德之世，贾便其肆，农乐其业，大夫安其职，而处士脩其道。当此之时，风雨不毁折，草木不夭，九鼎重味，珠玉润泽，洛出《丹书》，河出《绿图》，故许由、方回、善卷、披衣得达其道①。何则？世之主有欲利天下之心，是以人得自乐其间。四子之才，非能尽善，盖今之世也②。然莫能与之同光者，遇唐、虞之时③。

逮至夏桀、殷纣，燔生人，辜谏者，为炮烙，铸金柱，剖贤人之心，析才士之胫，醢鬼侯之女，菹梅伯之骸④。当此之时，崤山崩，三川涸，飞鸟铩翼，走兽挤脚⑤。当此之间，岂独无圣人哉？然而不能通其道者，不遇其世。夫鸟飞千仞之上，兽走丛薄之中，祸犹及之，又况编户齐民乎⑥？由此观之，体道者不专在于我，亦有系于世者矣。

【注释】

①九鼎：古代象征国家政权的传国之宝，传为夏禹所铸。重：厚。润泽：有光泽。洛：今河南洛河。《丹书》：一种所谓天书，用丹笔书写。河：黄河。《绿图》：传说为天赐符命之书。方回、善卷、披衣：皆尧时隐士。

②盖：掩。

③光：赞誉。唐、虞：指唐尧、虞舜。

④夏桀：夏朝末代国君，被商汤推翻。殷纣：商朝末代之君，被周武王所推翻。燔：焚烧。辜：无罪被杀。炮烙：纣王所用酷刑。铸金柱：上博简《容成氏》有"金桎三千"。金柱，疑作"金桎"。析：解开。胫：脚。醢（hǎi）：肉酱。鬼侯：纣时诸侯，又作九侯。菹（zū）：把人剁成肉酱。梅伯：纣时诸侯。

⑤崤山：在陕西蓝田县东南。三川：指泾、渭、汧。涸：干竭。铩（shā）：有鼻的剑，这里有折断义。挤：毁坏。

⑥丛薄：聚木曰丛，深草曰薄。

第三卷 天文训

【原文】

天地未形，冯冯翼翼，洞洞灟灟，故曰大昭①。道始于虚霩，虚霩生宇宙，宇宙生气，气有汉垠②。清阳者薄靡而为天，重浊者凝滞而为地③。清妙之合专易，重浊之凝竭难，故天先成而地后定④。天地之袭精为阴阳，阴阳之专精为四时，四时之散精为万物⑤。积阳之热气生火，火气之精者为日；积阴之寒气者为水，水气之精者为月。日月之淫为，精者为星辰⑥。天受日月星辰，地受水潦尘埃⑦。昔者共工与颛顼争为帝，怒而触不周之山，天柱折，地维绝⑧。天倾西北，故日月星辰移焉⑨；地不满东南，故水潦尘埃归焉⑩。

【注释】

①冯翼、洞灟（zhú）：混沌不分，没有定型的样子。大昭：宇宙原始混沌的状态。

②道：指宇宙本源。虚霩（kuò）：空虚、无形之义。宇宙：指无穷的空间和时间。气：指构成万物的原始物质。汉垠：高诱注："重安之貌。"

③清阳者：指清轻之气。薄靡：轻微浮散的样子。重浊：沉重混沌之气。

④清妙：指清微之气。合专：聚合之义；专，通"抟"，结聚。凝竭：凝固。

⑤袭精：高诱注："袭，合也。精，气也。"专精：聚合之气。散精：四散之气。

⑥淫为：《广韵》"星"字注引此云："日月之淫气，精者为星辰。"

⑦受：包容。

⑧颛顼：传说中的古代部落首领。不周之山：高诱注："在西北也。"维：系地的大绳。

⑨倾：高。

⑩"地不满"二句：《楚辞·天问》："八柱何当？东南何亏？康回冯怒，地何故以东南倾？"可与此相参。

【原文】

天有九野①，九千九百九十九隅，去地五亿万里。五星，八风，二十八宿，五官，六府，紫宫、太微、轩辕、咸池、四守、天阿②。

【注释】

①九野：九天。野，分野。

②五星：岁星、荧惑、镇星、太白、辰星。八风：八方之风。二十八宿：古代把天球赤道和黄道一带（月球和太阳视运动的天区部分）的若干恒星，组成二十八星组，称二十八宿。每七宿成一象，称为四象。五官：高诱注："五行之官。"

【原文】

何谓九野？

中央曰钧天，其星角、亢、氐①。东方曰苍天，其星房、心、尾。东北曰变天，其星箕、斗、牵牛。北方曰玄天，其星须女、虚、危、营室②。西北方曰幽天，其星东壁、奎、娄③。西方曰昊天，其星胃、昴、毕④。西南方曰朱天，其星觜巂、参、东井⑤。南方曰炎天，其星舆鬼、柳、七星⑥。东南方曰阳天，其星张、翼、轸⑦。

【注释】

①钧天：《吕氏春秋·有始》高诱注："钧，平也。为四方主，故为钧天。"

②玄天：《吕氏春秋·有始》高诱注："北方，十一月建子，水之中也。水色黑，故曰玄天。"

③幽天：高诱注："幽，阴也。（酉）［西］（北）方季秋，将即于阴，故曰幽天也。"

④昊天：高诱注："皓，白也。西方金色，白，故曰昊天。"

⑤朱天：高诱注："朱，阳也。西南为少阳，故曰朱天。"

⑥炎天：《吕氏春秋·有始》高诱注："南方，五月建午，火之中也，火性炎上，故曰炎天。"

⑦阳天：高诱注："东南纯乾用事，故曰阳天。"

【原文】

何谓五星？

东方木也，其帝太皞，其佐句芒，执规而治春，其神为岁星，其兽苍龙，其音角，其日甲乙①。

南方火也，其帝炎帝，其佐朱明，执衡而治夏，其神为荧惑，其兽朱鸟，其音徵，其日丙丁②。

中央土也，其帝黄帝，其佐后土，执绳而制四方，其神为镇星，其兽黄龙，其音宫，其日戊己③。

西方金也，其帝少昊，其佐蓐收，执矩而治秋，其神为太白，其兽白虎，其音商，其日庚辛④。

北方水也，其帝颛顼，其佐玄冥，执权而治冬，其神为辰星，其兽玄武，其音羽，其日壬癸⑤。

【注释】

①木：木星，也叫岁星。古代认为木星十二年一周天（实际是11.86年），每岁行一次，故名。太皞（hào）：伏牺氏有天下之号，被祀为东方之天帝。句（gōu）芒：《吕氏春秋·有始》高诱注："少皞氏之裔子曰重，佐木德之帝，死为木官之神。"苍龙：古代四象之一。东方七宿，想象构成龙形，叫青龙或苍龙。角：五音之一。甲乙：代表木日。

②朱明：祝融。炎帝后裔，被祀为火神。衡：义同"准"。测量水平的器具。荧惑：五星之一。朱鸟：亦名朱雀，"四象"之一。古人把南方七宿，想象成朱雀之形。

③黄帝：五帝之首。少典之子。王天下，祀为中央之帝。后土：炎帝之裔。绳：绳尺。木工用以取直的墨线和尺子。镇星：因其二十八岁行一周天，好像镇压二十八宿一样，故名。

④少昊：黄帝之子青阳。号金天氏。祀为西方之帝。蓐（rù）收：少昊之子。太白：晨出东方，又名启明星。《诗·大雅·大明》："东有启明，西有长庚。"白虎："四象"之一。古人把西方七宿想象成白虎之形，故名。

⑤颛顼（zhuān xū）：黄帝之孙。号高阳氏。祀为北方之帝。玄冥：水神。权：秤锤。辰星：水星。水星距太阳最近，常在太阳左右一辰（30°）之内，故称辰星。玄武："四象"之一。北方七宿，形如龟、蛇相交，故名。

【原文】

何谓八风？

距日冬至四十五日，条风至①；条风至四十五日，明庶风至②；明庶风至四十五日，清明风至；清明风至四十五日，景风至；景风至四十五日，凉风至③；凉风至四十五日，阊阖风至④；阊阖风至四十五日，不周风至⑤；不周风至四十五日，广莫风至⑥。

条风至，则出轻系，去稽留⑦；明庶风至，则正封疆，修田畴⑧；清明风至，则出币帛，使诸侯；景风至，则爵有位，赏有功；凉风至，则报地德，祀四郊⑨；阊阖风至，则收县垂，琴瑟不张⑩；不周风至，则修宫室，缮边城；广莫风至，则闭关梁，决刑罚。

【注释】

①条风：立春时的东北风。

②明庶风：春分时的东风。

③凉风：立秋时的西南风。

④阊阖（chāng hé）风：秋分时的西风。

⑤不周风：立冬时的西北风。

⑥广莫风：冬至时的北风。

⑦轻系：轻刑。稽留：指拘留的人。

⑧田畴：田地。

⑨四郊：四方之神。

⑩县（xuán）垂：指钟、磬等悬挂的乐器。

【原文】

两维之间，九十一度（也）十六分度之五，而（升）[斗]日行一度，十五日为一节，以生二十四时之变①。斗指子，则冬至，音比黄钟。加十五日指癸，则小寒，音比应钟。加十五日指丑，则大寒，音比无射。加十五日指报德之维，则越阴在地，故曰距日冬至四十六日而立春，阳气冻解，音比南吕②。加十五日指寅，则雨水，音比夷则。十五日指甲，则雷惊蛰，音比林钟。加十五日指卯，中绳，故曰春分，则雷行，音比蕤宾。加十五日指乙，则清明风至，音比仲吕③。加十五日指辰，则谷雨，音比姑洗。加十五日指常羊之维，则春分尽，故曰有四十六日而立夏⑤。大风济，音比夹钟⑥。加十五日指巳，则小满，音比太蔟⑦。加十五日指丙，则芒种，音比大吕⑧。加十五日指午，则阳气极，故曰有四十六日而夏至，音比黄钟。加十五日指丁，则小暑，音比大吕。加十五日指未，则大暑，音比太蔟。加十五日指背阳之维，则夏分尽，故曰有四十六日而立秋，凉风至，音比夹钟。加十五日指申，则处暑，音比姑洗。加十五日指庚，则白露降，音比仲吕。加十五日指酉，中绳，故曰秋分。雷戒，蛰虫北乡，音比蕤宾⑨。加十五日指辛，则寒露，音比林钟。加十五日指戌，则霜降，音比夷则。加十五日指蹄通之维，则秋分尽，故曰有四十六日而立冬，草木毕死，音比南吕。加十五日指亥，则小雪，音比无射。加十五日指壬，则大雪，音比应钟。加十五日指子，故曰阳生于子，阴生于午⑩。阳生于子，故十一月日冬至，鹊始加巢，人气钟首⑪。阴生于午，故五月为小刑，荠、麦、亭历枯，冬生草木必死⑫。

【注释】

①"两维"几句：正文"九十一度也"，刘绩《补注》本、《四库全书》本无，当衍。一周天为四维，共365°。两维之间是91°。升：王念孙《读书杂志》云："升"当为"斗"，字之误也。言斗柄左旋，日行一度，而以十五日为一节也。二十四时：二十四节气。

②越：泄散。立春：每年2月4日或5日，太阳到达黄经315°时开始。南吕：高诱注："八月也。南，任也。（宫）[言]阴气内藏，阴侣于

167

阳，任其成功，故曰南吕也。"

③清明：每年4月4日或5日，太阳到达黄经15°时开始。仲吕：高诱注："四月也。阳在外，阴在中，所以吕中于阳，助成功也，故曰仲吕。"

④谷雨：每年4月20日或21日，太阳到达黄经30°时开始。姑洗：高诱注："三月也。姑，故也；洗，新也。阳气养生，去故就新，故曰姑洗也。"

⑤四十六日：刘文典《淮南鸿烈集解》引黄桢曰："凡言四十六日，举成数言之，其实四十五日又三十二分之二十一。"立夏：每年5月5日或6日，太阳到达黄经45°时开始。

⑥大风：即今东南季风或西南季风。济：停止。夹钟：高诱注："二月也。夹，夹也。万物去阴夹阳地而生，故曰夹钟也。"

⑦小满：每年5月21日或22日，太阳到达黄经60°时开始。太蔟（còu）：高诱注："正月律也。蔟，蔟也。言阴衰阳发，万物蔟地而生，故曰太蔟。"

⑧芒种：每年6月5日或6日，太阳到达黄经75°时开始。大吕：高诱注："十二月律也。吕，侣也。万物萌动于下，未能达见，故曰大吕。所以配黄钟，助阳宣功也。"

⑨戒：王念孙《读书杂志》云："戒"当为"臧"，字之误也。臧，古"藏"字。

⑩子：指冬至之时。午：指夏至之时。

⑪加：通"架"。"人气钟首"句：即人所受阴气，聚集在头部。

⑫小刑：轻微的肃杀之气。指五月之气象。荠：荠菜。亭历：一年生草本植物，立夏后采实。

【原文】

月，日行十三度七十六分度之二十六，二十九日九百四十分日之四百九十九而为月，而以十二月为岁①。岁有余十日九百四十分日之八百二十七，故十九岁而七闰。

【注释】

①二十六：高诱注："六，或作八。"按："六"当作"八"。

【原文】

日出于旸谷，浴于咸池，拂于扶桑，是谓晨明①。登于扶桑，爰始将行，是谓朏明②。至于曲阿，是谓旦明③。至于曾泉，是谓蚤食④。至于桑野，是谓晏食⑤。至于衡阳，是谓隅中。至于昆吾，是谓正中⑥。至于鸟次，是谓小还⑦。至于悲谷，是谓餔时⑧。至于女纪，是谓大还⑨。至于渊虞，是谓高舂⑩。至于连石，是谓下舂⑪。至于悲泉，爰止其女，爰息其马，是谓县车⑫。至于虞渊，是谓黄昏⑬。至于蒙谷，是谓定昏⑭。日入于虞渊之汜，曙于蒙谷之浦，行九州七舍，有五亿万七千三百九里，禹以为朝、昼、昏、夜⑮。

【注释】

①旸（yáng）谷：日所出之处。咸池：古代传说中的东方大泽。拂：经过。扶桑：东方神木名，传说太阳出其下。晨明：指晨昏朦胧之时，以下把白天时间分为十六时段。

②朏（fěi）明：天将亮时，即黎明。

③曲阿：山名。旦明：天明之时，指太阳出地平线时刻。

④曾泉：东方多水之地，故曰曾泉。蚤食：又叫旦食；蚤，通"早"。

⑤桑野：东方之地。晏食：《黄帝内经·素问》王冰注："谓寅后二十五刻。"

⑥昆吾：日正午所经之处，在南方。正中：指正当午时，即今十二点。

⑦鸟次：西极之山名。小还：太阳运行通过鸟次山之时，叫小还。

⑧悲谷：高诱注："西南方之大壑，言其深峻，临其上，令人悲思，故曰悲谷也。"餔（bū）时：日行至申时为时，即午后三至五时。

⑨女纪：太阳运行的第十一个处所，位在西，时在申。大还：太阳行至女纪的时刻。

⑩渊虞：太阳申时所经之处。高舂：指傍晚时分。

⑪连石：西北山名。下春，高诱注："言将欲冥下，象息春，故曰下春。"

⑫悲泉：古代传说中的水名。"其女"：《初学记》卷一作"羲和"。"其马"：《初学记》卷一作"六螭"。县车：指日落之时。

⑬虞渊：传说日落之处。黄昏：天将近黑时。

⑭蒙谷：北方之山名。定昏：天已黑之时。

⑮汜：水边。曙：明。浦：水涯。九州：指连同中国在内的大九州。七舍：七个停宿之处。高诱注："自阳谷至虞渊凡十六所，九州七舍也。"禹：王念孙《读书杂志》云："禹"字义不可通，"禹"当为"离"。"离"者，"分"也，言分为朝、昼、昏、夜也。

【原文】

帝张四维，运之以斗，月徙一辰，复反其所。正月指寅，十二月指子，一岁而匝，终而复始。指寅，则万物蝝，律受太蔟①；太蔟者，蔟而未出也②。指卯，卯则茂茂然，律受夹钟③；夹钟者，种始荚也。指辰，辰则振之也，律受姑洗④；姑洗者，陈去而新来也。指巳，巳者生已定也，律受仲吕⑤；仲吕者，中充大也⑥。指午，午者忤也，律受蕤宾⑦；蕤宾者，安而服之。指未，未昧也，律受林钟⑧；林钟者，引而止也。指申，申者呻之也，律受夷则⑨；夷则者，易其则也，德以去矣。指酉，酉者饱也，律受南吕⑩；南吕者，任包大也⑪。指戌，戌者灭也，律受无射⑫；无射，入无厌也。指亥，亥者阂也，律受应钟⑬；应钟者，应其钟也。指子，子者兹也，律受黄钟⑭；黄钟者，钟已黄也。指丑，丑者纽也，律受大吕⑮；大吕者，旅旅而去也。其加卯、酉，则阴阳分，日夜平矣⑯。故曰：规生矩杀，衡长权藏，绳居中央，为四时根。

【注释】

①"则万物蝝"：《史记·律书》作："寅，言万物始生蚓然也。"知有脱文。律：古代用竹管或金属管制成的用来定音或候气的仪器。受：对应，接受。太蔟：《史记·律书》："泰蔟者，言万物蔟生也，故曰太

蔟。"十二律之一，正月律。

②蔟：《白虎通义·五行》："蔟者，凑也，言万物始大，凑地而出也。"即聚集义。

③卯：《史记·律书》："卯之为言茂也。"茂茂然：草木冒地而出的样子。夹钟：《史记·律书》："夹钟者，言阴阳相夹厕也。"

④振：振动，振作。姑洗（xiǎn）：《史记·律书》："姑洗者，言万物洗生。"

⑤仲吕：《史记·律书》："中吕者，言万物尽旅而西行也。"

⑥中充大：即充斥大地的意思。

⑦午：《史记·律书》："午者，阴阳交。"忤（wǔ）：违反，抵触。蕤宾：《史记·律书》："言阴气幼少，故曰蕤；痿阳不用事，故曰宾。"

⑧未：《史记·律书》："未者，味也。言万物皆成，有滋味也。"林钟：《史记·律书》："林钟者，言万物就死气林林然。"林，通"綝（chēn）"。《说文》："綝，止也。"

⑨夷则：《史记·律书》："夷则者，言阴气之贼万物也。

⑩酉：《史记·律书》："酉者，万物之老也。"南吕：《史记·律书》："南吕者，言阳气之旅入藏也。"

⑪任包大：即阳气包裹阴气之义。任，通"妊"。

⑫无射：《史记·律书》："无射者，阴气盛用事，阳气无余也。故曰无射。"

⑬亥：《史记·律书》："亥者，该也。言阳气藏于下，故该也。"应钟：《史记·律书》："应钟者，阳气之应，不用事也。"

⑭黄钟：《史记·律书》："黄钟者，阳气踵黄泉而出也。"

⑮大吕：《白虎通义·五行》："十二月律之谓大吕者何？大者，大也。吕者，拒也。言阳气欲出，阴不许也。吕之为言拒也，旅抑拒难之也。"

⑯"其加卯、酉"三句：王念孙《读书杂志》引之曰：当在前"日短而夜脩"下。卯：指春分点。酉：指秋分点。

【原文】

太阴在寅，岁名曰摄提格，其雄为岁星，舍斗、牵牛，以十一月与之晨出东方，东井、舆鬼为对①。

太阴在卯，岁名曰单阏，岁星舍须女、虚、危，以十二月与之晨出东方，柳、七星、张为对②。

太阴在辰，岁名曰执徐，岁星舍营室、东壁，以正月与之晨出东方，翼、轸为对③。

太阴在巳，岁名曰大荒落，岁星舍奎、娄，以二月与之晨出东方，角、亢为对④。

太阴在午，岁名曰敦牂，岁星舍胃、昴、毕，以三月与之晨出东方，氐、房、心为对⑤。

太阴在未，岁名曰协洽，岁星舍觜巂、参，以四月与之晨出东方，尾、箕为对⑥。

太阴在申，岁名曰涒滩，岁星舍东井、舆鬼，以五月与之晨出东方，斗、牵牛为对⑦。

太阴在酉，岁名曰作鄂，岁星舍柳、七星、张，以六月与之晨出东方，须女、虚、危为对⑧。

太阴在（戊）〔戌〕，岁名曰阉茂，岁星舍翼、轸，以七月与之晨出东方，营室、东壁为对⑨。

太阴在亥，岁名曰大渊献，岁星舍角、亢，以八月与之晨出东方，奎、娄为对⑩。

太阴在子，岁名困敦，岁星舍氐、房、心，以九月与之晨出东方，胃、昴、毕为对⑪。

太阴在丑，岁名赤奋若，岁星舍尾、箕，以十月与之晨出东方，觜巂、参为对⑫。

【注释】

①摄提格：古代以太岁在天宫运转方向来纪年。太岁指向寅宫（斗、牛之间），称为摄提格。"其雄"句：《周礼·春官·保章氏》郑玄注：

"岁星为阳，右行于天；太岁为阴，左行于地。"按：雄，指木星，即岁星。雌，指太阴。"十一月"：钱塘《天文训补注》："《天官书》云'正月'，《天文志》作'十一月'。《史记》用周正，《淮南》《汉志》用夏正。"对：相对。

②单阏（chán è）：《史记·天官书》索隐引李巡曰："阳气推万物而起，故曰单阏。单，尽也。阏，止也。"

③执徐：《史记·天官书》正义引李巡曰："伏蛰之物皆敦舒而出，故曰执徐。执，蛰。徐，舒也。"

④大荒落：《史记·天官书》索隐引姚氏曰："言万物皆炽盛而大出，霍然落落，故曰荒落。"

⑤敦牂（dūn zāng）：《史记·天官书》索隐引孙炎曰："敦，盛；牂，壮也。言万物盛壮。"

⑥协洽：《史记·天官书》索隐引李巡曰："阳气欲化万物，故曰[协洽]。协，和；洽，合也。"

⑦涒（tūn）滩：《史记·天官书》索隐引李巡曰："涒滩，物吐秀倾垂之貌也。"

⑧作鄂：《史记·天官书》索隐引李巡曰："作号，皆物芒枝起之貌。"

⑨戊：《道藏》本作"戌"。"戌"字误，当正。阉（yān）茂：《史记·天官书》索隐引孙炎曰："万物皆蔽冒，故曰[阉茂]。阉，蔽；茂，冒也。"

⑩大渊献：《史记·天官书》索隐引孙炎曰："渊，深也。大献万物于深，谓盖藏之于外矣。"

⑪困敦（dùn）：《史记·天官书》索隐引孙炎曰："困敦，混沌也。言万物初萌，混沌于黄泉之下也。"

⑫赤奋若：《史记·天官书》索隐引李巡曰："言阳气奋迅。若，顺也。"

第四卷　地形训

【原文】

地形之所载，六合之间，四极之内，昭之以日月，经之以星辰，纪之以四时，要之以太岁①。天地之间，九州八极。土有九山，山有九塞，泽有九薮，风有八等，水有六品②。

【注释】

①地形：《山海经·海外南经》云："地之所载，六合之间，四海之内。"疑衍"行"字。六合：天地四方。四极：四方极远之处。昭：刘绩《补注》本作"照"。古昭、照通。经：治理义。纪：《广韵》"止"韵："理也。"要：正。

②薮：湖泽。此"品"彼作"川"。

【原文】

何谓九州？东南神州曰农土，正南次州曰沃土，西南戎州曰滔土，正西弇州曰并土，正中冀州曰中土，西北台州曰肥土，正北济州曰成土，东北薄州曰隐土，正东阳州曰申土①。

【注释】

①"东南"句：高诱注："东南，辰焉农祥，后稷之所经纬也。故曰农土也。"按：注文"辰焉农祥"，《国语·周语下》作"辰马农祥"。辰马，指房星。沃土：高诱注："沃，盛也。五月建午，稼穑盛张，故曰沃土也。"滔土：高诱注："滔，大也。七月建申，五谷成大，故曰滔土也。"并土：高诱注："并犹成也。八月建酉，百谷成熟，故曰并土也。"中土：高诱注："冀，大也。四方之主，故曰中土也。""东北"句：高诱注："薄，犹平也。隐，气所隐藏，故曰隐土也。"申土：高诱注："申，复也。阴气尽于北，阳复气起东北，故曰申土。"

【原文】

何谓九山？会稽、泰山、王屋、首山、太华、岐山、太行、羊肠、孟门①。

【注释】

①会（kuài）稽：在今浙江中部。王屋：位于今山西阳城、垣曲、河南济源之间，其山三重，状如屋。首山：指今山西永济市南的首阳山。太华：西岳华山，远望如华，故名，因其西有少华山，故又称太华山。岐山：在今陕西岐山县东北。太行：高诱注："太行在今上党太行关，直河内野王县是也。"羊肠：指今山西交城东的羊肠山。孟门：在今陕西宜川东北、山西吉县西，绵延黄河两岸。以上九山，并见《吕氏春秋·有始》。

【原文】

何谓九塞？曰：大汾、渑阨、荆阮、方城、殽阪、井陉、令疵、句注、居庸①。

【注释】

①大（tài）汾：指的是太岳山与汾河结合处的险要地区。渑阨（miǎn è）：在今河南渑池县西，为古代扼守崤山、函谷关的门户。荆阮、方城：荆阮，在今湖北武当山东南、汉水西岸。方城，战国时楚长城，北从河南方城县北，向西循伏牛山，折向循白河、湍河间分水岭，至今邓州市东北。殽阪（xiáo bǎn）：指今潼关以东至河南新安一带。井陉：太行支脉。因其四面高，中央低，形似井，故名。在今河北井陉县境内。令疵：在今河北滦县、迁安市之间，同辽西相接。句（gōu）注：在今山西代县北。因山势勾转，水势流注而得名。居庸：在今北京昌平区西北，在军都山上。以上九塞并见《吕氏春秋·有始》。

【原文】

何谓九薮？曰：越之具区，楚之云梦，秦之阳纡，晋之大陆，郑之圃田，宋之孟诸，齐之海隅，赵之钜鹿，燕之昭余①。

【注释】

①具区：今江苏太湖。云梦：西汉时云梦在湖北潜江市西南、监利县以北，处在长江以北。阳纡（yū）：在今陕西泾阳。一说在今陕西凤翔附近。大陆：分歧颇多。一说在今河南获嘉县西北。圃田：故址在今河南中牟西，现淤为平地。孟诸：又名孟猪、望诸、明都、盟猪、盟诸。故址在今商丘东北、虞城西北。已堙。海隅：指今山东蓬莱、莱州以西，历寿光、广饶至沾化、无棣以北，延袤千余里的沿海地区。钜鹿：今河北隆尧、巨鹿、任县之间一带地区。现淤为平地。昭余：在今山西祁县西南，介休东北。以上九薮亦见于《吕氏春秋·有始》。

【原文】

何谓八风①？东北曰炎风，东（玄）[方]曰条风，东南曰景风，南方曰巨风，西南曰凉风，西方曰飂风，西北曰丽风，北方曰寒风②。

【注释】

①八风："八风"是古代研究八方、四季风向、气候等的重要资料。

②炎风：立春东北方向吹来的风。条风：指春分时从东方吹来的暖风。景风：立夏时从东南方吹来的热风。巨风：夏至时从南方吹来的炎热之风。凉风：立秋时西南方吹来的凉爽之风。飂（liú）风：秋分时西方吹来的凉风。丽风：立冬时西北方吹来的寒风。寒风：冬至时北方吹来的寒风。

【原文】

何谓六水？曰：河水、赤水、辽水、黑水、江水、淮水①。

【注释】

①河水：黄河发源于青海巴颜喀拉山。赤水：一说在今青海湖一带。一说即今雅砻江。分歧颇多。辽水：流经吉林、辽宁的辽河，源出自塞外。黑水："黑水"之方位说法颇多。当指甘肃、青海及内蒙古黑河流

域。江水：古人记载不确。长江源于青海境内沱沱河，上游依次称通天河、金沙江，宜宾以下江段为主河道，称为长江。岷江为其一条支流。淮水：淮水出淮南桐柏山。以上六水亦见《吕氏春秋·有始》。

【原文】

九州之大，纯方千里①。九州之外，乃有八殥，亦方千里②。自东北方曰大泽，曰无通③；东方曰大渚，曰少海④；东南方曰具区，曰元泽⑤；南方曰大梦，曰浩泽⑥；西南方曰渚资，曰丹泽⑦；西方曰九区，曰泉泽；西北方曰大夏，曰海泽；北方曰大冥，曰寒泽⑧。凡八殥。八泽之云，是雨九州。

【注释】

①纯：指边缘。

②殥：通"埏"（yǎn），远。

③大泽、无通：湖泽名。

④大渚：东方海岛。少海：高诱注："东方多水，故曰少海。"

⑤"元泽"：王念孙《读书杂志》云："元泽"当为"亢泽"。

⑥大梦、浩泽：高诱注："梦，云梦也。浩，亦大也。"

⑦丹泽：高诱注："盖近丹水，因其名，故曰丹泽也。"

⑧寒泽：高诱注："北方多寒也，故曰寒泽也。"

【原文】

八殥之外，而有八纮，亦方千里①。自东北方曰和丘，曰荒土②；东方曰棘林，曰桑野；东南方曰大穷，曰众女；南方曰都广，曰反户③；西南方曰焦侥，曰炎土④；西方曰金丘，曰沃野⑤；西北方曰一目，曰沙所⑥；北方曰积冰，曰委羽⑦。凡八纮之气，是出寒暑，以合八正，必以风雨⑧。

【注释】

①纮（hóng）：维系。

②和丘、荒土：高诱注："凤所自歌，鸾所自舞，名曰和丘，曰荒土

也。"

③都广、反户：传说中的南方国名。

④焦侥：高诱注："短人之国也，长不满三尺。"

⑤金丘、沃野：高诱注："西方金位也，因为金丘。沃，犹白也，西方白，故曰沃野也。"

⑥一目、沙所：传说中西方国名。

⑦积冰、委羽：高诱注："北方寒冰所积，因以为名积冰也。委羽，山名也，在北极之阴，不见日也。"

⑧八正：高诱注："八风之正也。"

【原文】

八纮之外，乃有八极。自东北方曰方土之山，曰苍门①；东方曰东极之山，曰开明之门②；东南方曰波母之山，曰阳门③；南方曰南极之山，曰暑门④；西南方曰编驹之山，曰白门⑤；西方曰西极之山，曰阊阖之门⑥；西北方曰不周之山，曰幽都之门⑦；北方曰北极之山，曰寒门⑧。凡八极之云，是雨天下。八门之风，是节寒暑；八纮八殥八泽之云，以雨九州而和中土⑨。

【注释】

①苍门：东北方属木，为青色之始，故叫苍门。

②开明之门：太阳所出之门。

③阳门：东南方纯阳用事，故曰阳门。

④暑门：南方盛阳所在，故曰暑门。

⑤白门：西南方金气用事，金色白，故曰白门。

⑥阊阖（chāng hé）之门：高诱注："阊，大也。阖，闭也。大聚万物而闭之，故曰阊阖之门也。"

⑦幽都之门：高诱注："幽，阖也；都，聚也。玄冥将始用事，顺阴而聚，故曰幽都之门。"

⑧寒门：寒气积聚之门。

⑨中土：冀州。

【原文】

东方之美者，有医毋闾之珣玗琪焉①；东南方之美者，有会稽之竹箭焉②；南方之美者，有梁山之犀象焉③；西南方之美者，有华山之金石焉；西方之美者，有霍山之珠玉焉④；西北方之美者，有昆仑之球琳、琅玕焉⑤；北方之美者，有幽都之筋角焉⑥；东北方之美者，有斥山之文皮焉⑦；中央之美者，有岱岳以生五谷桑麻，鱼盐出焉⑧。

【注释】

①医毋闾：在今辽宁北镇市北，或称广宁山，主峰名望海山。珣玗琪：高诱注："玉名也。"玕，《道藏》本、《尔雅·释地》作"玗"。

②竹箭：又叫箭竹；一种坚硬的竹子，可为箭。

③梁山：在今湖南衡山。

④霍山：今山西霍县东南。珠玉：高诱注："出夜光之珠，五色之玉也。"

⑤球琳、琅玕：高诱注："皆美玉也。"

⑥"有幽都"句：高诱注："古之幽都，在雁门以北，其畜宜牛羊马，出好筋角，可以为弓弩。"

⑦斥山：在山东荣成石岛。因海滨广斥而得名。文皮：指虎豹之皮。东北方，《尔雅·释地》作"东方"。

⑧岱岳：泰山。

【原文】

凡地形，东西为纬，南北为经。山为积德，川为积刑①。高者为生，下者为死②。丘陵为牡，溪谷为牝③。水员折者有珠，方折者有玉④。清水有黄金，龙渊有玉英⑤。

土地各以其类生。是故山气多男，泽气多女⑥；障气多喑，风气多聋⑦；林气多癃，木气多伛⑧；岸下气多肿，石气多力⑨；险阻气多瘿⑩；暑气多夭，寒气多寿；谷气多痹，丘气多狂⑪；衍气多仁，陵气多贪⑫。轻土多利，重土多迟⑬；清水音小，浊水音大；湍水人轻，迟水人重；中土多圣人。皆象其气，皆应其类。故南方有不死之草，北方有不释之冰⑭；东方有君子之国，西方有形残之尸⑮。寝居直梦，人死为鬼；磁石上飞，云母来水；土龙致雨，燕雁代飞⑯；蛤蟹珠龟，与月盛衰⑰。

【注释】

① "山为"二句：高诱注："山仁，万物出焉，故为积德。川水智，智制断，故为积刑也。"

② "高者"二句：高诱注："高者阳，主生；下者阴，主死。"

③ "丘陵"二句：高诱注："丘陵高敞，阳也，故为牡；溪谷污下，阴也，故为牝。"按：牡，即雄性。牝，雌性。

④ "水员"二句：高诱注："员折者，阳也。珠，阴中之阳。方折者，阴也。玉，阳中之阴也。皆以其类也。"按：员折，圆形而有波折。方折，方形而有波折。

⑤ "清水"二句：高诱注："清水澄，故黄金出焉。龙渊，龙所出游渊也。玉英，转化有精光也。"按：玉英，即玉的精华。

⑥ 山气：指山中云气。泽气：水泽雾气。

⑦ 瘴气：我国南方丛林中的湿热之气。瘴，同"瘴"。喑（yīn）：哑。风气：风邪之气。

⑧ 林气：森林中散发出来的湿润而寒凉的气体。癃（lóng）：一种类似瘫痪的疾病。木气：不详。《史记·天官书》正义引此，作"水气多伛"。伛：驼背。

⑨ 岸下气：指岸边潮湿之气。肿：《太平御览·天部》十五引作"尰"。又引高注云："岸下下湿，肿足曰尰。"按：尰（zhǒng），即脚肿之类的疾病。石气：大山区的一种气体。

⑩ 瘿（yǐng）：类似粗脖子病。

⑪ 谷气：深山峡谷中阴冷的气体。痹（bì）：一种类似风湿麻木的病。丘气：丘陵地带的气体。狂：王念孙《读书杂志》："狂"当作"尫"

（wāng）。即今所谓鸡胸。

⑫衍气：指平原洼地一种气体。陵气：山陵之气。

⑬轻土：质地疏松的土壤。利：敏捷。重土：质地板结的土壤。

⑭"故南方"二句：高诱注："西〔南〕方温，故草有不死者。北方寒，故冰有不泮释者。"

⑮"东方"二句：高诱注："东方木德仁，故有君子之国也。西方金，金断割，攻战之事，有形残之尸也。"

⑯土龙：古代天旱时扎制的求雨的工具。代：更替。

⑰"蛤蟹"二句：古人认为，这些水生动物的肥瘦与月相盈亏变化有关。

【原文】

是故坚土人刚，弱土人肥①；垆土人大，沙土人细②；息土人美，耗土人丑③。食水者善游能寒，食土者无心而慧，食木者多力而奰，食草者善走而愚，食叶者有丝而蛾，食肉者勇敢而悍，食气者神明而寿，食谷者知慧而夭，不食者不死而神④。凡人民禽兽万物贞虫，各有以生，或奇或偶，或飞或走，莫知其情，唯知通道者能原本之⑤。

【注释】

①坚土：土质坚硬。弱土：地力弱的土壤。

②垆土：黑土。

③息土：《大戴礼记·易本命》卢辩注："息土，谓沃衍之田。"耗土：贫瘠的土地。

④食水者：指鱼及水鸟之类。食土者：蚯蚓之类。慧：《大戴礼记·易本命》作"不息"。食木者：指熊黑之类。奰（bì）：怒。食草者：指鹿、麋之类。食叶者：指蚕类。食肉者：指虎豹鹰雕之类。食气者：指赤松子等练气的神仙家。一说是龟类。食谷者：指人类。不食者：古代指蓍草，用于占卜。

⑤贞虫：细腰蜂之类。知：《大戴礼记·易本命》无此字。

【原文】

是故白水宜玉，黑水宜砥，青水宜碧，赤水宜丹，黄水宜金，清水宜龟①。汾水濛浊而宜麻，济水通和而宜麦，河水中浊而宜菽，雒水轻利而宜禾，渭水多力而宜黍，汉水重安而宜竹，江水肥仁而宜稻②。平土之人慧而宜五谷③。

【注释】

①砥：质地细的磨刀石。丹：丹砂。

②汾水：源于山西管涔山，入黄河。中浊：《太平御览·百谷部》五引此作"中调"。雒：洛水。渭水：源出甘肃鸟鼠山，进入陕西，入黄河。

③平土：平原，指中原。

【原文】

木胜土，土胜水，水胜火，火胜金，金胜木。故禾春生秋死，菽夏生冬死，麦秋生夏死，荠冬生中夏死①。木壮，水老，火生，金囚，土死②；火壮，木老，土生，水囚，金死；土壮，火老，金生，木囚，水死；金壮，土老，水生，火囚，木死；水壮，金老，木生，土囚，火死。

【注释】

①"故禾"句：高诱注："禾者木，春木王而生，秋金王而死。""菽夏生"句：高诱注："豆，火也。夏火王而生，冬水王而死。""麦秋生"句：高诱注："麦，金也。金王而生，火王而死也。""荠冬生"句：高诱注："荠，水也。水王而生，土王而死也。"按：《说文系传》卷十三引此作"荠冬生夏死"。无"中"字。

②囚：被制服。《天文训》有"生、壮、死"，与此异。

【原文】

音有五声，宫其主也①。色有五章，黄其主也②。味有五变，甘其主也③。位有五材，土其主也④。是故炼土生木，炼木生火，炼火生云，炼云生水，炼水反土⑤；炼甘生酸，炼酸生辛，炼辛生苦，炼苦生咸，炼咸反甘。变宫生徵，变徵生商，变商生羽，变羽生角，变角生宫。是故以水和土，以土和火，以火化金，以金治木，木复反土，五行相治，所以成器用⑥。

【注释】

①五声：宫、商、角、徵、羽。

②五章：红黄黑白蓝。章，指色彩。

③五变：酸苦甘辛咸。

④位：方位，东西南北中。五材：金、木、水、火、土。

⑤炼：冶炼。"是故"五句：《淮南子》中"五行相生"的记载有两种。"水生木"，见《天文训》，此为主流。本文"土生木"，为第二种。

⑥"是故"七句：《地形训》中记载"五行相克"有两种："木胜土"，此为主流，"以水和土"，为第二种。

【原文】

凡海外三十六国，自西北至西南方，有修股民、天民、肃慎民、白民、沃民、女子民、丈夫民、奇股民、一臂民、三身民①。自西南至东南方，结胸民、羽民、讙头国民、裸国民、三苗民、交股民、不死民、穿胸民、反舌民、豕喙民、凿齿民、三头民、脩臂民②。自东南至东北方，有大人国、君子国、黑齿民、玄股民、毛民、劳民③。自东北至西北方，有跂踵民、句婴民、深目民、无肠民、柔利民、一目民、无继民④。

【注释】

①修股民：《说文》："股，髀也。"指大腿。高诱注："股，脚也。"注稍异。天民：《山海经·大荒西经》："西北海之外，赤水之西，有先民之国，食谷，使四鸟。"肃慎民：《山海经·海外西经》："肃慎之国，在白民北，有树名曰雄常，先入伐帝，于此取之。"诸书言肃慎在东北。白民：高诱注："白身民。被发，发亦白。"沃民：《山海经·大荒西经》："有沃之国，沃民是处。沃之野，凤鸟之卵是食，甘露

是饮。"其国土地肥沃。女子民：《山海经·海外西经》："女子国在巫咸北，两女子居，水周之。"丈夫民：《山海经·海外西经》："丈夫国，其为人衣冠带剑。"郭璞注："其国无妇人也。"奇股民：《山海经·海外西经》："奇肱之国在其北，其人一臂三目，有阴有阳，乘文马。"股，与肱异。一臂民：《山海经·海外西经》："一臂国在其北，一臂一目一鼻孔。有黄马虎文，一目而一手。"三身民：高诱注："盖一头有三身。"

②结胸民：《山海经·海外南经》："结匈国，其为人结匈。"指胸部突起。羽民：《山海经·海外南经》："其为人长头，身生羽。"讙（huān）头国民：《山海经·海外南经》："其为人，人面有翼，鸟喙，方捕鱼。"裸国民：《吕氏春秋·求人》高诱注："裸民，不衣衣裳也。"三苗民：高诱注："三苗，国名也。在豫章之彭蠡。"按：在今江西鄱阳湖一带。交股民：《山海经·海外南经》作："交胫国，其为人交胫。"不死民：《山海经·海外南经》："不死民在其东，其为人黑色，寿，不死。"穿胸民：高诱注："胸前穿孔，达背。"反舌民：高诱注："语不可知，而自相晓。一说：舌本在前，不向喉，故曰反舌也。"豕喙（huì）民：高诱注："其喙如豕。"凿齿民：高诱注："吐一齿出口下，长三尺也。"三头民：高诱注："身有三头也。"脩臂民：高诱注："一国民皆长臂，臂长于身也。"

③大人国：高诱注："东南垆土，故大人也。"君子国：《山海经·大荒东经》："有君子之国，其人衣冠带剑。"黑齿民：高诱注："其人黑齿，食稻，啖蛇，在汤谷上。"玄股民：高诱注："其股黑，两鸟夹之，见《山海经》也。"毛民：高诱注："其人体半生毛，若矢镞也。"劳民：《山海经·海外东经》："劳民国在其北，其为人黑。或曰教民。"

④跂踵民：高诱注："民踵不至地，以五指行也。"句婴民：《山海经·海外北经》："拘缨之国在其东，一手把缨。"深目民：《山海经·大荒北经》："有人方食鱼，名曰深目民之国。"无肠民：《山海经·海外北经》："无肠之国，其为人长而无肠。"柔利民：《山海

经·海外北经》："柔利国，为人一手一足，反膝，曲足居上。"一目民：高诱注："目在面中央。"无继民：高诱注："其民盖无嗣也。"

【原文】

江出岷山，东流绝汉入海①。左还北流，至于开母之北②。右还东流，至于东极③。河出积石，睢出荆山，淮出桐柏山，睢出羽山，清漳出褐戾，浊漳出发包，济出王屋，时、泗、沂出臺、台、术，洛出猎山，汶出弗其，流合于济④。汉出嶓冢，泾出薄落之山，渭出鸟鼠同穴，伊出上魏，雒出熊耳，浚出华窍，维出覆舟，汾出燕京，衹出濆熊，淄出目饴，丹水出高褚，股出嶕山，镐出鲜于，凉出茅卢、石梁，汝出猛山，淇出大号，晋出龙山结给，合出封羊，辽出砥石，釜出景，歧出石桥，呼池出鲁平，泥涂渊出樠山，维湿北流出于燕⑤。

【注释】

①岷山：为昆仑山南支巴颜喀拉山的分支，黄河、长江的分水岭。绝：经过。汉：汉水。

②开母：高诱注："开母山，在东海中。"

③东极：东方极远之处。

④睢：刘绩《补注》本作"睢"（jū）。于大成《地形校释》云："睢"当为"睢"，即《水经》之沮水也。按：为今石川河的一部分，源出陕西宜君县。荆山：北条荆山，在今陕西富平县境。桐柏山：在今河南、湖北交界处。睢（suī）：古睢水受浚仪浪荡水，今已堙没。羽山：地望不清。今江苏连云港、山东临沂等皆有"羽山"，与"睢水"不合。清漳：有两源。东源出自今山西昔阳西南，西源出自山西和顺县八赋岭，在左权县汇合。褐（jié）戾：山名。在今山西长治市一带。浊漳：有三源。西源出自山西沁县西北千峰岭；南源出自长子县西南发鸠山；北源出榆社县北。发包：又名发鸠山，为太行山分支。济：济水。分黄河南北两部分。黄河之北部分源出河南济源市西王屋山。王屋：位于今山西阳城、垣曲、河南济源间。时：时水。源出山东临沂西南的乌河。泗：源出山东

泗水县东蒙山。沂：源出山东沂源县鲁山。臺、台、术：高诱注："皆山名。处则未闻也。"洛：指陕西北部大河北洛河。北洛河入渭河。猎山：今山西北部白于山一带。汶：即大汶河。源出山东莱芜市北七十里马耳山。"弗其"：俞樾《诸子平议》疑"弗其"二字，为"马耳"之误。高诱原注中指的是东汶河，误。

⑤汉：西汉水。嶓冢（bō zhǒng）：在今甘肃天水、礼县一带。泾：泾水有两源。北源出甘肃平凉，南源出甘肃华亭县，至泾川合入渭水。薄落之山：又称笄头山。在甘肃平凉西，属崆峒山。渭：源出今甘肃渭源县西北鸟鼠山。鸟鼠同穴：山名。伊：伊水源于河南熊耳山。上魏：高诱注："山名也。处则未闻。"按：当是熊耳山之一峰。雒：今称洛河。源出陕西洛南县，沿熊耳山东南方向入黄河。伊、洛二水分别源于熊耳山两侧。浚：古浚水在今河南开封（古称浚仪）、浚县、濮阳一带，因黄河多次泛滥而埋没。华窍：位置未详。维：潍河。源出今山东五连西南的箕屋山。覆舟：地望未明。一说即箕屋山。汾：汾水源出山西宁武县管涔山。燕京：管涔山。衽（rèn）：未明。濆（fén）熊：未明。淄：淄水源出山东莱芜市鲁山。目馆：地望未明。丹水：高诱注"丹水"，源于今陕西商洛市商州区冢领山。高褚：一名冢领山。股：未明。王念孙《读书杂志》王引之曰："股"疑当为"般"。按：般水出自山东淄博淄川一带。嶕（jiāo）山：未明。镐（hào）：未明。鲜于：未明。凉：未明。茅卢、石梁：未明。汝：汝水上游即今河南北汝河。猛山：在今河南舞阳、汝南一带。淇：淇水出自今河南辉县市淇山。大号：今淇山。晋：晋水源出山西太原市西南悬瓮山，分北、中、南三源，东流入汾河。龙山：一名悬瓮山，又名结绌山。王念孙《读书杂志》王引之曰："结绐"当作"结绌"。《水经·晋水注》曰："《晋书·地道纪》及《十三州志》并言晋水出龙山，一云出结绌山，在晋阳县西北。"合：合水源出陕西合阳北，东南流入黄河。封羊：未明。辽：辽河有两源。东辽河源出吉林东辽县萨哈岭，西辽河上游西拉木伦河源出内蒙古克什克腾旗。砥石：具体地望未明。釜：今滏阳河。源于河北磁县西北釜山。景：景山即釜山。歧：通"岐"，岐水

源出今陕西凤翔一带。石桥：未明。呼池：池、沱上古音声纽、韵部相同，即滹沱河。源出山西繁峙县东之泰戏山。鲁平：地望未明。泥涂渊：水名。地望未明。樠（mán）山：未明。维湿：水名。燕：燕山。

第五卷　时则训

【原文】

孟春之月，招摇指寅，昏参中，旦尾中[1]。其位东方，其日甲乙，盛德在木[2]。其虫鳞，其音角，律中太蔟，其数八，其味酸，其臭羶，其祀户，祭先脾[3]。东风解冻，蛰虫始振苏。鱼上负冰，獭祭鱼，候雁北[4]。

天子衣青衣，乘苍龙，服苍玉，建青旗，食麦与羊，服八风水，爨其燧火[5]。东宫御女青色衣，青采，鼓琴瑟[6]。其兵矛，其畜羊。朝于青阳左个，以出春令[7]。布德施惠，行庆赏，省徭赋。

立春之日，天子亲率三公九卿大夫以迎岁于东郊[8]。修除祠位，币祷鬼神，牺牲用牡[9]。禁伐木，母覆巢杀胎夭，母麛母卵，母聚众置城郭，掩骼薶骴[10]。

【注释】

①招摇：星名，北斗杓端第七星。参：西方"白虎七宿"之一。中：正中南天。尾：东方"苍龙七宿"之一。

②"其位"句：指主宰东方之神太皞之位。

③鳞：指鳞虫。鱼龙之属。角：五音之一，属木。律：律管。中：应。太蔟：高诱注："阴衰阳发，万物太蔟地而生，故曰太蔟。"按：其管长八寸。"其数"句：高诱注："五行数五，木第三，故曰八也。"酸：木味酸。臭：气味。羶：五臭之一，羊的气味。"其祀户"句：高诱注："蛰伏之类始动生，出由户，故祀户。"按：五祀之一。"祭先脾"句：高诱注："脾属土，陈设俎豆，脾在前也。"

④獭（tǎ）：水獭。祭鱼：高诱注："是月之时，獭祭鲤鱼于水边，四面陈之，谓之祭鱼也。"候雁：大雁。北：向北。

⑤苍龙：指八尺以上青色的马。服：佩带。"服八风水"句：高诱注："取铜木（盘）中露水服之，八方风所吹也。"爨（cuàn）：烧火做饭。萁：豆秸。燧：古代取火的工具，即阳燧。

⑥东宫：指东向的宫室。

⑦青阳：明堂。是一种中方外圆，通达四出的建筑。向东出的叫青阳。个：隔。左个，东向堂的北头室。春令：宽和的命令。

⑧率：使。三公：周代以太师、太傅、太保为三公。西汉以丞相、太尉、御史大夫为三公。九卿：秦汉时以奉常、郎中令、卫尉、太仆、廷尉、典客、宗正、治粟内史、少府为九卿。迎岁：指迎春。东郊：郭外八里之地。

⑨祠位：神位。币：圭璧。祷：向鬼神求福。牺牲：古代用于祭祀的牲畜。牡：雄性。

⑩母：同"毋"。天：通"麇（yǎo）"。《尔雅·释兽》："麇，其子麇。"麛（mí）：高诱注："鹿子曰麛。"骼（gé）：骨枯曰骼。薶（mái）：《玉篇》："与埋同。"胔：残骨。

【原文】

孟春行夏令，则风雨不时，草木早落，国乃有恐；行秋令，则其民大疫，飘风暴雨总至，黎莠蓬蒿并兴①；行冬令，则水潦为败，雨霜大雹，首稼不入②。

【注释】

①大疫：指大规模的流行病。飘风：疾风。总：多次。黎：通"藜"。一种野草。莠：狗尾草。蓬：蓬草。蒿：野蒿。

②潦：雨水大。首稼：越冬作物。如麦类。《吕氏春秋·孟春》作"首种"。

【原文】

正月，官司空，其树杨①。

【注释】

①司空：掌管土木工程的官。

【原文】

仲夏之月，招摇指午，昏亢中，旦危中①。其位南方，其日丙丁，其虫羽，其音徵，律中蕤宾，其数七，其味苦，其臭焦，其祀灶，祭先肺②。小暑至，螳螂生，鵙始鸣，反舌无声③。

天子衣赤衣，乘赤骝，服赤玉，载赤旗，食菽与鸡，服八风水，爨柘燧火。南宫御女赤色衣，赤采，吹竽笙。其兵戟，其畜鸡，朝于明堂太庙④。命乐师，修鞀鼙、琴瑟、管箫，调竽篪，饰钟磬，执干戚戈羽⑤。命有司，为民祈祀山川百原，大雩帝，用盛乐⑥。天子以雏尝黍，羞以含桃，先荐寝庙⑦。禁民无刈蓝以染，毋烧灰，毋暴布，门闾无闭，关市无索⑧。挺重囚，益其食⑨。存鳏寡，振死事⑩。游牝别其群，执腾驹，班马政⑪。日短〔长〕至，阴阳争，死生分⑫。君子斋戒，慎身无躁，节声色，薄滋味，百官静，事无径，以定晏阴之所成⑬。鹿角解，蝉始鸣，半夏生，木堇荣⑭。禁民无发火，可以居高明，远眺望，登丘陵，处台榭⑮。

【注释】

①亢：东方"苍龙七宿"之一。危：北方"玄武七宿"之一。

②蕤宾：高诱注："是月阴气蕤蕤在下，像主人也。阴气在上，像宾客也。故曰蕤宾。"

③鵙（jué）：鸟名，又叫伯劳。反舌：高诱注："反舌，百舌鸟也。能辨变其舌，反易其声，以效百鸟之鸣，故谓百舌无声者。"

④明堂太庙：南向堂中央室。

⑤乐师：乐官之长。鞀：有柄的小鼓。鼙（pí）：军鼓。一说骑鼓。篪（chí）：古管乐器。磬：古代石制的敲击乐器。干：盾牌。戚：斧子。羽：舞蹈者指挥乐舞的道具。

189

⑥大雩（yú）：大旱求雨的祭祀。盛乐：指六代之乐。

⑦雓：《吕氏春秋·仲夏》作"雏"。羞：进献。含桃：樱桃。

⑧刈：割。蓝：蓼蓝。可用来染制衣服。暴（pù）：同"曝"。晒。门间：城门、巷道。关：关塞。市：市场。索：指征税。

⑨挺：缓刑。

⑩振：救济。死事：为国死难之事。

⑪执：络马头。驹：马五尺以下为驹。班：告诉。马政：掌马之官。

⑫短：《吕氏春秋·仲夏》作"长"。"短"字误。"日长至"，即夏至。"阴阳争"句：阴气始升，阳气压之，所以叫"争"。"死生分"句：指有的草木生长，而荠、麦、亭历等枯死。分，分别。

⑬径：急速。陈奇猷《吕氏春秋校释》："径，疾也，速也。"晏：平安。阴：微阴。一说晏阴即微阴。阴气将始，故曰微阴。

⑭半夏：药草名。生夏之半，故名。木堇：堇，通"槿"。木名。落叶灌木，夏、秋开红、白或紫红花，朝开暮敛。

⑮台榭：积土四方而高为台，台加屋为榭。

【原文】

仲夏行冬令，则雹霰伤谷，道路不通，暴兵来至[①]；行春令，则五谷不熟，百螣时起，其国乃饥[②]；行秋令，则草木零落，果实蚤成，民殃于疫。

【注释】

①霰（xiàn）：雨雪杂。

②百螣（tè）：蝗类昆虫。

【原文】

五月官相，树榆[①]。

【注释】

①相（xiàng）：辅佐君王的大臣。树榆：刘绩《补注》本作"其树榆"。

【原文】

季秋之月，招摇指戌，昏虚中，旦柳中①。其位西方，其日庚辛，其虫毛，其音商，律中无射②。其数九，其味辛，其臭腥，其祀门，祭先肝。候雁来，宾雀入大水为蛤，菊有黄华，豺乃祭兽戮禽③。

天子衣白衣，乘白骆，服白玉，建白旗，食麻与犬，服八风水，爨柘燧火。西宫御女白色衣，白采，撞白钟，其兵戈，其畜犬。朝于总章右个④。命有司，申严号令，百官贵贱，无不务入，以会天地之藏，无有宣出。乃命冢宰，农事备收，举五谷之要，藏帝籍之收于神仓⑤。是月也，霜始降，百工休。乃命有司曰："寒气总至，民力不堪，其皆入室。"上丁，入学习吹⑥。大飨帝，尝牺牲，合诸侯，制百县，为来岁受朔日，与诸侯所税于民，轻重之法，贡岁之数，以远近土地所宜为度⑦。乃教于田猎，以习五戎⑧。命太仆及七驺，咸驾戴荏，授车以级，皆正设于屏外⑨。司徒搢朴，北向以赞之⑩。天子乃厉服广饰，执弓操矢以猎，命主祠祭禽四方⑪。是月草木黄落，乃伐薪为炭，蛰虫咸俯。乃趋狱刑，无留有罪⑫。收禄秩之不当，供养之不宜者⑬。通路除道，从境始，至国而后已。是月天子乃以犬尝麻，先荐寝庙⑭。

【注释】

①虚：北方"玄武七宿"之一。柳：南方"朱雀七宿"之一。

②无射：高诱注："阴气上升，阳气下降，万物随阳而藏，无射出见也。"

③宾雀：即麻雀。蛤（gé）：水中蚌类，叫蛤蜊。"宾雀入"句：亦见于《大戴礼记·夏小正》等，这是古人的误解。豺：似狗而长尾，黄色。祭兽：高诱注："是月时，豺杀兽，四面陈之，世谓之祭兽。"戮：杀。

④右个：北头室。

⑤冢宰：周代官名。主治万事，辅佐太子。举：建立。要：簿书，账目。帝籍之收：高诱注："天子籍田千亩，故曰帝籍之收。"按：籍，户籍。神仓：所藏财物以供上帝神祇祭祀之用，故谓之神仓。

⑥上丁：指上旬丁日。学：学宫。习：指习礼乐。吹：指学吹笙竽等。

⑦飨：用酒食招待。指飨祭。尝：秋祭。制：规定。朔日：农历每月初一。贡岁：《吕氏春秋·季秋》作"贡职"。

⑧五戎：指五种兵器，即刀、剑、矛、戟、矢。

⑨太仆：田仆，掌管君主猎车的官。《礼记·月令》作"仆"。七驺：《周礼·夏官·序官》为趣马，掌养马之官。天子之马六种，加总主之人，故为七。咸：一同。戴莅：《礼记·月令》作"载旌旐"，《吕氏春秋·季秋》作"载旍旐"。授车：给予猎车。级：等级。正：整齐。屏：本指帝王的门屏。这里指猎场。

⑩司徒：主管教导众人之官。搢：插。朴：通"扑"，马鞭。《礼记·月令》作"扑"。赞：告诫。

⑪厉服：猛厉的服装。广饰：增佩饰物。主祠：掌祭祀的官员。

⑫趋：通"促"，催促。

⑬禄秩：俸禄官爵。不当：高诱注："谓无德受禄也。"不宜：高诱注："不宜谓不孝也。"

⑭麻：《礼记·月令》作"稻"。

【原文】

季秋行夏令，则其国大水，冬藏殃败，民多鼽窒①；行冬令，则国多盗贼，边竟不宁，土地分裂；行春令，则暖风来至，民气解惰，师旅并兴②。

【注释】

①鼽窒（qiú zhì）：鼻塞不通。

②隋：通"堕"或"惰"，怠惰。

【原文】

九月官候，其树槐①。

【注释】

①候：望，指负责守望、侦察的官员。

【原文】

孟冬之月，招摇指亥，昏危中，旦七星中①。其位北方，其日壬癸，盛德在水②。其虫介，其音羽，律中应钟③。其数六，其味咸，其臭腐，其祀井，祭先肾。水始冰，地始冻，雉入大水为蜃，虹藏不见④。

天子衣黑衣，乘玄骊，服玄玉，建玄旗，食黍与彘，服八风水，爨松燧火⑤。北宫御女黑色衣，黑采，击磬石。其兵铩，其畜彘，朝于玄堂左个，以出冬令⑥。命有司，修群禁，禁外徙，闭门闾，大搜客，断罚刑，杀当罪，阿上乱法者诛⑦。

立冬之日，天子亲率三公、九卿、大夫以迎岁于北郊。还，乃赏死事，存孤寡⑧。是月命太祝祷祀神位，占龟策，审卦兆，以察吉凶⑨。于是天子始裘。命百官，谨盖藏；命司徒，行积聚，修城郭，警门闾，修楗闭，慎管籥，固封玺，修边境，完要塞，绝蹊径⑩；饬丧纪，审棺椁衣衾之薄厚，营丘垄之小大高庳，使贵贱卑尊，各有等级⑪。是月也，工师效功，陈祭器，案度呈，坚致为上⑫。工事苦慢，作为淫巧，必行其罪⑬。是月也，大饮蒸，天子祈来年于天宗，大祷祭于公社，毕，飨先祖⑭。劳农夫，以休息之。命将率讲武，律射御，角力劲⑮。乃命水虞渔师，收水泉池泽之赋，毋或侵牟⑯。

【注释】

①危：北方"玄武七宿"之一。七星：南方"朱雀七宿"之一。

②"其位北方"句：高诱注："颛顼之神治北方也。"

③介：甲壳类。龟为之长。羽：五音之一。应钟：高诱注："阴应于阳，转成其功，万物聚成，故曰应钟。"

④雉：野鸡。大水：指淮水。"雉入大水"句：并见《大戴礼记·夏小正》等。此说乃古人误解。蜃（shèn）：大蛤蜊。

⑤玄骊（lí）：黑色的马。

⑥铩（shā）：一种长刃矛。玄堂左个：北向堂西头室。

⑦群禁：多种禁忌。门：城门。闾：里门。"大搜客"句：指搜索各国往来之人，为保密和安全。阿上乱法：高诱注："阿意曲从，取容于

上，以乱法度也。"

⑧死事：为国而牺牲的人。

⑨太祝：掌管祭祀之事。龟策：龟甲、蓍草，皆用以占卜吉凶。卦：占卜用的符号，即卦象。兆：烧灼龟甲而形成的裂纹。

⑩楗：门上的木栓。《礼记·月令》作"键"。闭：穿门栓之孔。管：籥。封玺：印封。绝：《礼记·月令》作"塞"，即断绝义。蹊径：小路。

⑪饬：治理。丧纪：指二十五月所服丧的规定礼数。椁：棺材外面的套棺。衾：被子。营：度量。丘：坟墓。垅：即"垄"，冢。高庳（bēi）：按照规定，尊贵的人坟墓高大，卑贱的人坟墓低小。

⑫工师：掌管百工和官营手工业之官。效：献出。案：察看。呈：通"程"。程，法式。坚致：坚固细密。

⑬苦：粗陋。慢：不牢固。淫巧：过分奇巧。

⑭蒸：冬祭。天宗：高诱注："凡属天上之神，日月星辰皆为天宗也。"祷：祈祷，祈求。公社：高诱注："公社，国社也，后土之祭也。生为上公，死为贵神，故曰公也。"

⑮讲：训练。律：《吕氏春秋·孟冬》作"肄"（yì），高诱注：习也。角力：比武。角，试。

⑯水虞：管理水泽之官。渔师：管理渔业之官。牟（móu）：多取。

【原文】

孟冬行春令，则冻闭不密，地气发泄，民多流亡①；行夏令，则多暴风，方冬不寒，蛰虫复出；行秋令，则雪霜不时，小兵时起，土地侵削。

【注释】

①密：坚密。

【原文】

十月官司马，其树檀①。

①司马：掌管军政和军赋之官。

【原文】

六合：孟春与孟秋为合，仲春与仲秋为合，季春与季秋为合，孟夏与孟冬为合，仲夏与仲冬为合，季夏与季冬为合①。

【注释】

①六合：指一年十二个月中，季节相对应的变化。

第六卷　览冥训

【原文】

夫道者，无私就也，无私去也①；能者有余，拙者不足；顺之者利，逆之者凶。譬如隋侯之珠，和氏之璧，得之者富，失之者贫②。得失之度，深微窈冥，难以知论，不可以辩说也。何以知其然？今夫地黄主属骨，而甘草主生肉之药也③。以其属骨，责其生肉；以其生肉，论其属骨，是犹王孙绰之欲倍偏枯之药，而欲以生殊死之人，亦可谓失论矣④。若夫以火能焦木也，因使销金，则道行矣。若以磁石之能连铁也，而求其引瓦，则难矣。物固不可以轻重论也。

【注释】

①夫：刘绩《补注》本作"天"。就：靠近。去：离开。

②隋侯之珠：春秋时隋国国君曾救活一条受伤的大蛇，后来大蛇从江中衔来一颗明珠报答他。隋，在今湖北随州市。和氏之璧：春秋楚人卞和在山中得一玉璞，献给楚厉王、武王，被认为是石头，而被砍断左、右腿。楚文王时，卞和抱玉璞哭于荆山之下，文王派人治理，果得美玉。见《韩非子·和氏》。

③地黄：药用植物，分鲜生地、生地、熟地多种。《政和本草》："主折跌筋伤中，填骨髓，长肌肉。"甘草：药草名。性平和，味甘，能

和百药。

④王孙绰：鲁人，通医术。一说为周、卫人。偏枯：即半身不遂。此条化自《吕氏春秋·别类》。

【原文】

夫燧之取火于日，磁石之引铁，解之败漆，葵之乡日，虽有明智，弗能然也①。故耳目之察，不足以分物理；心意之论，不足以定是非。故以智为治者，难以持国；唯通于太和，而持自然之应者，为能有之②。故峣山崩而薄落之水涸，区冶生而淳钧之剑成③；纣为无道，左强在侧④；太公并世，故武王之功立⑤。由是观之，利害之路，祸福之门，不可求而得也。

【注释】

①"解之败漆"句：高诱注："以蟹置漆中，则败坏不燥，不任用也。"解，通"蟹"。葵：葵菜，又名冬葵。然：明辨。

②太和：指阴阳变化的和谐。

③峣山：在今陕西蓝田境内。薄落之水：在今河北平乡一带，今已汇入滏阳河。古属漳水一段。区冶：古代越国人，善铸剑。淳钧之剑：古代名剑。

④左强：纣之佞臣。

⑤太公：姜姓，名尚。为周文王师，佐武王灭商，封于齐。

【原文】

今夫赤螭、青虬之游冀州也，天清地定，毒兽不作，飞鸟不骇，入榛薄，食荐梅，嚼味合甘，步不出顷亩之区，而蛇鳝轻之，以为不能与之争于江海之中①。若乃至于玄云之素朝，阴阳交争，降扶风，杂冻雨，扶摇而登之，威动天地，声震海内②，蛇鳝著泥百仞之中，熊罴匍匐丘山礮岩，虎豹袭穴而不敢咆，猿狖颠蹶而失木枝，又况直蛇鳝之类乎③？

凤皇之翔至德也，雷霆不作，风雨不兴，川谷不澹，草木不摇，而燕雀佼之，以为不能与之争于宇宙之间④；还至其曾逝万仞之上，翱翔四海之外，过昆仑之疏圃，饮砥柱之湍濑，遭回蒙汜之渚，尚佯冀州之际，径蹑都广，入日抑节，羽翼弱水，暮宿风穴⑤。当此之时，鸿鹄鸧鹤，莫不惮惊伏窜，注喙江裔，又况直燕雀之类乎⑥！此明于小动之迹，而不知大节之所由者也⑦。

【注释】

①赤螭、青虬：龙类动物。冀州：指今中原一带。骇：吃惊。荐梅：高诱注：“草实也。状如桑椹，其色赤，生江滨也。”噆（zǎn）：衔，咬。合：《道藏》本作“含”。鳝（shàn）：鳝鱼。

②玄云：黑云。素朝：清晨。扶风：疾风。冻雨：暴雨。扶摇：自下盘旋而上，亦即旋风。

③蛇鳝：王念孙《读书杂志》：“蛇”当作“蚖”，“蚖”与“鼋”同。“鳝”与“鼍”同。按：鼋（yuán），即“鳖”。鼍（tuó），即扬子鳄。著：附着。匍匐：伏在地上爬行。嶃（chán）岩：险峻的山势。袭：有躲入义。狖：一种黑色长尾猿。颠蹶：倒下，跌落。

④至德：最好的道德。澹：泛滥。佼：通“姣”，轻侮。宇宙：宇，屋檐。宙，栋梁。

⑤还：郑良树《淮南子斠理》：汉文大成本“还”作“逮”。曾：通“层”，高。逝：飞。砥柱：山名，原在河南三门峡东北黄河中。遭（zhān）回：徘徊往返之意。蒙汜（sì）：日所出之地。渚：小洲。尚佯：安闲徘徊的样子。径：有经过义。蹑（niè）：到达。都广：东南之山名。抑节：指持节徐行。羽翼：濯羽翼。风穴：高诱注：“北方寒风从地出也。”

⑥鸧（cāng）鹤：鹤类。惮（dàn）：害怕。伏窜：潜伏逃窜。注喙（huì）：把嘴插入地里不敢活动。裔：边沿。直：仅仅。

⑦大节：关键性的大事。

【原文】

昔者黄帝治天下，而力牧、太山稽辅之，以治日月之行律，治阴阳之气①；节四时之度，正律历之数；别男女，异雌雄；明上下，等贵贱；使强不掩弱，众不暴寡；人民保命而不夭，岁时熟而不凶；百官正而无私，上下调而无尤②；法令明而不暗，辅佐公而不阿；田者不侵畔，渔者不争隈③；道不拾遗，市不豫贾④；城郭不关，邑无盗贼；鄙旅之人，相让以财⑤；狗彘吐菽粟于路，而无忿争之心。于是日月精明，星辰不失其行；风雨时节，五谷登熟；虎狼不妄噬，鸷鸟不妄搏⑥；凤皇翔于庭，麒麟游于郊⑦；青龙进驾，飞黄伏皂⑧；诸北、儋耳之国，莫不献其贡职，然犹未及虑戏氏之道也⑨。

【注释】

①力牧：黄帝臣。太山稽：黄帝臣。"以治"二句：律，即法度义。《文子·精诚》作"调日月之行，治阴阳之气"，无"律"字。

②尤：责怪，怨恨。

③畔：田界。隈：河道弯曲之处。

④豫：欺骗。

⑤鄙旅：边鄙的行旅之人。

⑥噬（shì）：咬。鸷鸟：凶猛的鸟。如鹰、鹯之类。

⑦翔：止。

⑧青龙：一作苍龙，东方之神。驾：古代帝王车乘。飞黄：传说中神马名。皂（zào）：皁，马槽。

⑨诸北：北极国名。儋（dān）耳：《山海经·大荒北经》："有儋耳之国，任姓，禺号子，食谷。"

【原文】

往古之时，四极废，九州裂，天不兼覆，地不周载①；火爁炎而不灭，水浩洋而不息②；猛兽食颛民，鸷鸟攫老弱③。于是女娲炼五色石以补苍天，断鳌足以立四极，杀黑龙以济冀州，积芦灰以止淫水④。苍天补，四极正；淫水涸，冀州平；狡虫死，颛民生⑤；背方州，抱员天；和春阳夏，杀秋约冬，枕方寝绳⑥。阴阳之所壅沈不通者，窍理之⑦；逆气戾物、伤民厚积者，绝止之⑧。当此之时，卧倨倨，兴眄眄，一自以为马，一自以为牛⑨；其行蹎蹎，其视瞑瞑⑩；侗然皆得其和，莫知所由生⑪；浮游不知所求，魍魉不知所往⑫。当此之时，禽兽蝮蛇，无不匿其爪牙，藏其螫毒，无有攫噬之心。考其功烈，上际九天，下契黄垆⑬；名声被后世，光晖重万物⑭。乘雷车，服驾应龙，骖青虬，援绝瑞，席萝图，黄云络，前白螭，后奔蛇，浮游消摇，道鬼神，登九天，朝帝于灵门，宓穆休于太祖之下⑮。然而不彰其功，不杨其声，隐真人之道，以从天地之固然。何则？道德上通，而智故消灭也⑯。

【注释】

①四极：四方撑天的柱子。兼：尽。周：遍。

②爁（làn）炎：大火延烧的样子。浩洋：浩瀚无涯。

③颛民：善良的人民。攫（jué）：抓取。

④女娲：传说中的人类始祖。鳌：大龟。黑龙：水怪。能兴水危害人。芦灰：芦草烧成的灰。淫水：平地生水。

⑤狡虫：指毒虫猛兽。

⑥阳：通“炀”。火炽热。方：指矩。绳：绳墨。

⑦壅沈：壅滞。窍理：贯通。

⑧逆气：逆乱之气。戾：违背。

⑨倨倨（jù）：无思无虑的样子。眄眄：眼睛斜视的样子。一：有时。以上化自《庄子·应帝王》。

⑩蹎蹎（diān）：安详缓慢的样子。瞑瞑：似明未明的样子。

⑪侗（tóng）然：无知的样子。

⑫浮游：任意游玩。魍魉（wǎng liǎng）：恣意妄行的样子。

⑬功烈：功业。契：刻。黄垆：黄泉下的垆土。

⑭重：《尔雅·释鱼》疏引此作“光辉熏万物”，熏：熏炙。

⑮服驾：王念孙《读书杂志》：“服”下不当有“驾”字。应龙：有翼之龙。骖：在两旁驾车。援：持，执。绝瑞：高诱注：“殊绝之瑞应。”萝图：高诱注：“罗列图籍，以为席蓐。一说：萝图，车上席也。”黄云：黄色云气。络：缠绕。白螭（chī）：白色的龙。奔蛇：能

腾云驾雾的蛇。消摇：自由自在。道：通"导"，引导。宓（mì）穆：安定，平和。太祖：道之大宗。

⑯智故：巧诈。

【原文】

逮至夏桀之时，主暗晦而不明，道澜漫而不修；弃捐五帝之恩刑，推蹶三王之法籍①；是以至德灭而不扬，帝道掩而不兴；举事戾苍天，发号逆四时②；春秋缩其和，天地除其德③；仁君处位而不安，大夫隐道而不言；群臣准上意而怀当，疏骨肉而自容④；邪人参耦比周而阴谋，居君臣父子之间而竞载⑤；骄主而像其意，乱人以成其事⑥。是故君臣乖而不亲，骨肉疏而不附；植社槁而墟裂，容台振而掩覆⑦；犬群嗥而入渊，豕衔蓐而席澳⑧；美人挐首墨面而不容，曼声吞炭内闭而不歌⑨；丧不尽其哀，猎不听其乐；西老折胜，黄神啸吟⑩；飞鸟铩翼，走兽废脚⑪；山无峻干，泽无洼水⑫；狐狸首穴，马牛放失⑬；田无立禾，路无莎薠⑭；金积折廉，璧袭无理⑮；磬龟无腹，蓍策日施⑯。

【注释】

①恩刑：恩化及刑罚。推蹶（jué）：推倒、践踏。三王：指夏禹、商汤、周文王。

②戾：违反。

③缩：藏匿。和：平和之气。除：解除。德：恩德。

④准：望。亦有揣度义。怀：思念。当：适当。自容：自求逢迎献媚。

⑤耦（ǒu）：二人。比周：结党营私。竞载：争逐。

⑥骄主：使君主放纵。像：随。

⑦植社：大夫以下按居住地立社，叫置社。植，与"置"通。槁：枯坏。墟：当为"罅"（xià），隶书之误也。《说文》："罅，裂也。"又"墟，坼也。"按：即裂缝义。容台：行礼容之台。

⑧嗥（háo）：野兽吼叫。蓐（rù）：草垫子。澳：水边。

⑨挐（rú）首：头发与乱草糅合在一起。墨面：用墨色涂面。不容：不

修饰面容。曼声：善唱歌。吞炭：食炭可以使声音变哑。

⑩西老：指西王母。胜：女人头上的首饰。《山海经·西山经》郭璞注："胜，玉胜也。"黄神：指黄帝之神。啸吟：长啸而哀叹。

⑪铩（shā）翼：指羽毛伤残。废脚：指脚残。

⑫峻干：高材。洼水：水坑。

⑬首穴：传说狐狸死时，头朝着巢穴。放失：逃逸。

⑭莎（suō）：野草名，俗名"香附子"。蘋（fán）：草名。

⑮廉：侧边，棱角。袭：积聚。理：通"蠃"（luǒ），指蠃形纹理。

⑯磬：通"罄"（qìng），空。蓍（shī）策：古人用来占卜的蓍草茎。

【原文】

晚世之时，七国异族①；诸侯制法，各殊习俗；纵横间之，举兵而相角②；攻城槛杀，覆高危安；掘坟墓，杨人骸；大冲车，高重京③；除战道，便死路④；犯严敌，残不义；百往一反，名声苟盛也。是故质壮轻足者为甲卒千里之外，家老羸弱凄怆于内；厮徒马圉，䡞车奉饟，道路辽远，霜雪亟集，短褐不完，人羸车弊，泥涂至膝⑤；相携于道，奋首于路，身枕格而死⑥。所谓兼国有地者，伏尸数十万，破车以千百数，伤弓弩矛戟矢石之创者，扶举于路。故世至于枕人头，食人肉，菹人肝，饮人血，甘之于刍豢⑦。故自三代以后者，天下未尝得安其情性，而乐其习俗，保其脩命，天而不夭于人虐也。所以然者何也？诸侯力征，天下〔不〕合而为一家。

【注释】

①晚世：指战国之末。七国：战国七雄：齐、楚、燕、赵、韩、魏、秦。

②纵横：苏秦合纵，张仪连横。间：离间。角：较量。

③冲车：古代攻城用的战车。"重京"：有二说：一指高重垒。垒，城垒。二指京观、京台。其义相近。

④除：修整。

⑤厮徒：厮役。干粗活的奴隶。马围：养马的人。辗：推。饷：粮饷。弊：破败。

⑥奋首：仰头。格：通"辂"，绑在车辕上用来牵引车子的横木。

⑦菹：肉酱。

【原文】

逮至当今之时，天子在上位，持以道德，辅以仁义，近者献其智，远者怀其德；拱揖指麾，而四海宾服[1]；春秋冬夏，皆献其贡职；天下混而为一，子孙相代，此五帝之所以迎天德也[2]。

【注释】

①拱揖（yī）指麾（huī）：从容安舒，指挥若定。

②混：同。

【原文】

夫圣人者，不能生时，时至而弗失也。辅佐有能，黜谗佞之端，息巧辩之说；除削刻之法，去烦苛之事；屏流言之迹，塞朋党之门；消知能，脩太常；隳枝体，绌聪明[1]；大通混冥，解意释神，漠然若无魂魄，使万物各复归其根，则是所脩伏牺氏之迹，而反五帝之道也[2]。

【注释】

①隳（huī）：毁坏。枝：通"肢"。绌：通"黜"（chù），贬退。

②大通：全部通达。混冥：混沌初分的状态。

【原文】

夫钳且、大丙，不施辔衔，而以善御闻于天下；伏戏、女娲，不设法度，而以至德遗于后世，何则？至虚无纯一，而不喋喋苟事也[1]。《周书》曰："掩雉不得，更顺其风[2]。"今若夫申、韩、商鞅之为治也，持拔其根，芜弃其本，而不穷究其所由生，何以至此也，凿五刑，为刻削，乃背道德之本，而争于锥刀之末，斩艾百姓，殚尽太半，而忻忻然常自以为治，是犹抱薪而救火，凿窦而出水③。夫井植生梓而不容瓮，沟植生条而不容舟，不过三月必死④。所以然者何也？皆狂生而无其本者也。河九折注于海，而流不绝者，昆仑之输也⑤。潦水不泄，瀇瀁极望，旬月不雨，则涸而枯泽，受翼而无源者⑥。譬若羿请不死之药于西王母，恒娥窃以奔月，怅然有丧，无以续之⑦。何则？不知不死之药所由生也。是故乞火不若取燧，寄汲不若凿井⑧。

【注释】

①纯一：纯粹，一致。嚘喋（zá dié）：深算。

②《周书》：《尚书》组成部分，记载周代史实。"掩雉"二句：高诱注："言掩雉虽不得，当更从其上风，顺其道理也。"按：此二句不见今本《尚书》。掩：袭取。

③申：战国法家申不害。韩：战国法家韩非子。商鞅：战国法家，曾在秦国主持变法。挬（bó）：拔。五刑：先秦以墨、劓（yì）、荆（fèi）、宫、大辟为五刑。艾：通"刈"，指斩杀。殚（dān）：极尽。忻忻然：自鸣得意的样子。出：王念孙《读书杂志》："出"当为"止"，字之误也。

④梓：王念孙《读书杂志》："梓"当为"棒"（niè），"棒为伐木更生之名"。

⑤九折：多次曲折。

⑥瀇瀁（wǎng yàng）：汪洋，水势广阔无涯的样子。翼：通"潩"，水潦积聚。

⑦羿：后羿，古代善射者。恒娥：《初学记》引许慎注作"常娥"，奔月为月精。怅然：失意的样子。

⑧乞火：求取火种。

第七卷　精神训

【原文】

古未有天地之时，惟像无形。窈窈冥冥，芒芠漠闵；澒濛鸿洞，莫知其门。有二神混生，经天营地，孔乎莫知其所终极，滔乎莫知其所止息①。于是乃别为阴阳，离为八极；刚柔相成，万物乃形；烦气为虫，精气为人②。是故精神，天之有也；而骨骸者，地之有也。精神入其门，而骨骸反其根，我尚何存？是故圣人法天顺情，不拘于俗，不诱于人③。以天为父，以地为母；阴阳为纲，四时为纪；天静以清，地定以宁，万物失之者死，法之者生。

【注释】

①二神：指阴、阳之神。混生：一起产生。经、营：指营造。孔乎：深远的样子。滔乎：广大的样子。

②烦气：混杂之气。精气：指元气中精微细致的部分，是生命的根源。

③法天顺情：《文子·九守》作"法天顺地"。

【原文】

夫精神者，所受于天也；而形体者，所禀于地也①。故曰："一生二，二生三，三生万物②。万物背阴而抱阳，冲气以为和③。"故曰一月而膏，二月而胅，三月而胎，四月而肌，五月而筋，六月而骨，七月而成，八月而动，九月而躁，十月而生④。形体以成，五藏乃形。是故肺主目，肾主鼻，胆主口，肝主耳。外为表而内为里，开闭张歙，各有经纪⑤。故头之圆也象天，足之方也象地。〔天〕有四时、五行、九解、三百六十六日，人亦有四支、五藏、九窍、三百六十六节⑥。天有风雨寒暑，人亦有取与喜怒。故胆为云，肺为气，肝为风，肾为雨，脾为雷，以与天地相参也，而心之为主⑦。是故耳目者，日月也；血气者，风雨也。日中有蹲乌，而月中有蟾蜍⑧。日月失其行，薄蚀无光⑨；风雨非其时，毁折生灾；五星失其行，州国受殃⑩。

【注释】

①禀：施予。

②"一生二"几句：高诱注："一谓道也，二曰神明也，三曰和气也。或说一者元气也；生二者，乾坤也；二生三，三生万物。天地设位，阴阳通流，万物乃生。"按：语见《老子》四十二章。

③"万物"二句：高诱注："万物以背为阴，以腹为阳，身中空虚，和气所行。"按：冲，通"盅"，虚。

④膏：黏稠状的物质。胅（dié）：肿大。胎：《说文》："妇孕三月也。"

⑤歙（xī）：和合。经纪：指纲常、法度。

⑥"有四时"句：刘绩《补注》本有"天"字。四时：四季。五行：指金木水火土。九解：高诱注："谓九十为一解也。一说：九解，六一之所解合也。一说：八方中央，故曰九解也。"三百六十六日，三百六十六节：《文子·九守》作"三百六十日""三百六十节"。

⑦参：配合。以上数句载于《韩非子·解老》等。

⑧蹲乌：三足乌，疑日中黑子之形象。蟾蜍（chán chú）：虾蟆。

⑨薄蚀：日月相掩映，失其光泽。薄（bó）：迫。蚀：通"食"，即今日食。

⑩"五星"句：高诱注："五星，荧惑、太白、岁星、辰星、镇星也。今荧犯角、亢，则州国受其殃也。"

【原文】

夫天地之道，至纮以大，尚犹节其章光，变其神明，人之耳目曷能久熏劳而不息乎①？精神何能久驰骋而不既乎？是故血气者，人之华也；而五藏者，人之精也。夫血气能专于五藏而不外越，则胸腹充而嗜欲省矣。胸腹充而嗜欲省，则耳目清、听视达矣。耳目清、听视达，谓之明。五藏能属于心而无乖，则教志胜而行不僻矣。教志胜而行之不僻，则精神盛而气不散矣。精神盛而气不散则理，理则均，均则通，通则神，神则以视无不见，以听无不闻也，以为无不成也。是故忧患不能入也，而邪气不能袭。故事有求之于四海之外而不能遇，或守之于形骸之内而不见也。故所求多者所得少，所见大者所知小。

【注释】

①纮：通"宏"，宏大。章光：光明。变：《道藏》本作"爱"。曷：何。熏劳：过度忧劳。息：止。

【原文】

夫孔窍者，精神之户牖也；而气志者，五藏之使候也①。耳目淫于声色之乐，则五藏摇动而不定矣。五藏摇动而不定，则血气滔荡而不休矣②。血气滔荡而不休，则精神驰骋于外而不守矣。精神驰骋于外而不守，则祸福之至，虽如丘山，无由识之矣。使耳目精明玄达而无诱慕，气志虚静恬愉而省嗜欲，五藏定宁充盈而不泄，精神内守形骸而不外越，则望于往世之前，而视于来事之后，犹未足为也，岂直祸福之间哉！故曰："其出弥远者，其知弥少。"以言夫精神之不可使外淫也③。是故五色乱目，使目不明；五声哗耳，使耳不聪；五味乱口，使口爽伤④；趣舍滑心，使行飞扬⑤。此四者，天下之所养性也，然皆人累也。故曰：嗜欲者，使人之气越；而好憎者，使人之心劳。弗疾去，则志气日耗。夫人之所以不能终其寿命，而中道夭于刑戮者，何也？以其生生之厚⑥。夫惟能无以生为者，则所以脩得生也⑦。

【注释】

①"气志"：《文子·九守》作"血气"。使候：使者和斥候，即出使瞭望义。此数句，本自《韩非子·喻老》。

②滔荡：激荡。

③外淫：过分向外散发。

④爽：伤，病。

⑤趣舍：取舍，进退。滑：乱。滑心，扰乱心境。行：《文子·九守》作"性"。飞扬：不从轨道。以上几句见于《庄子·天地》。

⑥生生：养生。

⑦无以生为：不把生活享受作为追求目标。"脩得生"：长久得到养生。《文子·九守》作"得长生"。

【原文】

若吹呴呼吸，吐故内新，熊经鸟伸，凫浴猿躩，鸱视虎顾，是养形之人也，不以滑心①。

【注释】

①吹呴：张口出气。吐故：吐出体内混浊的空气。内（nà）新：吸进新鲜的空气。熊经：像熊一样悬吊在树上。鸟伸：像鸟一样伸展身体。凫（fú）浴：像野鸭浴水一样。猿躩（jué）：像猿猴一样跳跃。鸱（chī）视：像鸱鸟一样环视。虎顾：像虎一样回头看。

【原文】

人之所以乐为人主者，以其穷耳目之欲，而适躬体之便也①。今高台层榭，人之所丽也，而尧朴桷不斫，素题不枅②；珍怪奇味，人之所美也，而尧粝粢之饭，藜藿之羹③；文绣狐白，人之所好也，而尧布衣掩形，鹿裘御寒④。养性之具不加厚，而增之以任重之忧，故举天下而传之于舜，若解重负然，非直辞让，诚无以为也⑤。此轻天下之具也。

【注释】

①人主：指国君。穷：穷尽。适：适合。躬体：自己身体。

②台榭（xiè）：四方而高为台，台上亭阁为榭。朴：未加工的木材。桷（jué）：方椽子。素题：不加彩饰。题，端。枅（jī）：柱上横木。

③粝（lì）：粗米。粢（zī）：谷物。藜：一种草本植物。藿：豆叶。

④文绣：绣画的锦帛。狐白：狐腋下之皮，其毛纯白色。布衣：指藤、麻、葛纤维织成的布。鹿裘：鹿皮制的皮衣。

⑤养性：保养其生命。具：指衣食之物。任重：指国家大事。传：禅让。直：只。辞让：谦让。

【原文】

晏子与崔杼盟，临死地而不易其义①；殖、华将战而死，莒君厚赂而止之，不改其行②。故晏子可迫以仁，不可劫以兵；殖、华可止以义，而不可县以利③；君子义死而不可以富贵留也，义为而不可以死亡恐也。彼则直为义耳，而尚犹不拘于物，又况无为者矣。

【注释】

①晏子：春秋时齐国著名政治家，仕灵公、庄公、景公三世。崔杼：春秋齐大夫，杀庄公，而立景公。

②殖、华：杞（qǐ）殖和华周二人，齐国勇士。齐庄公四年，为君袭莒，殖、华二人进抵莒（jǔ）郊，被俘，不屈而死。

③县：吴承仕《淮南旧注校理》：疑当作"县，眩也"，即眩惑义。

【原文】

尧不以有天下为贵，故授舜；公子扎不以有国为尊，故让位①；子罕不以玉为富，故不受宝②；务光不以生害义，故自投于渊③。

【注释】

①扎：公子扎，即季札。春秋时吴王诸樊之弟，多次辞让君位。

②子罕：春秋宋人。叫司城乐喜。宋之司空。"故不受宝"句：有人把玉献给子罕，子罕不受，说："我以不贪为宝。"

③务光：汤伐桀，夺取了帝位，恐天下议论，便让位于务光。务光负石投渊而死。

【原文】

由此观之，至贵不待爵，至富不待财。天下至大矣，而以与佗人也；身至亲矣，而弃之渊；外此其余无足利矣。此之谓无累之人①。无累之人，不以天下为贵矣。

【注释】

①无累之人：没有任何牵累之人。

【原文】

上观至人之论，深原道德之意，以下考世俗之行，乃足羞也。故通许由之意，《金縢》《豹韬》废矣①；延陵季子不受吴国，而讼间田者惭矣②；子罕不利宝玉，而争券契者愧矣；务光不污于世，而贪利偷生者闷矣。故不观大义者，不知生之不足贪也；不闻大言者，不知天下之不足利也。

【注释】

①许由：相传尧要把天下传给他，他逃往箕山。又请他做九州长，他认为玷污了自己，到颍水边洗耳朵。《金縢》：《尚书》篇名。武王疾，周公祷于三王，愿以身代。史官纳其祝策于金縢匮中。《豹韬》：古代兵书。传吕尚著《六韬》，其中有《豹韬》八篇。

②间田：古代封建以土地封国，封余之地为闲田。讼间田者：高诱注："虞、芮及暴桓公、苏信公是也。"

【原文】

今夫穷鄙之社也，叩盆拊瓴，相和而歌，自以为乐矣①。尝试为之击建鼓，撞巨钟，乃性仍仍然知其盆瓴之足羞也②。藏《诗》《书》，脩文学，而不知至论之旨，则拊盆叩瓴之徒也。夫以天下为者，学之建鼓也。

【注释】

①穷鄙：穷巷。社：土地之神的神主。拊（fǔ）：拍，敲。瓴：一种盛水罐子。和：应和。

②建鼓：古代大型乐器，流行于战国初期。乃性：王念孙《读书杂志》云："性"字义不可通，"性"当为"始"。乃始犹言然后也。仍仍

然：不得志的样子。

【原文】

人大怒破阴，大喜坠阳；大忧内崩，大怖生狂；除秽去累，漠若未始出其宗，乃为大通。清目而不以视，静耳而不以听；钳口而不以言，委心而不以虑①；弃聪明而反太素，休精神而弃知故；觉而若昧，以生而若死；终则反本未生之时，而与化为一体，死之舆生，一体也②。

【注释】

①钳口：闭口。委心：听任本心的自然。

②化：造化。舆：《道藏》本作"与"。舆、与古通用。一体也：于鬯《香草续校书》："体"当作"实"，上文可例。

【原文】

越人得髯蛇，以为上肴，中国得而弃之无用①。故知其无所用，贪者能辞之；不知其无所用，廉者不能让也。夫人主之所以残亡其国家，损弃其社稷，身死于人手，为天下笑，未尝非为非欲也②。夫仇由贪大钟之赂，而亡其国③；虞君利垂棘之璧，而擒其身④；献公艳骊姬之美，而乱四世⑤；桓公甘易牙之和，而不以时葬⑥；胡王淫女乐之娱，而亡上地⑦。使此五君者，适情辞余，以己为度，不随物而动，岂有此大患哉⑧？

【注释】

①髯（rán）蛇：大蛇，长数丈。

②损：王念孙《读书杂志》：社稷可言弃，不可言损，"损"当为"捐"字之误。按：捐弃，抛弃。

③仇由：春秋时狄国国君。

④虞君：春秋时虞国国君。

⑤献公：春秋晋君。骊姬：春秋骊戎氏之女，献公夺而立为夫人。

⑥桓公：春秋齐君，为五霸之一。易牙：桓公宠幸近臣，善调味，以其子为肉羹献桓公。

⑦胡王：春秋时西戎之君。

⑧适情：节制情欲。余：指多余的奢欲。

第八卷　本经训

【原文】

太清之治也，和顺以寂漠，质真而素朴，闲静而不躁，推移而无故，在内而合乎道，出外而调于义①。发动而成于文，行快而便于物②。其言略而循理，其行倪而顺情③。其心愉而不伪，其事素而不饰。是以不择时日，不占卦兆，不谋所始，不议所终。安则止，激则行。通体于天地，同精于阴阳。一和于四时，明照于日月，与造化者相雌雄。是以天覆以德，地载以乐④。四时不失其叙，风雨不降其虐⑤。日月淑清而扬光，五星循轨而不失其行⑥。当此之时，玄元至砀而运照，凤麟至，蓍龟兆，甘露下，竹实满，流黄出而朱草生，机械诈伪，莫藏于心⑦。

【注释】

①太清：高诱注："无为之始者，谓三皇之时。"和顺：指不逆天暴物。寂漠：指不侵扰百姓。质真：指本性不变。素朴：指精气不泄散。闲静：指无欲。躁：烦扰。故：常法。

②发动：行动举止。文：文采。行快：行动疾速。便：便利。

③倪：简易。

④乐：生。

⑤虐：灾害。

⑥淑：美好。

⑦玄：天。元：气。至砀：最大。运：遍。甘露：甘美的雨露。竹实：竹子所结的果实，状如小麦，又名竹米。满：刘典爵《淮南子韵谱》："满"原作"盈"，"盈"与下文"生"为韵。今作"满"者，盖避讳改。流黄：硫黄，炼丹原料。朱草：一种红色的草，可作染料，被称为瑞草。

【原文】

天地之合和，阴阳之陶化万物，皆乘人气者也。是故上下离心，气乃上蒸；君臣不和，五谷不为①。距日冬至四十六日，天含和而未降，地怀气而未杨，阴阳储与，呼吸浸潭，包裹风俗，斟酌万殊，

旁薄众宜，以相呕咐酝酿，而成育群生②。是故春肃秋荣，冬雷夏霜，皆贼气之所生。由此观之，天地宇宙，一人之身也；六合之内，一人之制也③。是故明于性者，天地不能胁也④；审于符者，怪物不能惑也。故圣人者，由近知远，而万殊为〔一〕。古之人同气于天地，与一世而优游。当此之时，无庆贺之利、刑罚之威，礼义廉耻不设，诽誉仁鄙不立，而万民莫相侵欺暴虐，犹在于混冥之中。

【注释】

①为：成熟。

②"距日冬至"句：指从立冬经小雪、大雪到冬至，共四十六天。杨：通"扬"。上扬。储与：徘徊不定的样子。又可释为"积聚"。浸潭：滋润漫衍之义。斟酌：反复衡量、选择义。旁薄：有充满、混同义。众宜：众物宜适。呕咐（ǒu fù）：抚育，培养。酝酿：和调。

③制：《文子·下德》正作"一人之形"。

④胁：《玉篇》："音协。财也。"《道藏》本作"脅"，疑"胁"通"脅"，即胁迫义。

【原文】

夫仁者，所以救争也①；义者，所以救失也；礼者，所以救淫也；乐者，所以救忧也。神明定于天下，而心反其初；心反其初，而民性善；民性善而天地阴阳从而包之，则财足；财足而人赡矣，贪鄙忿争不得生焉②。由此观之，则仁义不用矣。道德定于天下而民纯朴，则目不营于色，耳不淫于声，坐俳而歌谣，被发而浮游，虽有毛嫱、西施之色，不知悦也③；《掉羽》《武象》，不知乐也④；淫泆无别，不得生焉⑤。由此观之，礼乐不用也。是故德衰然后仁生，行沮然后义立，和失然后声调，礼淫然后容

饰。是故知神明，然后知道德之不足为也；知道德，然后知仁义之不足行也；知仁义，然后知礼乐之不足脩也。今背其本而求于末，释其要而索之于详，未可与言至也。

【注释】

①救：制止。

②瞻：安静。

③俳：杂戏。

④《掉羽》：翟羽，以雉羽舞蹈。《武象》：周武王克殷之后所作乐名。

⑤淫泆：纵欲放荡。

【原文】

昔者苍颉作书，而天雨粟，鬼夜哭①；伯益作井，而龙登玄云，神栖昆仑②。能愈多而德愈薄矣。故周鼎著倕，使衔其指，以明大巧之不可为也③。

【注释】

①苍颉：传说中黄帝史官，见鸟兽之迹而创造文字。"昔者"三句：高诱注："苍颉始视鸟迹之文，造书契，则诈伪萌生。诈伪萌生则去本趋末，弃耕作之业而务锥刀之利。天知其将饿，故为雨粟。鬼恐为书文所劾，故夜哭也。"

②伯益：舜时人，曾发明凿井。"伯益作井"三句：高诱注："伯益佐舜，初作井，凿地而求水，龙知将决川谷，漉陂池，恐见害，故登云而去，樓其神于昆仑之山也。"

③周鼎：周人铸的鼎。上有倕像，衔着自己的手指，说明奇巧之事不可做。倕：尧时巧匠。

【原文】

昔容成氏之时，道路雁行列处，托婴儿于巢上，置余粮于亩首，虎豹可尾，虺蛇可蹍，而不知其所由然①。逮至尧之时，十日并出，焦禾稼，杀草木，而民无所食②；猰貐、凿齿、九婴、大风、封豨、修蛇，皆为民害③。尧乃使羿诛凿齿于畴华之野，杀九婴于凶水之上，缴大风于青丘之泽，上射十日而下杀猰貐，断修蛇于洞庭，禽封豨于桑林，万民皆喜，置尧以为天子④。于是天下广陕、险易、远近，始有道里⑤。

【注释】

①容成氏：古帝名。一说黄帝臣。《汉书·艺文志》"阴阳家"有《容成子》十四篇。雁行：谓相次而行，如群雁飞行之有行列。列处：并列而处。亩首：田头。尾：牵尾巴。虺（huǐ）蛇：毒蛇。蹍：压平。

②十日：传说中十个太阳轮流出现。

③猰貐（yà yǔ）：传说中一种食人凶兽。凿齿：半人半兽的怪物，齿长三尺，其状如齿。九婴：一种有九个脑袋的水火之怪。大风：一种凶猛的大鸟，飞后能兴起大风，又叫风伯。封豨（xī）：大野猪。修蛇：大而长的蟒蛇，能把象吞掉，三年才吐骨头。

④畴华：南方大泽名。凶水：北狄之地有凶水。缴（zhuó）：一种带绳的箭。青丘：东方之泽名。洞庭：南方泽名，即今洞庭湖。禽：通"擒"。桑林：高诱注："汤所祷旱桑山之林。"

⑤陕：同"狭"，狭窄。

【原文】

舜之时，共工振滔洪水，以薄空桑①。龙门未开，吕梁未发，江、淮通流，四海溟涬，民皆上丘陵，赴树木②。舜乃使禹疏三江五湖，辟伊阙，导瀍、涧，平通沟陆，流注东海③。鸿水漏，九州干，万民皆宁其性。是以称尧、舜以为圣。

【注释】

①滔：激荡。薄：迫近。空桑：古山名，在鲁国。传为孔子出生地。今名空窦，在曲阜南。

②龙门：山名，在今山西、陕西境内，跨黄河两岸，形如门阙。吕

梁：在今江苏铜山境，已埋。通流：贯通混流。四海：指天下各地。溟涬（míng xìng）：水势盛大，混混茫茫没有边界。

③三江：三江所指，分歧颇多。这里指长江流域众多的水道。五湖：指江淮流域五大湖泊。辟：开通。伊阙：古山名，在洛阳西南九十里。瀍、涧：二水名。沟陆：水沟、道路。

④鸿水：洪水；鸿，通"洪"。漏：排泄。以上化自《吕氏春秋·爱类》。

【原文】

晚世之时，帝有桀、纣。〔桀〕为璇室、瑶台、象廊、玉床[1]。纣为肉圃、酒池，燎焚天下之财，罢苦万民之力[2]。剖谏者，剔孕妇，攘天下，虐百姓[3]。于是汤乃以革车三百乘，伐桀于南巢，放之夏台[4]。武王甲卒三千，破纣牧野，杀之于宣室[5]。天下宁定，百姓和集，是以称汤、武之贤[6]。由此观之，有贤圣之名者，必遭乱世之患也。

【注释】

①"为璇室"句：王念孙《读书杂志》："为璇室"上脱"桀"字。璇（xuán）室，即用玄玉饰其室。瑶：美玉名。

②肉圃、酒池：积酒肉为园圃、渊池。今河南淇县西有糟丘，即酒池之处。罢：通"疲"，疲苦。

③"剖谏者"二句：高诱注："王子比干，纣之诸父也。数谏纣之不道，纣剖其心而观之，故曰剖谏者。孕妇，妊身将就草之妇也。纣解剔观其胞裹，故曰剔孕妇也。"剖：剖开。剔：分解骨肉。攘：侵夺。

④革车：兵车。南巢：今安徽巢湖西南。夏台：大台，监狱名。在今河南禹州西。

⑤牧野：在今河南淇县西南。宣室：朝歌城外宫殿名。一说监狱名。

⑥和集：和谐安定。

【原文】

帝者体太一，王者法阴阳，霸者则四时，君者用六律①。

秉太一者，牢笼天地，弹压山川；含吐阴阳，伸曳四时②；纪纲八极，经纬六合；覆露照导，普氾无私③；蠉飞蠕动，莫不仰德而生。

阴阳者，承天地之和，形万殊之体；含气化物，以成垺类④；赢缩卷舒，沦于不测⑤；终始虚满，转于无原。

四时者，春生夏长，秋收冬藏；取予有节，出入有时；开阖张歙，不失其叙；喜怒刚柔，不离其理。

六律者，生之与杀也，实之与罚也，予之与夺也，非此无道也⑥。故谨于权衡准绳，审乎轻重，足以治其境内矣。

【注释】

①体：效法。太一：北极神之别名。整个天体似围绕北极而转动。霸：诸侯中的霸主。则：法则。六律：生杀、赏罚、予夺。

②伸曳：牵引和调之义。

③覆露：荫庇，沾润义。照导：照耀，引导。普氾：普遍。

④垺：形。

⑤赢缩：伸缩，进退；赢，通"赢"，长。卷舒：卷曲，舒展。沦：进入，隐没。

⑥实：《道藏》本作"赏"。予：布施，给予。夺：收取。

【原文】

夫声色五味，远国珍怪，瑰异奇物，足以变易心志，摇荡精神，感动血气者，不可胜计也。夫天地之生财也，本不过五。圣人节五行，则治不荒。凡人之性，心和欲得则乐，乐斯动，动斯蹈，蹈斯荡，荡斯歌，歌斯舞，歌舞节则禽兽跳矣。人之性，心有忧丧则悲，悲则哀，哀斯愤，愤斯怒，怒斯动，动则手足不静。人之性，有浸犯则怒，怒则血充，血充则气激，气激则发怒，发怒则有所释憾矣①。故钟鼓管箫，干戚羽旄，所以饰喜也②；衰绖苴杖，哭踊有节，所以饰哀也③；兵革羽旄，金鼓斧钺，所以饰怒也。必有其质，乃为之文。

【注释】

①浸：《道藏》本作"侵"。侵犯，侵凌，冒犯。释：解除、消释义。憾：恨。

②干戚：斧钺。

③衰：通"缞"（cuī）。古代丧服，用麻布制成，披在胸前。绖（dié）：用麻做的丧带，系在腰或头上。苴（jū）杖：古代居父母丧时所用的竹杖。哭踊：丧礼的仪式；踊，跳。

【原文】

古者圣王在上，政教平，仁爱洽①；上下同心，君臣辑睦；衣食有余，家给人足；父慈子孝，兄良弟顺；生者不怨，死者不恨；天下和（治）（洽），人得其愿。夫人相乐无所发觊，故圣人为之作乐以和节之②。

末世之政，田渔重税，关市急征，泽梁毕禁，网罟无所布，耒耨无所设，民力竭于徭役，财殚于会赋③；居者无食，行者无粮；老者不养，死者不葬；赘妻鬻子，以给上求，犹弗能赡④；愚夫惷妇，皆有流连之心，凄怆之志⑤。乃使始为之撞大钟、击鸣鼓、吹竽笙、弹琴瑟，失乐之本矣⑥。

【注释】

①洽：广博，普遍。

②觊（kuàng）：赐予，加惠。

③关市：关卡、市场。耜：《道藏》本作"耜"（sì）。"财殚（dān）"句："财"下脱"用"字。《群书治要》有。会赋：会，计算。计算人口数量收取赋税。

④赘：抵押。鬻（yù）：卖。

⑤流连：离散，流离。凄怆：悲怆。

⑥"乃使始"句：王念孙《读书杂志》："乃始"二字之间，不当有"使"字。

第九卷 主术训

【原文】

人主之术，处无为之事，而行不言之教①；清静而不动，一度而不摇；因循而任下，责成而不劳。是故心知规而师傅谕导，口能言而行人称辞，足能行而相者先导，耳能听而执正进谏②。是故虑无失策，谋无过事③；言为文章，行为仪表于天下④；进退应时，动静循理；不为丑美好憎，不为赏罚喜怒⑤；名各自名，类各自类，事犹自然，莫出于己。故古之王者，冕而前旒，所以蔽明也⑥；黈（续）［纩］塞耳，所以掩聪⑦；天子外屏，所以自障⑧。故所理者远，则所在者迩⑨；所治者大，则所守者少⑩。夫目妄视则淫，耳妄听则惑，口妄言则乱。夫三关者，不可不慎守也。若欲规之，乃是离之；若欲饰之，乃是贼之⑪。

【注释】

①术：君主统治的手段和策略。

②规：法度。师：指太师。周代三公之一。傅：指太傅，周代三公之一。谕导：劝谕，引导。行人：《周礼·秋官》有行人之官，掌朝觐聘问。称辞：陈说。相者：指赞礼的人。执正：主持政务之人。正，通"政"。谏：高诱注："或作谋也。"

③谋：王念孙《读书杂志》："谋"本作"举"，"举"犹"动"也。《群书治要》引此，正作"举无过事"。过：失误。

④文章：指礼乐法度。"行为仪表于天下"：《文子·自然》作"行为仪表"。

⑤"不为"二句：《文子·自然》作："美丑不好憎，赏罚不喜怒。"

⑥"故古之王者"三句：高诱注："冕，王者冠也。前旒（liú），前后垂珠饰遂筵也。下自目，故曰'蔽明'也。天子玉县十二，公侯挂珠九，卿点珠六，伯子各应随其命数也。"

⑦黈纩（tǒu kuàng）：纩，《道藏》本作"纩"，当是。黈纩，即黄绵。古之冕制，用大如丸的黄绵，悬于冕之两旁，以示不听无益之言。

⑧外屏：皇帝的门屏。屏是对着门的小墙，后称照壁。

⑨在：察。迩（ěr）：近。

⑩少：王念孙《读书杂志》："少"当作"小"，字之误也。

⑪贼：败坏。

【原文】

昔者神农之治天下也，神不驰于胸中，智不出于四域，怀其仁成之心①；甘雨时降，五谷蕃植②；春生夏长，秋收冬藏；月省时考，岁终献功③；以时尝谷，祀于明堂。明堂之制，有盖而无四方；风雨不能袭，寒暑不能伤；迁延而入之，养民以公④。其民朴重端悫，不忿争而财足，不劳形而功成，因天地之资，而与之和同⑤。是故威厉而不杀，刑错而不用，法省而不烦，故其化如神⑥。其地南至交阯，北至幽都，东至汤谷，西至三危，莫不听从⑦。当此之时，法宽刑缓，囹圄空虚，而天下一俗，莫怀奸心。

【注释】

①"神不"句：高诱注："言释神安静，不躁动也。"

②"甘雨时降"句：《文子·精诚》作"甘雨以时"。甘雨，适宜农事的雨水。植：生长。

③月省时考：每月按时查看考察。献功：奉献收成。

④迁延：逍遥自在。

⑤朴重：敦厚，庄重。端悫（què）：端正，诚笃。资：资助，供给。"功成"：杨树达《淮南子证闻》："功成"当作"成功"。和同：见于《老子》五十六章："和其光，同其尘。"即混同他们的品德光彩，统一他们的行动尘迹。

⑥不杀：王念孙《读书杂志》："杀"本作"试"。不试犹不用也。刑错：指无人犯法，刑法搁置不用。错，通"措"，放置。烦：繁多。其

化如神：《文子·精诚》作"教化如神"。

⑦交阯：泛指两广以南和越南北部一带。幽都：指北方山名。汤谷：日出之处。三危：山名。在甘肃敦煌南。

【原文】

蘧伯玉为相，子贡往观之，曰："何以治国①？"曰："以弗治治之②。"简子欲伐卫，使史黯往觌焉③。还反报曰："蘧伯玉为相，未可以加兵。"固塞险阻，何足以致之？故皋陶喑而为大理，天下无虐刑，有贵于言者也④；师旷瞽而为大宰，晋无乱政，有贵于见者⑤。故不言之令，不视之见，此伏牺、神农之所以为师也。

【注释】

①蘧伯玉：名瑗，春秋卫国人，有贤相之名。

②"以弗治"句：无为而治。指顺应自然和社会规律而治理。

③简子：春秋末晋卿，亦称赵孟，战胜范氏、中行氏，为其子建立赵国奠定基础。卫：周初封国，都朝歌（今河南淇县）。后迁楚丘（今河南滑县）、帝丘（今河南濮阳）。史黯（àn）：春秋末晋太史，姓蔡，名墨。觌（dí）：观看。《说文·新附》："觌，见也。"

④皋陶（gāo yáo）：传说中东夷族首领，曾为舜掌刑法，禹选为接班人，早死。喑（yīn）：哑。大理：掌管刑狱之官。"有贵于言"句：高诱注："虽喑，平狱理讼能得人之情，故贵于多言者也。"

⑤大宰：西周置官，掌王家内外事务。"师旷"几句：高诱注："虽盲，而大治晋国，使无有乱政，故贵于有所见。"

【原文】

汤、武圣主也，而不能与越人乘幹舟而浮于江湖①。伊尹贤相也，而不能与胡人骑騵〔马〕而服驹骖②。孔、墨博通，而不能与山居者入榛薄险阻也③。由此观之，则人知之于物也，浅矣；而欲以偏照海内，存万方，不因道之数，而专己之能，则其穷不达矣④。故智不足以治天下也。桀之力，别觡伸钩，索铁歙金，椎移大牺，水杀鼋鼍，陆捕熊罴⑤。然汤革车三百乘，困之鸣条，擒之焦门⑥。由此观之，勇力不足以持天下矣。智不足以为治，勇不足以为强，则人材不足任，明也。而君人者，不下庙堂之上，而知四海之外者，因物以识物，因人以知人也。故积力之所举，则无不胜也；众智之所为，则无不成也。埳井之无鼋鼍，隘也⑦；园中之无修木，小也。夫举重鼎者，少力而不能胜也。及至其移徙之，不待其多力者。故千人之群无绝梁，万人之聚无废功⑧。

【注释】

①"汤、武"二句：王念孙《读书杂志》："幹"当为"輐"，字之误也。"輐"与"舷"同。幹，《道藏》本同。《群书治要》引作"觥（qióng）"。

②骙（yuán）：《道藏》本有"马"字，当脱。黄马白腹曰骙。駒駼（táo tú）：野马。

③榛（zhēn）薄：聚木曰榛，深草为薄。险阻：王念孙《读书杂志》："险阻"上脱"出"字。

④偏：《道藏》本作"徧"。徧，即遍字。"道之数"：王念孙《读书杂志》曰：本作"道理之数"。达：王念孙《读书杂志》："达"当为"远"，字之误也。其穷不远，谓其穷可立而待也。

⑤别：分解。《四库全书》本作"制"。觡（gé）：角。"仲"：《道藏》本作"伸"，伸钩，使钩伸直。索：绞。歙：合。椎移、大牺：《墨子·明鬼》："禽推哆、大戏。"《吕氏春秋·简选》："遂禽推移、大牺。"当是人名，不合本文之意。大牺：大的牺尊，古代大型类似牺牛的酒器。

⑥鸣条：在今山西运城市盐湖区安邑镇北。焦门：巢门、南巢，今安徽巢湖西南。

⑦埳（kǎn）井：《庄子·秋水》陆德明释文引司马云"坏井也"。成玄英疏："犹浅井也。"

⑧绝梁：《吕氏春秋·用众》高诱注："《淮南记》曰：'万人之

众无废功，千人之众无绝良'。"《春秋左传异文释》卷一："梁、良同音，古通用。"

【原文】

夫人主之听治也，清明而不暗，虚心而弱志，是故群臣辐凑并进，无愚智贤不肖，莫不尽其能。于是乃始陈其礼，建以为基，是乘众势以为车，御众智以为马，虽幽野险涂则无由惑矣。人主深居隐处，以避燥湿；闺门重袭，以避奸贼①。内不知闾里之情，外不知山泽之形、帷幕之外，目不能见十里之前，耳不能闻百步之外，天下之物无不通者，其灌输之者大，而斟酌之者众也②。是故不出户而知天下，不窥牖而知天道。乘众人之智，则天下之不足有也。专用其心，则独身不能保也。

【注释】

①闺门：指内室。重袭：重叠掩袭。避：王念孙《读书杂志》："避"当作"备"。重门所以防贼，故言备。

②帷：《道藏》本作"帷"。

【原文】

禹决江疏河，以为天下兴利，而不能使水西流；稷辟土垦草，以为百姓力农，然不能使禾冬生。岂其人事不至哉？其势不可也。夫推而不可为之势，而不修道理之数，虽神圣人不能以成其功，而况当世之主乎③？夫载重而马赢，虽造父不能以致远①；车轻马良，虽中工可使追速。是故圣人举事也，岂能拂道理之数，诡自然之性，以曲为直，以屈为伸哉②？未尝不因其资而用之也。是以积力之所举，无不胜也；而众智之所为，无不成也。聋者可令嗺筋，而不可使有闻也③。喑者可使守圉，而不可使言也④；形有所不周，而能有所不容也。是故有一形者处一位，有一能者服一事。力胜其任，则举之者不重也；能称其事，则为之者不难也⑤。毋小大脩短，各得其宜，则天下一齐，无以相过也。圣人兼而用之，故无弃才。

【注释】

①赢：《道藏》本作"赢"；二字上古同音，可通。疲弱。造父：周穆王之善御者。

②诡：违背。

③嗺（zuī）筋：摧，疑通"椎"；即加以椎打，使之柔熟，以缠弓弩。

④守圉（yǔ）：守卫防御。

⑤能称：《意林》引作"智能"。

【原文】

人主贵正而尚忠，忠正在上位，执正营事，则谗佞奸邪无由进矣①。譬犹方员之不相盖，而曲直之不相入。夫鸟兽之不可同群者，其类异也②；虎鹿之不同游者，力不敌也。是故圣人得志而在上位，谗佞奸邪而欲犯主者，譬犹雀之见鹯而鼠之遇狸也，亦必无余命矣③。是故人主之一举也，不可不慎也。所任者得其人，则国家治，上下和，群臣亲，百姓附；所任非其人，则国家危，上下乖，群臣怨，百姓乱。故一举而不当，终身伤。得失之道，权要在主。是故绳正于上，木直于下，非有事焉，所缘以修者然也。

【注释】

①营：即主管义。

②详：《道藏》本作"群"。

③鹯（zhān）：一种似鹞鹰的猛禽。

【原文】

故人主诚正，则直士任事，而奸人伏匿矣；人主不正，则邪人得志，忠者隐蔽矣。夫人之所以莫抓玉石而抓瓜瓠者，何也①？无得于玉石，弗犯也。使人主执正持平，如从绳准高下，则群臣以邪来者，犹以卵投石，以火投水。故灵王好细腰，而民有杀食自饥也②；越王好勇，而民皆处危争死。由此观之，权势之柄，其以移风易俗矣。尧为匹夫，不能仁化一里；桀在上位，令行禁止。由此观之，贤不足以为治，而势可以易俗明矣。《书》曰："一人有庆，万民赖之。"此之谓也。

【注释】

①挝（guā）：击打。

②灵王：春秋楚君，在位十二年。杀食：省食。

【原文】

君人之道，处静以修身，俭约以率下，静则下不扰矣，俭则民不怨矣。下扰则政乱，民怨则德薄。政乱则贤者不为谋，德薄则勇者不为死。是故人主好鸷鸟猛兽，珍怪奇物，狡躁康荒，不爱民力，驰骋田猎，出入不时，如此，则百官务乱，事勤财匮，万民愁苦，生业不修矣①。人主好高台深池，雕琢刻镂，黼黻文章，絺绤绮绣，宝玩珠玉，则赋敛无度，而万民力竭矣②。

尧之有天下也，非贪万民之富，而安人主之位也，以为百姓力征，强凌弱，众暴寡③。于是尧乃身服节俭之行，而明相爱之仁，以和辑之④。是故茅茨不翦，采椽不斫，大路不画，越席不缘，大羹不和，粢食不毇，巡狩行教，勤劳天下，周流五岳，岂其奉养不足乐哉⑤？举天下而以为社稷，非有利焉。年衰志悯，举天下而传之舜，犹却行而脱蹝也⑥。

【注释】

①狡躁：凶暴。康荒：淫乐，荒乱。康、荒古字通。务：通"鹜"。乱驰。勤：劳。匮：缺乏。

②絺绤（chī xì）：指葛织品。精细的叫絺，粗疏的叫绤。

③力征：用武力征服。

④和辑：谐和。

⑤茅茨：用茅草盖的房子。采：栎（lì）木。椽：房梁上承屋顶的木头。大路：高诱注："上路，四马车也。天子驾六马。"画：文饰。越席：结蒲草为席。大羹：不和五味的汁。粢（zī）食：用以祭神的黍稷。毇（huǐ）：指舂细。五岳：指古代五大名山。《尚书·禹贡》孔颖达疏：

"谓嵩、岱、衡、华、恒也。"

⑥悯（mǐn）：忧虑。却行：退却而行。蹝（xǐ）：鞋。

【原文】

人主之居也，如日月之明也，天下之所同侧目而视，侧耳而听，延颈举踵而望也①。是故非澹漠无以明德，非宁静无以致远，非宽大无以兼覆，非慈厚无以怀众，非平正无以制断②。是故贤主之用人也，犹巧工之制木也，大者以为舟航柱梁，小者以为楫楔，脩者以为榱橑，短者以为朱儒枅栌③。无大小修短，各得其所宜。规矩方员，各有所施。天下之物，莫凶于鸡毒，然而良医橐而藏之，有所用也④。是故林莽之材，犹无可弃者，而况人乎？今夫朝廷之所不举，乡曲之所不誉，非其人不肖也，其所以官之者非其职也。鹿之上山，獐不能跂也⑤。及其下，牧竖能追之，才有所脩短也⑥。是故有大略者，不可责以捷巧；有小智者，不可任以大功。人有其才，物有其形，有任一而太重，或任百而尚轻。是故审毫厘之计者，必遗天下之大数；不失小物之选者，或于大事之举⑦。譬犹狸之不可使搏牛，虎之不可使搏鼠也⑧。今人之才，或欲平九州，并方外，存危国，继绝世，志在直道正邪，决烦理挐，而乃责之以闺阁之礼、隩窔之间⑨；或佞巧小具，诣近愉说，随乡曲之俗，卑下众人之耳目，而乃任之以天下之权，治乱之机，是犹以斧劗毛，以刀抵木也，皆失其宜矣⑩。

【注释】

①居：指处在天子之位。侧耳：《太平御览》七十七引作"倾耳"。

②澹漠：恬淡寡欲。明德：使德性完美。制断：裁断。

③楫：船桨。楔（xiē）：木楔。《庄子·在宥》释文："《淮南》曰：'大者为柱梁，小者为榱橑'。"榱（yán）：今同"檐"，屋檐。橑（cuī）：椽子。朱儒：梁上短柱。枅（jī）：柱上的方木，栌（lú）：大柱柱头承托栋梁的方木，即斗拱。

④鸡毒：乌头，一种有毒的药物。橐：口袋。

⑤跂：踮起脚后跟远望。

⑥牧竖：牧童。

⑦选：杨树达《淮南子证闻》："选"字义不可通，字假为"算"。算亦计也。

⑧搏鼠：《群书治要》引作"捕鼠"。

⑨并：《群书治要》引此作"从方外"，"从"犹"服"也，言使方外之国服从也。"直道"：蒋礼鸿《淮南子校文》："直道"当作"直施"。施者，邪曲也。《要略》："接径直施。"许注："施，衺。"理挐（rú）：整理纷乱。闱：《玉篇》："宫中门小者曰闱。"阁（gé）：指内室。隩窔（yù yào）：指内室。室之东南隅曰窔，西南隅曰隩。

⑩佞巧：逢迎讨好，奸诈机巧。小具：小的才能。谄（chǎn）：献媚。愉说：欢喜。乡曲：乡里。机：指枢机。劗（zuān）：翦断。刀：刘绩《补注》本作"刃"。抵：侧击。

【原文】

人主者，以天下之目视，以天下之耳听，以天下之智虑，以天下之力争。是故号令能下究，而臣情得上闻。百官修通，群臣辐凑①。喜不以赏赐，怒不以罪诛。是故威立而不废，聪明先而不弊，法令察而不苛，耳目达而不暗②。善否之情，日陈于前而无所逆。是故贤者尽其智，而不肖者竭其力。德泽兼覆而不偏，群臣劝务而不怠。近者安其性，远者怀其德，所以然者何也？得用人之道，而不任己之才者也。故假舆马者，足不劳而致千里；乘舟楫，不能游而绝江海。

【注释】

①修通：条顺通达。蒋礼鸿《淮南子校文》："脩"当作"條"，字之误也。《要略》："使群臣條通而辐凑。"是其证。辐凑：高诱注："臣归君，若辐之凑毂，故曰辐凑。"

②威立：刘绩本作"威历立"。先：王念孙《读书杂志》："先"当为"光"，字之误也。光，明也。弊：通"蔽"。隐蔽，暗昧义。察：明晰。苛：烦琐义。

【原文】

夫人主之情，莫不欲总海内之智，尽众人之力。然而群臣志达效忠者，希不困其身①。使言之而是，虽在褐夫刍荛，犹不可弃也②；使言之而非也，虽在卿相人君，揄策于庙堂之上，未必可用③。是非之所在，不可以贵贱尊卑论也。是明主之听于群臣，其计乃可用，不羞其位；其主言可行，不责其辩④。

暗主则不然。所爱习亲近者，虽邪枉不正，不能见也；疏远则卑贱者，竭力尽忠，不能知也⑤。有言者穷之以辞，有谏者诛之以罪。如此而欲照海内，存万方，是犹塞耳而听清浊，掩目而视青黄也，其离聪明则亦远矣⑥。

【注释】

①希：少。困：有危困、困窘义。

②褐（hè）夫：古者卑者服褐，因称卑贱者为褐夫。刍荛（chú ráo）：砍草、打柴的人。

③揄：通"揄"，即拿出义。策：谋划。

④主：《文子·上仁》作"其言可行，不责其辩"，无"主"字。

⑤则：疑"则"字在"竭"字之上。

⑥清浊：高诱注："商音清，宫音浊。"

【原文】

法者，天下之度量，而人主之准绳也。县法者，法不法也；设赏者，赏当赏也。法定之后，中程者赏，铁绳者诛①。尊贵者，不轻其罚；而卑贱者，不重其刑。犯法者，虽贤必诛；中度者，虽不肖者必无罪。是故公道通而私道塞矣。

古之置有司也，所以禁民，使不得自恣也②；其立君也，所以制有司，使无专行③。法籍礼义者，所以禁君，使无擅断也。人莫得自恣，则道胜；道胜而理达矣，故反于无为。无为者，非谓其凝滞而不动也，以其言莫从己出也④。

【注释】

①程：法规。铁（jué）：《道藏》本作"缺"。《玉篇》："铁与缺通。"

②有司：古代设官分职，各有专司，故称有司。此指理官，主狱。恣：放纵。

③剬（duān）：同"制"。制约，节制。专：擅自。

④无为：指顺应自然和社会规律。凝滞：凝结、停滞之义。"其言"：《文子·上义》正作"言其"。

【原文】

法生于义，义生于众适，众适合于人心，此治之要也。故通于本者，不乱于末；睹于要者，不惑于详。法者非天堕，非地生，发于人间，而反以自正。是故有诸己，不非诸人①；无诸己，不求诸人②。所立于下者，不废于上；所禁于民者，不行于身。所谓亡国，非无君也，无法也。变法者，非无法也，有法者而不与用，无法等③。是故人主之立法，先自为检式仪表，故令行于天下④。孔子曰："其身正，不令而行；其身不正，虽令不从。"故禁胜于身，则令行于民矣。

【注释】

①"是故有诸己"二句：高诱注："有诸己，己有聪明也。不非诸人，恕人行也。"

②"无诸己"二句：高诱注："言己虽无独见之明，不求加罪于人也。"

③有法者：陈昌齐《淮南子正误》："者"字疑衍。"与用"：《道藏辑要》本作"用与"。

④检式：法度、标准。

【原文】

摄权势之柄，其于化民易矣。卫君役子路，权重也①；景、桓公臣管、晏，位尊也②。怯服勇而愚制智，其所托势者胜也。故枝不得大于干，末不得强于本，则轻重小大，有以相制也。若五指之属于臂也，搏援攫捷，莫不如志，言以小属于大也③。是故得势之利者，所持甚小，其存甚大④；所守甚约，所制甚广。是故十围之木，持千钧之屋⑤；五寸之键，制开阖⑥。岂其材之巨小足哉？所居要也。

【注释】

①卫君：春秋卫出公，名辄，在位十二年。曾被其父赶走，奔鲁。事载《左传·哀公十五年》。

②"景、桓公"二句：俞樾《诸子平议》：此本作"桓景臣管晏"，言桓臣管，景臣晏也。

③攫（jué）：抓取，夺取。捷：敏捷。

④"其存甚大"句：《群书治要》引《文子》作"所任甚大"。

⑤十：《说苑·谈丛》：作"一围之木，持千钧之屋。"千钧：指三万斤。

⑥键：门闩。制开阖：《说苑·谈丛》作"而制开阖"，《文子》作"能制开阖"。

【原文】

孔丘、墨翟，脩先圣之术，通六艺之论，口道其言，身行其志，慕义从风，而为之服役者不过数十人①。使居天子之位，则天下徧为儒、墨矣。楚庄王伤文无畏之死于宋也，奋袂而起，衣冠相连于道，遂成军宋城之下，权柄重也②。楚文王好服解冠，楚国效之③。赵武灵王贝带鵔鸃而朝，赵国化之④。使在匹夫布衣，虽冠解冠，带贝带而朝，则不免为人笑也。

【注释】

①六艺：《周礼·地官·保氏》："乃教之六艺：一曰五礼，二曰六乐，三曰五射，四曰五驭，五曰六书，六曰九数。"

②楚庄王：春秋五霸之一，名旅，在位二十二年。文无畏：楚国大夫，又叫申无畏。死于宋：其事在公元前595年，楚庄王派申舟使齐，过

宋，不借道，被杀死。楚庄王借机讨伐宋国。袂（mèi）：衣袖。

③楚文王：春秋楚君，名熊赀，建都郢。在位十三年。解（xiè）：《说文》："一曰解廌（zhì），兽也。"解冠，古代称仿"解"形状的冠，又叫法冠、御史冠。

④赵武灵王：战国赵君，在位二十七年。曾进行军事改革，改穿胡服，习骑射，而使国家富强。贝带：以大贝饰带。鵕䴏（jùn chóu）：一种有文采的野鸡，古人用它的羽毛饰冠。《道藏》本作"鸃"。《说文》作："鵔，鵔鸃（yí），鷩也。"

【原文】

人主租敛于民也，必先计岁收，量民积聚，知饶馑有余不足之数，然后取车舆衣食供养其欲。高台层榭，接屋连阁，非不丽也，然民无掘穴狭庐所以托身者，明主弗乐①。肥酎甘脆，非不美也，然民有糟糠菽粟不接于口者，则明主弗甘也②。匡床蒻席，非不宁，然民有处边城、犯危难、泽死暴骸者，明主弗安也③。故古之君人者，其惨怛于民也，国有饥者食不重味，民有寒者而冬不被裘④。岁登民丰，乃始县钟鼓，陈干戚，君臣上下，同心而乐之，国无哀人。

【注释】

①掘穴：土室。《群书治要》作"窟室"。注："窟室，土室。"

②酎：浓烈的酒。

③匡：安。蒻（ruò）：细。非不宁：刘绩《补注》本"宁"下有"也"字。

④惨怛（cǎn dá）：忧伤，悲痛。

【原文】

夫民之为生也，一人跖耒而耕，不过十亩①；中田之获，卒岁之收，不过亩四石②。妻子老弱，仰而食之。时有涔旱灾害之患，有以给上之征赋车马兵革之费③。由此观之，则人之生闵矣。夫天地之大计，三年耕而余一年之食，率九年而有三年之畜，十八年而有六年之积，二十七年而有九年之储④。虽涔旱灾害之殃，民莫困穷流亡也。故国无九年之畜，谓之不足⑤；无六年之积，谓之闵急；无三年之畜，谓之穷乏。故有仁君明主，其取下有节，自养有度，则得承受于天地，而不离饥寒之患矣⑥。若贪主暴君，桡于其下，侵渔其民，以适无穷之欲，则百姓无以被天和而履地德矣⑦。

【注释】

①跖（zhí）：踩，踏。

②石：百二十斤。

③涔（cén）：涝灾。有：通"又"。

④率：一般。以上见于《礼记·王制》、贾谊《新书》。

⑤畜：于大成《主术校释》："畜"字当依"九年之储"作"储"。

⑥离：通"罹"，遭受。

⑦桡：通"挠"，即扰乱义。侵渔：侵吞夺没，像渔人捕鱼一样。天和：自然祥和之气。

【原文】

食者民之本也，民者国之本也，国者君之本也。是故人君者，上因天时，下尽地财，中用人力，是以群生遂长，五谷蕃植；教民养育六畜，以时种树；务脩田畴，滋植桑麻，肥硗高下，各因其宜①；丘陵阪险不生五谷者，以树竹木，春伐枯槁，夏取果蓏，秋畜疏食，冬伐薪蒸，以为民资②。是故生无乏用，死无转尸③。故先王之法，畋不掩群，不取麛夭④；不涸泽而渔，不焚林而猎；豺未祭兽，罝罦不得布于野⑤；獭未祭鱼，网罟不得入于水⑥；鹰隼未挚，罗网不得张于溪谷⑦；草木未落，斤斧不得入山林；昆虫未蛰，不得以火烧田⑧；孕育不得杀，鷇卵不得探，鱼不长尺不得取，彘不期年不得食⑨。是故草木之发若蒸气，禽兽归之若流原，飞鸟归之若烟云，有所以致之也⑩。

【注释】

①田畴（chóu）：田地。

②阪：山坡。果蓏：高诱注："有核曰果，无核曰蓏。"疏食：高诱注："菜疏曰疏，谷食曰食。"薪蒸：高诱注："大者曰薪，小者曰蒸。"资：用度。

③转尸：尸体弃置转徙。即死无葬身之地。

④掩：尽，遍及。麛（mí）夭：高诱注："鹿子曰麛，麋子曰夭。"

⑤"豺未祭兽"二句：高诱注："十月之时，豺杀兽，四面陈之，世谓之'祭兽'也。'未祭兽'，置罘不得施也。"罦（fú）：一种装有机关的鸟网。

⑥"獭未祭鱼"二句：高诱注："獭，猵也。《明堂月令》：'孟春之月，獭祭鱼。'獭取鲤，四面陈之水边，世谓之'祭鱼'。未祭不得捕也。"

⑦挚：通"鸷"，击杀鸟。

⑧烧田：《文子·上仁》作"不得以火田"。

⑨彀（kòu）：指初生之雏鸟。长：疑作"脩"，字当避淮南王父讳。

⑩烝：烝，通"蒸"，火气上行。

【原文】

　　故先王之政，四海之云至而脩封疆，虾蟆鸣、燕降而达路除道，阴降百泉则脩桥梁；昏张中则务种谷，大火中则种黍菽，虚中则种宿麦，昴中则收敛畜积、伐薪木①。上告于天，下布之民。先王之所以应时脩备，富国利民，实旷来远者，其道备矣，非能目见而足行之也，欲利之也②。欲利之也，不忘于心，则官自备矣③。

【注释】

①张：二十八宿之一，属南方朱雀。今由长蛇座的六颗星组成。大火：东方"苍龙七宿"之一，又叫心宿二，由天蝎座的三颗星组成。菽：豆类之总名。虚：北方"玄武七宿"之一。宿麦：越冬小麦。昴：西方"白虎七

宿"之一。

②旷：空旷、空缺义。来：招徕。

③官：《文子·上仁》作"民"。备：具备，指具备利民之心。

【原文】

古者天子听朝，公卿正谏，博士诵诗，瞽箴师诵，庶人传语，史书其过，宰彻其膳，犹以为未足也①。故尧置敢谏之鼓也，舜立诽谤之木，汤有司直之人，武王立戒慎之鞀，过若豪厘，而既已备之也②。夫圣人之于善也，无小而不举；其于过也，无微而不改。尧、舜、禹、汤、武王，皆坦然天下而南面焉。当此之时，鼛鼓而食，奏《雍》而彻，已饭而祭灶，行不用巫祝，鬼神弗敢祟，山川弗敢祸，可谓至贵矣③。然而战战慄慄，日慎一日。由此观之，则圣人之心小矣。《诗》云："惟此文王，小心翼翼，昭事上帝，聿怀多福。"其斯之谓歘！

武王伐纣，发钜桥之粟，散鹿台之钱④；封比干之墓，表商容之闾⑤；朝成汤之庙，解箕子之囚⑥；使各处其宅，田其田，无故无新，惟贤是亲，用非其有，使非其人，晏然若故有之⑦。由此观之，则圣人之志大也。

文王周观得失，徧览是非，尧、舜所以昌，桀、纣所以亡者，皆著于明堂⑧。于是略智博闻，以应无方⑨。由此观之，则圣人之智员矣。

成、康继文、武之业，守明堂之制，观存亡之迹，见成败之变，非道不言，非义不行，言不苟出，行不苟为，择善而后从事焉⑩。由此观之，则圣人之行方矣。

孔子之通，智过于苌弘，勇服于孟贲，足蹑郊菟，力招城关，能亦多矣⑪。然而勇力不闻，伎巧不知，专行孝道，以成素王，事亦鲜矣⑫。春秋二百四十二年，亡国五十二，弑君三十六，采善鉏丑，以成王道，论亦博矣⑬。然而围于匡，颜色不变，弦歌不辍，临死亡之地，犯患难之危，据义行理而志不慑，分亦明矣⑭。然为鲁司寇，听狱必为断，作为《春秋》，不道鬼神，不敢专己⑮。夫圣人之智，固已多矣，其所守者有约，故举而必荣；愚人之智，固已少矣，其所事者多，故动而必穷矣⑯。吴起、张仪，智不若孔、墨，而争万乘之君，此其所以车裂支解也⑰。

【注释】

①公卿：指天子三公和其他重臣。正：《吕氏春秋·达郁》陈奇猷按："正"为"证"之省，"证"亦"谏"也。博士：《国语·周语》作"列士"。瞽（gǔ）：无目曰瞽，指乐官。箴（zhēn）：一种有劝诫意义的文辞。师：乐师。庶人：平民。传语：传达意见。史：史官。宰：宰人，掌管膳食的官。彻：通"撤"，撤去。

②"故尧置"句：高诱注："欲谏者，击其鼓。""舜立诽谤"句：高诱注："书其善否于表木也。"按：诽谤，从旁指责过失。"汤有"句：高诱注："司直，官名，不曲也。""武王"句：高诱注："欲戒君令慎疑者，摇鞀鼓。"按：鞀（táo），有柄小鼓。

③鼛（gāo）：《说文》："大鼓也。"帝王吃饭时所奏的乐器。《雍》：帝王吃饭时所奏的音乐。灶：灶神。巫祝：古代替人祈祷求福的人。祟：《道藏》本作"崇"；祟，鬼神作怪。

④伐纣：《群书治要》引此正作"武王克殷"。"武王"三句：高诱注："钜桥，纣仓名也。一说，钜鹿漕运之桥粟。鹿台，纣钱藏府所积也。武王发散以赈疲民。"

⑤"封比干"句：高诱注："比干，纣诸父也。谏纣之非，纣杀之。故武王封崇其墓，以旌仁也。""表商容"句：高诱注："商容，殷之贤人，老子师，故表显其里。"

⑥"解箕子"句：高诱注："箕子，纣之庶兄。武王伐纣，赦其囚执，问以《洪范》，封之于朝鲜也。"

⑦晏然：平和的样子。

⑧著：有图画义。

⑨略智：广求其知。

⑩成、康：周初成王、康王。苟：随便。

⑪通：博通。苌弘：周朝大臣刘文公的大夫，通晓天文。孟贲（bēn）：战国时勇士，相传能拔牛角。郊菟：《太平御览》三百八十六引

作"足踱狡兔"。踱（dié），追。关：闩门横木。"力招"句：高诱注："招，举也。以一手招城门关端能举之。"素王：有帝王之德而未居帝王之位的人。指孔子。

⑫孝道：此文"孝道"与"教道"同。

⑬鉏（chú）：俗作锄。

⑭匡：在今河南长垣西南。辍（chuò）：停止。

⑮司寇：官名，西周时置，掌管刑狱、纠察等。听：处理。为断：《说苑·至公篇》"听狱必师断"。师，众也。与众共之，不独断也。《春秋》：儒家经典之一，中国第一部编年史。记事起于鲁隐公元年（前722年），终于鲁哀公十四年（前481年），共十二公，242年。

⑯"其所事者多"句：《群书治要》引作"其所事者又多"。

⑰"吴起、张仪"以下数句：王叔岷《淮南子斠证》：案张仪被谮去秦，相魏一岁而卒。"支解"之说，他书无征。张仪疑本作商鞅。《缪称篇》："商鞅立法而支解，吴起刻削而车裂。"《人间篇》亦云："商鞅支解。"

第十卷　缪称训

【原文】

道至高无上，至深无下，平乎准，直乎绳，员乎规，方乎矩，包裹宇宙而无表里，洞同覆载而无所碍①。是故体道者，不哀不乐，不怒不喜，其坐无虑，其寝无梦，物来而名，事来而应。

【注释】

①洞同：有贯通之义。碍：限制。

【原文】

道者，物之所导也；德者，性之所扶也；仁者，积恩之见证也；义者，比于人心，而含于众适者也①。故道灭而德用，德衰而仁义生。故尚世

235

体道而不德，中世守德而弗坏也，末世绳绳乎唯恐失仁义②。君子非仁义无以生，失仁义，则失其所以生。小人非嗜欲无以活，失嗜欲，则失其所以活。故君子惧失义，小人惧失利。观其所惧，知各殊矣。《易》曰："即鹿无虞，惟入于林中③。君子几，不如舍，往吝④。"

【注释】

①舍：《文子·微明》作"合"。适：适宜，适合。

②坏：《文子·微明》"中世守德而不怀"。"坏"字亦"怀"字之误，"怀"即怀来之"怀"。

③即：就。鹿：喻百姓。虞：虞人，主管禽兽之官。

④几：期望。吝：恨惜。引文见《周易·屯卦》。

【原文】

凡人各贤其所说，而说其所快。世莫不举贤，或以治，或以乱，非自遁，求同乎己者也①。己未得贤，而求与己同者，而欲得贤，亦不几矣②。使尧度舜则可，使桀度尧，是犹以升量石也。今谓狐狸，则必不知狐，又不知狸③。非未尝见狐者，必未尝见狸也。狐、狸非异，同类也。而谓狐狸，则不知狐、狸。是故谓不肖者贤，则必不知贤；谓贤者不肖，则必不知不肖者矣。

【注释】

①遁：欺骗。

②"己未必得贤"句：《群书治要》引此，无"得"字。几：近。

③狐：哺乳动物，犬科，肉食类。性狡猾多疑。狸：俗称野猫，又称"豹猫"，哺乳类猫科动物。

【原文】

物莫无所不用①。天雄乌喙，药之凶毒也，良医以活人②。侏儒瞽师，人之困慰者也，人主以备乐③。是故圣人制其剟材，无所不用矣④。

【注释】

①"物莫"句：郑良树《淮南子斠理》云：当作"物无所不用"。

②天雄：中药名。乌喙（huì）：乌头。

③困愬：困窘，怨恨。

④制：处理。剟（duō）：砍削，割取。

【原文】

戎、翟之马，皆可以驰驱，或近或远，唯造父能尽其力；三苗之民，皆可使忠信。或贤或不肖，唯唐、虞能齐其美，必有不传者①。中行缪伯手搏虎，而不能生也，盖力优而克不能及也②。用百人之所能，则得百人之力；举千人之所爱，则得千人之心。辟若伐树而引其本，千枝万叶，则莫得弗从也。

【注释】

①不传：许慎注："心教之微眇，不可传。"

②中行缪伯：春秋时晋国大臣，力能搏虎。克：能。

【原文】

小人之从事也，曰苟得，君子曰苟义①。所求者同，所期者异乎？击舟水中，鱼沈而鸟扬，同闻而殊事，其情一也。僖负羁以壶飧表其闾，赵宣孟以束脯免其躯②。礼不隆而德有余③。仁心之感，恩接而憯怛生，故其入人深④。俱之叫呼也，在家老则为恩厚，在其债人，则生争斗。故曰："兵莫憯于意志，莫邪为下；寇莫大于阴阳，枹鼓为小⑤。"

【注释】

①苟（jí）：通"亟"，急切。

②僖负羁：春秋时曹大夫。晋文公流亡过曹时，曹君无礼，僖负羁送饭食慰问文公。后文公灭曹，令不入僖氏之闾。飧（sūn）：同"飧"。熟食。赵宣孟：赵盾。春秋晋执政者。束脯（fǔ）：一束干肉。赵盾在首山打猎，遇饿汉灵辄，送给饭食。晋灵公准备杀赵盾时，灵辄以死护卫。

③隆：多。

④憯怛（cǎn dá）：忧伤痛苦。

⑤憯：通“惨”。残酷。枹：鼓槌。

【原文】

圣人为善，非以求名，而名从之。名不与利期，而利归之。故人之忧喜，非为蹗蹗焉往生也[①]。故至至不容[②]。故若眯而抚，若跌而据。圣人之为治，漠然不见贤焉，终而后知其可大也。若日之行，骐骥不能与之争远。今夫夜有求，与瞽师并，东方开，斯照矣。动而有益，则损随之。故《易》曰：“剥之不可遂尽也，故受之以复。”

【注释】

①“故人之”二句：许慎注：“言非为冀幸往生利意也。”蹗蹗（lù），有冀幸义。

②至至：刘绩《补注》本作“至人”。“故至”句：许慎注：“至道之人，不饰容也。”容：容饰。

【原文】

积薄为厚，积卑为高，故君子日孳孳以成辉，小人日快快以至辱[①]。其消息也，离珠弗能见也[②]。文王闻善如不及，宿不善如不祥。非为日不足也，其忧寻推之也。故《诗》曰：“周虽旧邦，其命惟新。”

【注释】

①孳孳（zī）：通“孜孜”，努力不懈的样子。快快：肆意。

②离珠：古代明目之人。

【原文】

男子树兰，美而不芳；继子得食，肥而不泽，情不相与往来也。生所假也，（无）［死］所归也。故弘演直仁而立死，王子闾张掖而受刃，不以所托害所归也[①]。故世治则以义卫身，世乱则以身卫义。死之日，行之终也，故君子慎一用之。

【注释】

①"故弘演"句：许慎注："弘演，卫懿公臣。狄人攻卫，食懿公，其肝在，弘演剖腹以盛之也。""王子闾"句：许慎注："楚白公欲立王子闾为王，不可。一刺之以兵，子闾不受。"掖：臂下，俗亦作"腋"。

【原文】

无勇者，非先慑也，难至而失其守也。贪婪者，非先欲也，见利而忘其害也。虞公见垂棘之璧，而不知虢祸之及己也①。故至之人，不可遏夺也。

【注释】

①虢（guó），周初封国，在今山西平陆县。

【原文】

春女思，秋士悲，而知物化矣。号而哭，叽而哀，知声动矣①。容貌颜色，理诎倔伸，知情伪矣②。故圣人栗栗乎其内，而至乎至极矣。功名遂成，天也；循理受顺，人也。太公望、周公旦，天非为武王造之也；崇侯、恶来，天非为纣生之也③。有其世，有其人也。

【注释】

①叽：即悲哀义。

②"理诎倔伸"句：《道藏》本作"理诎倔伸"。刘绩《补注》本作"理诎倔伸"，有注云："后有'倔句诎伸'。疑此作'诎伸倔句'，衍'理'字。"倔（jué）伸，曲直。伪，通"为"，指变化。

③崇侯：纣时诸侯。恶来：纣臣。

【原文】

教本乎君子，小人被其泽；利本乎小人，君子享其功。昔东户季子之世，道路不拾遗，耒耜余粮，宿诸畮首，使君子小人各得其宜也①。故一人有庆，兆民赖之。

【注释】

①东户季子：古代国君。晦：《说文》："六尺为步，步百为晦。"古"亩"字。

【原文】

成国之道，工无伪事，农无遗力，士无隐行，官无失法。譬若设网者，引其纲而万目开矣。舜、禹不再受命，尧、舜传大焉，先形乎小也①。刑于寡妻，至于兄弟，禅于家国，而天下从风②。故戎兵以大知小，人以小知大。

【注释】

①不再受命：说尧传位于舜，舜传于禹，不再受"天命"。传：禅让。

②刑：通"型"，即仪法、示范义。寡妻：国君对正妻的谦称。禅（shàn）：传。

【原文】

至德，小节备，大节举。齐桓举而不密，晋文密而不举①。晋文得之乎闺内，失之乎境外②；齐桓失之乎闺内，而得之本朝③。

【注释】

①齐桓：春秋齐君，前685年—前643年在位，春秋第一个诸侯霸主。举：全备。晋文：春秋晋君，前636年—前628年在位，流亡十九年，回国执政，后成为春秋五霸之一。

②"晋文"二句：许慎注："闺内脩而境外乱也。"闺内，指宫廷内部。晋文公刚死，晋国便与秦国发生殽之战，大败秦师。此后，秦伐晋，晋败。晋国从此衰落。

③"齐桓"二句：许慎注："闺内乱而朝廷治也。"

【原文】

水下流而广大，君下臣而聪明。君不与臣争功，而治道通矣。筦夷吾、百里奚，经而成之[①]；齐桓、秦穆，受而听之[②]。

【注释】

①百里奚：春秋秦大夫，曾助秦穆公建立霸业。经：治理。

②秦穆：春秋秦君，前659年—前621年在位，任用"五羖大夫"百里奚等，使秦国成为春秋强国之一。

【原文】

照惑者，以东为西，惑也，见日而寤矣[①]。

【注释】

①照：通"诏"，告。寤：通"悟"，省悟。

【原文】

卫武侯谓其臣曰："小子无谓我老而赢我，有过必谒之[①]。"是武侯如弗赢之，必得赢，故老而弗舍，通乎存亡之论者也[②]。

【注释】

①卫武侯：春秋卫君，前812年—前748年在位。时年95岁。小子：长辈、老师对后辈或学生的称呼。赢（léi）：有疲弱、衰老之义。谒（yè）：陈述，告诉。《说文》："谒，白也。"

②如：陶鸿庆《读淮南子札记》："如"当为"知"，字之误也。

【原文】

性者，所受于天也[①]；命者，所遭于时也[②]。有其材不遇其世，天也。太公何力？比干何罪？循性而行指，或害或利，求之有道，得之在命。故君子能为善，而不能必其得福。不忍为非，而未能必免其祸。

【注释】

①性：指人性，亦有天性、本性等义。

②命：指命运、天命。时：时机，时运。

【原文】

君，根本也；臣，枝叶也。根本不美，枝叶茂者，未之闻也。①

【注释】

①《意林》引《子思子》云："君，本也。臣，枝叶也。本美而叶茂，木枯则叶凋。"

【原文】

君子时则进，得之以义，何幸之有！不时则退，让之以义，何不幸之有！故伯夷饿死首山之下，犹不自悔，弃其所贱，得其所贵也①。

【注释】

①"故伯夷"句：许慎注："伯夷，孤竹君之子，让国与弟，不食周粟，故饿也。"按：首山，即首阳山，在今山西永济市南。

【原文】

福之萌也绵绵，祸之生也分分。福祸之始萌微，故民嫚之，唯圣人见其始而知其终。故《传》曰："鲁酒薄而邯郸围，羊羹不斟而宋国危。"①

【注释】

①《传》：即《庄子·胠箧》。"鲁酒薄"句：许慎注："鲁与赵俱朝楚，献酒于楚，鲁酒薄而赵酒厚，楚之主酒吏求酒于赵，不与，楚吏怒，以赵所献酒于楚王，易鲁薄酒，楚王以为赵酒薄而围邯郸。一曰：赵、鲁献酒于周也。事见《庄子》。""羊羹"句：许慎注："宋将华元与郑战，杀羊食士，不及其御。及战，御驰马入郑军，华元以获也。"斟：酌，倒。《左传》中为人名羊斟。

【原文】

明主之赏罚，非以为己也，以为国也。通于己而无功于国者，不施赏焉[①]。逆于己便于国者，不加罚焉。故楚庄谓共雍曰："有德者受吾爵禄，有功者受吾田宅，是二者女无一焉，吾无以与女。可谓不逾于理乎[②]？"其谢之也，犹未之莫与[③]。

周政至，殷政善，夏政行[④]。行政善，善未必至也[⑤]。至至之人，不慕乎行，不惭乎善[⑥]。含德履道，而上下相乐也，不知其所由然。

【注释】

①通：刘绩《补注》本作"适"。

②楚庄：春秋楚君，前613年—前591年在位。在布衣孙叔敖辅佐下，成就春秋霸业。共雍：楚臣。

③谢：有遣回义。莫：许慎注："勉之也。"

④"周政至"句：许慎注："至于道也。""殷政善"句：许慎注："善施教，未至于道也。""夏政行"句：许慎注："行尚粗也。"

⑤"行政善，善未必至也"二句：王念孙《读书杂志》曰：当作"行政未必善，善政未必至也"。上脱"未必"二字，下脱"政"字，则文义不明。

⑥至至之人：即至德之人。

【原文】

召公以桑蚕耕种之时，弛狱出拘，使百姓皆得反业脩职[①]；文王辞千里之地，而请去炮烙之刑[②]。故圣人之举事也，进退不失时，若夏就绤（绤）〔绤〕，上车授绥之谓也[③]。老子学商容，见舌而知守柔矣[④]。列子学壶子，观景柱而知持后矣[⑤]。故圣人不为物先，而常制之其类。若积薪樵，后者在上。

【注释】

①召（shào）公：姬姓，名奭，又作邵公、召康公，因采邑在召（今陕西岐山西南）而称召公，周代燕国始祖。弛（chí）：放松。

②"文王"二句：许慎注："纣拘文王，文王献宝于纣，纣赏以千里之地，文王不受，愿去炮烙之刑。"

附录 第十卷 缪称训

③绤：刘绩《补注》本作"绤"。当是。即细葛布。绤，即粗葛布。绣（ruí）：刘绩《补注》本作"绥"。绥（suí），即登车时用以拉手的绳索。

④商容：老子之师。《说苑·敬慎》作"常枞"。"老子"二句：许慎注："商容，神人也。商容吐舌示老子，老子知舌柔齿刚。"

⑤列子：战国初期道家学者，郑国人。壶子：列子之师，即壶丘子林。"列子"二句：许慎注："先有形而后有影，形可亡而影不可伤。"

【原文】

宁戚击牛角而歌，桓公举以大政①。雍门子以哭见孟尝君，涕流沾缨②。歌哭，众人之所能为也；一发声，入人耳，感人心，精之至者也。故唐、虞之法可效也，其谕人心，不可及也。简公以濡杀，了阳以猛劫，皆不得其道者也③。故歌而不比于律者，其清浊一也④。绳之外与绳之内，皆失直者也。

【注释】

①宁戚：春秋齐国大臣，曾因贫困而替人喂牛。大政：王念孙《读书杂志》："大政"，本作"大田"。大田，农官之长。

②雍门子：注见《览冥训》。缨：系在脖子上的帽带。

③简公：齐简公，春秋齐君，被田成子杀死。濡：通"懦"，即柔弱、软弱之义。"子阳"句：许慎注："子阳，郑相也。尚刑而劫死。"

④"故歌"二句：许慎注："虽清浊失和，故不中律全。"

【原文】

纣为象箸而箕子叽，鲁以偶人葬而孔子叹，见所始则知所终①。故水出于山，入于海；稼生乎野，而藏乎仓。圣人见其所生，则知其所归矣。

【注释】

①象箸（zhù）：象牙制的筷子。箕子：纣王叔父，封于箕（今山西太谷东北），谏纣不听，被囚禁；武王灭商，被释放。叽：悲叹。通

"唏"，实为"欷"。

【原文】

水浊者鱼噞，令苛者民乱，城峭者必崩，岸崝者必陀①。故商鞅立法而支解，吴起刻削而车裂②。

【注释】

①噞（yǎn）：即鱼张口向上呼吸。峭：高而陡。崝（zhēng）：同"峥"，峻峭。陀（zhì）：即崩落义。

②"故商鞅"句：许慎注："商鞅为秦孝公立治法，百姓怨之，以罪支解。""吴起"句：许慎注："吴起相楚，设贵臣相坐之法，卒车裂也。"

【原文】

治国辟若张瑟，大弦（组）［緪］则小弦绝矣①。故急辔数策者，非千里之御也。有声之声，不过百里；无声之声，施于四海。是故禄过其功者损，名过其实者蔽；情行合而名副之，祸福不虚至矣。身有丑梦，不胜正行；国有妖祥，不胜善政。是故前有轩冕之赏，不可以无功取也②；后有斧钺之禁，不可以无罪蒙也。素脩正者，弗离道也。

【注释】

①组：《道藏》本作"绀"，王念孙《读书杂志》："绀"当为"緪"（gēng），字之误也。按：即紧、急义。

②轩冕：卿大夫的车子和冕服，也指官位爵禄。

【原文】

君子不谓小善不足为也而舍之，小善积而为大善；不为小不善为无伤也而为之，小不善积而为大不善①。是故积羽沉舟，群轻折轴，故君子禁于微。壹快不足以成善，积快而为德；壹恨不足以成非，积恨而成怨。故三代之善，千岁之积誉也；桀、纣之谤，千岁之积毁也②。

【注释】

①不为：刘绩《补注》本作"不谓"。伤：危害，伤害义。

②谤：《文选·李萧远〈运命论〉》李善注引：《淮南子》曰："桀、纣之恶，千载之积毁也。"与此异。

【原文】

欲知天道察其数，欲知地道物其树，欲知人道从其欲①。勿惊勿骇，万物将自理；勿挠勿（樱）［撄］，万物将自清②。察一曲者，不可与言化；审一时者，不可与言大。日不知夜，月不知昼，日月为明而弗能兼也，唯天地能函之。能包天地，曰唯无形者也。

【注释】

①数：指律历之类的技艺。物：相。

②樱：刘绩《补注》本作"撄"。樱，通"撄"，即缠绕义。

【原文】

天下有至贵而非势位也，有至富而非金玉也，有至寿而非千岁也。原心反性，则贵矣①；适情知足，则富矣；明死生之分，则寿矣。

【注释】

①原心：使心回到本原。反性：返回自己的天性。

【原文】

言无常是，行无常宜者，小人也；察于一事，通于一伎者，中人也；兼覆盖而并有之，度伎能而裁使之者，圣人也①。

【注释】

①"兼覆"以下二句：王念孙《读书杂志》：正文本作"兼覆而并有之，伎能而裁使之"。"度伎"句：许慎注："度其伎能而裁制使之。"按：裁，制。

第十一卷　齐俗训

【原文】

率性而行谓之道，得其天性谓之德。性失然后贵仁，道失然后贵义。是故仁义立而道德迁矣，礼乐饰则纯朴散矣，是非形则百姓眩矣，珠玉尊则天下争矣①。凡此四者，衰世之造也，末世之用也。

【注释】

①迁：离散。眩（xuàn）：《文子·上礼篇》作"眩"。眩，迷乱。尊：《文子·上礼》作"贵"。

【原文】

夫礼者，所以别尊卑，异贵贱；义者，所以合君臣、父子、兄弟、夫妻、友朋之际也。今世之为礼者，恭敬而忮①；为义者，布施而德②。君臣以相非，骨肉以生怨，则失礼义之本也，故构而多责③。夫水积则生相食之鱼，土积则生自穴之兽，礼义饰则生伪匿之本④。夫吹灰而欲无眯，涉水而欲无濡，不可得也。

【注释】

①忮（zhì）：嫉恨。

②德：求得恩德。

③构：《道藏》本、刘绩《补注》本作"搆"。搆怨。

④穴：《文子·上礼》作"肉"。匿：通"慝"，邪。本：王念孙《读书杂志》："本"当为"士"。《太平御览·礼仪部》二引此作"伪慝之儒"。

【原文】

古者民童蒙不知东西，貌不羡乎情，而言不溢乎行①；其衣致暖而无文，其兵戈铢而无刃②；其歌乐而无转，其哭哀而无声。凿井而饮，耕田而食，无所施其美，亦不求得③。亲戚不相毁誉，朋友不相怨德。及至礼义之生，货财之贵，而诈伪萌兴，非誉相纷，怨德并行。于是乃有曾参、孝己之美，而生盗跖、庄蹻之邪。故有大路龙旂，羽盖垂緌，结驷连骑，则必有穿窬拊楗、抽箕逾备之奸④。有诡文繁绣，弱绤罗纨，必有菅履跐踦、短褐不完者⑤。故高下之相倾也，短脩之相形也，亦明矣。

【注释】

①童蒙：幼稚智能未开的儿童。东西：王念孙《读书杂志》："东西"当为"西东"，"东"与"蒙"为句中韵。

②"其衣"二句：《文子·道原》作"其衣暖而无采，其兵钝而无刃"，无"致""戈"二字。铢：许慎注："楚人谓刃顿为铢。"

③美：郑良树《淮南子斠理》：王蓥本"美"作"义"。

④大路：许慎注："天子车也。"按：路，通"辂"。龙旂（qí）：蟠龙交错的旗子。緌：下垂的帽带。驷：四匹马驾的车。穿窬（yú）：穿壁翻墙，指偷盗行为。拊楗：摇动门户之楗，指盗窃。《道藏》本作"楗"。抽：许慎注："掘也。"按：抽箕，王念孙《读书杂志》王引之曰："抽箕"当为"扣墓"。备：许慎注："后垣。"

⑤诡（guǐ）文：奇异的文采。弱绤（xī）：细布。罗：稀疏轻软的丝织品。纨：细绢。菅：草鞋、麻鞋。跐踦（cǐ qī）：李哲明《淮南义训疏补》："跐踦"有不齐之义。短：许慎注："楚人谓袍为短。"按：通"裋"（shù），古时童仆穿的粗布衣。

【原文】

昔太公望、周公旦受封而相见，太公问周公曰："何以治鲁？"周公曰："尊尊亲亲。"太公曰："鲁从此弱矣。"周公问太公曰："何以治齐？"太公曰："举贤而上功①。"周公曰："后世必有劫杀之君。"其后齐日以大，至于霸，二十四世而田氏代之②。鲁日以削，至三十二世而亡③。故《易》曰："履霜，坚冰至。"圣人之见，终始微言。故糟丘生乎象櫡，炮烙生乎热升④。

【注释】

①上功：崇尚功勋。"举贤"句：许慎注："举贤上功，则民竞，故劫杀。"

②二十四世：从齐太公姜尚到战国齐康公，二十四代。田氏代之：田氏，指田成子，春秋齐国贵族。齐简公四年，杀简公，任相国，从此由陈氏专政。

③三十二世：指鲁伯禽到鲁顷公，共三十二世，《氾论训》作"三十六"，应作"三十四"。

④糟丘：酿酒所余的糟滓堆积如丘。"糟丘"二句：许慎注："纣为长夜之饮，积糟成丘者，起于象櫡。"櫡，即"箸"，筷子。热升：《北堂书钞·服饰部》四引作"热斗"，即熨斗。

【原文】

广厦阔屋，连闼通房，人之所安也，鸟入之而忧①；高山险阻，深林丛薄，虎豹之所乐也，人入之而畏②；川谷通原，积水重泉，鼋鼍之所便也，人入之而死；《咸池》《承云》《九韶》《六英》，人之所乐也，鸟兽闻之而惊③；深溪峭岸，峻木寻枝，猿狖之所乐也，人上之而慄。形殊性诡，所以为乐者，乃所以为哀；所以为安者，乃所以为危也。乃至天地之所覆载，日月之所照诡，使各便其性，安其居，处其宜，为其能④。

【注释】

①闼（tà）：门也。通房：房室连接相通。

②丛薄：草木丛深之处。

③《咸池》：黄帝时乐名。《承云》：《吕氏春秋·古乐》认为是帝颛顼之乐。《九韶》：《山海经·大荒西经》认为是夏启之乐。《六英》：帝颛顼乐。

④照误（jì）：即诏告义。《文子·自然》作"日月之所照"，无"误"字。

【原文】

故尧之治天下也，舜为司徒，契为司马，禹为司空，后稷为大田师，奚仲为工①。其导万民也，水处者渔，山处者木，谷处者牧，陆处者农。地宜其事，事宜其械，械宜其用，用宜其人。泽皋织网，陵阪耕田，得以所有易所无，以所工易所拙②。是故离叛者寡，而听从者众。譬若播棋丸于地，员者走泽，方者处高，各从其所安，夫有何上下焉？若风之过箫也，忽然感之，各以清浊应矣。

【注释】

①司徒：官名，西周始置，掌管上地和人民。契：传说中商的始祖，其母简狄，吞燕卵而生。司马：掌军政、军赋。司空：掌管工程。后稷：周朝始祖，其母姜嫄，踏巨人迹而生。大田师：王念孙《读书杂志》："师"字当在"工"字下。大田，田官之长也。奚仲：古代传说中车的发明者，黄帝之后，曾为夏代车正。工：《文子·自然》作"工师"，掌管百工和官营手工业。

②皋：沼泽。阪：山坡。"得以所有"句：《文子·自然》作："如是则民得以所有易所无。"

【原文】

夫竹之性浮，残以为牒，束而投之水则沉，失其体也①。金之性沉，托之于舟上则浮，势有所枝也。夫素之质白，染之以涅则黑②；缣之性黄，染之以丹则赤③。人之性无邪，久湛于俗则易④。易而忘其本，合于若性。故日月欲明，浮云盖之；河水欲清，沙石濊之⑤；人性欲平，嗜欲害之，唯圣人能遗物而反己。夫乘舟而惑者，不知东西，见斗、极则寤矣。夫性亦人之斗、极矣。

【注释】

①残：剖开。牒（dié）：简札。体：指本身特性。

②涅：矿物名，可作黑色染料。

③缣（jiān）：细绢。丹：即丹砂。

④无邪：即淳朴无邪。《荀子·性恶》主"性恶"，《孟子·告子上》主"性善"。《淮南子》与两家不同。湛：浸渍。

⑤濊（huì）：《广雅·释诂三》："浊也。"《文子·上德》作"秽"，即污秽义。

【原文】

故鲁国服儒者之礼，行孔子之术，地削名卑，不能亲近来远①。越王句践，劗发文身，无皮弁搢笏之服，拘罢拒折之容，然而胜夫差于五湖，南面而霸天下，泗上十二诸侯皆率九夷以朝②。胡、貉、匈奴之国，纵体施发，箕倨反言，而国不亡者，未必无礼也③。楚庄王裾衣博袍，令行乎天下，遂霸诸侯④。晋文君大布之衣，牂羊之裘，韦以带剑，威立于海内，岂必邹、鲁之礼之谓礼乎⑤？是故入其国者从其俗，入其家者避其讳，不犯禁而入，不逆逆而进，虽之夷狄徒倮之国，结轨乎远方之外，而无所困矣⑥。

【注释】

①来：使归附。

②文身：古代民俗，在身上刺画有色的图案花纹。皮弁（biàn）：古冠名，用白鹿皮制成，为视朝的常服。搢笏（hù）：插笏板于腰带之上。拘罢：许慎注："圆也。"拒折：许慎注："方也。"夫差：春秋吴君，在位二十二年。曾败越，伐齐，与晋争霸。吴灭后自杀。泗上：泗水之滨。十二诸侯：指春秋时鲁、齐、晋、秦、楚、宋、卫、陈、蔡、曹、郑、燕十二诸侯。九夷：泛指四方的少数民族。

③貉：古代东北部少数民族。貉，通"貊"（mò）。纵体：即松缓、不受约束之义。施：许慎注："纵也。"《道藏》本作"拖"。箕倨（jī jù）：伸两足，头据地，若箕状，为傲慢之容。反言：《吕氏春秋·功名》高诱注：“南方有反舌国，舌本在前，末倒向喉，故曰反舌。”按：疑指用卷舌音说话。

④裾（jū）衣：衣服宽大。博袍：宽大的袍子。

⑤大布：粗布。牂羊：母羊。韦：加工过的熟皮。邹鲁：指山东邹城和曲阜，为孟子和孔子的诞生地。

⑥迕（wǔ）逆：违背，违反。徒倮：袒裸。结轨：车辙相连。

【原文】

义者，循理而行宜也；礼者，体情制文者也①。义者，宜也；礼者，体也。昔有扈氏为义而亡，知义而不知宜也②；鲁治礼而削，知礼而不知体也。有虞氏之祀，其社用土，祀中霤，葬成亩③；其乐《咸池》《承云》《九韶》④；其服尚黄。夏后氏其社用松，祀户，葬墙置翣⑤；其乐《夏籥》九成，《六佾》《六列》《六英》⑥；其服尚青。殷人之礼，其社用石，祀门，葬树松；其乐《大濩》《晨露》⑦；其服尚白。周人之礼，其社用栗，祀灶，葬树柏⑧；其乐《大武》《三象》《棘下》⑨；其服尚赤。礼乐相诡，服制相反，然而皆不失亲疏之恩、上下之伦。今握一君之法籍，以非传代之俗，譬由胶柱而调琴也⑩。

【注释】

①义：《释名·释言语》：“义者，宜也。”循理：按照道理。体情：体察情理。制文：节制文饰。

②“昔有扈氏”二句：许慎注：“有扈，夏启之庶兄也，以尧、舜举贤，禹独与子，故伐启，启亡之。”

③祀：于鬯《校淮南子》：“‘祀’盖‘礼’字形近而误。社：即土地神。中霤（liù）：室中央。古代五祀之一，也叫宅神。“葬成亩”句：许慎注：“田亩而葬。”

④“其乐”句：许慎注：“舜兼用黄帝乐。《九韶》，舜所作也。”

⑤夏后氏：古部落名，禹为其领袖，并建立中国历史上第一个朝代。

墙：古代枢车四周的帷幔。翣（shà）：棺饰，形似扇，在路以障车，入椁以障枢。

⑥《夏籥》：又叫大夏。相传是歌颂大禹治水功绩的乐舞，乐曲共九段。九成：九变，即九段。《六佾》：古代乐舞行列，一行八人叫一佾，六佾为四十八人。《六列》：三十六人排列的一种乐舞。《六英》：颛顼之乐，禹用之。

⑦《大濩》《晨露》：许慎注："汤所作乐。"商代著名乐舞。《晨露》，汤时乐舞，伊尹所作。

⑧粟：刘绩《补注》本作"栗"，当是。

⑨《大武》：西周建国初年乐舞，歌颂武王伐纣。《三象》：周初乐舞。《棘下》：周代之乐。

⑩琴：刘绩《补注》本作"瑟"。

【原文】

天下是非无所定，世各是其所是，而非其所非。所谓是与非各异，皆自是而非人。由此观之，事有合于己者，而未始有是也；有忤于心者，而未始有非也。故求是者，非求道理也，求合于己者也；去非者，非批邪施，去忤于心者也①。忤于我，未必不合于人也；合于我，未必不非于俗也。至是之是无非，之非至非无是，此真是非也②。若夫是于此而非于彼，非于此而是于彼者，此之谓一是一非也。此一是非，隅曲也；夫一是非，宇宙也。今吾欲择是而居之，择非而去之，不知世之所谓是非者，不知孰是孰非？

【注释】

①施：通"迤"（yǐ），斜行。

②之非至非：刘绩《补注》本"之""至"倒，当是。

【原文】

晋平公出言而不当，师旷举琴而撞之，跌衽宫壁①。左右欲涂之，平公曰：“舍之！以此为寡人失。”孔子闻之曰：“平公非不痛其体也，欲来谏者也。”韩子闻之曰：“群臣失礼而弗诛，是纵过也。有以也夫，平公之不霸也②。”

【注释】

①晋平公：春秋晋君，名彪，在位二十六年。跌：越过。衽（rèn）：衣襟或袖口。

②有以：有原因。

【原文】

治世之体易守也，其事易为也，其礼易行也，其责易偿矣①。是以人不兼官，官不兼事，士农工商，乡别州异。是故农与农言力，士与士言行，工与工言巧，商与商言数。是以士无遗行，农无废功，工无苦事，商无折货，各安其性，不得相干。故伊尹之兴土功也，修胫者使之跖钁，强脊者使之负土，眇者使之准，伛者使之涂，各有所宜，而人性齐矣②。胡人便于马，越人便于舟，异形殊类，易事而悖，失处而贱，得势而贵。圣人总而用之，其数一也。

【注释】

①体：《文子·下德》作“职”。责：通“债”。

②伊尹：商初重臣，名伊，尹是官名，为奴隶出身。土功：土木建筑工程。跖（zhí）：踏，踩。钁（jué）：《太平御览·地部》二《器物部》九引此，“钁”并作“铧”，铧即耜也。“修胫者”句：许慎注：“长胫以蹋插者，使而入深。”“强脊者”句：许慎注：“脊强者任负重。”“眇者”句：许慎注：“目不正，因令瞄。”按：眇，斜眼，一只眼睛。“伛者”句：许慎注：“伛人涂地，因其俯也。”按：伛（yǔ），曲背。

【原文】

昔武王执戈秉钺以伐纣胜殷，搢笏杖殳以临朝①。武王既殁，殷民叛之。周公践东宫，履乘石，摄天子之位，负扆而朝诸侯，放蔡叔，诛管叔，克殷残商，祀文王于明堂，七年而致政成王②。夫武王先武而后文，非意变也，以应时也；周公放兄诛弟，非不仁也，以匡乱也。故事周于世则功成，务合于时则名立。昔齐桓公合诸侯以乘车，退诛于国以斧钺；晋文公合诸侯以革车，退行于国以礼义。桓公前柔而后刚，文公前刚而后柔。然而令行乎天下、权制诸侯钧者，审于势之变也。

【注释】

①钺（yuè）：大斧；青铜制，盛行于商周。伐纣：《太平御览·兵部》八十四引此无"伐纣"二字。搢：插。笏：古代君臣朝会时所佩记事板，用玉、象牙、竹等制成。杖：执持。殳（shù）：大杖。

②践：踩。东宫：太子所居之宫，也用以指太子。乘石：人君登车所踏之石。扆（yǐ）：指帝王宫殿上设在户牖之间的屏风。蔡叔：名度，武王之弟，封于蔡（今河南上蔡西南）。管叔：名鲜，武王弟，封于管（今河南郑州）。周公平叛后，他被杀死。残：摧毁，又通"践"。商：纣灭后，武王封纣子武庚于商（今河南商丘），奉祀祖先宗庙。

【原文】

治国之道，上无苛令，官无烦治，士无伪行，工无淫巧，其事经而不扰，其器完而不饰①。乱世则不然，为行者相揭以高，为礼者相矜以伪②；车舆极于雕琢，器用逐于刻镂③；求货者争难得以为宝，诋文者处烦扰以为慧④；争为佹辩，久积而不决，无益于治；工为奇器，历岁而后成，不周于用。

故神农之法曰："丈夫丁壮而不耕，天下有受其饥者；妇人当年而不织，天下有受其寒者⑤。"故身自耕，妻亲织，以为天下先。其导民也，不贵难得之货，不器无用之物。是故其耕不强者，无以养生；其织不力者，无以揜形。有余不足，各归其身。衣食饶溢，奸邪不生⑥。安乐无事，而天下均平。故孔丘、曾参，无所施其善，孟贲、成荆，无所行其威⑦。

【注释】

①完：通"院"，坚固。

②揭：这里有标榜义。

③與：古舆、與字通。遽：急。

④诋（dǐ）文：诽谤之义。

⑤"故神农"以下数句：《吕氏春秋·爱类》高诱注："当其丁壮之年，故不耕植，则谷不丰，故有受其饥者也。"

⑥溢：《文子·上义》作"裕"。

⑦成荆：古代勇士。

第十二卷　道应训

【原文】

惠子为惠王为国法，已成而示诸先生，先生皆善之①。奏之惠王，惠王甚说之，以示翟煎②。曰："善！"惠王曰："善，可行乎？"翟煎曰："不可！"惠王曰："善而不可行，何也？"翟煎对曰："今夫举大木者，前呼邪许，后亦应之。此举重劝力之歌也，岂无郑、卫《激楚》之音哉？然而不用者，不若此其宜也③。治国有礼，不在文辩④。"故《老子》曰："法令滋彰，盗贼多有。"此之谓也。

【注释】

①惠子：即惠施。战国宋人，曾为魏惠王相。《汉书·艺文志》"名家"有《惠子》一篇。惠王：即魏惠王，名莹，在位五十一年。

②翟煎：魏臣。

③邪许：打号子的声音。郑、卫《激楚》之音：春秋、战国时流行于郑、卫二国的俗乐。《激楚》：古代歌舞曲名，又指一种高亢凄清的音调。《文子·微明》作"虽郑卫胡楚之音"，知"激"字有误。

④文辩：美丽的辞藻。

【原文】

赵襄子攻翟而胜之，尤人、终人①。使者来谒之，襄子方将食，而有忧色②。左右曰："一朝而两城下，此人之所喜也。今君有忧色，何也？"襄子曰："江、河之大也，不过三日。飘风暴雨，日中不须臾。今赵氏之德行无所积，今一朝两城下，亡其及我乎？"孔子闻之曰："赵氏其昌乎？"夫忧所以为昌也，而喜所以为亡也。胜非其难者也，贤主以此持胜，故其福及后世③。齐、楚、吴、越皆尝胜矣，然而卒取亡焉，不通乎持胜也。唯有道之主能持胜。孔子劲杓国门之关，而不肯以力闻；墨子为守攻，公输般服，而不肯以兵知。善持胜者，以强为弱。故《老子》曰："道冲而用之，又弗盈也。"

【注释】

①翟：通"狄"，古族名。春秋前，长期活动于北方。尤人、终人：北狄二邑名。《列子·说符》作"左人、中人"。《吕氏春秋·慎大》作"老人、终人"。两邑在今河北唐县一带。

②谒（yè）：报告。方：正在。

③"胜非"句：刘绩《补注》本句下有"持之其难者也"句。

【原文】

昔尧之佐九人，舜之佐七人，武王之佐五人①。尧、舜、武王于九、七、五者，不能一事焉。然而垂拱受成功焉，善乘人之资也②。故人与骥逐走，则不胜骥③；托于车上，则骥不能胜人。北方有兽，其名曰蹶，鼠前而菟后，趋则顿，走则颠，常为蛩蛩岠虚取甘草以与之，蹶有患害，蛩蛩岠虚必负而走④。此以其能托其所不能。故《老子》曰："夫代大匠斫者，希不伤其手。"

【注释】

①"尧之佐九人"句：许慎注："谓禹、皋陶、稷、契、伯夷、倕、益、夔、龙也。""舜之佐七人"句：指禹、皋陶、稷、契、益、夔、龙。"武王之佐五人"句：许慎注："谓周公、召公、太公、毕公、毛公也。"

②垂拱：垂衣拱手，形容无所事事，不费力气。资：助。

③骥：骏马。逐走：赛跑。

④麘（jué）：兽名，也叫麘鼠。前足短，后腿长。菟：《别雅》卷四："菟，兔也。"蛩（qióng）蛩驱驉（jù xū）：许慎注："前足长，后足短，故能乘虚而走，不能上也。"按：亦称涿鹿。一说为两种动物。

【原文】

魏武侯问于李克曰："吴之所以亡者，何也①？"李克对曰："数战而数胜②。"武侯曰："数战数胜，国之福，其独以亡，何故也？"对曰："数战则民罢，数胜则主憍，以憍主使罢民，而国不亡者，天下鲜矣③。憍则恣，恣则极虑，上下俱极，吴之亡犹晚④。此夫差之所以自刭于干遂也⑤。"故《老子》曰："功成名遂身退，天之道也。"

【注释】

①魏武侯：战国魏君，名击，文侯子，在位二十六年。李克：又作"里克"，战国法家，曾为魏相十多年。吴：指吴王夫差统治之时。

②"数战而数胜"句：指公元前494年，吴王夫差败越，越王求和。前489年，攻陈。前487年，攻鲁。前484年，败齐于艾陵。前482年，夫差会盟诸侯于黄池。前473年，越王勾践灭吴，夫差求和不成，自杀。

③罢：通"疲"，疲惫。憍（jiāo）：通"骄"。

④"恣则极虑"句：刘绩《补注》本有"极物，罢则怨，怨则"七字。

⑤干遂：春秋吴邑，在今江苏苏州市区西北。

【原文】

宁越欲干齐桓公，困穷无以自达①。于是为商旅，将任车，以商于齐，暮宿于郭门之外②。桓公郊迎客，夜开门，辟任车，爝火甚盛，从者甚众。宁越饭牛车下，望见桓公而悲，击牛角而疾商歌③。桓公闻之，抚其仆之手曰："异哉！歌者非常人也！"命后车载之。桓公及至，从者以请④。桓公赣之衣冠而见，说以为天下⑤。桓公大说，将任之。群臣争之曰："客，卫人也，卫之去齐不远，君不若使人问之。问之而故贤者也，用之未晚。"桓公曰："不然。问之患其有小恶也⑥。以人之小恶而忘人之大美，此人主之所以失天下之士也。"凡听必有验，一听而弗复问，合其所以也。且人固难合也，权而用其长者而已矣。当是举也，桓公得之矣。故《老子》曰："天大、地大、道大、王亦大，域中有四大，而王处其一焉。"以言其能包裹之也。

【注释】

①宁越：刘绩《补注》本作"宁戚"，"宁戚"是。宁戚为卫国贤人，家贫无资，饭牛至齐，干桓公，任大田、相国之职。宁越为战国时代人，曾为周威烈王之师。宁戚与宁越两人相距约二百六十年。达：接近，上达。

②商旅：商贩。将：依持。任：装载。商：《新序》作"适"，《吕氏春秋·举难》作"至"。

③饭：喂养。商歌：商调的歌，低沉而悲壮。

④及：《吕氏春秋·举难》作"反"。

⑤赣：赐给。

⑥小恶：小过失。

【原文】

大王亶父居邠，翟人攻之①。事之以皮帛、珠玉而弗受，曰翟人所求者地，无以财物为也。大王亶父曰："与人之兄居而杀其弟，与人之父处而杀其子，弗为②。皆勉处矣，为吾臣与翟人奚以异③？且吾闻之也，不以其所养害其养④。"杖策而去⑤。民相连而从之，遂成国于歧山之下⑥。大王亶父可谓能保生矣。虽富贵，不以养伤身；虽贫贱，不以利累形。今受其先人之爵禄，则必重失之；［生之］所自来者久矣，而轻失之，岂不惑哉？故《老子》曰："贵以身为天下，焉可以托天下；爱以身为天下，焉可以寄天下矣。"

【注释】

①大王亶（dǎn）父：即古公亶父。周朝第十三代先祖，也称周太王；

文王的祖父。邠：同"豳"，在陕西邠县，今改作彬县。

②弗为：刘绩《补注》本有"吾"字，疑脱。

③勉处：好好地居住下去。翟人：刘绩《补注》本有"臣"字。

④"不以其所养"句：杨树达《淮南子证闻》：文当云："不以其所以养害其所养。""所以养"谓土地，"所养"谓人民也。

⑤杖策：执鞭，指驱马而行。

⑥岐山：在今陕西岐山东北六十里，为周族发祥地。古籍歧、岐通用。

【原文】

楚庄王问詹何曰："治国奈何①？"对曰："何明于治身，而不明于治国。"楚王曰："寡人得立宗庙社稷，愿学所以守之②。"詹何对曰："臣未尝闻身治而国乱者也，未尝闻身乱而国治者也。故本任于身，不敢对以末。"楚王曰："善！"故《老子》曰"修之身，其德乃真"也。

【注释】

①楚庄王："楚王"，指顷襄王，"庄"乃"襄"音近之误。

②立：有"主""奉""涖"诸说。《列子·说符》作"奉"。《大戴礼记·诰志》王聘珍解诂："立，涖也。"

【原文】

桓公读书于堂，轮人斫轮于堂下，释其椎凿，而问桓公曰："君之所读书者，何书也①？"桓公曰："圣人之书。"轮扁曰："其人在焉？"桓公曰："已死矣。"轮扁曰："是直圣人之糟粕耳②。"桓公悖然作色而怒曰："寡人读书，工人焉得而讥之哉？有说则可，无说则死。"轮扁曰："然！有说。臣（诚）〔试〕以臣之斫轮语之。大疾则苦而不入，大徐则甘而不固，不甘不苦，应于手，厌于心，而可以至妙者，臣不能以教臣之子，而臣之子亦不能得之于臣③。是以行年六十，老而为轮。今圣人之所言者，亦以怀其实，穷而死，独其糟粕在耳④。"故《老子》曰："道可道，非常道；名可名，非常名。"

【注释】

①轮人:《庄子·天道》作"轮扁"。椎凿:槌子和凿子。

②直:只是。糟粕:指粗劣之物。

③大疾:很快。苦:有粗糙、滞涩义。大徐:缓慢。甘:有光滑、松弛义。厌:饱。《庄子·天道》作"应"。至妙:最神妙的境界。

④怀其实:指所掌握的规律、经验、精华,不能用言语表达出来。"实",疑为"宝"字之误。

【原文】

晋公子重耳出亡,过曹,无礼焉①。厘负羁之妻谓厘负羁曰:"君无礼于晋公子②。吾观其从者,皆贤人也③。若以相夫子反晋国,必伐曹,子何不先加德焉。"厘负羁遗之壶飧而加璧焉④。重耳受其飧而反其璧。及其反国,起师伐曹,克之,令三军无入厘负羁之里⑤。故《老子》曰:"曲则全,枉则正。"

【注释】

①重耳:春秋晋君,为春秋五霸之一。晋献公之子,在位九年,曾流亡十九年。曹:周初封国,在今山东西部,都陶丘(今山东定陶西南)。此时曹君,名襄,在位三十五年。"君无礼"句:指曹共公让重耳裸体捕鱼,而观其骈胁。

②厘负羁:曹大夫。

③其从者:有狐偃、赵衰、颠颉、魏武子、司空季子等。

④飧(jùn):《玉篇》:"熟食。"

⑤"起师伐曹"句:事在鲁僖公二十八年(晋文公五年),破曹,执曹共公。

【原文】

秦穆公请伯乐曰:"子之年长矣,子姓有可使求马者乎①?"对曰:"良马者,可以形容筋骨相也。相天下之马者,若灭若失,若亡其一②。若此马者，绝尘弭辙③。臣之子皆下材也，可告以良马，而不可告以天下之马。臣有所与供儋缠采薪者九方堙，此其于马，非臣之下也，请见之④。"穆公见之，使之求马。三月而反，报曰："已得马矣，在于沙丘⑤。"穆公问："何马也？"对曰："牡而黄。"使人往取之，牡而骊⑥。穆公不说，召伯乐而问之曰："败矣！子之所使求者，毛物牝牡弗能知，又何马之能知⑦！"伯乐喟然大息曰："一至此乎！是乃其所以千万臣而无数者也。若堙之所观者，天机也⑧。得其精而忘其粗，在其内而忘其外，见其所见而不见其所不见，视其所视而遗其所不视⑨。若彼之所相者，乃有贵乎马者！"马至而果千里之马。故《老子》曰："大直若屈，大巧若拙。"

【注释】

①秦穆公：春秋秦君，名壬好，在位三十九年，为春秋五霸之一。请：刘绩《补注》本作"谓"。伯乐：古代善相马者。子姓：同姓子孙。

②天下之马：指天下的名马。"若灭"二句：若灭若失，忽隐忽现，恍惚迷离的样子。指外部气质很难把握。若亡其一，似有似无的样子。

③绝尘：像离开尘世一样。弭辙：不见痕迹，喻奔跑极为神速。弭：消除。徹：通"辙"。

④儋：俗作"擔"。缠：即绳索。九方堙：春秋时善相马者。《列子·说符》作"九方皋"，《庄子·徐无鬼》作"九方歅"。

⑤沙丘：地名。

⑥牡：刘绩《补注》本作"牝"。骊：《说文》："马深黑色。"

⑦求者：王念孙《读书杂志》："求"下脱"马"字。毛物：即毛色。牡牡：刘绩《补注》本作"牝牡"。

⑧天机：天然的特性。

⑨在：考察。

【原文】

晋伐楚，三舍不止，大夫请击之①。庄王曰："先君之时，晋不伐楚，及孤之身，而晋伐楚，是孤之过也，若何其辱群大夫②？"曰："先臣之时，晋不伐楚，今臣之身，而晋伐楚，此臣之罪也，请王击之。"王俯而泣涕沾襟，起而拜君大夫。晋人闻之曰："君臣争以过为在己，且轻下其臣，不可伐也。"夜还师而归。《老子》曰："能受国之垢，是谓社稷主。"

【注释】

①"晋伐楚"句：楚庄王之时，晋、楚之间发生了三次战争，晋皆战败。三舍：古代行军，以三十里为一舍，三舍为九十里。

②"若何"句：《新序·杂事》四作："如何其辱诸大夫也？大夫曰。""曰"上有"大夫"二字。

【原文】

子发攻蔡，逾之①。宣王郊迎，列田百顷，而封之执圭②。子发辞不受，曰："治国立政，诸侯入宾，此君之德也；发号施令，师未合而敌遁，此将军之威也；兵陈战而胜敌者，此庶民之力也。夫乘民之功劳，而取其爵禄，非仁义之道也。"故辞而弗受。故《老子》曰："功成而不居，夫唯不居，是以不去。"

【注释】

①子发：楚宣王、威王时将军。蔡：指下蔡，即今安徽凤台一带。逾：越过，即战胜之意。

②宣王：战国楚君，叫熊良夫，在位三十年。此处史实记载有误。蔡已于楚惠王四十二年被灭绝祀，不当再有七十余年后攻蔡之事。这里当指公子弃疾和楚灵王攻蔡之事。列：通"裂"。执圭：战国时楚国设立的最高爵位，也称上执圭。

【原文】

晋文公伐原，与大夫期三日①。三日而原不降，文公令去之。军吏曰："原不过一、二日将降矣。"君曰："吾不知原三日而不可得下也，以与大夫期；尽而不罢，失信得原，吾弗为也。"原人闻之曰："有君若此，可弗降也②？"遂降。温人闻，亦请降③。故《老子》曰："窈兮冥兮，其中有精。其精甚真，其中有信。"故"美言可以市尊，美行可以加人"。

【注释】

①原：今河南济源市北。晋文公因帮助周王室平定王子带叛乱，周襄王把原、温等四个城邑赐给他，温、原不服，故出兵讨伐。

②"可弗降也"句：《新序·杂事》作"不可不降也"。

③温：即今河南温县。

【原文】

公仪休相鲁而嗜鱼，一国献鱼，公仪子不受①。其弟子谏曰："夫子嗜鱼，弗受何也？"答曰："夫唯嗜鱼，故弗受。夫受鱼而免于相，虽嗜鱼，不能自给鱼。毋受鱼而不免于相，则能长自给鱼。"此明于为人为己者也。故《老子》曰："后其身而身先，外其身而身存，非以无私？故能成其私②。"一曰："知足不辱。"

【注释】

①公仪休：鲁博士，为鲁相。

②"故《老子》曰"句：引文见于《老子》七章。"非以"句：刘绩《补注》本作"非以其无私邪"。

【原文】

狐丘丈人谓孙叔敖曰："人有三怨，子知之乎①？"孙叔敖曰："何谓也？"对曰："爵高者士妒之，官大者主恶之，禄厚者怨处之。"孙叔敖曰："吾爵益高，吾志益下；吾官益大，吾心益小；吾禄益厚，吾施益博，是以免三怨，可乎？"故《老子》曰："故贵必以贱为本，高必以下为基。"

【注释】

①狐丘：地名。丈人：年长者之称。孙叔敖：春秋时楚庄王令尹。芈氏，名敖，字孙叔，一字艾猎。楚国期思（今河南淮滨）人，辅佐庄王称霸。

【原文】

颜回谓仲尼曰："回益矣①。"仲尼曰："何谓也？"曰："回忘礼乐矣。"仲尼曰："可矣，犹未也。"异日复见，曰："回益矣。"仲尼曰："何谓也？"曰："回忘仁义矣。"仲尼曰："可矣，犹未也。"异日复见，曰："回坐忘矣②。"仲尼造然曰："何谓坐忘③？"颜回曰："隳支体，黜聪明，离形去知，洞于化通，是谓坐忘④。"仲尼曰："洞则无善也，化则无常矣，而夫子荐贤，丘请从之后⑤。"故《老子》曰："载营魄抱一，能毋离乎？专气至柔，能如婴儿乎⑥？"

【注释】

①颜回：春秋末鲁国人，名回，字子渊，孔子弟子，小孔子三十岁。仲尼：孔子，名丘。排行老二，称仲；生于尼丘山，故字仲尼。益：增益，指进步。

②坐忘：许慎注："言坐自忘其身，以至道也。"按：指道家气功所追求的静坐而忘掉物我的精神境界。

③造然：突然变化的样子。

④隳（huī）：废弃。黜（chù）：废除。化通：《庄子·大宗师》作"大通"，即大道义。

⑤荐：先。

⑥营魄：魂魄。

【原文】

秦穆公兴师，将以袭郑①。蹇叔曰："不可②。臣闻袭国者，以车不过百里，以人不过三十里，为其谋未及发泄也，甲兵未及锐弊也，粮食未及乏绝也，人民未及罢病也，皆以其气之高与其力之盛，至，是以犯敌能威。今行数千里，又数绝诸侯之地以袭国，臣不知其可也，君重图之。"穆公不听，蹇叔送师，衰绖而哭之③。师遂行，过周而东④。郑贾人弦高矫郑伯之命，以十二牛劳秦师而宾之⑤。三帅乃惧而谋曰："吾行数千里以袭人，未至而人已知之，其备必先成，不可袭也⑥。"还师而去。当此之时，晋文公适薨未葬⑦。先轸言于襄公曰："昔吾先君与穆公交，天下莫不闻，诸侯莫不知⑧。今吾君薨未葬，而不吊吾丧，而不假道，是死吾君而弱吾孤也，请击之⑨。"襄公许诺。先轸举兵而与秦师遇于殽，大破之，擒其三军以归⑩。穆公闻之，素服庙临，以说于众⑪。故《老子》曰："知而不知，尚矣；不知而知，病也。"

【注释】

①秦穆公：春秋秦君，嬴姓，名壬好。在位三十九年，春秋五霸之一。郑：古国名，开国君主是周宣王弟桓公友，分封于郑（今陕西渭南市华州区东），春秋时都新郑。"袭郑"事：见于《左传·僖公三十二年》。

②蹇（jiǎn）叔：宋隐士，后仕秦为相。

③衰绖（dié）：丧服。缀于胸前的麻布叫衰，系在腰或头上的麻带叫绖。衰，通"缞"（cuī）。

④周：指周都洛阳北门。

⑤弦高：郑国商人。矫：即假传义。

⑥三帅：指秦军统帅孟明视、西乞术、白乙丙。

⑦薨（hōng）：古代称诸侯王之死叫薨。

⑧先轸：晋中军元帅。因食邑在原，又称原轸。襄公：晋襄公，文公之子，在位七年。

⑨未葬：事在鲁僖公三十二年（前628年）。死：以为君死，亦有忘怀之义。弱：认为新君弱小，亦有"欺侮"之义。

⑩殽：刘绩《补注》本作"殽"。在今河南洛宁西北，西接三门峡市陕州区，东接渑池。军：黄锡禧本作"帅"，指军帅、诸将。

⑪素服：白色丧服。临：哭。说：说解。

【原文】

季子治亶父三年，而巫马期绖衣短褐，易容貌，往观化焉^①。见夜鱼释之^②。巫马期问焉，曰："凡子所为鱼者，欲得也。今得而释之，何也？"渔者对曰："季子不欲人取小鱼也。所得者小鱼，是以释之。"巫马期归，以报孔子曰："季子之德至矣。使人暗行，若有严刑在其侧者。季子何以至于此？"孔子曰："丘尝问之以治，言曰'诚于此者刑于彼'，季子必行此术也。"故《老子》曰："去彼取此。"

【注释】

①季子：王念孙《读书杂志》："季"当为"宓"，字之误也。宓子，也作宓子，孔子弟子。亶父：又作单父，在今山东单县。巫马期：字子期，孔子弟子。绖（wèn）衣：古代的一种丧服。

②"见夜鱼"句：《太平御览·鳞介部》七引作"见夜鱼者释之"，《群书治要》引作"见夜渔者得鱼则释之"。

【原文】

秦皇帝得天下，恐不能守，发边戍，筑长城，脩关梁，设障塞，具传车，置边吏，然刘氏夺之，若转闭锤^①。昔武王伐纣，破之牧野，乃封比干之墓，表商容之闾，柴箕子之门，朝成汤之庙^②；发钜桥之粟，散鹿台之钱^③；破鼓折枹，弛弓绝弦，去舍露宿，以示平易^④；解剑带笏，以示无仇^⑤。于此天下歌谣而乐之，诸侯执币相朝，三十四世不夺^⑥。故《老子》曰："善闭者，无关键而不可开也；善结者，无绳约而不可解也。"

【注释】

①秦始皇：即嬴政，平定六国，建立秦朝，前246年—前210年在位。长城：高诱序，淮南以父讳长，故其所著诸"长"字皆曰"脩"。《人间训》"将筑脩城"。传车：传达命令的马车。刘氏：指刘邦。闭锤：古代编织衣物的架子，上有转轴，似纺锤，转动灵活。

②武王：周武王，周朝建立者，姬姓。灭商，建立周王朝，都镐（今陕西长安沣河以东）。牧野：地名，在今河南淇县西南。商容：商代贤

者，曾被纣王废黜。"柴箕子"句：许慎注："纣死，箕子亡之朝鲜，旧居空，故柴护之也。"成汤：商朝的建立者。任用伊尹为相，消灭夏朝。

③钜桥：商代粮仓名。因仓侧水上古有大桥而得名，在今河北曲周县东北。鹿台：大台名，纣王所筑。在今河南汤阴朝歌镇南，亦为贮藏财物之所。

④抱：王鍪本作"枹"，即击鼓杖。

⑤笏：记事之手板，用玉、象牙、竹、木制成。

⑥币：帛。三十四世：从周武王到周赧王，共三十四代。加上"共和"执政，为三十五代。

【原文】

昔孙叔敖三得令尹，无喜志；三去令尹，无忧色①。延陵季子，吴人愿一以为王而不肯②。许由，让天下而弗受。晏子与崔杼盟，临死地不变其仪。此皆有所远通也。精神通于死生，则物孰能惑之？

【注释】

①"昔孙叔敖"二句：见《庄子·田子方》。

②"延陵季子"二句：延陵季子，即春秋吴君寿梦之子季札。一：《吕氏春秋·知分》无"一"字。

【原文】

昔赵文子问于叔向曰："晋六将军，其孰先亡乎①？"对曰："中行、知氏②。"文子曰："何乎？"对曰："其为政也，以苛为察，以切为明，以刻下为忠，以计多为功③。譬之犹廓革者也，廓之，大则大矣，裂之道也。"故《老子》曰："其政惛惛，其民纯纯；其政察察，其民缺缺④。"

【注释】

①赵文子：即赵武，又称赵盂，春秋晋大夫赵朔子。晋景公讨伐赵氏，他随母庄姬养于宫中，后被继立为赵氏后嗣，曾执晋政。叔向：春秋

晋大夫，羊舌氏，名肸，在晋平王时曾任太傅。晋：周初分封的诸侯国。开国君主是周成王弟叔虞，都于唐，春秋晚期被韩、赵、魏所瓜分。六将军：指范氏、中行氏、知氏、韩氏、赵氏、魏氏六卿，统领军队。

②中行：即中行寅，也叫中行文子，姓荀氏。知氏：即知伯瑶，姓荀氏。

③"以苛为察"句：以烦琐苛刻为明察。切：责备、责难。刻下：苛刻严峻对待下民。

④惛惛（hūn）：质朴的样子。纯纯：诚挚的样子。察察：苛求的样子。缺缺：破败的样子。

【原文】

孔子观桓公之庙，有器焉，谓之宥卮①。孔子曰："善哉！予得见此器。"颇顾曰："弟子取水②。"水至，灌之。其中则正，其盈则覆③。孔子造然革容曰："善哉！持盈者乎④！"子贡在侧曰："请问持盈？"曰："挹而损之。"曰："何谓挹而损之？"曰："夫物盛而衰，乐极则悲，日中而移，月盈而亏。是故聪明睿知，守之以愚；多闻博辩，守之以俭；武力毅勇，守之以畏；富贵广大，守之以陋；德施天下，守之以让。此五者，先王所以守天下而弗失也。反此五者，未尝不危也。"故《老子》曰："服此道者不欲盈。夫唯不盈，是以能弊而不新成。"

【注释】

①桓公：鲁桓公，春秋鲁君，名子允，在位十八年。宥卮（yòu zhī）：古代的一种盛水器，有"持中"之意。

②颇顾曰：刘绩《补注》本作"顾曰"。颇，《说文》："头偏也"。顾，《说文》："还视也"，即回头看。二字义近，疑"颇"为衍文。

③"其中则正"句：指水装适中就会端正。"其盈则覆"句：装满了就会倾覆。

④造然：突然。革：改变。持盈：持满。

第十三卷 氾论训

【原文】

鲁昭公有慈母而爱之，死，为之练冠，故有慈母之服①。阳侯杀蓼侯而窃其夫人，故大飨废夫人之礼②。先王之制，不宜则废之；末世之事，善则著之。是故礼乐未始有常也。故圣人制礼乐，而不制于礼乐。治国有常，而利民为本；政教有经，而令行为上。苟利于民，不必法古；苟周于事，不必循旧。

【注释】

①鲁昭公：春秋末鲁君，在位三十二年。慈母：指抚养自己成长的庶母、保姆。练冠：古代丧服，服一年之丧。

②"阳侯"二句：古蓼国在今安徽寿县、霍邱及河南固始一带。

【原文】

夫夏、商之衰也，不变法而亡；三代之起也，不相袭而王①。故圣人法与时变，礼与俗化。衣服器械，各便其用；法度制令，各因其宜。故变古未可非，而循俗未足多也。

【注释】

①三代：指夏禹、商汤、周武王。袭：因袭。

【原文】

百川异源，而皆归于海；百家殊业，而皆务治于①。王道缺而《诗》作②；周室废，礼义坏，而《春秋》作；《诗》《春秋》，学之美者也，皆衰世之造也。儒者循之，以教导于世，岂若三代之盛哉？以《诗》《春秋》为古之道而贵之，又有未作《诗》《春秋》之时。（失）[夫]道之缺也，不若道其全也。诵先王之《诗》《书》，不若闻得其言；闻得其言，不若得其所以言③；得其所以言者，言弗能言也④。故道可道者，非常道也⑤。

【注释】

①百家：《汉书·艺文志》"诸子略"："凡诸子百八十九家。""治于"：刘绩《补注》本作"于治"。

②缺：衰败。

③"诵先王"以下四句：《文子·上义》："诵先王之书，不若闻其言；闻其言，不若得其所以言。"

④"得其"二句：高诱注："圣人所言微妙，凡人虽得之，口不耐以言。"

⑤"故道"二句：高诱注："常道，言深隐幽冥，不可道也。犹圣人之言，微妙不可求。"按：引文见《老子》一章。

【原文】

古者民醇、工厖、商扑、女重，是以政教易化、风俗易移也①。今世德益衰，民俗益薄，欲以朴重之法，治既弊之民，是犹无镝衔橛策而御駻马也②。昔者神农无制令而民从，唐、虞有制令而无刑罚，夏后氏不负言，殷人誓，周人盟③。逮至当今之世，忍訽而轻辱，贪得而寡羞，欲以神农之道治之，则其乱必矣④。

【注释】

①醇（chún）：纯厚，不虚华。厖（máng）：即厚实义。扑：刘绩《补注》本作"朴"。商扑，高诱注："不为诈也。"女重：高诱注："贞正无邪也。"

②朴重：质朴，厚重。镝（dí）衔：马口中所含之铁。橛（jué）：马口中所衔横木，即马衔。駻（hàn）：同駻，即凶悍之马。

③盟：古代杀牲畜歃（shà）血作为信誓。

④訽：骂。

【原文】

今儒、墨者称三代、文、武而弗行，是言其所不行也；非今时之世而弗改，是行其所非也。称其所是，行其所非，是以尽日极虑而无益于治，劳形竭智而无补于主也。今夫图工好画鬼魅而憎图狗马者，何也①？鬼魅不世出，而狗马可日见也。夫存危治乱，非智不能；道而先称古，虽愚有余②。故不用之法，圣王弗行；不验之言，圣王不听③。

【注释】

①鬼魅（mèi）：鬼怪。

②道而：《文子·上义》"道"字在"而"字下。

③"故不用"以下四句：《文子·上义》作："故不用之法，圣人不行也；不验之言，明主不听也。"皆不作"圣王"。

【原文】

天地之气，莫大于和。和者阴阳调，日夜分而生物。春分而生，秋分而成，生之与成，必得和之精。故圣人之道，宽而栗，严而温，柔而直，猛而仁①。太刚则折，太柔则卷，圣人正在刚柔之间，乃得道之本。积阴则沉，积阳则飞，阴阳相接，乃能成和。

【注释】

①栗：坚硬。

【原文】

夫弦歌鼓舞以为乐，盘旋揖让以脩礼，厚葬久丧以送死，孔子之所立也，而墨子非之①。兼爱、上贤，右鬼、非命，墨子之所立也，而杨子非之。全性保真，不以物累形，杨子之所立也，而孟子非之②。趋舍人异，各有晓心③。故是非有处，得其处则无非，失其处则无是。丹穴、太蒙、反踵、空同、大夏、北户、奇肱、脩股之民，是非各异，习俗相反，君臣上下，夫妇父子，自以相使也④。此之是，非彼之是也；此之非，非彼之非也。譬若斤斧椎凿之各有所施也⑤。

【注释】

①盘旋：回旋周转。揖让：拱手谦让。"而墨子"句：《墨子》中有《节用》《节葬》《非乐》等，反对贵族奢侈享乐、厚葬久丧的习俗。

②"全性保真"二句：《韩非子·显学》："不以天下大利，易其胫之一毛。"此记载是对杨朱学术思想的准确阐释。"而孟子"句：高诱注："孟子受业于子思之门，成唐、虞、三代之德，叙《诗》《书》、孔子之意，塞杨、墨淫辞，故'非之'也。"

③晓心：明了于心。

④"丹穴"以下：高诱注："丹穴，南方当日下之地。太蒙，西方日所入处也。反踵（zhǒng），国名，其人南行，武迹北向。空同，戴胜极下之地。大夏，在西方。北户，在南方。奇（jī）肱、脩股之民，在西南方。凡此八者，皆九州之外，八寅之域者也。"自：刘绩《补注》本作"有"。

⑤施：高诱注："宜。"

【原文】

禹之时，以五音听治，悬钟鼓磬铎，置鼗，以待四方之士①。为号曰："教寡人以道者击鼓，谕寡人以义者击钟，告寡人以事者振铎，语寡人以忧者击磬，有狱讼者摇鼗②。"当此之时，一馈而十起，一沐而三捉发，以劳天下之民③。此而不能达善效忠者，则才不足也。

【注释】

①禹：高诱注："颛顼（zhuān xù）后五世鲧（gǔn）之子也，名文命。受禅成功曰禹。"五音：宫、商、角、徵、羽。磬（qìng）：石制敲击乐器。铎：大铃。古代宣布政教法令或战争时使用。鼗（táo）：有柄的小鼓。

②狱讼：指官司案件。

③馈（kuì）：吃饭。劳：忧。

【原文】

秦之时，高为台榭，大为苑囿，远为驰道，铸金人，发適戍，入刍槀，头会箕赋，输于少府①。丁壮丈夫，西至临洮、狄道，东至会稽、浮石，南至豫章、桂林，北至飞狐、阳原，道路死人以沟量②。当此之时，忠谏者谓之不祥，而道仁义者谓之狂。

逮至高皇帝，存亡继绝，举天下之大义，身自奋袂执锐，以为百姓请命于室天③。当此之时，天下雄俊豪英，暴露于野泽，前蒙矢石，而后堕溪壑，出百死而绐一生，以争天下之权④；奋武厉诚，以决一旦之命。当此之时，丰衣博带而道儒、墨者，以为不肖。逮至暴乱已胜，海内大定，继文之业，立武之功，履天子之图籍，造刘氏之貌冠，总邹、鲁之儒、墨，通先圣之遗教，戴天子之旗，乘大路，建九斿，撞大钟，击鸣鼓，奏《咸池》，扬干戚⑤。当此之时，有立武者见疑⑥。一世之间，而文武代为雌雄，有时而用也。

今世之为武者，则非文也；为文者，则非武也。文武更相非，而不知时世之用也。此见隅曲之一指，而不知八极之广大也⑦。故东面而望，不见西墙；南面而视，不睹北方。唯无所向者，则无所不通。

【注释】

①驰道：驰马所行之道。"铸金人"句：高诱注："秦始皇二十六年，初兼天下，有长人见于临洮，其高五丈，足迹六尺。故写其形，铸金人以象之，翁仲、君何是也。"適戍：被贬谪去戍边。適，通"谪"。刍槀（chú gǎo）：牲口吃的草。头会：按人口多少收赋税。箕赋：喻多取民财之意。少府：官名。掌山海池泽收入，为皇帝私府。位列九卿之一。

②临洮（táo）：在今甘肃岷山，以临洮水而得名。狄道：又作"氐道"。在今甘肃武山县东南，古为氐族所居。会（kuài）稽：即今浙江会稽山。浮石：东海岛屿名。豫章：西汉郡名，在今江西南昌。桂林：秦郡名，治所在今广西桂平市西南。飞狐：古太行山要隘名，在今河北涞源县北、蔚县南。阳原：高诱注中一说在今太原，即晋中阳泉市；一说在今河北阳原县熊耳山一带。当以后者为是。

③高皇帝：即汉高祖刘邦。奋袂（mèi）：挥动衣袖。室：刘绩《补注》本作"皇"，皇天，上天。

④绐：通"代"，即换取义。

⑤"继文"二句：高诱注："继文王受命之业，武王诛无道之功。""履天"二句：王念孙《读书杂志》：本作"履天子之籍，造刘氏之冠"。大路：大车，天子所乘，也作大辂。九斿（liú）：天子之旗名。《咸池》：黄帝之乐。

⑥疑：怪异，亦有被猜疑、怀疑之义。

⑦隅曲：室中狭小之处。

【原文】

国之所以存者，道德也①；家之所以亡者，理塞也。尧无百户之郭，舜无植锥之地，以有天下；禹无十人之众，汤无七里之分，以王诸侯。文王处歧周之间也，地方不过百里，而立为天子者，有王道也②。夏桀、殷纣之盛也，人迹所至，舟车所通，莫不为郡县，然而身死人手，为天下笑者，有亡形也。故圣人见化以观其征。德有昌衰，风先萌焉③。故得王道者，虽小必大；有亡形者，虽成必败。夫夏之将亡，太史令终古先奔于商，三年而桀乃亡④；殷之将败也，太史令向艺先归文王，朞年而纣乃亡⑤。故圣人之见存亡之迹、成败之际也，非乃鸣条之野、甲子之日也⑥。今谓疆者胜，则度地计众；富者利，则量粟称金。若此，则千乘之君无不霸王者，而万乘之国无不破亡者矣。存亡之迹，若此其易知也，愚夫惷妇，皆能论之。

【注释】

①"国之"二句：高诱注："道德施行，民悦其化，故国存也。"

②歧：刘绩《补注》本作"岐"。岐周，在今陕西岐山县东北，周族古公亶父从豳（bīn）迁来此地。

③"德有"二句：高诱注："风，气也。萌，见也。言有盛德者，谓文王也。伯夷、太公先见之。有衰德者，谓桀［纣也］。太史令终古及向艺先去之也。"

④终古：传说为夏桀内史。桀凿池为夜宫，男女杂处，三旬不朝，终古泣谏，不听，遂奔商。

⑤向艺：殷纣时史官。

⑥"非乃"二句：高诱注："汤伐桀，禽于鸣条。武王诛纣，以甲子克之。"按：鸣条，在今山西运城市盐湖区安邑镇北。甲子，《史记·殷本纪》："甲子日，纣兵败。"

【原文】

管仲辅公子纠而不能遂，不可谓智①；遁逃奔走，不死其难，不可谓勇②；束缚桎梏，不讳其耻，不可谓贞。当此三行者，布衣弗友，人君弗臣。然而管仲免于束缚之中，立齐国之政，九合诸侯，一匡天下。使管仲出死捐躯，不顾后图，岂有此霸功哉③？

【注释】

①公子纠：齐襄公之弟。襄公死后，在争夺齐国政权过程中失败，被其弟公子小白（齐桓公）逼死。遂：成功。

②"遁逃"二句：高诱注："不死子纠之难也。"

③出死：殉义之死。捐躯：为国家、正义而死，称捐躯。后图：后来的计划。

【原文】

今人君论其臣也，不计其大功，总其略行，而求小善，则失贤之数也①。故人有厚德，无问其小节；而有大誉，无疵其小故。夫牛蹄之涔，不能生鳣鲔②；而蜂房不容鹄卵，小形不足以包大体也。

【注释】

①略：《广雅·释言》："要也。"略行，即主要的品行。数：指统治方法。

②涔：雨水。鳣（zhān）：即鳇鱼。鲔（wěi）：指鲟（xún）鱼。

【原文】

夫尧、舜、汤、武，世主之隆也；齐桓、晋文，五霸之豪英也。然尧有不慈之名，舜有卑父之谤，汤、武有放弑之事，伍伯有暴乱之谋，是故君子不责备于一人①。方正而不以割，廉直而不以切，博通而不以訾，文武而不以责。求于一人，则任以人力，自脩则以道德。责人以人力，易偿也；自脩以道德，难为也。难为则行高矣，易偿则求赡矣。夫夏后氏之璜，不能无考②；明月之珠，不能无颣③。然而天下宝之者，何也？其小恶不足妨大美也。今志人之所短，而忘人之所脩，而求得其贤乎天下，则难矣。

【注释】

①"然尧有"句：高诱注："谓不以天下予子丹朱也。""舜有"句：高诱注："谓瞽（gǔ）叟降在庶人也。""汤、武"句：高诱注："殷汤放桀南巢，周武杀纣宣室。""伍伯"句：出自《吕氏春秋·当务》。

②璜：半璧曰璜。考：璧有瑕疵。

③颣（lèi）：斑点，瑕疵。

【原文】

夫百里奚之饭牛，伊尹之负鼎，太公之鼓刀，宁戚之商歌，其美有存焉者矣①。众人见其位之卑贱，事之污辱，而不知其大略，以为不肖②。及其为天子三公，而立为诸侯贤相，乃始信于异众也。

【注释】

①"夫百里奚"句：百里奚，春秋秦大夫。原为奴隶，曾为人喂牛。作为陪嫁送往秦，逃到楚，秦穆公以五张牡黑羊皮赎回，后帮助穆公成就霸业。"伊尹"句：伊尹曾为厨师，负鼎俎，调五味，以求汤，汤任为贤相。见"太公"句：高诱注："河内汲人。有屠、钓之困，卒为文王佐，翼武王伐纣也。"按：汲，即今河南卫辉市。"宁戚"句：高诱注："宁戚，卫人也，商旅于齐，宿郭门外，疾世商歌，以干桓公。桓公夜出迎客，闻之，举以为大田。其歌曲在《道应》说也。"

②洿（wū）辱：污浊，耻辱。

【原文】

夫发于鼎俎之间，出于屠酤之肆，解于累绁之中，兴于牛领之下，洗之以汤沐，祓之以爟火，立之于本朝之上，倚之于三公之位，内不惭于国家，外不愧于诸侯，符势有以内合①。故未有功而知其贤者，尧之知舜；功成事立而知其贤者，市人之知舜也。为是释度数而求之于朝肆草莽之中，其失人也必多矣。何则？能效其求，而不知其所以取人也。

【注释】

①俎（zǔ）：切肉用的砧板。酤：酒店。肆：指作坊。累绁（xiè）：绳索捆绑之义。兴：兴起。祓（fú）：古代为消灾求福而举行的一种祭祀活动。爟（guàn）火：古代掌火之官。符势：符验的情势。

【原文】

齐威王设大鼎于庭中，而数无盐令曰："子之誉日闻吾耳，察子之事，田野芜，仓廪虚，囹圄实，子以奸事我者也①。"乃烹之。齐以此三十二岁道路不拾遗。此刑省奸禁者也。

【注释】

①无盐：战国齐邑，在今山东东平县东。

【原文】

秦穆公出游而车败，右服失马，野人得之①。穆公追而及之岐山之阳，野人方屠而食之。穆公曰："夫食骏马之肉，而不还饮酒者，伤人②。吾恐其伤汝等。"遍饮而去之。处一年，与晋惠公为韩之战③。晋师围穆公之车，梁由靡扣穆公之骖，获之④。食马肉者三百余人，皆出死为穆公战于车下，遂克晋，虏惠公以归。此用约而为得者也。

【注释】

①"右服"句：四马车，两马在中间为"服"，两马在边为"骖"。

②还：急速。

③"与晋惠公"句：高诱注："晋惠公夷吾倍秦纳己之赂，秦兴兵伐晋，战于晋地韩原也。"按：晋惠公，名夷吾，春秋晋君，在位十四年。韩：指晋地韩原。

④梁由靡：晋臣。扣：牵。

【原文】

故圣人因民之所喜而劝善，因民之所恶以禁奸。故赏一人而天下誉之，罚一人而天下畏之。故至赏不费，至刑不滥①。孔子诛少正卯，而鲁国之邪塞；子产诛邓析，而郑国之奸禁。以近论远，以小知大也。故圣人守约而治广者，此之谓。

【注释】

①"故至赏"二句：高诱注："赏当赏，不虚费。刑当刑，不伤善。"

第十四卷　诠言训

【原文】

王子庆忌死于剑，羿死于桃棓，子路菹于卫，苏秦死于口①。

人莫不贵其所有，而贱其所短，然而皆溺其所贵，而极其所贱。所贵者有形，所贱者无朕也②。故虎豹之强来射，猿狖之捷来措③。人能贵其所贱，贱其所贵，可与言至论矣。

【注释】

①"王子庆忌"句：许慎注："王子庆忌者，吴王僚之弟子。阖闾弑僚，庆忌勇健，亡在郑。阖闾畏之，使要离刺庆忌也。"按：庆忌，吴王僚之子。"羿死于"句：许慎注："棓（bàng），大杖，以桃木为之，以击杀羿。犹是已来，鬼畏桃也。""苏秦"句：许慎注："苏秦好说，为齐所杀。"

②朕：形迹。

③来：招来。措：通"箭"（cè），刺。

【原文】

詹何曰："未尝闻身治而国乱者也，未尝闻身乱而国治者也。"矩不正，不可以为方；规不正，不可以为员。身者事之规矩也，未闻枉己而能正人者也。

原天命，治心术，理好憎，适情性，则治道通矣。原天命，则不惑祸福；治心术，则不忘喜怒①；理好憎，则不贪无用；适情性，则欲不过节。不惑祸福，则动静循理；不妄喜怒，则赏罚不阿；不贪无用，则不以欲用害性；欲不过节，则养性知足。凡此四者，弗求于外，弗假于人，反己而得矣。

【注释】

①忘：刘绩《补注》本作"妄"。

【原文】

为治之本，务在于安民；安民之本，在于足用；足用之本，在于勿夺时；勿夺时之本，在于省事；省事之本，在于节欲；节欲之本，在于反性；反性之本，在于去载①。去载则虚，虚则平。平者道之素也，虚者道之舍也②。

【注释】

①去载：抛弃外面的文饰。以上亦载于《齐民要术·种谷第三》。

②素：本色。"虚者"句：《韩非子·扬权》："虚心以为道舍。"道舍，藏道之处所。

【原文】

能成霸王者，必得胜者也；能胜敌者，必强者也；能强者，必用人力者也；能用人力者，必得人心也；能得人心者，必自得者也；能自得者，必柔弱也。强胜不若己者，至于与同则格^①；柔胜出于己者，其力不可度。故能以众不胜成大胜者，唯圣人能之。

【注释】

①"强胜"二句：许慎注："言人力能与己力同也，己以强加之，则战格也。"

【原文】

人举其疵则怨人，鉴见其丑则善鉴^①。人能接物而不与己焉，则免于累矣^②。

公孙龙粲于辞而贸名，邓析巧辩而乱法，苏秦善说而亡^③。国由其道，则善无章^④；脩其理，则功无名^⑤。故以巧斗力者，始于阳，常卒于阴^⑥；以慧治国者，始于治，常卒于乱。使水流下，孰弗能治？激而上之，非巧不能。故文胜则质掩，邪巧则正塞之也。

【注释】

①疵（cī）：指毛病、错误。鉴：镜子。

②"人能"二句：许慎注："'而不与己'，若镜人形，而不有好憎也。"

③"公孙龙"句：许慎注："公孙龙以白马非马、冰不寒、炭不热为论，故曰'贸'也。"粲：即鲜明义。贸名：指变换概念。"邓析"句：许慎注："邓析教郑人以讼，讼不俱回，子产诛之也。""苏秦"句：许慎注："苏秦死于齐也。"

④国：刘绩《补注》本以"亡国"断句。

⑤功：刘绩《补注》本作"巧"。脩：即推行、施行义。

⑥"故以巧"以下几句：许慎注："言知巧之所施，始之于阳善，终之于阴恶也。"

【原文】

凡人之性，少则昌狂，壮则暴强，老则好利。一身之身既数既变矣，又况君数易法，国数易君？人以其位通其好憎，下之径衢，不可胜理①。故君失一则乱，甚于无君之时。故《诗》曰："不愆不忘，率由旧章②。"此之谓也。

【注释】

①径衢（qú）：指小路和大道。

②"不愆"二句：见于《诗·大雅·假乐》。愆（qiān）：过失。率：依循。

【原文】

凡治身养性，节寝处，适饮食，和喜怒，便动静，使在己者得，而邪气因而不生①。岂若忧瘕疵之与痊疽之发，而豫备之哉②？夫函牛（也）〔之〕鼎沸，而蝇蚋弗敢入③。昆山之玉瑱，而尘垢弗能污也④。

【注释】

①使：《道藏》本作"内"。

②瘕：妇女腹中鼓胀病。疵：《说文》："病也。"疑作"疝"。《说文》："疝，腹病也。"即男子疝气。

③蚋（ruì）：蚊子。

④瑱（zhèn）：通"缜"，细密。

【原文】

三代之所道者，因也。故禹决江河，因水也；后稷播种树谷，因地也；汤、武平暴乱，因时也。故天下可得而不可取也，霸王可受而不可求也。在智，则人与之讼；在力，则人与之争。未有使人无智者，有使人不能用其智于己者也①；未有使人无力者，有使人不能施其力于己者也②。此两者，常在久见。故君贤不见，诸侯不备；不肖不见，则百姓不怨；百姓不怨，则民用可得。诸侯弗备，则天下之时可承③。事所与众同也，功所与时成也，圣人无焉。故《老子》曰："虎无所措其爪，兕无所措其角。"盖谓此也。

①"未有"句：许慎注："言己不能使敌国遇而无智也。"按：《道藏》本注"遇"作"愚"。"有使人"句：许慎注："使人之智不能于己。"

②"未有"二句：许慎注："言己不能使人无智力，但能使人不以智力加于己。"

③承：通"乘"，趁着。

【原文】

贾多端则贫，工多技则穷，心不一也。故木之大者害其条，水之大者害其深。有智而无术，虽钻之不通①；有百技而无一道，虽得之弗能守。故《诗》曰："淑人君子，其仪一也；其仪一也，心如结也。"君子其结于一乎？

【注释】

①"有智"二句：许慎注："虽有智慧，钻之弥牢，无术不能达也。"

【原文】

非易不可以治大，非简不可以合众；大乐必易，大礼必简；易故能天，简故能地；大乐无怨，大礼不责；四海之内，莫不系统，故能帝也①。

【注释】

①系统：联属而统率。

【原文】

心有忧者，筐床在席弗能安也，菰饭犓牛弗能甘也，琴瑟鸣竽弗能乐也①。患解忧除，然后食甘寝宁，居安游乐。由是观之，性有以乐也，死有以哀也②。今务益性之所不能乐，而以害性之所以乐，故虽富有天下，贵为天子，而不免为哀之人。

【注释】

①筐床：方正安适的卧床。在：《道藏》本作"衽"。衽席，柔软的卧席。菰：《广雅·释草》："菰，蒋也。其米谓之彫胡。"犓（chú）牛：小牛。

②性：通"生"。死：蒋礼鸿《淮南子校记》："死"字衍。"性有以乐也，有以哀也"作一句读。

【原文】

凡人之性，乐恬而憎悯，乐佚而憎劳①。心常无欲，可谓恬矣；形常无事，可谓佚矣。游心于恬，舍形放佚，以俟天命。自乐于内，无急于外。虽天下之大，不足以易其一概；日月廋而无溉于志②。故虽贱如贵，虽贫如富。

【注释】

①悯（mǐn）：即忧愁义。

②廋（sōu）：有隐藏、藏匿义。溉：灌。"日月"句：许慎注："己自隐藏，不以他欲灌其志也。"

【原文】

大道无形，大仁无亲，大辩无声，大廉不嗛，大勇不矜①。五者无弃，而几乡方矣②。

【注释】

①嗛（xián）：即贪食义。

②"五者"二句：许慎注："方，道也。庶几向于道也。"

【原文】

《诗》之失僻，《乐》之失刺，《礼》之失责①。徵音非无羽声也，羽音非无徵声也。五音莫不有声，而以徵羽定名者，以胜者也②。故仁义智勇，圣人之所备有也，然而皆立一名者，言其大者也③。

①"《诗》之"句：许慎注："《诗》者，衰世之风也，故邪而以之正。小人失其正，则入于邪。"按：僻，有邪僻、僻陋义。"《乐》之"句：许慎注："乡饮酒之乐歌《鹿鸣》，《鹿鸣》之作，君有酒肴，不召其臣，臣怨而刺上者，非也。"按：刺，有怨刺义。"《礼》之"句：许慎注："《礼》无往不复，有施于人则责之。"按：责，责难。

②"五音"三句：许慎注："徵音之中有羽声，而以徵音名之者，羽音微，以著言者也。"顾广圻《校淮南子》：注文"羽音微"，"微"当作"微"。

③"然而"句：许慎注："立一名，谓仁义智勇兼以圣人之言。"

【原文】

阳气起于东北，尽于西南；阴气起于西南，尽于东北。阴阳之始，皆调适相似，日长其类，以侵相远①。或热焦沙，或寒凝水。故圣人谨慎其所积。水出于山，而入于海；稼生于野，而藏于廪，见所始则知终矣。

【注释】

①"以侵相远"句：许慎注："言阳气自大寒日月〔日〕长温，以致大热，与大寒相远也。"按：侵，即逐渐之义。

【原文】

席之先藿蕈，樽之上玄樽，俎之先生鱼，豆之先泰羹①。此皆不快于耳目，不适于口腹，而先王贵之：先本而后末②。

【注释】

①"席之先"句：许慎注："席之先所从生，出于藿与萆苇也。"按：藿，字应作"萑"（huán），荻类植物。"樽之上"句：许慎注："樽，酒器。所尊者玄水。"按：玄樽，亦称玄酒，古代祭祀用水。也指薄酒。"俎之先"句：许慎注："祭俎上肴以生鱼也。""豆之先"句：许慎注："木豆谓之豆。所盛大羹，不调五味。"按：泰羹，古代祭祀用

不调五味的汁。

②"而先王"句：许慎注："贵之，以祭宗庙。"

第十五卷　兵略训

【原文】

兵之所由来者远矣。黄帝尝与炎帝战矣，颛顼尝与共工争矣。故黄帝战于涿鹿之野，尧战于丹水之浦，舜伐有苗，启攻有扈，自五帝而弗能偃也，又况衰世乎①？

【注释】

①"故黄帝"句：许慎注："黄帝与蚩尤战于涿鹿。涿鹿，在上谷。"按：即今河北涿鹿。"尧战"句：许慎注："尧以楚伯受命，灭不义于丹水。丹水，在南阳。"依许注，丹水在今河南西南部。"舜伐"句：许慎注："有苗，三苗。""启攻"句：许慎注："禹之子启伐有扈于甘，甘在右扶风郡。"甘，在今陕西户县一带。偃：停息。

【原文】

刑，兵之极也；至于无刑，可谓极之矣。

是故大兵无创，与鬼神通；五兵不厉，天下莫之敢当①；建鼓不出库，诸侯莫不慴悷沮胆其处②。故庙战者帝，神化者王③。所谓庙战者，法天道也；神化者，法四时也④。脩政于境内，而远方慕其德；制胜于未战，而诸侯服其威，内政治也。

【注释】

①五兵：五种兵器。《庄子·天道》成玄英疏："五兵者，一弓，二殳（shū），三矛，四戈，五戟也。"

②建鼓：古代召集军队或发号施令用的鼓。慴悷（shè líng）：恐怖义。沮（jǔ）：丧。

③庙战：指谋于庙堂而胜敌，也称庙算、庙胜。神化：神妙的变化。

④法：古钞卷子本作"则"。

【原文】

兵有三诋①。治国家，理境内；行仁义，布德惠；立正法，塞邪隧；群臣亲附，百姓和辑②；上下一心，君臣同力；诸侯服其威，而四方怀其德；脩政庙堂之上，而折冲千里之外③；拱揖指挥，而天下响应，此用兵之上也④。

地广民众，主贤将忠，国富兵强，约束信，号令明，两军相当，鼓铎相望，未至兵交接刃，而敌人奔亡，此用兵之次也⑤。

知土地之宜，习险隘之利，明奇政之变，察行陈解赎之数，维抱绀而鼓之，白刃合，流矢接，涉血属肠，舆死扶伤，流血千里，暴骸盈场，乃以决胜，此用兵之下也⑥。

今夫天下皆知事治其末，而莫知务脩其本，释其根而树其枝也。

【注释】

①诋：通"柢"，即根本、要则。

②和辑：和睦融洽。

③庙堂：宗庙和明堂，这里指朝廷。折冲：使敌人战车后撤；冲，古代战车的一种。

④拱揖指挥（huī）：从容安舒，指挥若定。

⑤铎（chún）：古代军用乐器。兵交：《文子·上义》作"交兵"。

⑥奇政：指一般、特殊的变化。解赎：刘绩《补注》本作"续"，即往来通达义。抱：刘绩《补注》本作"炮"。《说文》："枹，击鼓杖也。"即鼓槌。"维抱绀"句：古钞卷子本作"绀枹而鼓之"。"属"：古钞卷子本作"屦"（jù），"屦"谓践履也。

【原文】

夫论除谨，动静时，吏卒辨，兵甲治，〔此司马之官也。〕①

正行五，连行伯，明鼓旗，此尉之官②。

前后知险易，见敌知难易，发斥不亡遗，此候之官也。

隧路亟，行辎治，赋丈均，处军辑，井灶通，此司空之官也③。

收藏于后，迁舍不离，无淫舆，无遗辎，此舆之官也。

凡此五官之于将也，犹身之有股肱手足也，必择其人，技能其才，使官胜其任，人能其事。告之以政，申之以令，使之若虎豹之有爪牙，飞鸟之有六翮，莫不为用，然皆佐胜之具也，非所以必胜也④。

兵之胜败，本在于政。政胜其民，下附其上，则兵强矣；民胜其政，下畔其上，则兵弱矣⑤。故德义足以怀天下之民，事业足以当天下之急，选举足以得贤士之心，谋虑足以知强弱之势，此必胜之本也。

【注释】

①"夫论除"句："论"通"抡"，即除官，授官。辨：治理。"兵甲治"句：王念孙《读书杂志》王引之曰："兵甲治"下，当有"此司马之官也"一句。

②行五：二十五人为行，五人为伍；行：《道藏》本作"什"。伯：通"佰"。十人为什，百人为佰。尉：许慎注："军尉，所以尉镇众也。"

③隧：即地道。亟：通"棘"，即急速义。行辎：许慎注："道路辎重。""赋丈均"句：许慎注："赋，治。军垒尺丈均平。"辑：和谐。司空：负责修缮工程的官员。

④六翮（hé）：指健羽。具：必备条件。

⑤畔：通"叛"，叛离。

【原文】

地广人众，不足以为强；坚甲利兵，不足以为胜；高城深池，不足以为固；严令繁刑，不足以为威。为存政者，虽小必存①；为亡政者，虽大必亡。

昔者楚人地，南卷沅、湘，北绕颍、泗，西包巴、蜀，东裹郯、淮②。颍、汝以为洫，江、汉以为池③。垣之以邓林，绵之以方城④。山高寻云，溪肆无景。地利形便，卒民勇敢。蛟革犀兕，以为甲胄；脩铩短铋，齐为前行⑤；积弩陪后，错车卫旁⑥；疾如锥矢，合如雷电，解如风雨⑦。然而兵殆于垂沙，众破于柏举⑧。楚国之强，大地计众，中分天下，然怀王北畏孟尝君，背社稷之守，而委身强秦，兵挫地削，身死不还⑨。

【注释】

①存政：使人民生存的政治。

②楚人地：古钞卷子本作"昔楚之地"，无"人"字。卷：席卷。沅：源于贵州云雾山，经湖南，入洞庭湖。湘：源出广西兴安县海阳山西麓，经湖南，入洞庭湖。颍：源出于河南登封嵩山西南，经安徽正阳关入淮河。泗：古泗水源于山东泗水县东蒙山南麓，经山东、江苏徐州入淮河。巴、蜀：古诸侯国名，在今重庆和四川成都一带。郯（tán）：在今山东郯城。淮：古钞卷子本作"邳"。邳（pī），即江苏邳州市。

③汝：源于河南鲁山县大盂山，经安徽入淮河。洫：壕沟。池：护城河。

④垣：城墙。邓林：在今陕西勉县境内。绵：络绕义。方城：春秋楚长城，在今河南方城县北至邓州市一带。

⑤铩（shā）：长刃矛。铋（cōng）：小矛。前行：前列。

⑥积弩：装有机栝，可以连发之弩。错车：铜铁装饰的车。

⑦锥矢：指箭头小而速度极快之矢。

⑧殆：失败。垂沙：今河南唐河西南。柏举：在今湖北麻城一带。

⑨大：王念孙《读书杂志》："大"当为"支"，字之误也。怀王：战国楚君，被秦扣留，死于秦，在位三十年。孟尝君：战国齐国贵族，名田文，曾任齐相，为战国四君子之一。"身死"句：楚怀王死于公元前297年。

【原文】

二世皇帝，势为天子，富有天下①。人迹所至，舟楫所通，莫不为郡县②。然纵耳目之欲，穷侈靡之变，不顾百姓之饥寒穷匮也③。兴万乘之驾，而作阿房之宫，发闾左之戍，收太半之赋，百姓之随逮肆刑，挽辂首路死者，一旦不知千万之数④。天下敖然若焦热，倾然若苦烈，上下不相宁，吏民不相慭⑤。戍卒陈胜，兴于大泽，攘臂袒右，称为大楚，而天下响应。当此之时，非有牢甲利兵，劲弩强冲也，伐棘枣而为矜，周锥凿而为刃，剡撣䇶，奋儋钁，以当脩戟强弩，攻城略地，莫不降下⑥。天下为之麋沸蚁动，云彻席卷，方数千里⑦。势位至贱，而器械甚不利。然一人唱而天下应之者，积怨在于民也。

【注释】

①二世皇帝：秦始皇少子胡亥。

②楫：船桨。

③侈靡：奢侈糜烂。穷匮：穷尽。

④兴：兴起。阿房之宫：在今陕西西安阿房村。闾左：里门之左。秦时居于此者为贫民。太半之赋：指三分之二的赋税。随逮：有相从被捕义。肆刑：极刑。挽：古钞卷子本作"枕"。辂（lù）：即车辕上供人牵挽的横木。首路：头朝路。《广雅·释诂四》："首，向也。"

⑤敖：通"熬"。敖然，忧虑的样子。倾然：悲伤的样子。慭：通"赖"，有依赖义。

⑥棘（jí）枣：许慎注："酸枣也。"矜（qín）：许慎注："矛柄。""周锥凿"句：许慎注："周，内也。然矜以内钻凿也。"按：锥凿，即矛头。剡（yǎn）：《说文》："锐利也。"撣（chàn）：有削义。䇶（tú）：借为"梌"，刺木，依文义当作"撣剡䇶"，举锐利之刺木也。儋：古"担"字。钁（jué）：即大锄之类。强弩：劲矢。

⑦麋沸：混乱的样子。

【原文】

武王伐纣，东面而迎岁，至汜而水，至共头而坠，彗星出而授殷人其柄①。当战之时，十日乱于上，风雨击于中，然而前无蹈难之赏，而后无遁北之刑，白刃不毕拔，而天下传矣。是故善守者无与御，而善战者无与斗，明于禁舍开塞之道，乘时势、因民欲，而取天下。

【注释】

①岁：即岁星。古人认为岁星在寅是吉兆。汜：当作"汜"，讹作"汜"，古地名，在今河南中牟县南。共头：山名，在今河南济源市境内。坠：崩落。"彗星出"句：许慎注："时有彗星，柄在东方，可以扫西人也。"按：天文学家张钰哲认为，根据哈雷彗星回归理论，"武王伐纣"时"彗星出"，应在公元前1057年。夏商周断代工程定在公元前1046年1月20日。

【原文】

汤之地方七十里而王者，脩德也；智伯有千里之地而亡者，穷武也。故千乘之国，行文德者王；万乘之国，好用兵者亡。

凡用兵者，必先自庙战。主孰贤，将孰能，民孰附，国孰治，蓄积孰多，士卒孰精，甲兵孰利，器备孰便，故运筹于庙堂之上，而决胜乎千里之外矣①。

【注释】

①"主孰贤"以下八句：化自《孙子·计篇》。运筹：策划。

【原文】

兵有三势，有二权①。有气势，有地势，有因势。

将充勇而轻敌，卒果敢而乐战，三军之众，百万之师，志厉青云，气如飘风，声如雷霆，诚积踰而威加敌人，此谓气势②；

硖路津关，大山名塞，龙蛇蟠，却笠居，羊肠道，发笱门，一人守隘，而千人弗敢过也，此谓地势③；

因其劳倦、怠乱、饥渴、冻暍，推其�，挤其揭揭，此谓因势④。

善用间谍，审错规虑，设蔚施伏，隐匿其形，出于不意，敌人之兵，无所适备，此谓知权；

陈卒正，前行选，进退俱，什伍抟，前后不相撺，左右不相干，受刃者少，伤敌者众，此谓事权⑤。

权势必形，吏卒专精，选良用才，官得其人，计定谋决，明于死生，举错得失，莫不振惊⑥。

故攻不待冲隆云梯而城拔，战不至交兵接刃而敌破，明于必胜之攻也⑦。

【注释】

①三势：气势，指军队的斗志。地势，指选取有利的地形。因势，指善于抓住战机。二权：知权，指懂得灵活掌握战机。事权，指行事的权宜或权能。

②蹸：古钞卷子本"蹸"上有"精"字。蹸，胜。

③陜：通"狭"。津：渡口。蟠（pán）：弯曲。"却笠居"句：《后汉书·文苑列传》李贤等注引《淮南子》作"簦笠居"。簦（dēng）笠，指山形高低起伏如竹笠。"羊肠道"句：许慎注："羊肠，一屈一伸。""发笱（gǒu）门"句：笱，竹制捕鱼器，可进不可出。

④暍（yē）：中暑。撍撍（yáo）：许慎注："欲卧也。"按：古钞卷子本作"摇摇"，即排挤使坠下之意。揭揭：即动摇不定的样子。

⑤选（xuàn）：整齐。抟（tuán）：聚集。撚（niǎn）：践踏。

⑥失：古钞卷子本作"时"。

⑦云梯：许慎注："可依云而立，所以瞰（kàn）敌之城中。"攻：古钞卷子本作"数"。

【原文】

善用兵者，当击其乱，不攻其治；不袭堂堂之寇，下击填填之旗；容未可见，以数相持；彼有死形，因而制之。敌人执数，动则就阴，以虚应实，必为之禽①。虎豹之动，不入陷阱；麋鹿不动，不离置罜②；飞鸟不动，不绁网罗②；鱼鳖不动，不摆唇喙③。物未有不以动而制者也。是故圣人贵静。静则能应躁，后则能应先，数则能胜疏，博则能禽缺④。

【注释】

①执数：指掌握作战规律。

②绖（guà）：悬挂。

③摆（huàn）：贯穿。

④数：即谋划周密之义。博：俞樾《诸子平议》："博"当作"抟"，字之误也。《说文》："抟，圜（yuán）也。"故与"缺"相对为文。

【原文】

兵之所隐议者，天道也①；所图画者，地形也；所明言者，人事也；所以决胜者，钤势也②。故上将之用兵也，上得天道，下得地利，中得人心，乃行之以机，发之以势，是以无破军败兵。及至中将，上不知天道，下不知地利，专用人与势，虽未必能万全，胜钤必多矣③。下将之用兵也，博闻而自乱，多知而自疑，居则恐惧，发则犹豫，是以动为人禽矣。

【注释】

①隐议：即揆度义。《泰族训》作"隐义"，《俶真训》作"隐仪"。其义同。

②钤势：指权变形势。钤，通"权"。

③胜钤：即胜利的权柄。

【原文】

兵之所以强者，民也；民之所以必死者，义也；义之所以能行者，威也。是故合之以文，齐之以武，是谓必取；威仪并行，是谓至强①。夫人之所乐者，生也；而所憎者，死也。然而高城深池，矢石若雨，平原广泽，白刃交接，而卒争先合者，彼非轻死而乐伤也，为其赏信而罚明也。

【注释】

①仪：《文子·上义》作"义"。

【原文】

故古之善将者，必以其身先之。暑不张盖，寒不被裘，所以程寒暑也；险隘不乘，士陵必下，所以齐劳佚也；军食熟然后敢食，军井通然后敢饮，所以同饥渴也；合战必立矢射之所及，［所］以共安危也①。故良将之用兵也，常以积德击积怨，以积爱击积憎，何故而不胜？

【注释】

①以共：《意林》引作"所以同安危也"，"以"上有"所"字。

【原文】

将者必有三隧、四义、五行、十守。

所谓三隧者，上知天道，下习地形，中察人情。

所谓四义者，便国不负兵，为主不顾身，见难不畏死，决疑不辟罪①。

所谓五行者，柔而不可卷也，刚而不可折也，仁而不可犯也，信而不可欺也，勇而不可陵也。

所谓十守者，神清而不可浊也，谋远而不可慕也，操固而不可迁也，知明而不可蔽也，不贪于货，不淫于物，不嗑于辩，不推于方，不可喜也，不可怒也②。

【注释】

①负：依恃。决疑：指决断疑难。

②慕：取。嗑（làn）：贪求。

【原文】

兵贵谋之不测也，形之隐匿也，出于不意，不可以设备也。谋见则穷，形见则制。

故善用兵者，上隐之天，下隐之地，中隐之人。隐之天者，无不制也。何谓隐之天？大寒甚暑，疾风暴雨，大雾冥晦，因此而为变者也。何谓隐之地？山陵丘阜，林丛险阻，可以伏匿而不见形者也。何谓隐之人？蔽之于前，望之于后，出奇行陈之间，发如雷霆，疾如风雨，擎巨旗，止鸣鼓，而出入无形，莫知其端绪者也[1]。

【注释】

①撽（jiǎn）：卷取。

【原文】

故前后正齐，四方如绳，出入解赎，不相越凌，翼轻边利，或前或后，离合聚散，不失行伍，此善修行陈者也[1]。

明于音正赅、阴阳，刑德、五行，望气、候星，龟策、机祥，此善为天道者也[2]。

设规虑，施蔚伏，见用水火，出珍怪，鼓噪军，所以营其耳也[3]。曳梢肆柴，扬尘起竭，所以营其目者，此善为诈祥者也[4]。

镎钺牢重，固植而难恐，势利不能诱，死亡不能动，此善为充干者也[5]。

剽疾轻悍，勇敢轻敌，疾若灭没，此善用轻出奇者也[6]。

相地形，处次舍，治壁垒，审烟斥，居高陵，舍出处，此善为地形者也。

因其饥渴冻喝、劳倦怠乱，恐惧窘步，乘之以选卒，击之以宵夜，此善因时应变者也。

易则用车，险则用骑，涉水多弓，隘则用弩，昼则多旌，夜则多火，晦冥多鼓，此善为设施者也[7]。

凡此八者，不可一无也，然而非兵之贵者也。

【注释】

①解赎：刘绩《补注》本作"续"，即往来通达之义。越凌：越过。"翼轻"句：翼、边指行军中左右翼。军轻则行动便利。

②音：刘绩《补注》本作"奇"。正：陈观楼《淮南子正误》："正"字后人所加。"奇赅"以下皆二字连读。望气：古代占卜，望云气附会人事，预言吉凶。候星：占验星象，以定吉凶。机：通"机"；机

祥，吉凶。

③蔚伏：埋伏。见：疑衍。鼓噪：击鼓呼叫。

④梢：木梢。肆：放肆。堨（ài）：尘埃。祥：通"佯"。

⑤镈（duì）：装在矛戟柄端的铜套。钺：古代用作砍杀的兵器，用青铜制成，形状似斧。固植：坚定的意志。植，通"志"。充：充满。干：即坚强义。

⑥剽（piāo）疾：勇敢敏捷。轻悍：轻生强悍。灭没：谓无影无声。

⑦易：平地。"涉水"句：许慎注："水中不可引弩，故以弓便。""隘则"句：许慎注："隘可以手弩以为距。"按：弩，即用机械发射的弓。"昼则"二句：见于《孙子·军争》。

第十六卷　说山训

【原文】

江、河所以能长百谷者，能下之也。夫惟能下之，是以能上之。

天下莫相憎于胶漆，而莫相爱于冰炭，胶漆相贼，冰炭相息也①。

墙之坏，愈其立也；冰之泮，愈其凝也，以其反宗②。

泰山之容，巍巍然高，去之千里，不见埵堁，远之故也③。

秋毫之末，沦于不测。是故小不可以为内者，大不可为外矣④。

【注释】

①"天下"句：高诱注："胶漆相持不解，故曰'相憎'。一说：胶入漆中则败，漆入胶亦败，以多少推之，故曰'相憎'也。""而莫"句：高诱注："冰得炭则解归水，复其性，炭得冰则保其炭，故曰'相爱'。"

②"墙之坏"二句：高诱注："坏，反本还为土。故曰愈其立也。"按：愈，通"踰"；超过、胜过。"冰之泮"三句：高诱注："泮，释，反水也。宗，本也。"按：泮，通"判"，分散。

③埵堁（duǒ kè）：土块。

④"是故"二句：高诱注："小不可为内，复小于秋豪之末，谓无有

也，无有无形者至大，不可为外也。"

【原文】

兰生幽宫，不为莫服而不芳；舟在江海，不为莫乘而不浮；君子行义，不为莫知而止休①。

夫玉润泽而有光，其声舒扬，涣乎其有似也②；无内无外，不匿瑕秽；近之而濡，望之而隧。

夫照镜见眸子，微察秋毫，明照晦冥。故和氏之璧、随侯之珠，出于山渊之精。君子服之，顺祥以安宁；侯王宝之，为天下正。

【注释】

①"不为"句：《文子·上德》作"君子行道，不为莫知而止"。

②舒扬：和缓。涣乎：鲜明的样子。有似：指有似君子之风。

【原文】

良医者，常治无病之病，故无病；圣人者，常治无患之患，故无患也。

求美则不得，不求美则美矣①。求丑则不得丑，求不丑则有丑矣。不求美又不求丑，则无美无丑矣，是谓玄同。

【注释】

①"求美"二句：高诱注："己自求美名，则不得美名也；而自损，则有美名矣。"

【原文】

千年之松，下有茯苓，上有兔丝①；上有丛蓍，下有伏龟②。圣人从外知内，以见知隐也。

【注释】

①"千年之松"句：《太平御览·药部》六引无"千年之松"四字。茯苓：菌类植物。寄生于山林松根，状如块珠，可入药。兔丝：俗称菟丝

子。蔓生，茎细长，常缠绕于其他植物上。可入药。

②丛蓍（shī）：丛生的蓍草。

【原文】

范氏之败，有窃其钟负而走者，铿然有声，惧人闻之，遽掩其耳①。憎人闻之可也，自掩其耳悖矣②。

【注释】

①"范氏"几句：高诱注："范氏，范吉射，范会之玄孙，范鞅献子之子昭子也。败者，赵简子伐之，故人窃其钟也。一曰：知伯灭范氏也。"铿然，钟声响亮的样子。《吕氏春秋·自知》作"况然"。

②悖（bèi）：糊涂。

【原文】

先针而后缕，可以成帷；先缕而后针，不可以成衣。针成幕，蔂成城，事之成败，必由小生，言有渐也①。

染者先青而后黑则可，先黑而后青则不可。工人下漆而上丹则可，下丹而上漆则不可。万事犹此，所先后上下，不可不审。

水浊而鱼噞，形劳则神乱②。故国有贤君，折冲万里③。

【注释】

①蔂（léi）：盛土器。

②噞：呼吸困难。

③"故国有"二句：高诱注："冲，兵车。所以冲突敌城也。言贤君德不可伐，故能折远敌之冲车于千里之外，使敌人不敢至也。魏文侯礼下段干木，而秦兵不敢至，此之谓也。"按："万里"，《文子·上德》作"千里"。

【原文】

见窾木浮而知为舟，见飞蓬转而知为车，见鸟迹而知著书，以类取之①。

【注释】

①窾（kuǎn）木：空木。

【原文】

受光于隙，照一隅；受光于牖，照北壁；受光于户，照室中无遗物，况受光于宇宙乎①？天下莫不藉明于其前矣。由此观之，所受者小，则所见者浅；所受者大，则所照者博。

江出岷山，河出昆仑，济出王屋，颍出少室，汉出嶓冢，分流舛驰，注于东海。所行则异，所归则一。

通于学者若车轴，转毂之中，不运于己，与之致千里，终而复始，转无穷之源。不通于学者若迷惑，告之以东西南北，所居聆聆，背而不得，不知凡要②。

寒不能生寒，热不能生热；不寒不热，能生寒热。故有形出于无形，未有天地能生天地者也，至深微广大矣。

【注释】

①宇宙：高诱注："四方上下曰宇，往古来今曰宙。谓四极之内，天地之间。"

②聆聆：明了的样子。凡要：大要，纲要。

【原文】

纣为象箸而箕子唏，鲁以偶人葬而孔子叹，故圣人见霜而知冰①。

【注释】

①唏（xī）：叹息。偶人：土木制成的人像。

【原文】

明月之珠，出于蚌蜄①；周之简圭，生于垢石②；大蔡神龟，出于沟壑③。

万乘之主，冠锱锤之冠，履百金之车④。牛皮为鼓，正三军之众。

欲学歌讴者，必先徵羽乐风⑤；欲美和者，必先始于《阳阿》《采菱》。此皆学其所不学，而欲至其所欲学者。

【注释】

①"明月"二句：高诱注："珠有夜光、明月，生于蜄中。"按：蚌蜄（bàng shèn），即蚌蛤（gé）。

②"周之"二句：高诱注："简圭，大圭，美玉，生于石中，故曰'生于垢石'。"

③大蔡：大龟名。亦是地名，周初封国，在今河南上蔡一带。

④"万乘"三句：高诱注："六铢曰锱，八（两）［铢］为锤，言贾直少。物有贱而在上，有贵而在下。"

⑤乐风：指音乐的教化作用。

【原文】

桀有得事，尧有遗道，嫫母有所美，西施有所丑①。故亡国之法，有可随者；治国之俗，有可非者。

琬琰之玉，在洿泥之中，虽廉者弗释②；弊箅甑瓵，在裀茵之上，虽贪者不搏③。美之所在，虽污辱，世不能贱；恶之所在，虽高隆，世不能贵④。

春贷秋赋，民皆欣；春赋秋贷，众皆怨。得失同，喜怒为别，其时异也。

为鱼德者，非挈而入渊；为猿赐者，非负而缘木，纵之其所而已⑤。

【注释】

①"桀有"句：高诱注："谓知作瓦以盖屋，遗后世也。""尧有"句：高诱注："遗，失。谓不能放四凶，用十六相是也。一说：不传丹朱

而禅舜天下，有不慈之名，故曰'有遗道'也。"嫫（mó）母：古代丑女，品行端正，故曰"有所美"。一说为黄帝妻。西施：古越国美女，被越王勾践献给吴王夫差，虽容仪光艳，未必贞正，故曰"有所丑"。

②琬琰（wǎn yǎn）：美玉。洿泥：污泥。释：舍弃。

③箪：当作"箅"（bì），覆盖甑底的竹席。甑（zèng）：古代做饭用的陶器。甀（wā）：高诱注："甑带。"袡：当作"旃"（zhān）。旃茵，毡褥。旃，通"毡"。搏：取。

④"美之"以下六句：高诱注："'世不能贱'者，喻贤者在下位卑污之处；'世不能贵'者，喻小人在上位高显之处。"

⑤"纵之"句：高诱注："喻为政，官方定物，能文者居文官，能武者居武官，故曰'纵之其利而已'也。"

【原文】

貂裘而杂，不若狐裘而粹，故人莫恶于无常行。

有相马而失马者，犹良马犹在相之中①。

今人放烧，或操火往益之，或接水往救之，两者皆未有功，而怨德相去亦远矣②。

郢人有买屋栋者，求大三围之木，而人予车毂，跪而度之，巨虽可，而长不足③。

【注释】

①失：不知。犹：《道藏》本作"然"。"犹良马"句：高诱注："良马有天寿、骨法，非能相不知，故曰'在相之中'。"

②放：方、放古通。"放烧"犹"方烧"。方，正在。接：杨树达《淮南子证闻》："接"字无义，疑假作"唼"（shà），或作"嗍"（shà），即以口含水之义。

③郢：在今湖北荆州纪南城。栋：屋中正梁。毂：车轮中心的圆木。长：高诱《淮南子注》叙："以父讳长，故其所著，诸长字皆曰'脩'。"

【原文】

蘧伯玉以德化，公孙鞅以刑罪，所极一也[1]。病者寝席，医之用针石，巫之用糈藉，所救钧也[2]。

狸头愈鼠，鸡头已瘘，虻散积血，斫木愈龋，此类之推者也[3]。膏之杀鳖，鹊矢中蝟，烂灰生蝇，漆见蟹而不干，此类之不推者也[4]。推与不推，若非而是，若是而非，孰能通其微？

天下无粹白狐，而有粹白之裘，掇之众白也[5]。善学者，若齐王之食鸡，必食其蹠数十而后足[6]。

【注释】

①"蘧伯玉"句：高诱注："伯玉，卫大夫蘧瑗。赵简子将伐卫，使史默往视之，曰'蘧伯玉为政，未可以加兵'。故曰'德化'也。""公孙鞅"句：高诱注："卫公子叔痤（cuó）之子，自魏奔秦，相孝公，制相坐法，故曰'以刑罪'。秦封为商君，因曰商鞅。"极：达到。

②针石：针，指古代治病用的骨针、竹针、石针等。石，指砭（biān）石，以石刺病。糈（xǔ）：祭神用的精米。藉：指菅、茅之类的野草。

③狸头：指狸猫之头。鼠：指鼠瘘，也叫瘰疬。鸡头：俗称鸡头实。瘘：恶疮。虻：牛虻、木虻之类。积血：淤血。斫木：即啄木鸟。龋：即蛀齿。类：物类。

④矢：粪便。中（zhòng）：杀。

⑤"粹白狐"：《吕氏春秋·用众》作"粹白之狐"。掇（duō）：拾取。

⑥蹠（zhí）：鸡足蹠，喻学取道众多。

【原文】

尝一脔肉，知一镬之味[1]；悬羽与炭，而知燥湿之气，以小明大[2]。见一叶落，而知岁之将暮；睹瓶中之冰，而知天下之寒，以近论远[3]。

三人比肩，不能外出户；一人相随，可以通天下。

足蹍地而为迹，暴行而为影，此易而难[4]。

庄王诛里史，孙叔敖制冠浣衣⑤；文公弃荏席、后霉黑，咎犯辞归⑥。故桑叶洛而长年悲也。

【注释】

①脔（luán）：切成小块的肉。镬（huò）：古代无足的大锅。

②"悬羽"二句：此为古代测量湿度的方法，类似今天平的原理。

③论：知。

④"足跟（niǎn）地"三句：高诱注："跟，履。履地迹自成，行日中影自生，是其易。使迹正影直，是其难也。"按：跟，踩。暴（pù）：日照。

⑤"庄王"二句：庄王，楚庄王。里史，楚佞臣。孙叔敖，楚令尹。

⑥"文公"二句：荏（rěn）席，荏草做的席子。咎（jiù）犯，晋文公重耳之舅，曾随文公流亡十九年，后辅佐晋文公称霸。

【原文】

砥石不利，而可以利金①。檠不正，而可以正弓②。物固有不正而可以正，不利而可以利③。

力贵齐，知贵捷④。

得之同，遬为上⑤；胜之同，迟为下。所以贵镆邪者，以其应物而断割也。劌靡勿释，牛车绝辚⑥。

为孔子之穷于陈、蔡而废六艺，则惑⑦；为医之不能自治其病，病而不就药，则勃矣⑧。

【注释】

①金：指刀剑之类。

②檠：矫正弓的器具，通"橄"（qíng），矫弓之器。

③"物固"二句：高诱注："不正者檠，正者弓也。不利者砥，利者金也。"

④齐：迅疾。

⑤遬（chì）：当作"遬"（sù），疾。

⑥劌（jī）：切。辚：门槛。

⑦陈：周初诸侯国，治所在今河南淮阳。蔡：周初国名。在今河南上蔡。六艺：《诗》《书》《礼》《乐》《易》《春秋》。

⑧勃：通"悖"，违背事理。

第十七卷　说林训

【原文】

以一世之度制治天下，譬犹客之乘舟，中流遗其剑，遽契其舟挽，暮薄而求之①。其不知物类亦甚矣。

【注释】

①挽（wěi）：高诱注："船弦板。"王念孙《读书杂志》："桅"当为"桅"（fán），本字作"舷"（fán）。《广雅》：舷，谓之舷。

【原文】

无古无今，无始无终，未有天地而生天地，至深微广大矣。

足以蹍者浅矣，然待所不蹍而后行①；智所知者褊矣，然待所不知而后明②。

游者以足蹶，以手拊，不得其数，愈蹶愈败③；及其能游者，非手足者矣。

鸟飞反乡，兔走归窟，狐死首丘，寒将翔水，各哀其所生④。

【注释】

①足以蹍：《文子·上德》作"足所践"。蹍，踩，踏。

②褊：狭小。

③蹶：蹈，踏。拊（pō）：划，拨。

④首丘：狐狸死时，头向丘穴。寒将：水鸟，一说蝉的一种。哀：爱。

【原文】

莫寿于殇子，而彭祖为夭矣①。

短绠不可以汲深，器小不可以盛大，非其任也②。

怒出于不怒，为出于不为。

视于无形，得其所见矣；听于无声，则得其所闻矣。

【注释】

①殇（shāng）子：未成年而死的人。"而彭祖"句：高诱注："彭祖，盖楚先，寿四百岁，不早归，故曰以为'夭'。一说：彭祖，盖黄帝时学仙者。"

②绠（gěng）：汲井绳。任：职责。

【原文】

至味不慊，至言不文，至乐不笑，至音不叫，大匠不斫，大豆不具，大勇不斗，得道而德从之矣①。譬若黄钟之比宫，大簇之比商，无更调焉②。

以瓦钰者全，以金钰者跂，以玉趏者发，是故所重者在外，则内为之掘③。

【注释】

①慊（qiè）：快意。叫：喧哗、呼叫。豆：古代食器，形似高脚盘。

②比：并随。更：更改。

③钰（zhù）：通"注"。赌注。全：即步伐徐缓义。跂：有急速奔跑义。趏：《道藏》本作"钰"，发：即迅疾义。掘：通"拙"，笨拙。

【原文】

水火相憎，鏏在其间，五味以和①；骨肉相爱，谗贼间之，而父子相危②。

夫所以养而害所养，譬犹削足而适履，杀头而便冠③。

昌羊去蚤虱而来蛉穷，除小害而致大贼，故小快害大利④。

【注释】

①鏏（huì）：小鼎。

②"骨肉"三句：高诱注："楚平王、晋献公是也。"

③"夫所以养"三句：高诱注："'所以养'，喻谗贼。'害所养'，喻骨肉。杀，亦削也。头大冠小，不相宜，削杀其头以便冠，愚之至。"

④昌羊：即菖蒲。蛉（líng）穷：虫名，即蚰蜒（yóu yán），多生在墙屋烂草中，好闻脂香。

【原文】

璧瑗成器，磛诸之功①；镆邪断割，砥厉之力。

狡兔得而猎犬烹，高鸟尽而强弩藏。

虻与骥致千里而不飞，无糗粮之资而不饥②。

失火而遇雨，失火则不幸，遇雨则幸也。故祸中有福也。

【注释】

①瑗：一种孔大边小的玉。磛（jiān）诸：治玉之石。

②糗（qiǔ）：干粮。

【原文】

金胜木者，非以一刀残林也；土胜水者，非以一璞塞江也①。

【注释】

①璞：《道藏》本作"墣"（pú）。墣，土块。

【原文】

蹠越者，或以舟，或以车，虽异路，所极一也①。

佳人不同体，美人不同面，而皆说于目；梨、橘、枣、栗不同味，而皆调于口。

【注释】

①蹠（zhí）：至。极：

【原文】

海内其所出，故能大①；轮复其所过，故能远。

羊肉不慕蚁，蚁慕于羊肉，羊肉膻也；醯酸不慕蚋，蚋慕于醯酸②。

尝一脔肉，而知一镬之味；悬羽与炭，知燥湿之气，以小见大，以近喻远。

十顷之陂，可以灌四十顷；而一顷之陂，可以灌四顷，大小之衰然。

【注释】

①"海内"二句：高诱注："雷雨出于海，复随沟渎还入，故曰'内（nà）其所出'。"

②"醯酸"几句：《太平御览·虫豸部》二作："醯酸不慕蚋，蚋慕于醯，酸也。"醯（xī）酸，古代指醋。蚋（ruì），蚊子一类的昆虫。

【原文】

榛巢者处林茂，安也①；窟穴者托埵防者，便也②。

王子庆忌足蹑麋鹿，手搏兕虎；置之冥室之中，不能搏龟鳖，势不便也。

汤放其主而有荣名，崔杼弑其君而被大（谄）［谤］，所以为之则同，其所以为之则异③。吕望使老者奋，项托使婴儿矜，以类相慕④。

【注释】

①榛（zhēn）：草木聚集之处。

②埵（duǒ）防：高诱注："高处防堤也。"

③"汤放"句：高诱注："汤，契后十二世主癸之子履。'放其主'，谓伐桀，为民除害，故有'荣名'也。"谄：《道藏》本作"谤"。"崔杼"句：高诱注："崔杼（zhù），齐大夫崔野之子。弑君齐庄公也。"

④"吕望"句：高诱注："吕望鼓刀钓鱼，年七十始学读书，九十为文王作师，佐武王伐纣，成王封之于齐。故老者慕之而自奋厉。""项托"句：高诱注："项托年七岁，穷难孔子而为之作师，故使小儿之畴自矜大也。"

【原文】

使叶落者风摇之，使水浊者鱼挠之。

虎豹之文来射，猿狖之捷来乍①。

行一棋，不足以见智；弹一弦，不足以见悲。三寸之管而无当，天下弗能满②；十石而有塞，百斗而足矣。

以篙测江，篙终而以水为测，惑矣③。

【注释】

①乍：通"斮"（zhuó），斩杀。

②当（dàng）：底。

【原文】

日月不并出，狐不二雄，神龙不匹，猛兽不群，鸷鸟不双。

循绳而斫则不过，悬衡而量则不差，植表而望则不惑①。

损年则嫌于弟，益年则疑于兄，不如循其理，若其当②。

人不见龙之飞举而能高者，风雨奉之。

【注释】

①衡：秤。表：圭表。

②损年：少报年岁。嫌：接近。若：顺。当：实际。

【原文】

柳下惠见饴，曰："可以养老①。"盗跖见饴，曰："可以黏牡②。"见物同，而用之异。

蚕食而不饮，二十二日而化；蝉饮而不食，三十日而蜕；蜉蝣不食不饮，三日而死。人食礜石而死，蚕食之而不饥③；鱼食巴菽而死，鼠食之而肥④。类不可必推。

瓦以火成，不可以得火；竹以水生，不可以得水⑤。

【注释】

①"柳下惠"句：春秋鲁大夫，食邑柳下，谥惠，曾掌管刑狱。饴：

用米、麦制成的糖浆。

②牡：即锁钥。

③礜（yù）石：矿物名，有毒，苍、白二色可入药。

④巴菽：植物名，又叫巴豆，产于四川，果实可供药用。

⑤"竹以"二句：高诱注："竹得水浸则死矣。"

【原文】

杨堁而欲弭尘，披裘而以翣翼，岂若适衣而已哉①？

槁竹有火，弗钻不爇②；土中有水，弗掘无泉。

蜄象之病，人之宝也③；人之病，将有谁宝之者乎？

为酒人之利而不酤，则竭④；为车人之利而不儌，则不达⑤；握火提人，反先之热⑥。

【注释】

①杨：刘绩《补注》本作"扬"。扬、杨二字通。堁（kè）：土尘，楚人称为堁。翣（shà）：扇子，楚人谓之翣。翼：煽风。

②爇：古"然"字，燃烧。

③蜄（bàng）：同"蚌"。象：郑良树《淮南子斠理》："蜄象"当作"蜄蜃"。

④竭：通"澉"（kě），今字作"渴"。

⑤儌（jiù）：有雇车义。

⑥提：掷。

【原文】

百梅足以为百人酸，一梅不足以为一人和①。

有以饭死者，而禁天下之食②；有以车为败者，禁天下之乘，则悖矣。

钓者静之，罛者扣舟，罩者抑之，罾者举之，为之异，得鱼一也③。

见象牙乃知其大于牛，见虎尾而知其大于狸，一节见而百节知也④。

【注释】

① "百梅"二句：高诱注："喻众能济少，少不能有所成也。"

② "有以"二句：《吕氏春秋·荡兵》作："夫有以饐（yē）死者。"

③ "钓者"几句：高诱注："罧（shèn）者，以柴积水中，以取鱼。扣，击。鱼闻击舟声，藏柴下，壅而取之。"王念孙《读书杂志》："罧"当为"罧"（shèn）。《说文》："罧，积柴水中以养鱼。"罾（zēng）：用竿支起渔网。

④ "一节"句：高诱注："吴伐越，随会稽，独获骨节专车，见一节大，余节不得小，故曰'百节知'。"

【原文】

或谓冢，或为陇①；或为笠，或谓簦②。头"虱"与空木之"瑟"，名同实异也。

【注释】

①陇：即坟墓。

②簦（dēng）：古时有柄的笠，即伞。

【原文】

毂立三十辐，各尽其力，不得相害①。使一辐独入，众辐皆弃，岂能致千里哉？

【注释】

① "毂立三十辐"：《文子·上德》作"毂虚而中立三十辐"。

【原文】

欲观九州之土，足无千里之行；心无政教之原，而欲为万民之上也，［则难］①。

的的者获，提提者射②。故大白若辱，大德若不足③。

未尝稼穑，粟满仓；未尝桑蚕，丝满囊。得之不以道，用之必横。

海不受流胔，太山不上小人，旁光不升俎，骝骇不入牲④。

【注释】

①“而欲为”句：《道藏》本“之上也”下有“则难”二字。

②“的（dì）的”二句：高诱注：“的的，明。为众所见，故获。提提，安。言譬若鸟不飞，成放道，提提安时，故为人所射。”

③辱：通“黦”（rǔ），《集韵》“烛”韵：“黦，黑垢。”

④“海不受”句：高诱注：“骨有皮曰胔（zì），有不义之祥流入海，海神荡而出之，故曰‘不受’。”“太山”句：高诱注：“太山，东岳也。王者所封禅处，不令殃（xiōng）乱小人得上其上也。”旁光：即膀胱。俎：盛祭品的礼器。骝：同“骝”（liú），赤马黑毛尾。骇（bó）：毛色不纯的马。

【原文】

管子以小辱成大荣，苏秦以百诞成一诚①。

质的张而弓矢集，林木茂而斧斤入，非或召之，形势所致者也。

待利而后拯溺人，亦必以利溺人矣。

舟能沉能浮，愚者不加足。

【注释】

①“管子”句：高诱注：“管仲相子纠，不能死，为鲁所因，是其辱。卒相桓公，以至霸，是其大荣也。”诞：欺诈。

【原文】

临河而羡鱼，不若归家织网。

明月之珠，蜕之病而我之利；虎爪象牙，禽兽之利而我之害。

易道良马，使人欲驰①；饮酒而乐，使人欲歌。

是而行之，固谓之断②；非而行之，必谓之乱。

【注释】

①易道：平坦大道。

②固：通"故"，《道藏》本作"故"。

【原文】

舍茂木而集于枯，不弋鹄而弋乌，难与有图。

黉丘无鳌，泉源不溥①；寻常之溪，灌十顷之泽。

见之明白，处之如玉石；见之暗晦，必留其谋。

以天下之大，托于一人之才，譬若悬千钧之重于木之一枝。

负子而登墙，谓之不祥，为其一人隙而两人殇②。

【注释】

①黉（yín）：大也。

②殇（shāng）：伤。

【原文】

蝮蛇螫人，傅以和堇则愈，物固有重而害反为利者①。

圣人之处乱世，若夏暴而待暮②；桑榆之间，逾易忍也③。

水虽平，必有波；衡虽正，必有差；尺寸虽齐，必有诡④。

非规矩不能定方圆，非准绳不能正曲直。用规矩准绳者，亦有规矩准绳焉⑤。

【注释】

①和堇（jǐn）：高诱注："野葛，毒药。"重而害：《道藏辑要》本作"重害而"。

②"圣人"二句：高诱注："夏，日中甚热。暮，凉时。言圣人居乱世，忍以待凉。"

③"桑榆"二句：高诱注："言乱世将尽，如日在西方桑榆间，将夕，故曰'易忍'。"逾：更加。

④诡：差别。

⑤"用规矩"二句：高诱注："准平绳直之人，能平直耳。故曰'亦有规矩准绳'。"

【原文】

山生金，反自刻；木生蠹，反自食；人生事，反自贼。

巧冶不能铸木，工匠不能斫金者，形性然也。

白玉不雕，美珠不文，质有余也。

故跬步不休，跛鳖千里①；累积不辍，可成丘阜。城成于土，木直于下，非有事焉，所缘使然。

【注释】

①跬（kuǐ）：半步。

【原文】

凡用人之道，若以燧取火，疏之则弗得，数之则弗中，正在疏数之间①。

【注释】

①疏：《玉篇》："远也。"数：《孔子家语·贤君》王肃注："近也。"高诱注："疏，犹迟也。数，犹疾也。"按，高注有误。此言阳燧聚焦取火，与快、慢无关。

【原文】

晋阳处父伐楚以救江，故解捽者不在于捌格，在于批伉①。

【注释】

①阳处父：春秋晋大夫。江：古国名，在今河南正阳西南。解捽（zuó）：即解决冲突。捌（bié）格：有分别参与战斗之义。批伉：高诱注："批，击。伉，推。击其要矣。"按：伉，《道藏辑要》本作"伉"，通"亢"。《说文》："亢，人颈也。"批亢，即打击要害义。

第十八卷 人间训

【原文】

事者难成而易败也，名者难立而易废也。千里之堤，以蝼蚁之穴漏；百寻之屋，以突隙之烟焚①。尧戒曰："战战栗栗，日慎一日。"人莫蹪于山，而蹪于垤②。是故人者轻小害，易微事，以多悔。患至而后忧之，是由病者已惓，而索良医也，虽有扁鹊、俞跗之巧，犹不能生也③。

【注释】

①突：即烟囱。

②蹪（tuí）：跌倒，古楚语。垤（dié）：即小土堆。

③由：通"犹"。惓：同"倦"，引申为病重义。俞跗（fū）：黄帝时医家。

【原文】

夫祸之来也，人自生之；福之来也，人自成之。祸与福同门，利与害与邻，非神圣人，莫之能分。凡人之举事，莫不先以其知规虑揣度，而后敢以定谋。其或利或害，此愚智之所以异也。晓自然以为智，知存亡之枢机，祸福之门户，举而用之，陷溺于难者，不可胜计也。使知所以为是者，事必可行，则天下无不达之涂矣①。是故知虑者，祸福之门户也；动静者，利害之枢机也。百事之变化，国家之治乱，待而后成。是故不溺于难者成，是故不可不慎也。

【注释】

①所以：《道藏》本无"以"字。涂：通"途"，道路。

【原文】

天下有三危：少德而多宠，一危也；才下而位高，二危也；身无大功而有厚禄，三危也。故物或损之而益，或益之而损，何以知其然也？

昔者楚庄王既胜晋于河、雍之间，归而封孙叔敖，而辞不受①。病疽将死，谓其子曰："吾则死矣，王必封女，女必让肥饶之地，而受沙石之间②。有寝丘者，其地确石之名丑③。荆人鬼，越人机，人莫之利也④。"孙叔敖死，王果封其子以肥饶之地，其子辞而不受，（谓）[请]有寝之丘。楚国之俗，功臣二世而爵禄，唯孙叔敖独存⑤。此所谓损之而益也。

【注释】

①"昔者"句：事在楚庄王十七年夏六月（前597年）。河雍，黄河和雍州。雍，这里指郔（bì），春秋属郑，在今河南荥阳北。

②疽（jū）：痈。《史记·滑稽列传》作"孙叔敖病且死"，无"疽"字。"沙石之间"：《韩非子·喻老》作"沙石之处"。

③"有寝丘"二句：《楚文化考古大事记》："寝丘故城址在今固始县城郊北山口。楚庄王封孙叔敖之子侨"于此，建成寝丘邑。（文物出版社，1984年）确：即石头坚硬义。之：刘绩《补注》本作"而"。

④"荆人"句：许慎注："人事鬼也。"机（jī）：福祥。

⑤"功臣"句：郑良树《淮南子斠理》："爵禄"上疑夺"收"字。"唯孙叔敖"句：《史记·滑稽列传》："封之寝丘四百户。后十世不绝。"

【原文】

何谓与之而反取之？晋献公欲假道于虞以伐虢，遗虞垂棘之璧与屈产之乘①。虞公或于璧与马，而欲与之道。宫之奇谏曰："不可！夫虞之与虢，若车之有轮，轮依于车，车亦依轮②。虞之与虢，相恃而势也。若假之道，虢朝亡而虞夕从之矣。"虞公弗听，遂假之道。荀息伐虢，遂克之③。还反伐虞，又拔之。此所谓与之而反取者也。

【注释】

①假：借。虞：今山西平陆县东北。虢（guó）：在今河南三门峡市陕州区东南，灭于前655年。垂棘：在今山西潞城市北。屈产：在今山西吉县北。

②宫之奇：虞臣。轮：《韩非子·十过》作"辅"。《左传·僖公

五年》：宫之奇谏曰："谚所谓辅车相依，唇亡齿寒者。"辅，指车两旁之板。

③荀息：晋大夫。

【原文】

夫有阴德者，必有阳报；有阴行者，必有昭名。古有沟防不脩，水为民害。禹凿龙门，辟伊阙，平治水土，使民得陆处。百姓不亲，五品不慎，契教以君臣之义，父子之亲，夫妻之辩，长幼之序①。田野不脩，民食不足，后稷乃教之辟地垦草，粪土种谷，令百姓家给人足。故三后之后，无不王者，有阴德也②。周室衰，礼义废，孔子以三代之道，教导于世，其后继嗣至今不绝者，有隐行也。秦王赵政兼吞天下而已，智伯侵地而灭，商鞅支解，李斯车裂③。三代种德而王，齐桓继绝而霸。故树黍者不获稷，树怨者无报德。

【注释】

①五品：即五伦，指君臣、父子、兄弟、夫妇、朋友之间的五种关系。契（xiè）：殷之始祖。

②三后：指夏、商、周三代开国之君。

③赵政：在位二十六年。《史记·秦始皇本纪》："庄襄王为秦质于赵，见吕不韦姬，悦而取之，生始皇。……及生，名为政，姓赵氏。"已：终，尽。李斯：今河南上蔡人，荀卿学生，曾为秦丞相，后被秦二世、赵高腰斩于咸阳。

【原文】

近塞上之人，有善术者，马无故亡而入胡，人皆吊之①。其父曰："此何遽不为福乎？"居数月，其马将胡骏马而归，人皆贺之。其父曰："此何遽不能为祸乎？"家富良马，其子好骑，堕而折其髀，人皆吊之。其父曰："此何遽不为福乎？"居一年，胡人大入塞，丁壮者引弦而战②。近塞之人，死者十九，此独以跛之故，父子相保。故福之为祸，祸之为福，化不可极，深不可测也。

【注释】

①塞上：指长城一带。术：术数，古代指星相、占卜、医药等技艺。

②引：开弓。

【原文】

或直于辞而不害于事者，或亏于耳以忤于心，而合于实者。高阳魋将为室，问匠人[①]。匠人对曰："未可也。木尚生，加涂其上，必将桡[②]。以生材任重涂，今虽成，后必败。"高阳魋曰："不然！夫木枯则益劲，涂干则益轻。以劲材任轻涂，今虽恶，后必善[③]。"匠人穷于辞，无以对，受令而为室。其始成，竘然善也，而后果败[④]。此所谓直于辞而不可用者也。

【注释】

①高阳魋（tuí）：宋国大夫。

②桡（ráo）：弯曲。

③恶：粗糙，不牢。

④竘（qǔ）然：高大壮美的样子。

【原文】

何谓亏于耳、忤于心而合于实[①]？靖郭君将城薛，宾客多止之，弗听[②]。靖郭君谓谒者曰："无为宾通言[③]。"齐人有请见者，曰："臣请道三言而已，过三言，请烹。"〔靖〕郭君闻而见之，宾趋而进，再拜而兴，因称曰："海、大、鱼"，则反走。靖郭君止之曰："愿闻其说。"宾曰："臣不敢以死为戏[④]。"靖郭君曰："先生不远道而至此，为寡人称之。"宾曰："海大鱼，网弗能止也，钓弗能牵也；荡而失水，则蝼蚁皆得志焉。今夫齐，君之渊也[⑤]。君失齐，则薛能自存乎？"靖郭君曰："善！"乃止不城薛。此所谓亏于耳、忤于心而得事实者也。

夫以"无城薛"止城薛，其于以行说，乃不若"海、大、鱼"。

【注释】

①亏于耳：指逆耳。

②靖郭君：孟尝君之父田婴的封号。薛：今山东滕州市。

③谒（yè）者：负责传话的人。

④熙：通"戏"。

⑤渊：《韩非子·说林下》作"海"。

【原文】

或无功而先举，或有功而后赏，何以明之？昔晋文公将与楚战城濮，问于咎犯曰："为奈何？"咎犯曰："仁义之事，君子不厌忠信；战陈之事，不厌诈伪。君其许之而已矣①。"辞咎犯，问雍季。雍季对曰："焚林而猎，愈多得兽，后必无兽。以诈伪遇人，虽愈利，后亦无复。君其正之而已矣。"于是不听雍季之计，而用咎犯之谋。与楚人战，大破之。还归赏有功者，先维季而后咎犯②。左右曰："城濮之战也，君行赏先雍季何也？"文公曰："咎犯之言，一时之权也；雍季之言，万世之利也。吾岂可以先一时之权，而后万世之利也哉？"

【注释】

①许：刘绩《补注》本作"诈"。

②维：《道藏》本作"雍"。

【原文】

或有罪而可赏也，或有功而可罪也。西［门］豹治邺，廪无积粟，府无储钱，库无甲兵，官无计会，人数言其过于文侯①。文侯身行其县，果若人言。文侯曰："翟璜任子治邺而大乱，子能道，则可②；不能，将加诛于子。"西门豹曰："臣闻王主富民，霸主富武，亡国富库。今君欲为霸王者也，臣故稽积于民。君以为不然，臣请升城鼓之，一鼓，甲兵粟米，可立具也。"于是乃升城而鼓之。一鼓，民被甲括矢，操兵弩而出；再鼓，负辇粟而至。文侯曰："罢之。"西门豹曰："与民约信，非一日之积也。一举而欺之，后不可复用也。燕常侵魏八城，臣请北击之，以复侵地。"遂举兵击燕，复地而后反。此有罪而可赏者也。

【注释】

①西[门]豹：复姓西门，名豹，战国魏文侯时任邺令，治政极为成功。邺：今河北临漳县西南邺镇。廪：仓库。

②翟璜：魏大夫。"子能道"：《太平御览·治道部》八引，作"子能变道"。

【原文】

解扁为东封，上计而入三倍，有司请赏之①。文侯曰："吾土地非益广也，人民非益众也，入何以三倍？"对曰："以冬伐木而积之，于春浮之河而鬻之。"文侯曰："民春以力耕，暑以强耘，秋以收敛，冬间无事，以伐林而积之，负轭而浮之河，是用民不得休息也②。民以弊矣，虽有三倍之入，将焉用之？"此有功可罪者。

【注释】

①解扁：魏文侯臣。东封：管理东部边界的官。计：指账簿。

②轭（è）：驾车时套在牲口脖子上的曲木。

【原文】

秦穆公使孟盟举兵袭郑，过周以东①。郑之贾人弦高、蹇他相与谋曰："日师行数千里，数绝诸侯之地，其势必袭郑②。凡袭国者，以为无备也。今示以知其情，必不敢进。"乃矫郑伯之命，以十二牛劳之。三率相与谋曰："凡袭人者，以为弗知，今已知之矣，守备必固，进必无功③。"乃还师而反。晋先轸举兵击之，大破之殽④。郑伯乃以存国之功赏弦高。弦高辞之曰："诞而得赏，则郑国之信废矣⑤。为国而无信，是俗败也。赏一人败国，俗者弗为也⑥；以不信得厚赏，义者弗为也。"遂以其属徙东夷，终身不反。故仁者不以欲伤生，知者不以利害义。

【注释】

①孟盟：秦穆公左相百里奚之子，叫孟明视，为秦大将。

②塞他：许慎注："弦高之党。"曰：《道藏》本疑衍。绝：经过。

③三率：孟明视为主将，西乞术、白乙丙为副将。

④先轸（zhěn）：春秋时晋国执政。城濮之战，大败楚军。晋襄公时，击败秦军。殽（xiáo）：本又作崤。崤山，在今河南洛宁县北。

⑤诞：欺骗。

⑥"败国俗者"：刘绩《补注》本作"败国俗，仁者"。

【原文】

圣人之思脩，愚人之思叕①。忠臣者务崇君之德，谄臣者务广君之地。何以明之？陈夏徵舒弑其君，楚庄王伐之，陈人听令②。庄王已讨有罪，遣卒戍陈，大夫毕贺③。申叔时使于齐，反还而不贺④。庄王曰："陈为无道，寡人起九军以讨之，征暴乱，诛罪人，群臣皆贺，而子独不贺，何也？"申叔时曰："牵牛蹊人之田，田主杀其人而夺之牛⑤。罪则有之，罚亦重矣。今君王以陈为无道，兴兵而攻，因以诛罪人，遣人戍陈。诸侯闻之，以王为非诛罪人也，贪陈国也。盖闻君子不弃义以取利。"王曰："善！"乃罢陈之戍，立陈之后。诸侯闻之，皆朝于楚。此务崇君之德者也。

【注释】

①叕：通"蹧"（zhuó），即短浅义。

②陈：周代妫姓，国名，都宛丘（即今河南淮阳）。夏徵舒：陈大夫夏御叔之子，其母夏姬，与大夫孔宁、仪行父、国君陈灵公通奸，徵舒弑灵公，楚庄王举兵讨之。

③戍陈：前598年，楚庄王灭陈为县，以公子婴齐为陈公。

④申叔时：楚臣。时齐惠公薨，世子无野即位，是为顷公，申叔时去吊丧和贺喜。

⑤蹊（xī）：邪道。

【原文】

张武为智伯谋曰："晋六将军，中行文子最弱，而上下离心，可伐以广地①。"于是伐范、中行，灭之矣。又教智伯求地于韩、魏、赵。韩、魏裂地而授之，赵氏不与。乃率韩、魏而伐赵，围之晋阳二年。三国阴谋同计，以击智氏，遂灭之。此务为君广地者。

夫为君崇德者霸，为君广地者灭。故千乘之国，行文德者王，汤、武是也；万乘之国，好广地者亡，智伯是也。

【注释】

①张武：智伯之臣。六将军：指晋国的范氏、中行氏、智氏、赵、韩、魏六人。

【原文】

圣人敬小慎微，动不失时；百射重戒，祸乃不滋①；计福勿及，虑祸过之。同日被霜，蔽者不伤；愚者有备，与知者同功。

夫爝火在缥烟之中也，一指之所能息也；塘漏若鼷穴，一撲之所能塞也。及至火之燔孟诸而炎云台，而水决九江而渐荆州，虽起三军之众，弗能救也②。

【注释】

①射：预备。

②燔（fán）：燃烧。孟诸：宋国大泽。云台：许慎注："高至云也。"

【原文】

人皆务于救患之备，而莫能知使患无生。夫得患无生，易于救患，而莫能加务焉，则未可与言术也。晋公子重耳过曹，曹君欲见其骿胁，使之祖而捕鱼①。釐负羁止之曰："公子非常也，从者三人，皆霸王之佐也②。遇之无礼，必为国忧。"君弗听。重耳反国，起师而伐曹，遂灭之。身死人手，社稷为墟。祸生于祖而捕鱼。齐、楚欲救曹，不能存也。听鳌负羁之言，则无亡患矣。今不务使患无生，患生而救之，虽有圣知，弗能为谋。

【注释】

①骿（pián）胁：为一种生理缺陷，肋骨相合，类似鸡胸。

②鳌负羁：曹臣。非常：《韩非子·十过》作"非常人"。三人：指狐偃、赵衰（cuī）、胥臣。

【原文】

人或问孔子曰："颜回何如人也？"曰："仁人也，丘弗如也。""子贡何如人也？"曰："辨人也，丘弗如也。""子路何如人也？"曰："勇人也，丘弗如也。"宾曰："三人皆贤夫子，而为夫子役，何也①？"孔子曰："丘能仁且忍，辨且讷，勇且怯。以三子之能，易丘一道，丘弗为也。"孔子知所施之也。

【注释】

①役：指弟子。

【原文】

事或为之，适足以败之；或备之，适足以致之。何以知其然也？秦皇挟《录图》，见其传曰："亡秦者，胡也。"因发卒五十万，使蒙公、杨翁子将，筑脩城①。西属流沙，北击辽水，东结朝鲜，中国内郡挽车而饷之。又利越之犀角、象齿、翡翠、珠玑，乃使尉屠睢发卒五十万，为五军，一军塞镡城之岭，一军守九嶷之塞，一军处番禺之都，一军守南野之界，一军结馀干之水，三年不解甲弛弩②。使监禄无以转饷，又以卒凿渠而通粮道，以与越人战，杀西呕君译吁宋③。而越人皆入丛薄中，与禽兽处，莫肯为秦虏。相置桀骏以为将，而夜攻秦人，大破之。杀尉屠睢，伏尸流血数十万，乃发适戍以备之④。当此之时，男子不得脩农亩，妇人不得剡麻考缕，羸弱服格于道，大夫箕会于衢⑤。病者不得养，死者不得葬。于是陈胜起于大泽，奋臂大呼，天下席卷，而至于戏⑥。刘、项兴义兵，随而定，若折槁振落，遂失天下。祸在备胡而利越也。欲知筑脩城以备亡，而不知筑脩城之所以亡也。发适戍以备越，而不知难之从中发也。

夫鹊先识岁之多风也，去高木而巢扶枝，大人过之则探鷇，婴儿过之则挑其卵，知备远难而忘近患⑦。故秦之设备也，乌鹊之智也。

【注释】

①蒙公：即蒙恬。秦初名将，被秦二世逼迫而自杀。杨翁子：秦将。脩城：长城。

②越：指今中国南方岭南一带。翡翠：翡，赤雀；翠，青雀。珠玑：圆者为珠，不圆者为玑。尉屠睢：许慎注："秦将。"镡（xín）城：古县名，治所在今湖南靖州县西南。九嶷：在湖南宁远县南。番禺（pān yú）：今广东广州市南。南野：今江西南康西南章水南岸。余干：在今江西东北部，信江下游，西滨鄱阳湖。

③监禄：秦将。无以：王念孙《读书杂志》："无以"二字，后人所加。"凿渠"句：许慎注："凿通湘水、离水之渠也。"按：即今广西兴安境内之灵渠。沟通湘江和漓水，联系珠江和长江水系，长34公里。为古代著名水利、航运工程。西呕（ōu）：古越人一支，秦汉时分布在岭南广大地区。译吁宋：西呕君主。

④适（zhé）戍：被谪贬获罪戍边的人。

⑤刬麻：用麻编织。考：成。格：通"辂"，挽车之横木。箕会：即苛敛民财义。衢：四通八达之路。

⑥戏：在今陕西临潼西。

⑦鹊：王念孙《读书杂志》："鹊"上脱"乌"字。扶：旁。鷇（kòu）：幼鸟。

【原文】

或争利而反强之，或听从而反止之，何以知其然也？鲁哀公欲西益宅，史争之，以为西益宅不祥①。哀公作色而怒，左右数谏，不听，乃以问其傅宰折睢，曰："吾欲益宅，而史以为不祥，子以为何如②？"宰折睢曰："天下有三不祥，西益宅不与焉③。"哀公大悦而喜。顷复问曰："何谓三不祥？"对曰："不行礼仪，一不祥也；嗜欲无止，二不祥也；不听强谏，三不祥也。"哀公默然深念，愤然自反，遂不西益宅。夫史以争为可以止之，而不知不争而反取之也。知者离路而得道，愚者守道而失路。夫兒说之巧，于闭结无不解④。非能闭结而尽解之也，不解不可解也。至乎以弗解之者，可与及言论矣。

【注释】

①鲁哀公：春秋鲁国最后一个国君，在位二十七年。史：史官，掌管记事、祭祀等。"西益宅"：《风俗通义》认为，西益宅妨害家长。

②宰折睢：许慎注："傅姓名。"

③三不祥：亦见于《说苑·君道》，晏子云"国有三不祥"。

④兒说：宋国大夫。

【原文】

仁者，百姓之所慕也；义者，众庶之所高也。为人之所慕，行人之所高，此严父之所以教子，而忠臣之所以事君也。然世或用之而身死国亡者，不同于时也。

昔徐偃王好行仁义，陆地之朝者三十二国。王孙厉谓楚庄王曰："王不伐徐，必反朝徐①。"王曰："偃王有道之君也，好行仁义，不可伐。"王孙厉曰："臣闻之，大之与小，强之与弱也，犹石之投卵，虎之啗豚，又何疑焉②？且也为文而不能达其德，为武而不能任其力，乱莫大焉。"楚王曰："善！"乃举兵而伐徐，遂灭之。此知仁义而不知世变者也。

【注释】

①王孙厉：楚臣。楚庄王：《韩非子·五蠹》作"荆文王"。《说苑·指武》作"楚文王"。楚文王，春秋楚君，在位十三年。徐：春秋时大国，中心在今江苏泗洪一带。

②啗（dàn）：食。

【原文】

赵宣孟活饥人于委桑之下，而天下称仁焉①；荆佽非犯河中之难，不失其守，而天下称勇焉。是故见小行则可以论大体矣。

田子方见老马于通，喟然有志焉，以问其御曰："此何马也②？"其御曰："此故公家畜也，老罢而不为用，出而鬻之。"田子方曰："少而贪其力，老而弃其身，仁者弗为也。"束帛以赎之。罢武闻之，知所归心矣③。

齐庄公出猎，有一虫举足将搏其轮，问其御曰："此何虫也④？"对曰："此谓螳蜋者也。其为虫也，知进而不知却，不量力而轻敌⑤。"庄公曰："此为人，必为天下勇武矣。"回车而避之。勇武闻之，知所尽死也。

故田子方隐一老马，而魏国载之⑥；齐庄公避一螳蜋，而勇武归之；汤教祝网者，而四十国朝⑦；文王葬死人之骸，而九夷归之；武王荫暍人于樾下，左拥而右扇之，而天下怀其德；越王句践一决狱不辜，援龙渊而切其股，血流至足，以自罚也，而战武士必其死。故圣人行之于小，则可以覆大矣；审之于近，则可以怀远矣。

孙叔敖决期思之水，而灌雩娄之野，庄王知其可以为令尹也⑧；子发辨击剧而劳佚齐，楚国知其可以为兵主也⑨。此皆形于小微，而通于大理者也。

圣人之举事，不加忧焉，察其所以而已矣。

【注释】

①委桑：阴翳下垂的桑树。

②田子方：魏人，学于子夏，为魏文侯师。通：道路交达。喟然：叹息的样子。

③罢武：老病军人。罢，通"疲"。

④齐庄公：春秋齐君，名光，在位六年，因淫乱被杀。

⑤"其为虫"几句：指赞其勇武轻视敌人。

⑥隐：哀痛。载：通"戴"，爱戴。

⑦"汤教"句：许慎注："昔汤出，见四面张网者，汤教去其三面，

祝曰：'欲上者上，欲下者下，无入吾网'。"

⑧期思之水：即淠水，又名沘水。利用源于沘山之水，汇于芍陂（今安徽寿县安丰塘为其一部分）。雩娄之野：许慎注："今庐江是。"按：故址在今河南固始东。庐江、金寨、固始、商城相毗邻。期思、雩娄灌区，是我国古代最早大型水利工程，至今受益。

⑨"子发"二句：辨，即辨别次第等级之义。击，有"相当"义。剧，难。

【原文】

鲁哀公为室而太，公宣子谏："室大，众与人处则哗，少与人处则悲，愿公之适①。"公曰："寡人闻命矣。"筑室不辍。公宣子复见曰："国小而室大，百姓闻之，必怨吾君；诸侯闻之，必轻吾国。"鲁君曰："闻命矣。"筑室不辍。公宣子复见曰："左昭而右穆，为大室以临二先君之庙，得无害于子乎？"公乃令罢役除版而去之。鲁君之欲为室，诚矣。公宣子止之，必矣。然三说而一听者，其二者非其道也。

【注释】

①太：与"大"同。公宣子：鲁大夫。

【原文】

何谓若然而不然？子发为上蔡令，民有罪当刑，狱断论定，决于令尹前①。子发喟然有凄怆之心。罪人已刑而不忘其恩。此其后，子发盘罪威王而出奔，刑者遂袭恩者，恩者逃之于城下之庐②。蹋足而怒曰："子发视决吾罪而被吾刑，吾怨之憯于骨髓，使我得其肉而食之，其知厌乎③？"追者皆以为然，而不索其内，果活子发。此所谓若然而不若然者。

【注释】

①上蔡：今河南上蔡西南。周初蔡叔封地。尹：《太平御览·刑法部》二引此，无"尹"字。

②"子发"句：盘，通"般"。《说文》："般，辟也。"辟，通

"避"。威王：战国楚君，在位十二年。

③踹（chuài）足：即顿足义。刘绩《补注》本"踹足"上有"追者至"三字，疑脱。视：王念孙《读书杂志》："视"当为"亲"，字之误也。憯（cǎn）：即痛恨义。

【原文】

何谓不然而若然者？昔越王句践卑下吴王夫差，请身为臣，妻为妾；奉四时之祭祀，而入春秋之贡职；委社稷，效民力；居隐为蔽，而战为锋行；礼甚卑，辞甚服，其离叛之心远矣。然而甲卒三千人，以擒夫差于姑胥①。此四策者，不可不审也。

【注释】

①姑胥：山名、台名，在今苏州西南。

第十九卷　脩务训

【原文】

或曰："无为者，寂然无声，漠然不动，引之不来，推之不往，如此者乃得道之像①。"吾以为不然，尝试问之矣②：

若夫神农、尧、舜、禹、汤，可谓圣人乎？有论者必不能废③。以五圣观之，则莫得无为明矣。

古者民茹草饮水，采树木之实，食蠃蛖之肉，时多疾病毒伤之害④。于是神农乃（如）〔始〕教民播种五谷，相土地宜燥湿肥墝高下⑤；尝百草之滋味，水泉之甘苦，令民知所避就。当此之时，一日而遇七十毒。

尧立孝慈仁爱，使民如子弟。西教沃民，东至黑齿，北抚幽都，南道交趾⑥。放讙兜于崇山，窜三苗于三危，流共工于幽州，殛鲧于羽山⑦。

舜作室，筑墙茨屋，辟地树谷，令民皆知去岩穴，各有家室。南征三苗，道死苍梧⑧。

禹沐浴霪雨，栉扶风，决江疏河，凿龙门，辟伊阙⑨；脩彭蠡之防，乘四载，随山栞木，平治水土，定千八百国⑩。

汤夙兴夜寐，以致聪明，轻赋薄敛，以宽民氓⑪；布德施惠，以振困穷；吊死问疾，以养孤孀⑫；百姓亲附，政令流行。乃整兵鸣条，困夏南巢，谯以其过，放之历山⑬。

此五圣者，天下之盛主，劳形尽虑，为民兴利除害而不懈。奉一爵酒，不知于色；挈一石之尊，则白汗交流。又况赢天下之忧，而海内之事者乎？其重于尊亦远矣。且夫圣人者，不耻身之贱，而愧道之不行；不忧命之短，而忧百姓之穷。是故禹之为水，以身解于阳盱之河；汤旱，以身祷于桑山之林。圣人忧民如此其明也，而称以"无为"，岂不悖哉？

【注释】

①"或曰"以下几句：高诱注："或人以为先为术如此，乃可谓为得道之法也。"

②"吾以为"二句：高诱注："以为不如或人之言。尝问之于圣人矣。"

③"有论"句：高诱注："言五人可谓圣人耶？有论者何能废其道也。"

④茹：吞咽。

⑤如：《道藏》本作"始"。五谷：菽、麦、黍、稷、稻。相：省视。墝（qiāo）：土壤坚硬贫瘠。

⑥沃民：西方之国。黑齿：东方之国。幽都：高诱注："阴气所聚，故曰幽都，今雁门以北是。"交趾：南方之国。

⑦放：放逐。讙（huān）兜：尧时佞臣。崇山：南极之山。三苗：见《地形训》。三危：西极之山名。共工：尧时有共工官。鲧（gǔn）：禹之父。治水不成，尧殛之。羽山：东极之山。

⑧苍梧：在今湖南宁远南。

⑨扶风：疾风。"决江疏河"二句：高诱注："决巫山，令江水得东过，故曰'决'。疏道东注于海，故言'疏'。龙门本有水门，鳝（dié）鱼游其中，上行得上过者，便为龙，故曰'龙门'。禹辟而大之，故言

'凿'。伊阙，山名，禹开截山体，令伊水得北过，入雒水，故言'阙'也。"

⑩彭蠡：即今洞庭湖。四载：高诱注："山行用蔂（léi），水行用舟，陆行为车，泽行用輴（jué）。"栞：斩除。栞木，即表木。刊木立为表记。

⑪氓：指流动之民。

⑫"以养"句：高诱注："幼无父曰孤。孀，寡妇。雒家谓寡妇为孀妇。"

⑬鸣条：地名，在今山西运城安邑镇北。南巢：在今安徽巢湖西南。谯：责备。历山：在今安徽和县境，即历阳之山。

【原文】

且古之立帝王者，非以奉养其欲也；圣人践位者，非以逸乐其身也[①]。为天下强掩弱，众暴寡；诈欺愚，勇侵怯；怀知而不以相教，积财而不以相分，故立天子以齐之。为一人聪明而不足以遍烛海内，故立三公、九卿以辅翼之。绝国殊俗、僻远幽间之处，不能被德承泽，故立诸侯以教诲之。是以地无不任，时无不应，官无隐事，国无遗利，所以衣寒食饥，养老弱而息劳倦也[②]。

若以布衣徒步之人观之，则伊尹负鼎而干汤，吕望鼓刀而入周，伯里奚转鬻，管仲束缚，孔子无黔突，墨子无暖席[③]。是以圣人不高山、不广河，蒙耻辱以干世主，非以贪禄慕位，欲事起天下利，而除万民之害[④]。盖闻传书曰："神农憔悴，尧瘦臞，舜霉黑，禹胼胝[⑤]。"由此观之，则圣人之忧劳百姓甚矣。故自天子以下至于庶人，四胑不动，思虑不用，事治求赡者，未之闻也[⑥]。

【注释】

①践：承袭。逸乐：安乐。

②"官无隐事"二句：高诱注："言官无隐病、失职之事，以利民，故无所遗亡也。"

③"伊尹"句:"伊尹处于有莘(shēn)之野,执鼎俎,和五味以干汤,欲其调阴阳,行其道。""吕望"句:高诱注:"吕望,姜姓,四岳之后。四岳佐禹治水有功,赐姓曰姜氏,有吕望其后,居殷,乃屠于朝歌,故曰'鼓刀入周'。自殷而往,为文王太师,佐武王伐纣,成王封之于齐也。""伯里奚"句:高诱注:"伯里奚,虞臣,自知虞公不可谏而去,转行自卖于秦,为穆公相而秦兴也。""管仲束缚"句:高诱注:"管仲傅相齐公子纠,不死子纠之难而奔鲁,束缚以归齐,桓公用之而霸也。""孔子"以下二句:高诱注:"默,言其突灶不至于黑,坐席不至于温,历行诸国,汲汲于行道也。"按:默,《道藏》本同,刘绩《补注》本作"黔",其义同。

④"是以"以下几句:高诱注:"圣人盖谓禹、稷,不以山为高,不以河为广,言必蹈渡之。事,治也。""欲事起"二句:《文子·自然篇》作:"将欲起天下之利,除万民之害也。"

⑤臞(qú):即瘦弱义。胼胝(pián zhī):手脚上的老茧。

⑥职:同"肢"。

【原文】

夫地势水东流,人必事焉,然后水潦得谷行①;禾稼春生,人必加功焉,故五谷得遂长②。听其自流,待其自生,则鲧、禹之功不立,而后稷之智不用。若吾所谓"无为"者,私志不得入公道,耆欲不得枉正术;循理而举事,因资而立〔功〕;权自然之势,而曲故不得容者;政事而身弗伐,功立而名弗有。非谓其感而不应,攻而不动者。若夫以火熯井,以淮灌山,此用己而背自然,故谓之有为③。若夫水之用舟,沙之用(肆)〔鸠〕,泥之用輴,山之用蔂④;夏渎而冬陂;因高为田,因下为池,此非吾所谓为之⑤。

【注释】

①"夫地势"三句:高诱注:"水势虽东流,人必事而通之,使得循谷而行也。"潦:雨水大。

②加功：即耕耘之义。遂：成。

③"若夫"以下四句：高诱注："火不可以爅井，淮不可以灌山，而以用之，非其道，故谓之'有为'也。"按：爅（hàn），有为，即违背自然规律，肆行妄为之义。

④"肆"：《文子·自然》作"尥"（niǎo），沙行用具。辅：古代用于泥路的交通工具。藁：通"樏"（léi），登山的用具。《说文》："樏，山行所乘者。"

⑤"因高"几句：高诱注："此皆因其宜用之，故曰'非吾所谓为'，言无为。"

【原文】

圣人之从事也，殊体而合于理，其所由异路而同归，其存危定倾若一，志不忘于欲利人。何以明之？

昔者楚欲攻宋，墨子闻而悼之①。自鲁趋而十日十夜，足重茧而不休息，裂衣裳裹足，至于郢②。见楚王曰："臣闻大王举兵将攻宋，计必得宋而后攻之乎？忘其苦众劳民，顿兵剉锐，负天下以不义之名，而不得咫尺之地，犹且攻之乎③？"王曰："必不得宋，又且为不义，曷为攻之？"墨子曰："臣见大王之必伤义而不得宋。"王曰："公输，天下之巧士，作为云梯之械，设以攻宋，曷为弗取④？"墨子曰："令公输设攻，臣请守之。"于是公输般设攻城之械，墨子设守宋之备，九攻而墨子九却之，弗能入。于是乃偃兵，辍不攻宋。

【注释】

①宋：周初微子启的封地，都商丘（今河南商丘）。悼：悲伤。

②郢：在今湖北江陵西北，遗址称纪南城。

③忘其：还是。剉（cuò）：辱折。

④"公输"以下几句：高诱注："公输，鲁班号，时在楚。云梯，攻城具，高长，上与云齐，故曰'云梯'。"巧士：《吕氏春秋·爱类》作"巧工"。

【原文】

段干木辞禄而处家，魏文侯过其闾而轼之①。其仆曰："君何为轼？"文侯曰："段干木在，是以轼。"其仆曰："段干木布衣之士，君轼其闾，不已甚乎？"文侯曰："段干木不趋势利，怀君子之道，隐处穷巷，声施千里，寡人敢勿轼乎？段干木光于德，寡人光于势；段干木富于义，寡人富于财。势不若德尊，财不若义高。干木虽以己易寡人，不为②。吾日悠悠惭于影，子何以轻之哉？"其后秦将起兵伐魏，司马庚谏曰："段干木贤者，其君礼之，天下莫不知，诸侯莫不闻，举兵伐之，无乃妨于义乎③？"于是秦乃偃兵，辍不攻魏。

【注释】

①段干木：复姓段干，战国魏人。师事子夏，文侯请以为相，辞不受。文侯以师事之。闾：里闾。轼：有凭轼致敬义。

②干木：何宁《淮南子集释》："干木"上应有"段"字。段干复姓。"干木"二句：高诱注："使干木之已贤，易寡人之尊，不肯为之矣。"

③司马庚：战国秦大夫。

【原文】

若夫尧眉八彩，九窍通洞，而公正无私，一言而万民齐①；舜二瞳子，是谓重明，作事成法，出言成章；禹耳参漏，是谓大通，兴利除害，疏河决江②；文王四乳，是谓大仁，天下所归，百姓所亲③；皋陶马喙，是谓至信，决狱明白，察于人情④；禹生于石⑤；契生于卵⑥；史皇产而能书⑦；羿左臂脩而善射。若此九贤者，千岁而一出，犹继踵而生。今无五圣之天奉，四俊之才难，欲弃学而循性，是谓犹释船而欲蹍水也⑧。

夫纯钧、鱼肠剑之始下型，击则不能断，刺则不能入，及加之砥砺，摩其锋锷，则水断龙舟，陆刿犀甲⑨。明镜之始下型，矇然未见形容，及其粉以玄锡，摩以白旃，鬓眉微毫，可得而察⑩。夫学，亦人之砥锡也，而谓学无益者，所以论之过。

【注释】

①"若夫尧"几句：高诱注："尧母庆都，盖天帝之女，寄伊长孺家，年二十无夫。出观于河，有赤龙负图而至，曰赤龙受天下之图。有人赤衣、光面、八彩、鬓须长。赤帝起，成元宝，奋然阴云。赤龙与庆都合而生尧，视如图，故眉有八彩之色。"按：八彩，八种色彩。洞，通达。齐，整肃义。

②参漏：每耳上有三个洞穴。

③"文王四乳"几句：高诱注："乳，所以养人，故曰'大仁'也。文王为西伯，遭纣之虐，三分天下而有二，受命而主，故曰'百姓所亲'。"按：四乳，四个乳头。

④"皋陶"几句：高诱注："喙（huì）若马口，出言皆不虚，故曰至信。"

⑤禹生于石：高诱注："禹母脩纪，感石而生禹，折胸而出。"

⑥"契（xiè）生于卵"句：高诱注："契母，有娀（sōng）氏之女简翟，吞燕卵而生契，愊（bì）背而出。"

⑦"史皇"句：高诱注："史皇，苍颉（jié），生而见鸟迹，知著书，故曰史皇，或曰颉皇。"

⑧奉：佑助，扶助。"四俊"句：高诱注："才千人为俊，谓皋陶、稷、契、史皇。"

⑨纯钧、鱼肠：利箭名。型：铸造器物的模子。鄂（è）：刀剑之刃，今作"锷"。剸（tuán）：割，截。

⑩玄锡：用水银和锡化合而成的液体，今称锡汞合剂，用作抛光之用。白旃：白色的毛毡。

【原文】

知者之所短，不若愚者之所脩；贤者之所不足，不若众人之有余。何以知其然？

夫宋画吴冶，刻刑镂法，乱脩曲出，其为微妙，尧、舜之圣不能及^①；

蔡之幼女，卫之稚质，梱纂组，杂奇彩，抑黑质，杨赤文，禹、汤之智不能逮②。

夫天之所覆，地之所载，包于六合之内，托于宇宙之间，阴阳之所生，血气之精，含牙戴角，前爪后距，奋翼攫肆，蚑行蛲动之虫，喜而合，怒而斗，见利而就，避害而去，其情一也③。虽所好恶，其与人无以异。然其爪牙虽利，筋骨虽强，不免制于人者，知不能相通，才力不能相一也。各有其自然之势，无禀受于外，故力竭功沮。

夫雁顺风，以爱气力；衔芦而翔，以备矰弋④。蚁知为垤，貆貉为曲穴，虎豹有茂草，野彘有艽莦，槎栉堀虚，连比以像宫室，阴以防雨，景以蔽日，此亦鸟兽之所以知求合于其所利⑤。今使人生于辟陋之国，长于穷檐漏室之下，长无兄弟，少无父母，目未尝见礼节，耳未尝闻先古，独守专室而不出门，使其性虽不愚，然其知者必寡矣⑥。

【注释】

①"夫宋画"以下几句：刻刑，刻木作为模式。刑，通"型"。镂法，镂金作为法规，乱，指扰乱文理的色彩。曲出，出其不意。

②蔡：蔡国，今河南上蔡西南。卫：周初卫国为康叔封地，建都朝歌。即今河南淇县。稚质：少女。梱（kǔn）：即敲打，使之齐平。纂组：指红色的绶带。杨：刘绩《补注》本作"扬"，有突起义。赤文：红色的花纹。

③攫（jué）：搏击。肆：高诱注："极。"蚑（qí）行蛲（náo）动：指爬行蠕动的动物。

④"衔芦"二句：高诱注："未秀曰芦，已秀曰苇。矰，矢。弋，缴。衔芦，所以令缴不得截其翼也。"按：矰（zēng），即带有丝绳的箭。缴（zhuó），缴，丝绳，系弋射鸟。

⑤垤（dié）：蚂蚁做窝时堆在洞口的小土堆。貆（huān）：形如家狗而脚短，穴居野出的动物。有狗貆、猪貆。貉：似狸，尖头尖鼻，昼伏夜出。艽（qiú）：野兽窟穴中的垫草。莦（shāo）：野生的杂草。槎（chá）：斜砍义。栉：即梳篦的总称。槎栉，即阻挡野兽的栅栏。堀虚：

即窟穴。连比：连接。景：光照。

⑥橺：同"檐"，屋檐。专室：小室。

【原文】

昔者仓颉作书，容成造历，胡曹为衣，后稷耕稼，仪狄作酒，奚仲为车，此六人者，皆有神明之道，圣智之迹①。故人作一事而遗后世，非能一人而独兼有之。各悉其知，贵其所欲达，遂为天下备。今使六子者易事，而明弗能见者何？万物至众，而知不足以奄之。周室以后，无六子之贤，而皆脩其业；当世之人，无一人之才，而知其六贤之道者何？教顺施续，而知能流通②。由此观之，学不可已，明矣。

【注释】

①"容成"句：高诱注："容成，皇帝臣，造作历，知日月星辰之行度。"胡曹：黄帝臣。仪狄：禹臣。"奚仲"句：高诱注："《传》曰：'奚仲为夏车正，封于薛也'。"薛，今山东滕州南四十里。

②教顺：教训；顺，通"训"。施（yì）续：连续。

【原文】

今夫盲者目不能别昼夜，分白黑，然而搏琴抚弦，参弹复徽，攫援摽拂，手若蒙蒙，不失一弦①。使未尝鼓瑟者，虽有离朱之明，攫掇之捷，犹不能屈伸其指，何则②？服习积贯之所致。故弓待撤而后能调，剑待砥而后能利③。玉坚无敌，镂以为兽；首尾成形，磑诸之功④。木直中绳，揉以为轮；其曲中规，隐栝之力⑤。唐碧坚忍之类，犹可刻镂，揉以成器用，又况心意乎⑥？

且夫精神滑淖纤微，倏忽变化，与物推移，云蒸风行，在所设施⑦。君子有能精摇摩监，砥砺其才，自试神明，览物之博，通物之壅，观始卒之端，见无外之境，以逍遥仿佯于尘埃之外，超然独立，卓然离世，此圣人之所以游心⑧。若此而不能，闭居静思，鼓琴读书；追观上古及贤大夫，学问讲辩，日以自娱⑨；苏援世事，分白黑利害⑩；筹策得失，以观祸福；

设仪立度，可以为法则；穷道本末，究事之情；立是废非，明示后人；（北）［死］有遗业，生有荣名。如此者，人才之所能逮。然而莫能至焉者，偷慢懈惰，多不暇日之故。夫瘠地之（吴）［民］多有心者，劳也；沃地之民多不才者，饶也⑪。由此观之，知人无务，不若愚而好学。自人君公卿至于庶人，不自强而功成者，天下未之有也。《诗》云："日就月将，学有缉熙于光明⑫。"此之谓也。

【注释】

①搏：拍，打。抚：拍，弹。参弹：古代弹琴的一种手法。复徽：即手指上下移动。徽，琴徽，琴弦音位标志。琴徽是琴曲演奏艺术高度发展的产物。攫（jué）援：即收拢、拉长。摽拂：即铺陈之义。攫援、摽拂，古代弹琴的二种指法。蠛蠓（miè měng）：喻指法之熟练、迅疾。

②瑟：俞樾《诸子平议》："'瑟'当为'琴'。""虽有"几句：高诱注："离朱，黄帝时人，明目，能见百步之外、秋毫之末。攫掇（jué duō），亦黄帝时捷疾者也。"

③撒：即矫正弓弩的器具。撒，通"檠"（qíng）。砥：磨刀石。

④磑诸：治玉之石。

⑤隐栝（kuò）：隐，通"檃"（yǐn）。《说文》："檃，栝也。"矫正竹木弯曲的工具。

⑥唐碧：坚硬的玉石。忍：坚柔。揉：《道藏》本、刘绩《补注》本同，然似有脱文。

⑦滑淖（zhào）：柔和。纤微：细微。倏（shū）忽：迅速。推移：转易。

⑧精摇：《要略》高诱注："楚人谓精进为精摇。"精进，即专心进取之义。摩监：即反复磨炼之义。试：《说苑·建本》作"自诚神明"。尘埃：高诱注："犹窈冥也。"超然：超脱世俗的样子。卓然：高远的样子。游心：注意、留心。又有遨游精神之义。

⑨及：《说苑·建本》作"友"。贤：刘绩《补注》本作"贤士"。"学问"二句：高诱注："讲论辩别然否，自娱乐。"

⑩"苏援"二句：苏，通"稣"，即求取、求索义。援，训为

"引"。苏援，即探求义。

⑪饶：安逸。

⑫"《诗》云"几句：高诱注："言为善者，日有所成就，月有所奉行，当学之是明，此勉学之谓也。"按：引文见《诗·周颂·敬之》。缉熙，积渐。

【原文】

名可务立，功可强成。故君子积志委正，以趣明师；励节亢高，以绝世俗。何以明之？

昔于南荣畴耻圣道之独亡于己，身淬霜露，敕跻趹，跋涉山川，冒蒙荆棘，百舍重跰，不敢休息，南见老聃，受教一言①。精神晓泠，钝闻条达，欣若七日不食，如飨大牢②。是以明照四海，名施后世，达略天地，察分秋毫，称誉叶语，至今不休③。此所谓名可强立者。

吴与楚战，莫嚣大心抚其御之手曰："今日距强敌，犯白刃，蒙矢石，战而身死，卒胜民治，全我社稷，可以庶几乎④？"遂入不返，决腹断头，不旋踵运轨而死⑤。申包胥竭筋力以赴严敌，伏尸流血，不过一卒之才，不如约身卑辞，求救于诸侯⑥。于是乃赢粮跣走，跋涉谷行⑦。上峭山，赴深溪，游川水，犯津关，猎蒙笼，蹶沙石，蹠达膝，曾茧重胝，七日七夜，至于秦庭⑧。鹤跱而不食，昼吟宵哭，面若死灰，颜色霉黑，涕液来集，以见秦王，曰："吴为封豨脩蛇，蚕食上国，虐始于楚⑨。寡君失社稷，越在草茅⑩。百姓离散，夫妇男女，不遑启处，使下臣告急⑪。"秦王乃发车千乘，步卒七万，属之子虎⑫。逾塞而东，击吴浊水之上，果大破之，以存楚国。烈藏庙堂，著于宪法，此功之可强成者也。

【注释】

①昔于：《道藏》本作"昔者"。南荣畴：鲁人，庚桑楚弟子。淬：有侵入、冒受义。敕（chì）：《道藏》本作"敕"，有插栽义，引申有穿着义。跻（jué）：通"屩"。《说文》："屩，屐也。"麻鞋叫屩，木鞋叫屐。趹（jué）：即疾行义。舍：高诱注："百里一舍。"跰：高诱注：

"足胝生。"即老苴。"南见"二句：高诱注："老聃，老子，字伯阳，楚苦县赖乡曲里人。今陈国蒙濑乡（存）［有］祠存。据在鲁南，故曰'南见'老子聃。"

②"精神"二句：《文子·精神》作"晓灵"，即明了解悟之意。钝闻，《文子·精诚》作"屯阅"，有迟钝、昏聩义。欣若：喜悦的样子。《道藏》本、刘绩《补注》本作"欣然"。大牢：三牲，即猪、牛、羊。

③施（yì）：延续。略：即术数。"称誉"二句：高诱注："叶，世。言荣畴见称（文）［誉］，世传相语，至今不止。"

④"吴与楚"句：高诱注："吴王阖闾与楚昭王战于伯举。"按：楚昭王，名珍，平王子，在位二十五年。伯举，在今湖北麻城。此战楚人大败，吴军占领郢都。"莫嚣"以下几句：莫嚣，楚官名，低于令尹。《战国策·楚一》作"莫敖"。庶几：差不多。

⑤"遂入"几句：高诱注："言入吴不旋踵（因）［回］轨而死。"按：运轨，回轨，即回车。

⑥申包胥：春秋时楚贵族，又称王孙包胥，与伍子胥为友。严敌：指吴军，此时已占领郢都。

⑦赢：即背负义。跣（xiǎn）：赤脚。

⑧峭山：高山。猎：刘绩《补注》本作"躐"（liè），即越过义。蒙笼：草木丛生义，一曰蒙笼山。蹶（jué）：踏。蹎：即脚。

⑨"鹤跱"几句：跱（zhì），直立。液：刘绩《补注》本作"流"。来：刘绩《补注》本作"交"。秦王：指秦哀公，春秋末秦君，在位三十六年。封豨（xī）：大野猪。脩蛇：大蟒蛇。上国：中原之国。

⑩寡君：楚昭王。越：远，指昭王远逃到随国。

⑪遑：闲暇。启处：指安居；启，跪。

⑫千乘、七万：《战国策·楚一》作"出革车千乘，卒万人"。子虎：高诱注："秦大夫子车虎。"

【原文】

通于物者不可惊怪，喻于道者不可动以奇，察于辞者不可耀以名，审于形者不可遁以状。世俗之人，多尊古而贱今。故为道者，必托之于神农、黄帝而后能入说。乱世暗主，高远其所从来，因而贵之。为学者，蔽于论而尊其所闻，相与危坐而称之，正领而诵之，此见是非之分不明①。

【注释】

①危坐：端坐。正领：摆正头部及领部。

【原文】

夫项托年七岁为孔子师，孔子有以听其言也。以年之少，为闾丈人说，救敲不给，何道之能明也①？

夫以徵为羽，非弦之罪；以甘为苦，非味之过。

楚人有烹猴而召其邻人，以为狗羹也而甘之。后闻其猴也，据地而吐之，尽写其食。此未始知味者也。

邯郸师有出新曲者，托之李奇，诸人皆争学之，后知其非也，而皆弃其曲②。此未始知音者也。

鄙人有得玉璞者，喜其状，以为宝而藏之。以示人，人以为石也，因而弃之。此未始知玉者也。

【注释】

①闾：乡里。丈人：老人。给：即来不及义。

②师：乐师。李奇：赵国善于创作歌曲的人。

【原文】

今剑或绝侧嬴文，啮缺卷铦，而称以顷襄之剑，则贵人争带之①；琴或拨剌枉桡，阔解漏越，而称以楚庄之琴，侧室争鼓之②。苗山之铤，羊头之销，虽水断龙舟，陆刜兕甲，莫之服带③；山桐之琴，涧梓之腹，虽鸣廉隅脩营，唐牙［莫之鼓也］④。

通人则不然。服剑者期于铦利，而不期于墨阳、莫邪⑤；乘马者期于千里，而不期于华骝、绿耳⑥；鼓琴者期于鸣廉、脩营，而不期于滥胁、号钟⑦；诵《诗》《书》者期于通道略物，而不期于《洪范》《商颂》⑧。圣人见是非，若白黑之于目辨，清浊之于耳听。众人则不然。中无主以受之，譬若遗腹子之上陇，以礼哭泣之，而无所归心。

故夫李子之相似者，唯其母能知之⑨；玉石之相类者，唯良工能识之；书传之微者，唯圣人能论之。今取新圣人书，名之孔、墨，则弟子句指而受者必众矣⑩。故美人者，非必西施之种；通士者，不必孔、墨之类。晓然意有所通于物，故作书以喻意，以为知者也。诚得清明之士，执玄鉴于心，照物明白，不为古今易意，（檰）［攦］书明指以示之，虽阖棺亦不恨矣⑪。

昔晋平公令官为钟，钟成而示师旷，师旷曰："钟音不调⑫。"平公曰："寡人以示工，工皆以为调，而以为不调，何也？"师旷曰："使后世无知音者则已，若有知音者，必知钟之不调。"故师旷之欲善调钟也，以为后之有知音者也。

【注释】

①"今剑或"几句：绝，断。侧，侧边。赢（léi），即光秃义。啮（niè）缺，缺刃。如被啮咬状。铊（rén），卷曲。顷襄，楚顷襄王，战国楚王，在位三十六年。之，刘绩《补注》本作"人"。

②"琴或"几句：拨剌（là），似指音声不正。漏越，指琴体破损，发声散乱。侧室，帝王的偏房。

③"苗山"几句："苗山，楚山，利金所出。羊头之销，白羊子刀。铤（chán），铁把短矛。羊头之销，三棱类似羊头的箭镞。刓（tuán），断。

④"山桐"几句：桐，桐树。梓，梓树。木质轻而易割，可作乐器。鸣廉隅脩营，《广雅·释乐》中列有琴名"鸣廉、修营"，则"隅"为衍文。唐牙，刘绩《补注》本"唐牙"下有"莫之鼓也"四字。

⑤铦（xiān）利：锋利。墨阳、莫邪：美剑名。

⑥华骝（liú）、绿耳：千里马名。

⑦滥胁、号钟：高诱注："滥胁，音不和。号钟，高声，非耳所及

也。"按：《广雅·释乐》琴名有："蓝胁、号钟。"与高注异。

⑧略物：通达事物。《洪范》：《尚书》篇名，意为大法；为商朝灭亡后箕子向周武王所陈。《商颂》：《诗》章名，共收五篇。

⑨孪（luán）子：双生子。

⑩句（jù）指：研讨旨义。

⑪玄鉴：指玄妙的心境。照物：即观照万物。"橖"：《道藏》本作"�"（shū），即抒发义。恨：有遗憾义。

⑫"昔晋平公"以下几句：高诱注："平公，晋悼公之子彪。师旷识音。故知其不调也。"按：不调，不符合音律要求。

【原文】

三代与我同行，五伯与我齐智。彼独有圣知之实，我曾无有闾里气闻、穷巷之知者何①？彼并身而立节，我诞谩而悠忽②。

今夫毛墙、西施，天下之美人，若使人衔腐鼠，蒙蝟皮，衣豹裘，带死蛇，则布衣韦带之人，过者莫不左右睥睨而掩鼻③。尝试使之施芳泽，正娥眉，设笄珥，衣阿锡，曳齐纨，粉白黛黑，佩玉环，榆步，杂芝若，笼蒙目视，冶由笑，目流眺，口曾挠，奇牙出，靥酺摇，则虽王公大人，有严志颉颃之行者，无不惮悇痒心而悦其色矣④。今以中人之才，蒙愚惑之智，被污辱之行，无本业所修，方术所务，焉得无有睥面掩鼻之容哉⑤？

今鼓舞者，绕身若环，曾挠摩地，扶于猗那，动容转曲，便媚拟神，身若秋药被风，发若结旌，骋驰若骛⑥。木熙者，举梧槚，据句枉，猿自纵，好茂叶，龙夭矫，燕枝拘，援丰条，舞扶疏，龙从鸟集，搏援攫肆，蒤蒙踊跃⑦。且夫观者莫不为之损心酸足⑧。彼乃始徐行微笑，被衣修擢⑨。夫鼓[舞]者非柔纵，而木熙者非眇劲，淹浸渍渐靡使然也⑩。

是故生木之长，莫见其益，有时而修；砥砺礛监，莫见其损，有时而薄⑪。藜藋之生，蠕蠕然日加数寸，不可以为栌栋⑫；楩柟豫章之生也，七年而后知，故可以为棺舟⑬。夫事有易成者名小，难成者功大。君子修美，虽未有利，福将在后至。故《诗》云："日就月将，学有缉熙于光明。"

此之谓也。

【注释】

①气：刘绩《补注》本作"之"。"彼独有"二句：高诱注："我则无声名宣闻于闾里，穷巷之人无有知我之贤，何故也？"

②"彼并身"二句：并身，身心专一。诞谩（mán）：放纵，散漫。悠忽：轻忽，放荡，指消磨时间。

③人：刘绩《补注》本作"之"。"今夫"以下数句：韦带，皮带；熟皮曰韦，生皮曰革。睥睨（pì nì）：斜视；左视曰睥，右视曰睨。

④"尝试使之"以下数句：娥眉，古代女子的眉饰，如蚕蛾之形。笄，簪子。珥，用玉石作的耳环。阿锡，一说为山东东阿产的细布。锡，通"緆"（xī），细布。曳，拉，牵。齐纨，齐地产的细绢。揄，通"摇"。即摇动义。芝，刘绩《补注》：按《列子》"杂芷若"，则"芝"当作"芷"。笼蒙，微视，偷看。"笼蒙目视"，刘绩《补注》本云衍"目"字。冶由，妖媚的神态。流眺，转目斜视。挑，张嘴笑的样子，通"咷"。靥辅，女子脸上的酒窝。颉颃（xié háng），倔强，倔傲。憛悇，贪欲强烈的样子。痒心，指喜其色，而欲得到的焦躁心情。

⑤污辱：耻辱。方术：指医卜星相之术。睥面：吕传元《淮南子斠补》："睥"下当脱"睨"字，"面"当为"而"。此承上文"左右睥睨而掩鼻"言也。

⑥"今鼓舞"几句：鼓舞，即合乐而舞。曾，重叠，通"层"。挠，通"桡"，有弯曲义。曾挠，屈曲的样子。摩，接近。扶于，周旋义。猗那，柔美的样子。动容，摇荡，又有改变仪容之义。转曲，旋转，曲屈。便媚，轻盈柔美的样子。拟，有模拟之义。药，高诱注："白芷，香草。"被风，有随风摇摆义。结旌，即屈曲而又舒展。旌，古时用五色羽毛装饰的旗帜。鹜（wù），疾速。

⑦木熙：缘木为戏，古代的爬竿、顶竿之类的游戏。熙，通"戏"。梧：梧桐。槚：梓木。据：依靠。句枉：弯曲的枝条。纵：放任。"猿自纵"二句：高诱注："言舞者若猿，不复践地，好上茂木之枝叶。"天

矫：屈伸自如。"燕枝拘"句：高诱注："言其著树如燕附枝也。"按：枝拘，有屈曲义。"龙天矫"句：于省吾《淮南子新证》：与"燕枝拘"对文，言舞之姿势，如龙蟠天矫、燕飞屈曲也。援：持。丰条：大的枝条。扶疏：蹒跚，形容旋转的舞姿。"龙从"句：高诱注："言其舞体如龙附云，如鸟集山。"搏援：攀援攫取。攫肆：尽情抓取。"薎（miè）蒙踊跃"句：薎蒙，迅疾。踊跃，跳跃。

⑧"且夫"句：损心酸足，即提心吊胆之意。

⑨"彼乃"二句：高诱注："彼，彼舞者，更复徐行小笑，被倡衣，脩擢舞，为后曲也。"按：擢（zhuó），通"掉"，即《掉羽》，舞名。

⑩"夫鼓者"：《四库全书》本作"夫鼓舞者"，脱"舞"字。柔纵：柔弱，委曲。眇劲：即轻劲义。淹：长久。浸渍：长久的磨炼。渐靡：渐进教化。靡，通"摩"。

⑪礛（mò）䃴：今省作"磨"。䃴，通"磻"，即磻诸，治玉的磨石。礛䃴，即磨砺、磨炼义。

⑫藜藿：《太平御览·百卉部》引作"藜藋"。蠕蠕然：蠕动的样子。栌栋：斗拱、大梁。

⑬楩（pián）：黄楩木。枏（nán）：楠木。豫章：木名，樟木类。

第二十卷　泰族训

【原文】

天设日月，列星辰，调阴阳，张四时；日以暴之，夜以息之，风以干之，雨露以濡之。其生物也，莫见其所养而物长；其杀物也，莫见其所丧而物亡，此之谓神明。圣人象之①。故其起福也，不见其所由而福起；其除祸也，不见其所以而祸除。远之则迩，延之则疏；稽之弗得，察之不虚；日计无筹，岁计有余。

【注释】

①象：有依循、效法义。

【原文】

夫湿之至也，莫见其形，而炭已重矣①；风之至矣，莫见其象，而木已动矣；日之行也，不见其移，骐骥倍日而驰，草木为之靡②；县燧未转，而日在其前③。故天之且风，草木未动而鸟已翔矣④；其且雨也，阴曀未集而鱼已噞矣：以阴阳之气相动也⑤。故寒暑燥湿，以类相从；声响疾徐，以音相应也。故《易》曰："鸣鹤在阴，其子和之。"

【注释】

①"夫湿之"三句：古代测量湿度之法。

②"骐骥"二句：疑位置应颠倒，方与上下文义相合。

③"县燧"二句：许慎注："县烽，边候见虏举烽，转相受，行道里最疾者。"夜里点火叫烽，白天烧烟叫燧（suì）。燧同"烽"。

④"故天之"二句：许慎注："鸟巢居，知风也。"

⑤噞（yǎn）：鱼出头呼吸。

【原文】

天地所包，阴阳所呕，雨露所濡，以生万物，瑶碧玉珠，翡翠玳瑁，文彩明朗，润泽若濡，摩而不玩，久而不渝，奚仲不能旅，鲁般不能造，此之谓大巧①。

宋人有以象为其君为楮叶者，三年而成，茎柯豪芒，锋杀颜泽，乱之楮华之中，而不可知也②。列子曰："使天地三年而成一叶，则万物之有叶者寡矣③。"夫天地之施化也，呕之而生，吹之而落，岂此契契哉④？故凡可度者小也，可数者少也，至大非度之所能及也，至众非数之所能领也。故九州不可顷亩也，八极不可道里也，太山不可丈尺也，江海不可斗斛也。

故大人者，与天地合德、日月合明，与鬼神合灵，与四时合信。故圣人怀天气，抱天心，执中含和，不下庙堂而衍四海，变习易俗，民化而迁善，若性诸己，能以神化也。《诗》云："神之听之，终和且平。"夫鬼神视之无形，听之无声，然而郊天、望山川，祷祠而求福，雩兑而请雨，卜筮而决事⑤。《诗》云："神之格思，不可度思，矧可射思⑥。"此之谓也。

【注释】

①瑶碧：玉名。翡翠：鸟名，羽毛华美，可作装饰品。玩：通"刓"，损，缺。

②象：象牙。楮（chǔ）：木名，叶似桑，多涩毛，果实圆红色。茎柯：叶柄。锋杀：指肥瘦。颜泽：色泽。华：《列子·说符》作"叶"。

③列子：战国前期郑国人，道家。《汉书·艺文志》"道家"有《列子》八篇。

④呕（xù）：呵气使温暖。呕，通"煦"。契契：勤苦的样子。

⑤郊：古代帝王每年冬至在南郊祭天叫"郊"。望：祭祀山川之神为望。雩（yú）：古代求雨之祭，周代祭名。

⑥"《诗》云"句：引文见《诗·大雅·抑》。格：来到。矧（shěn）：况且。射：通"斁"，厌倦。

【原文】

天致其高，地致其厚，月照其夜，日照其昼，阴阳化，列星期，非有道而物自然①。故阴阳四时，非生物也；雨露时降，非养草木也。神明接，阴阳和，而万物生矣。故高山深林，非为虎豹也；大木茂枝，非为飞鸟也；流源千里，渊深百仞，非为蛟龙也。致其高崇，成其广大，山居木栖，巢枝穴藏，冰潜陆行，各得其所宁焉。

夫大生小，多生少，天之道也。故丘阜不能生云雨，荥水不能生鱼鳖者，小也②。牛马之气蒸，生蚑虱；蚑虱之气蒸，不能生牛马③。故化生于外，非生于内也。夫蛟龙伏寝于渊，而卵剖于陵；螣蛇雄鸣于上风，雌鸣于下风，而化成形，精之至也④。故圣人养心，莫善于诚，至诚而能动化矣。今夫道者，藏精于内，栖神于心，静漠恬淡，讼缪匈中，邪气无所留滞⑤；四枝节族，毛蒸理泄，则机枢调利，百脉九窍，莫不顺比⑥。其所居神者，得其位也，岂节柎而毛脩之哉⑦？

【注释】

①期：即会合义，如五星连珠。"非有道"句：《文子·精诚》作"非有为焉，正其道而物自然"。道：有引导、主导义。

②荥（xíng）：小水。

③"牛马"以下四句：《吕氏春秋·谕大》高诱注：《淮南记》："牛马之气烝生虮虱，虮虱气烝不能生牛马。"

④螣蛇：传说中能飞的蛇。

⑤栖神：义同栖真，道家以性命之根为"真"。栖真为保其根本，养其元气。讼：通"容"，接纳。缪：通"穆"，和。

⑥节族：节指骨节，族为骨肉交错聚结的部位。毛蒸理泄：毛孔、腠（còu）理有所蒸发、泄流。理，腠理。脉：指血液运行的通道。顺比：和顺，连接。

⑦柎：通"拊"，抚摸。脩：通"修"，修治。

【原文】

圣主在上位，廓然无形，寂然无声，官府若无事，朝廷若无人；无隐士，无轶民，无劳役，无冤刑。四海之内，莫不仰上之德，象主之指，夷狄之国，重译而至。非户辨而家说之也，推其诚心，施之天下而已矣①。《诗》曰："惠此中国，以绥四方②。"内顺而外宁矣。

大王亶父处邠，狄人攻之，杖策而去，百姓携幼扶老，负釜甑，逾梁山，而国乎岐周，非令之所能召也③。秦穆公为野人食骏马肉之伤也，饮之美酒；韩之战，以其死力报，非券之所责也。密子治亶父，巫马期往观化焉，见夜渔者，得小即释之，非刑之所能禁也④。孔子为鲁司寇，道不拾遗，市买不豫贾，田渔皆让长，而班白不戴负，非法之所能致也⑤。

夫矢之所以射远贯牢者，弩力也；其所以中的剖微者，正心也；赏善罚暴者，政令也；其所以能行者，精诚也。故弩虽强，不能独中；令虽明，不能独行，必自精气所以与之施道。故撌道以被民，而民弗从者，诚心弗施也。

【注释】

①户辩：向家家户户辩说。辩，通"辩"。

②"《诗》曰"句：引文见《诗·大雅·民劳》。绥：安抚。

③梁山：今陕西乾县西北。歧周：即今陕西岐山。

④密子："密"与"宓"上古同音，可通假。宓子贱，春秋末期鲁国人，孔子弟子；曾为单父宰。

⑤豫贾：即抬高物价。豫，有欺骗义。班白：许慎注："头有白发。"班，通"斑"。

【原文】

天地四时，非生万物也，神明接，阴阳和，而万物生之。圣人之治天下，非易民性也，枎循其所有，而涤荡之①。故因则大，化则细矣②。禹凿龙门，辟伊阙，决江濬河，东注之海，因水之流也③；后稷垦草发菑，粪土树谷，使五种各得其宜，因地之势也④；汤、武革车三百乘，甲卒三千人，讨暴乱，制夏、商，因民之欲也。故能因，则无敌于天下矣。

夫物有以自然，而后人事有治也。故良匠不能斫金，巧冶不能铄木，金之势不可斫，而木之性不可铄也。埏埴而为器，窬木而为舟，铄铁而为刀，铸金而为钟，因其可也⑤。驾马服牛，令鸡司夜，令狗守门，因其然也。

民有好色之性，故有大婚之礼；有饮食之性，故有大飨之谊；有喜乐之性，故有钟鼓筦弦之音；有悲哀之性，故有衰绖哭踊之节⑥。故先王之制法也，因民之所好，而为之节文者也。因其好色而制婚姻之礼，故男女有别；因其喜音而正《雅》《颂》之声，故风俗不流；因其宁家室、乐妻子，教之以顺，故父子有亲；因其喜朋友，而教之以悌，故长幼有序。然后脩朝聘以明贵贱，飨饮习射以明长幼，时搜振旅以习用兵也，入学庠序以脩人伦⑦。此皆人之所有于性，而圣人之所匠成也。

故无其性，不可教训；有其性无其养，不能遵道。茧之性为丝，然非得工女煮以热汤，而抽其统纪，则不能成丝。卵之化为雏，非慈雌呕暖覆伏，累日积久，则不能为雏⑧。人之性有仁义之资，非圣王为之法度而教导之，则不可使乡方。

故先王之教也，因其所喜以劝善，因其所恶以禁奸。故刑罚不用，而威行如流；政令约省，而化耀如神。故因其性，则天下听从；拂其性，则法县而不用。

【注释】

①柎循：安抚，抚慰。柎，通"拊"（fǔ）。涤荡：《文子·自然》作"条畅"，即条达通畅义。

②"故因"二句：因，按照规律办事。《老子》三十七章："化而欲作。"作，指违背规律行事，即人为造作。

③濬：疏通河道，通"浚"（jùn）。

④发菑（zī）：开荒。五种：即五谷。

⑤"埏埴"句：化自《老子》十一章。《老子》河上公注："埏，和也。埴，土也。和土以为饮食之器。"窬（yú）：凿空。刀：《道藏》本作"刃"。

⑥衰绖（dié）：丧服，披在胸前和戴在头上的布条。衰，通"缞"（cuī）。哭踊：丧礼的仪节，顿足、捶胸以表哀痛。

⑦朝聘：古代诸侯定期朝见天子。飨（xiǎng）饮：即乡饮酒之礼。"时搜振旅"句：搜，通"蒐"，检阅车马。振旅，整顿部队。庠序：古代地方所开设的学校。《说文》："夏曰校，殷曰庠，周曰序。"

⑧呕（xū）暖：生育抚养之义。

【原文】

昔者五帝、三王之莅政施教，必用参五①。何谓参五？仰取象于天，俯取度于地，中取法于人。

乃立明堂之朝，行明堂之令，以调阴阳之气，而和四时之节，以辟疾病之菑②。

俯视地理，以制度量，察陵陆水泽肥墝高下之宜，立事生财，以除饥寒之患③。

中考乎人德，以制礼乐；行仁义之道，以治人伦而除暴乱之祸。

乃澄列金木水火土之性，故立父子之亲而成家；别清浊五音六律相生之数，以立君臣之义而成国；察四时季孟之序，以立长幼之礼而成官。此之谓参④。

制君臣之义，父子之亲，夫妇之辨，长幼之序，朋友之际。此之谓五。

乃裂地而州之，分职而治之，筑城而居之，割宅而异之，分财而衣食之，立大学而教诲之，夙兴夜寐而劳力之，此治之纪纲已。然得其人则举，失其人则废。

尧治天下，政教平，德润洽，在位七十载，乃求所属天下之统，令四岳扬侧陋。四岳举舜而荐之尧，尧乃妻以二女，以观其内⑤；任以百官，以观其外。既入大麓，烈风雷雨而不迷⑥。乃属以九子，赠以昭华之玉，而传天下焉⑦。以为虽有法度，而朱弗能统也。

【注释】

①莅政：处理政事。

②"乃立"句：蒋礼鸿《淮南子校记》："乃立"上脱"仰□天□"一句。"行明堂"句：许慎注："明堂，布政之宫，有十二月之政令也。"菑（zāi）：通"灾"，祸害。

③墝（qiāo）：土地坚硬贫瘠。生财：指开发财源。

④参：即列五行，成家；别五音，成国；察四时，成官。

⑤二女：娥皇、女英。

⑥"既入"二句：许慎注："林属于山曰麓。尧使舜入林麓之中，遭大风雨不迷也。"

⑦九子：尧有九男。昭华：传国之玉名。

【原文】

夫物未尝有张而不弛、成而不毁者也。唯圣人能盛而不衰，盈而不亏。神农之初作琴也，以归神；及其淫也，反其天心。夔之初作乐也，皆合六律而调五音，以通八风①。及其衰也，以沉湎淫康，不顾政治，至于灭亡。苍颉之初作书，以辩治百官，领圣万事，愚者得以不忘，智者得以志远；至其衰也，为奸刻伪书，以解有罪，以杀不辜。汤之初作囿也，以奉宗庙鲜犒之具，简士卒，习射御，以戒不虞②；及至其衰也，驰骋猎射，以夺民时，罢民之力。尧之举禹、契、后稷、皋陶，政教平，奸宄息，狱讼止而衣食足，贤者劝善而不肖者怀其德③；及至其末，朋党比周，各推其与，废公趋私，外内相推举，奸人在朝，而贤者隐处④。故《易》之失也卦，《书》之失也敷，《乐》之失也淫，《诗》之失也辟，《礼》之失也责，《春秋》之失也刺⑤。

天地之道，极则反，盈则损。五色虽朗，有时而渝；茂木丰草，有时而落。物有降杀，不得自若。故圣人事穷而更为，法弊而改制，非乐变古易常也，将以救败扶衰，黜淫济非，以调天地之气，顺万物之宜也。

【注释】

①夔：尧典乐臣。

②囿：畜养禽兽的园地。鲜犒：许慎注："生肉为鲜，干肉为犒。"按：犒，疑通"犒"（kào）。不虞（yú）：没有预料的事。

③奸宄（guǐ）：为非作歹之人。

④与：党与。"相推举"：《文子·上礼》无"推"字。

⑤"故《易》"以下六句：本书《诠言训》有"《诗》之失辟，《乐》之失刺，《礼》之失责"三句。下文又有六句，其义相近，疑有衍文。卦：指依靠卦占。敷：铺陈、扩展义。辟：邪僻。责：责罚。刺：责难。

【原文】

圣人天覆地载，日月照，阴阳调，四时化，万物不同，无故无新，无疏无亲，故能法天①。天不一时，地不一利，人不一事，是以绪业不得不多端，趋行不得不殊方。五行异气，而皆适调；六艺异科，而皆同道②。温惠柔良者，《诗》之风也；淳庞敦厚者，《书》之教也③；清明条达者，《易》之义也；恭俭尊让者，《礼》之为也；宽裕简易者，《乐》之化也；刺几辩义者，《春秋》之靡也④。故《易》之失鬼，《乐》之失淫，《诗》之失愚，《书》之失拘，《礼》之失忮，《春秋》之失訾⑤。六者圣人兼用而财制之。

失本则乱，得本则治；其美在调，其失在权。水火金木土谷，异物而皆任；规矩权衡准绳，异形而皆施；丹青胶漆，不同而皆用。各有所适，物各有宜。轮员舆方，辕从衡横，势施便也；骖欲驰，服欲步，带不厌新，钩不厌故，处地宜也⑥。《关雎》兴于鸟，而君子美之，为其雌雄之不乖居也⑦；《鹿鸣》兴于兽，君子大之，取其见食而相呼也；泓之战，军败君获，而《春秋》大之，取其不鼓不成列也⑧；宋伯姬坐烧而死，《春秋》大之，取其不逾礼而行也⑨。成功立事，岂足多哉？方指所言，而取一概焉尔。

【注释】

①法天：以天道为法则。

②"五行"以下四句：《太平御览·学部》二引作"五行异气而皆和，六艺异科而皆道"。

③淳庞（máng）：淳朴宽大。敦厚：诚朴宽厚。

④刺几：指责，讽刺；几，通"讥"。靡（mǐ）：美。

⑤"故《易》"句：许慎注："《易》以气定吉凶，故鬼也。""《乐》之"句：许慎注："乐变之于郑声，淫也。""《诗》之"句：许慎注："诗人怒，怒近愚也。""《书》之"句：许慎注："《书》有典谟之制，拘以法也。""《礼》之"句：许慎注："《礼》尊尊卑卑，尊不下卑，故忮也。"忮（zhì），嫉恨。"《春秋》之"句：许慎注："《春秋》贬绝不避王人，书人之过，相訾也。"訾（zǐ），非议，诋毁。

⑥骖（cān）：车辕两侧的马。服：两马在中为服。

⑦不乖居：居处和谐。

⑧"泓之战"几句：泓，古水名，在今河南柘城县。前638年成为霸主的宋襄公与楚战于泓水。楚军强大，襄公自称"仁义之师"，要等待楚军渡河摆列阵势再战，结果自己伤股，军队大败。第二年不治而死。获：辱。

⑨"宋伯姬"三句：许慎注："伯姬，宋共公夫人。夜失火，待傅母，不至不下堂，而及火死之也。"

【原文】

王乔、赤松，去尘埃之间，离群慝之纷，及阴阳之和，食天地之精，呼而出故，吸而入新，喋虚轻举，乘云游雾，可谓养性矣，而未可谓孝子也①；周公诛管叔、蔡叔，以平国弭乱，可谓忠臣也，而未可谓弟也②；汤放桀，武王诛纣，以为天下夫残除贼，可谓惠君，而未可谓忠臣矣；乐羊攻中山未能下，中山烹其子，而食之以示威，可谓良将，而未可谓慈父也。故可乎可，而不可乎不可；不可乎不可，而可乎可。

舜、许由异行而皆圣，伊尹、伯夷异道而皆仁；箕子、比干异趋而皆贤。故用兵者，或轻或重，或贪或廉，此四者相反，而不可一无也。轻者欲发，重者欲止，贪者欲取，廉者不利非其有。故勇者可（贪）[令]进斗，而不可令持牢；重者可令填固，而不可令凌敌③；贪者可令进取，而不可令守职；廉者可令守分，而不可令进取；信者可令持约，而不可令应变。五者相反，圣人兼用而财使之④。

【注释】

①赤松：即赤诵子，古代传说的得道仙人。慝（tè）：邪恶。及：《道藏》本作"吸"；及，通"汲"，有汲取义。喋：通"蹀"；蹀（dié）虚，脚踏空虚，即飞升之义。轻举：轻身升起。

②弭（mǐ）：制止。弟：弟弟顺从兄长，后作"悌"。

③填（zhí）固：坚牢。

④财：通"裁"，裁定。

【原文】

夫天地不包一物，阴阳不生一类；海不让水潦以成其大，山不让土石以成其高。夫守一隅而遗万方，取一物而弃其余，则其所得者鲜，而所治者浅矣。

治大者道不可以小，地广者制不可以狭，位高者事不可以烦，民众者教不可以苛。夫事碎难治也，法烦难行也，求多难赡也。寸而度之，至丈必差；铢而称之，至石必过；石秤丈量，径而寡失；简丝数米，烦而不察。故大较易为智，曲辩难为惠①。故无益于治，而有益于烦者，圣人不为；无益于用，而有益于费者，智者弗行也。故功不厌约，事不厌省，求不厌寡。功约易成也，事省易治也，求寡易赡也。众易之，于以任人易矣。孔子曰："小辩破言，小利破义，小义破道，小见不达，必简②。"

【注释】

①大较：大法。曲辩：曲意辩说。惠：通"慧"，聪明。

②小辩：巧辩之言。言：指规律。小义：刘绩《补注》本作"小艺"。小见：略见。"必简"：《大戴礼记·小辩》作"通道必简"，《文子·上仁》作"道小必不通，通必简"。刘绩《补注》本作"达必简"，疑脱"通"或"达"字；简：大。

【原文】

河以逶蛇，故能远；山以陵迟，故能高；阴阳无为，故能和；道以优游，故能化。夫彻于一事，察于一辞，审于一（投）［技］，可以曲说，而未可广应也。蓼菜成行，甌瓯有蓷，称薪而爨，数米而炊，可以治小，而未可以治大也①。员中规，方中矩，动成兽，止成文，可以愉舞，而不可以陈军②；涤杯而食，洗爵而饮，盥而后馈，可以养少，而不可以飨众③。

今夫祭者，屠割烹杀，剥狗烧豕，调平五味者，庖也；陈簠簋，列樽俎，设笾豆者，祝也④；齐明盛服，渊默而不言，神之所依者，尸也⑤。宰祝虽不能，尸不越樽俎而代之。故张瑟者，小弦急而大弦缓⑥；立事者，贱者劳而贵者逸⑦。舜为天子，弹五弦之琴，歌《南风》之诗，而天下治；周公肴臑不收于前，钟鼓不解于悬，而四夷服⑧。赵政昼决狱夜理书，御史冠盖接于郡县，覆稽趋留，戍五岭以备越，筑脩城以守胡，然奸邪萌生，盗贼群居，事愈烦而乱愈生⑨。故法者，治之具也，而非所以为治也；而犹弓矢，中之具，而非所以中也。

【注释】

①甂（biān）：小瓦盆。瓯：小盆。堇，通"堤"，即盆盂下面的底座。

②"动成兽"二句：《诠言训》作"行成兽，止成文"。愉舞：戏乐。

③盥（guàn）：洗手。馈（kuì）：进食。

④簠簋（fǔ guǐ）：为古代宴饮以盛稻粱的器具。樽俎（zūn zǔ）：酒器，食器。笾（biān）豆：古代祭祀时用以盛果脯的竹制食器，形如豆，故笾豆连称。

⑤齐明：斋戒严整。齐，通"斋"。渊默：深沉不言。

⑥"故张瑟"二句：《缪称训》："大弦组［絙（gēng）］则小弦绝矣。"许慎注："组［絙］，急也。"

⑦立：通"涖"，掌管。

⑧肴臑（yáo nào）：做好的膳食等。

⑨赵政：秦始皇于秦昭王四十八年（前259年）正月元旦，生于赵都邯郸，寄姓赵氏，名政（正）。御史：御史大夫，主管监察、执法的高级行政长官，仅次于丞相。覆稽：反复稽查。五岭：镡城之岭、九疑之塞、番禺之都、南野之界、射干之水；今指越城、都庞、萌诸、骑田、大庾五岭。

【原文】

黄帝曰："芒芒昧昧，因天之威，与元同气①。"故同气者帝，同义者王，同力者霸，无一焉者亡。故人主有伐国之志，邑犬群嗥，雄鸡夜鸣，库兵动而戎马惊。今日解怨偃兵，家老甘卧，巷无聚人，妖菑不生，非法之应也，精气之动也②。故不言而信，不施而仁，不怒而威，是以天心动化者也；施而仁，言而信，怒而威，是以精诚感之者也；施而不仁，言而不信，怒而不威，是以外貌为之者也。故有道以统之，法虽少，足以化矣；

无道以行之，法虽众，足以乱矣。

【注释】

①芒芒昧昧：淳朴广大的样子。元：义同"玄"，上天。同气：性质相近或相同。《周易·乾卦》："同声相应，同气相求。"

②妖菑（zāi）：妖祸，灾害。《玉篇》："菑，害也。"

【原文】

治身，太上养神，其次养形。治国，太上养化，其次正法。神清志平，百节皆宁，养性之本也；肥肌肤，充肠腹，供嗜欲，养生之末也。民交让争处卑，委利争受寡，力事争就劳，日化上迁善而不知其所以然，此治之上也。利赏而劝善，畏刑而不为非，法令正于上而百姓服于下，此治之末也。上世养本，而下世事末，此太平之所以不起也。夫欲治之主不世出，而可与兴治之臣不万一，以〔不〕万一求不世出，此所以千岁不一会也①。

水之性淖以清，穷谷之污，生以青苔，不治其性也。掘其所流而深之，茨其所决而高之，使得循势而行，乘衰而流，虽有腐髊流渐，弗能污也②。其性非异也，通之与不通也。风俗犹此也。诚决其善志，防其邪心，启其善道，塞其奸路，与同出一道，则民性可善，而风俗可美也。

所以贵扁鹊者，非贵其随病而调药，贵其摩息脉血，知疾之所从生也③；所以贵圣人者，非贵随罪而鉴刑也，贵其知乱之所由起也。若不脩其风俗，而纵之淫辟，乃随之以刑，绳之法，法虽残贼天下，弗能禁也④。禹以夏王，桀以夏亡；汤以殷王，纣以殷亡。非法度不存也，纪纲不张，风俗坏也。

【注释】

①"夫欲治"几句：《吕氏春秋·观世》高诱注：《淮南记》曰："欲治之君不世出，可与治之臣不万一，以不万一待不世出，何由遇哉？"会：时机。

②茨：聚积。衰：降下，递减。腐髊（cī）：即肉未烂完的骸骨。渐：

《太平御览》卷五十八引作"渐"，有"死"义。

③"贵其"二句：厣（yè）息：按脉，也叫切脉。《说文》："厣，一指按也。"脉血：脉搏。

④淫辟：放纵与邪恶。"绳之法"：刘绩《补注》本作"绳之以法"。

【原文】

三代之法不亡，而世不治者，无三代之智也；六律具存，而莫能听者，无师旷之耳也。故法虽在，必待圣而后治；律虽具，必待耳而后听。故国之所以存者，非以有法也，以有贤人也；其所亡者，非以无法也，以无圣人也。

晋献公欲伐虞，宫之奇存焉，为之寝不安席，食不甘味，而不敢加兵焉。赂以宝玉骏马，宫之奇谏而不听，言而不用，越疆而去。荀息伐之，兵不血刃，抱宝牵马而去。故守不待渠堑而固，攻不待冲降而拔，得贤之与失贤也①。故臧武仲以其智存鲁，而天下莫能亡也②；璩伯玉以其仁宁卫，而天下莫能危也。《易》曰："丰其屋，蔀其家，窥其户，阒其无人③。"无人者，非无众庶也，言无圣人以统理之也。

【注释】

①渠堑（qiàn）：深沟，天堑。冲降：攻城用的兵车。《兵略训》作"冲隆"。降、隆上古同音通假。

②臧武仲：春秋鲁大夫，仕成公、襄公、昭公，很有智慧。

③"《易》曰"句：引文见《周易·丰卦》"上六"爻辞。丰，大。蔀（bù），有搭席棚义。阒（qù），即空静义。

【原文】

民无廉耻，不可治也，非修礼义，廉耻不立。民不知礼义，法弗能正也；非崇善废丑，（而）[不]向礼义。无法不可以为治也，不知礼义，不可以行法。法能杀不孝者，而不能使人为孔、曾之行；法能刑窃盗者，而不能使人为伯夷之廉^①。孔子弟子七十，养徒三千人，皆入孝出悌，言为文章，行为仪表，教之所以成也；墨子服役百八十人，皆可使赴火蹈刃，死不还踵，化之所致也。夫刻肌肤、镵皮革，被创流血，至难也，然越为之，以求荣也^②。圣王在上，明好恶以示之，经诽誉以尊之，亲贤而进之，贱不肖而退之，无被创流血之苦，而有高世尊显之名，民孰不从？

【注释】

①伯夷之廉：指伯夷、叔齐兄弟让国，不食周粟而死。

②镵（chán）：刺伤。"然越"句：许慎注："越人以箴刺皮为龙文，所以为尊荣之也。"

【原文】

古者法设而不犯，刑错而不用，非可刑而不刑也。百工维时，庶绩咸熙，礼义脩而任贤得也。故举天下之高，以为三公；一国之高，以为九卿；一县之高，以为二十七大夫；一乡之高，以为八十一元士^①。故知过万人者谓之英，千人者谓之俊，百人者谓之豪，十人者谓之杰^②。明于天道，察于地理，通于人情，大足以容众，德足以怀远，信足以一异，知足以知变者，人之英也。德足以教化，行足以隐义，仁足以得众，明足以照下者，人之俊也。行足以为仪表，知足以决嫌疑，廉可以分财，信可使守约，作事可法，出言可道者，人之豪也。守职而不废，处义而不比，见难不苟免，见利不苟得者，人之杰也。英俊豪杰，各以小大之材，处其位，得其宜，由本流末，以重制轻，上唱而民和，上动而下随，四海之内，一心同归。背贪鄙而向义理，其于化民矣，若风之摇草木，无之而不靡。

【注释】

①元士：商、西周、春秋时最低一级官员，有元士、上士、中士、下士等。

②英：《战国策·齐二》高诱注："才胜万人曰英。"俊：《说文》："材千人也。"豪：《吕氏春秋·功名》高诱注："才过百人曰豪。"杰：《吕氏春秋·孟夏》高诱注："千人为俊，万人为杰。"

【原文】

今使愚教知，使不肖临贤，虽严刑罚，民弗从也。小不能制大，弱能使强也。故圣主者，举贤以立功；不肖主举其所与同。文王举大公望、召公奭而王，桓公任管仲、隰朋而霸，此举贤以立功也①；夫差用太宰嚭而灭，秦任李斯、赵高而亡，此举所与同②。故观其所举，而治乱可见也；察其党与，而贤不肖可论也③。

夫圣人之屈者，以求伸也；枉者，以求直也。故虽出邪辟之道，行幽昧之涂，将欲以直大道、成大功。犹出林之中，不得直道；拯溺之人，不得不濡足也。伊尹忧天下之不治，调和五味，负鼎俎而行，五就桀、五就汤，将欲以浊为清，以危为宁也④；周公股肱周室，辅翼成王，管叔、蔡叔奉公子禄父而欲为乱，周公诛之以定天下，缘不得已也⑤；管子忧周室之卑，诸侯之力征，夷狄伐中国，民不得宁处，故蒙耻辱而不死，将欲以忧夷狄之患，平夷狄之乱也；孔子欲行王道，东西南北，七十说而无所偶，故因卫夫人、弥子瑕而欲通其道⑥。此皆欲平险除秽，由冥冥至炤炤，动于权而统于善者也。

【注释】

①召公奭：姬姓，名奭。周武王灭商纣王，封召公于燕。隰朋：春秋齐国大夫。

②赵高：秦始皇时宦官。曾控制朝中大权，伪造诏书，杀害公子扶苏、丞相李斯，并杀死秦二世，立子婴。后被子婴杀死。

③党与：指结党亲附之人。

④"伊尹"以下几句：许慎注："伊尹七十说汤而不用，于是负鼎俎，调五味，仅然后得用。"

⑤股肱：大腿和胳膊，喻辅佐大臣。公子禄父：商纣王子武庚，字禄父，周初与三监一起叛乱。

⑥偶：相合。卫夫人：许慎注："卫灵公夫人南子也。"弥子瑕：许慎注："卫之嬖臣。"

夫观逐者于其反也，而观行者于其终也。故舜放弟，周公杀兄，犹之为仁也；文公树米，曾子架羊，犹之为知也①。当今之世，丑必托善以自为解，邪必蒙正以自为辟。游不论国，仕不择官，行不辟污，曰"伊尹之道也"；分别争财，亲戚兄弟搆怨，骨肉相贼，曰"周公之义也"②；行无廉耻，辱而不死，曰"管子之趋也"；行货赂，趣势门，立私废公，比周而取容，曰"孔子之术也"。此使君子小人纷然敝乱，莫知其是非者也。

故百川并流，不注海者不为川谷；趋行蹲驰，不归善者不为君子③。故善言归乎可行，善行归乎仁义。田子方、段干木轻爵禄而重其身，不以欲伤生，不以利累形；李克竭股肱之力，领理百官，辑穆万民，使其君生无废事，死无遗忧，此异行而归于善者。张仪、苏秦家无常居，身无定君；约从横之事，为倾覆之谋；浊乱天下，挠滑诸侯，使百姓不遑启居④；或从或横，或合众弱，或辅富强，此异行而归于丑者也⑤。故君子之过也，犹日月之蚀，何害于明？小人之可也，犹狗之昼吠，鸱之夜见，何益于善？

【注释】

①"文公树米"句：许慎注："文公，晋文公也。树米，而欲生之。""曾子架羊"句：许慎注："架，连架，所以备知也。"按：架，通"枷"，枷锁。

②搆（gòu）怨：结怨。

③蹲（chuǎn）驰：背道而驰，相背。

④挠滑（náo gǔ）：扰乱。遑：闲暇。

⑤合众弱：指苏秦联合六国以攻秦。辅富强：指张仪主张连横以强秦。

【原文】

夫知者不妄发，择善而为之，计义而行之，故事成而功足赖也，身死而名足称也①。虽有知能，必以仁义为之本，然后可立也。知能蹲驰，百事并行，圣人一以仁义为之准绳，中之者谓之君子，弗中者谓之小人。君子虽死亡，其名不灭；小人虽得势，其罪不除。使人左据天下之图而右刎喉，愚者不为也，身贵于天下也②；死君亲之难，视死若归，义重于身也。天下大利也，比之身则小；身所重也，比之义则轻，义所全也。《诗》曰："恺悌君子，求福不回③。"言以信义为准绳也。

欲成霸王之业者，必得胜者也；能得胜，必强者也；能强者，必用人力者也；能用人力者，必得人心者也；能得人心者，必自得者也。故心者身之本也，身者国之本也。未有得己而失人者也，未有失己而得人者也。故为治之本，务在宁民；宁民之本，在于足用；足用之本，在于勿夺时；勿夺时之本，在于省事；省事之本，在于节用④；节用之本，在于反性。未有能摇其本而静其末，浊其源而清其流者也。

故知性之情者，不务性之所无以为；知命之情者，不忧命之所无奈何。故不高宫室者，非爱木也；不大钟鼎者，非爱金也。直行性命之情，而制度可以为万民仪。今目悦五色，口嚼滋味，耳淫五声，七窍交争，以害其性，日引邪欲而浇其身。夫调身弗能治，奈天下何？故自养得其节，则养民得其心矣。

【注释】

①"夫知者"句：《群书治要》作"夫智者不妄为，勇者不妄发"。

②"使人"以下四句：《吕氏春秋·知分》高诱注：《淮南记》曰："左手据天下之图，右手刎其喉，愚夫弗为，生贵于天下也。"

③"《诗》曰"句：引文见《诗·大雅·旱麓》。恺悌（kǎi tì），和乐简易。回，邪僻。

④"节用"：北魏贾思勰《齐民要术》卷一："省事之本，在于节欲（节，止；欲，贪）；节欲之本，在于反性。"

【原文】

所谓有天下者，非谓其履势位，受传籍，称尊号也，言运天下之力，而得天下之心①。纣之地，左东海，右流沙，前交阯，后幽都，师起容阎，至浦水，士亿有余万，然皆倒矢而射，傍戟而战②。武（左）［王］左操黄钺、右执白旄以麾之，则瓦解而走，遂土崩而下。纣有南面之名，而无一人之德，此失天下也。故桀、纣不为王，汤、武不为放。

周处酆、镐之地，方不过百里，而誓纣牧之野，入据殷国，朝成汤之庙，表商容之闾，封比干之墓，解箕子之囚，乃折抱毁鼓，偃五兵，纵牛马，挺智而朝天下③。百姓歌讴而乐之，诸侯执禽而朝之，得民心也。

阖闾伐楚，五战入郢，烧高府之粟，破九龙之钟，鞭荆平王之墓，舍昭王之宫④；昭王奔随，百姓父兄携幼扶老而随之，乃相率而为致勇之寇，皆方面奋臂而为之斗⑤。当此之时，无将卒以行列之，各致其死，却吴兵，复楚地。灵王作章华之台，发乾溪之役，内外搔动，百姓罢弊，弃疾乘民之怨而立公子比，百姓放臂而去之，饿于乾溪，食莽饮水，枕块而死⑥。楚国山川不变，土地不易，民性不殊，昭王则相率而殉之，灵王则倍畔而去之，得民之与失民也。

故天子得道，守在四夷；天子失道，守在诸侯。诸侯得道，守在四邻；诸侯失道，守在四境。故汤处亳七十里，文王处酆百里，皆令行禁止于天下。周之衰也，戎伐凡伯于楚丘以归⑦。故得道则以百里之地令于诸侯，失道则以天下之大畏于冀州。故曰：无恃其不吾夺也，恃吾不可夺。行可夺之道，而非篡弑之行，无益于恃天下矣。

【注释】

①传（zhuàn）藉：指符印、图籍。藉，通"籍"，簿书。

②阅：《道藏》本作"关"。《太平御览》八十三引《帝王世纪》作"间"。浦水：水名。"士亿有"二句：《左传·昭公二十四年》："纣有亿兆夷人，亦有离德。"傍：《帝王世纪》作"倒戈而战"。

③酆（fēng）：周文王的都城，在陕西户县东。镐（hào）：周武王迁都于镐，在今长安西北。牧之野：即牧野，在今河南淇县南。殷国：指商朝末期都城朝歌，即今河南淇县殷墟。抱：刘绩《补注》本作"枹"，击鼓杖。挺智（hū）：刘绩《补注》本作"挺肠"。刘注："按：一作播笏。"朝：使朝拜。

④高府：大仓。九龙之钟：用九条龙装饰的大钟。"鞭荆平王"句：

许慎注："荆平王杀子胥之父，故鞭平王之墓以复仇。""舍昭王"句：许慎注："吴之入楚，君舍乎君室，大夫舍大夫室也。"

⑤随：古国名，姬姓，在今湖北随州。致：极尽。方面：四面。

⑥灵王：春秋楚君，楚共王之子，用屠杀手段夺得王位，后被政变杀死，在位十二年。乾溪：在今安徽亳州东南。灵王在此修建别宫，仍名章华台。乾溪之役：许慎注："灵王伐徐以恐吴，次于乾溪也。"弃疾：楚共王子，楚灵王之弟；联合共王之子，杀死灵王；后又设计杀死另外二子，自立为君，是为楚平王；在位十三年，昭王为其子。公子比：灵王之弟。曾一度为王。放：有甩开义。芥：草。"枕块"句：《史记·楚世家》："王（灵王）行遇其故人，王因枕其股而卧。人又以土自代，逃去。"

⑦"周之衰"几句：凡，国名。周公之后，在今河南辉县市一带。凡伯曾历为周王室卿士。楚丘：在今山东曹县东南三十里。"戎伐凡伯"事，见《春秋·隐公七年》。

【原文】

凡人之所以生者，衣与食也。今囚之冥室之中，虽养之以刍豢，衣之以绮绣，不能乐也，以目之无见，耳之无闻。穿隙穴，见雨零，则快然而叹之，况开户发牖，从冥冥见炤炤乎①？从冥冥〔见炤炤〕，犹尚肆然而喜，又况出室坐堂，见日月光②？见日月光，旷然而乐，又况登太山，履石封，以望八荒，视天都若盖，江、河若带，又况万物在其间者乎③？其为乐岂不大哉？

且聋者耳形具而无能闻也，盲者目形存而无能见也。夫言者所以通己于人也，闻者所以通人于己也。喑者不言，聋者不闻，既喑且聋，人道不通。故有喑聋之病者，虽破家求医，不顾其费，岂独形骸有喑聋哉？心志亦有之。夫指之拘也，莫不事申也④；心之塞也，莫知务通也，不明于类也。夫观六艺之广崇，穷道德之渊深，达乎无上，至乎无下，运乎无极，翔乎无形，广于四海，崇于太山，富于江、河，旷然而通，昭然而明，天地之间，无所系戾，其于以监观，岂不大哉？

①叹：即喜乐之义。

②"从冥冥"：刘绩《补注》本有"见炤炤"，又补"从冥冥"三字。肆然：纵情的样子。"光"：刘绩《补注》本作"光乎"。

③石封：登泰山封禅刻石记功，仪式有金册石函之封，故名石封。八荒：八方荒远之处。天都：天空。"又况"：刘绩《补注》："衍此二字。"

④拘：通"句"（gōu），有痉挛、不能伸直之义。

【原文】

人之所知者浅，而物变无穷，曩不知而今知之，非知益多也，问学之所加也。夫物常见则识之，尝为则能之，故因其患则造其备，犯其难则得其便。夫以一世之寿，而观千岁之知，古今之论，虽未尝更也，其道理素具，可不谓有术乎？

人欲知高下而不能，教之用管准则说；欲知轻重而无以，予之权衡则喜；欲知远近而不能，教之以金目则射快，又况知应无方而不穷哉①？犯大难而不摄，见烦缪而不惑，晏然自得，其为乐也，岂直一说之快哉②！夫道，有形者皆生焉，其为亲亦戚矣；享谷食气者皆受焉，其为君亦惠矣③；诸有智者皆学焉，其为师亦博矣。射者数发不中，人教之以仪则喜矣，又况生仪者乎④？

人莫不知学之有益于己也，然而不能者，嬉戏害人也。人皆多以无用害有用，故知不博而日不足。以凿观池之力耕，则田野必辟矣；以积土山之高脩堤防，则水用必足矣；以食狗马鸿雁之费养士，则名誉必荣矣；以弋猎博弈之日诵《诗》读《书》，闻识必博矣。故不学之与学也，犹暗聋之比于人也。

【注释】

①金目：近代发现居延汉简中常有"金目"一词，似后世眼镜之物。"射快"：刘绩《补注》本作"快射"。

②摄：通"慑"。烦缪（miù）：烦乱，谬误。晏然：安谧的样子。

③食气：服气，古代的一种练功长寿的方法。

④仪：射法，又指弩射头。

【原文】

凡学者能明于天下之分，通于治乱之本，澄心清意以存之，见其终始，可谓知略矣。

天之所为，禽兽草木；人之所为，礼节制度；构而为宫室，制而为舟舆是也。治之所以为本者，仁义也；所以为末者，法度也。凡人之所以事生者，本也；其所以事死者，末也。本末，一体也；其两爱之，一性也。先本后末，谓之君子；以末害本，谓之小人。君子与小人之性非异也，所在先后而已矣。草木洪者为本，而杀者为末①；禽兽之性，大者为首，而小者为尾。末大于本则折，尾大于要则不掉矣②。故食其口而百节肥，灌其本而枝叶美，天地之性也。天地之生物也有本末，其养物也有先后，人之于治也，岂得无终始哉?

故仁义者，治之本也。今不知事脩其本，而务治其末，是释其根而灌其枝也。且法之生也，以辅仁义。今重法而弃义，是贵其冠履而忘其头足也。故仁义者，为厚基者也。不益其厚而张其广者毁，不广其基而增其高者覆。赵政不增其德而累其高，故灭；知伯不行仁义而务广地，故亡。其《国语》曰："不大其栋，不能任重。重莫若国，栋若莫德。"国主之有民也，犹城之有基，木之有根；根深即本固，基美则上宁。

【注释】

①洪：苗壮。杀：衰败。

②"尾大于"句：尾巴大于腰，则摇动不灵。掉：摇。

【原文】

五帝三王之道，天下之纲纪，治之仪表也。今商鞅之《启塞》，申子之《三符》，韩非之《孤愤》，张仪、苏秦之从横，皆掇取之权，一切之术也，非治之大本、事之恒常、可博内而世传者也①。子囊北而全楚，北不可以为庸②；弦高诞而存郑，诞不可以为常。今夫《雅》《颂》之声，皆发于词，本于情，故君臣以睦，父子以亲。故《韶》《夏》之乐也，声浸乎金石，润乎草木。今取怨思之声，施之于弦管，闻其音者，不淫则悲；淫则乱男女之辩，悲则感怨思之气，岂所谓乐哉？赵王迁流于房陵，思故乡，作为《山水》之讴，闻者莫不殒涕③；荆轲西刺秦王，高渐离、宋意为击筑而歌于易水之上，闻者莫不瞋目裂眦，发植穿冠④。因以此声为乐而入宗庙，岂古之所谓乐哉？故弁冕辂舆，可服而不可好也⑤；大羹之和，可食而不可嗜也；朱弦漏越，一唱而三叹，可听而不可快也⑥。故无声者，正其可听者也；其无味者，正其足味者也。吠声清于耳，兼味快于口，非其贵也。

故事不本于道德者，不可以为仪；言不合乎先王者，不可以为道；音不调乎《雅》《颂》者，不可以为乐。故五子之言，所以便说掇取也，非天下之通义也⑦。

【注释】

①《启塞》：《启塞》为《商君书》篇名，今作《开塞》。《三符》：许慎注："申不害治韩，有三符验之术也。"按：《汉书·艺文志》"法家"有"《申子》六篇"。注："名不害，京人，相韩昭侯，终其身诸侯不敢侵韩。""韩非之"句：许慎注："韩非说孤生之愤志。"按：《汉书·艺文志》"法家"有"《韩子》五十五篇"。《孤愤》：《韩非子》篇名之一。"张仪、苏秦"句：许慎注："苏秦，合六国为从；张仪说为横。"按："纵横家"：《汉书·艺文志》："《苏子》三十一篇。《张子》十篇。"掇（duō）取：拾取，抄掠。一切：权宜。内：刘绩《补注》本作"闻"。

②"子囊北"二句：子囊，楚庄王之子，共王之弟公子贞，曾为令尹。

③赵王：指赵代王。名嘉，在位六年。房陵：地名，治所在今湖北房县。《山水》之讴：许慎注："《山水》之讴，歌曲。"《史记·赵世家》集解、正义及《文选·〈恨赋〉》注引作"山木"。

④荆轲：荆轲，战国末年卫人，燕太子丹尊为上卿。击刺秦王未中，被杀。高渐离、宋意：太子丹之门客，善击筑。《战国策·燕三》等载其以筑击秦始皇事，未果而被杀。筑：许慎注："筑曲二十一弦。"按：外形似筝，有五弦、十二弦、十三弦或二十一弦不等。歌：《史记·刺客列传》：又前而为歌曰："风萧萧兮易水寒，壮士一去兮不复还。"易水：在今河北易县境内。瞋（chēn）目：发怒时睁大眼睛。眦（zì）：眼眶。裂眦，形容极其愤怒的神态。植：竖立。

⑤弁冕：弁，帽子。冕，大夫以上官员所戴的礼帽。辂舆：大车。

⑥朱弦：即乐器上的红色丝弦，使音浊。漏越：意即使琴瑟底孔加大，使音缓。叹：应和之义。

⑦五子：商鞅、申子、韩非、苏秦、张仪。

【原文】

圣王之设政施教也，必察其终始；其县法立仪，必原其本末，不苟以一事备一物而已矣。见其造而思其功，观其源而知其流，故博施而不竭，弥久而不垢。夫水出于山而入于海，稼生于田而藏于仓，圣人见其所生，则知其所归矣。故舜深藏黄金于崭岩之山，所以塞贪鄙之心也①；仪狄为酒，禹饮而甘之，遂疏仪狄而绝嗜酒，所以遏流湎之行也；师延为平公鼓朝歌北鄙之音，师旷曰："此亡国之乐也！"大息而抚之，所以防淫辟之风也。故民知书而德衰，知数而厚衰，知券契而信衰，知械机而空衰也。巧诈藏于胸中，则纯白不备，而神德不全矣。

琴不鸣，而二十五弦各以其声应；轴不运，而三十辐各以其力疾。弦有缓急小大，然后成曲；车有劳轶动静，而后能致远。使有声者，乃无声者也；能致千里者，乃不动者也。故上下异道则治，同道则乱。位高而道大者从，事大而道小者凶②。故小快害义，小慧害道，小辩害治，苟削伤德。大政不险，故民易道；至治宽裕，故下不相贼；至中复素，故民无匿情。

①巉（chán）岩：险峻的样子。

②道大：指道术高深。道小：指道行浅薄。

【原文】

商鞅为秦立相坐之法，而百姓怨矣①；吴起为楚减爵禄之令，而功臣畔②。商鞅之立法也，吴起之用兵也，天下之善者也。然商鞅以法亡秦，察于刀笔之迹，而不知治乱之本也；吴起以兵弱楚，习于行陈之事，而不知庙战之权也。

晋献公之伐骊，得其女，非不善也，然而史苏叹之，见其四世之被祸也③。吴王夫差破齐艾陵，胜晋黄池，非不捷也，而子胥忧之，见其必擒于越也。小白奔莒，重耳奔曹，非不困也，而鲍叔、咎犯随而辅之，知其可与至于霸也④。句践（捷）［栖］于会稽，脩政不殆，谟虑不休，知祸之为福也。襄子再胜而有忧色，畏福之为祸也⑤。故齐桓公亡汶阳之田而霸，知伯兼三晋之地而亡⑥。圣人见祸福于重闭之内，而虑患于九拂之外者也。

【注释】

①相坐之法：许慎注："相坐之法，一家有罪，三家坐之。"

②减爵禄之令：许慎注："减爵者，收减群臣之爵禄。""畔"：刘绩《补注》本作"畔矣"。

③"晋献公"以下几句：许慎注："晋献公得骊姬，使史苏占之，史苏曰：'侠以衔骨，齿牙为祸也'。"按：史苏，晋臣，占卜之官。

④小白：即齐桓公。莒：地名，在今山东莒县。鲍叔：春秋齐大夫，以知人著称，曾推举管仲为相。

⑤"襄子"二句：许慎注："赵襄子再胜，谓伐狄，胜二邑也。"

⑥"故齐桓公"句：许慎注："鲁庄公使曹子劫桓公，取汶阳之田，桓公不背信，诸侯朝之也。"按：汶阳，古地名，在今山东泰安西南一带。因处汶水之阳，故名。

第二十一卷　要略

【原文】

夫作为书论者，所以纪纲道德，经纬人事，上考之天，下揆之地，中通诸理①。虽未能抽引玄妙之中才，繁然足以观终始矣②。总要举凡，而语不剖判纯朴，靡散大宗，则为人之惛惛然弗能知也，故多为之辞，博为之说③。又恐人之离本就末也，故言道而不言事，则无以与世浮沉；言事而不言道，则无以与化游息。故著二十篇，有《原道》，有《俶真》，有《天文》，有《地形》，有《时则》，有《冥览》，有《精神》，有《本经》，有《主术》，有《缪称》，有《齐俗》，有《道应》，有《氾论》，有《诠言》，有《兵略》，有《说山》，有《说林》，有《人间》，有《脩务》，有《泰族》也。

【注释】

①书论：指论说的文章。纪纲：治理。经纬：规划、治理。揆（kuí）：度量，考察。

②抽引：抽绎（yì），提出。玄妙：深奥，玄秘。才：通"哉"。繁然：繁盛的样子。

③总要：总其要领。举凡：举其大要。剖判：辨析，分析。纯朴：指未经雕琢的材料。靡散：散碎，消散。大宗：即事物的本源。则：刘绩《补注》本改作"惧"。惛惛（hūn）然：糊涂的样子。

【原文】

《原道》者，卢牟六合，混沌万物，象太一之容，测窈冥之深，以翔虚无之轸①；托小以苞大，守约以治广，使人知先后之祸福，动静之利害。诚通其志，浩然可以大观矣。欲一言而寤时，则尊天而保真；欲再言而通，则贱物而贵身；欲参言而究，则外欲而反情。执其大指，以内洽五藏，瀸濡肌肤，被服法则，而与之终身②。所以应待万方，览耦百变也。若转丸掌中，足以自乐也。

【注释】

①卢牟：有规划义。混沌：阴阳未分，指探索混沌之时。象：拟象。太一之容：即指上天，又指元气。窈冥：深远，奥妙。轸：即界域义。

②洽：润泽。瀸（jiān）渍：浸渍。渍，当为"渍"。被服：以被服之不离身，喻亲身感受。

【原文】

《俶真》者，穷逐终始之化，嬴垀有无之精，离别万物之变，合同死生之形，使人知遗物反己[①]。审仁义之间，通同异之理，观至德之统，知变化之纪，说符玄妙之中，通迴造化之母也[②]。

【注释】

①嬴：通"婴"，即环绕义。垀（hū）：当作"垺"（liè），即形兆、兆朕义。合同：会合，齐同。遗物：超然物外。

②符：符验。

【原文】

《天文》者，所以和阴阳之气，理日月之光，节开塞之时，列星辰之行；知逆顺之变，避忌讳之殃[①]；顺时运之应，法五神之常。使人有以仰天承顺，而不乱其常者也。

【注释】

①逆顺：行星朝东运行称为"顺行"，朝西运动称为"逆行"。

【原文】

《地形》者，所以穷南北之脩，极东西之广，经山陵之形，区川谷之居，明万物之主，知生类之众，列山渊之数，规远近之路，使人通迴周备，不可动以物，不可惊以怪者也[①]。

【注释】

①脩：刘典爵《淮南子韵谱》：今本作"脩"者，盖避淮南王讳改。当作"长"。"长"与"广"为韵。极：标准。经：划分，度量。居：指流向。即所占据的地方。生类：生物的种类。山渊：郑良树《淮南子斠理》：《记纂渊海》引此作"山川"。周备：周详全备。

【原文】

《时则》者，所以上因天时，下尽地力；据度行当，合诸人则①；刑十二节，以为法式②；终而复始，转于无极；因循仿依，以知祸福。操舍开塞，各有龙忌；发号施令，以时教期。使君人者知所以从事。

【注释】

①据：依据、据守。度：即六度，准、绳、规、矩、权、衡。人则：人类生命的准则。

②刑：《道藏》本作"形"。

【原文】

《览冥》者，所以言至精之通九天也，至微之沦无形也，纯粹之入至清也，昭昭之通冥冥也①。乃始揽物物引类，览取桥掇，浸想宵类②。物之可以喻意象形者，乃以穿通窘滞，决渎壅塞，引人之意，系之无极，乃以明物类之感，同气之应。阴阳之合，形埒之朕，所以令人远观博见者也。

【注释】

①至精：最微细的精气。至微：最微小的事物。纯粹：纯一不杂，精美无瑕。至清：最洁净的境地。

②揽：挹（yì）取，采摘。"物物"：黄锡禧本仅一"物"字。引类：招引同类。览：通"揽"，有撮持义。桥：《道藏》本作"挢"。桥掇（duō），拾取。浸：渐。想：朱骏声《说文通训定声》："假借为像。"《说文》："像，象也。"即形象义。宵类：许慎注："宵，物似也。

类，众也。"按：宵，通"肖"。《广韵》"笑"韵："肖，似也。"

【原文】

《精神》者，所以原本人之所由生，而晓寤：其形骸九窍取象，於天合同[1]；其血气，与雷霆风雨比类；其喜怒，与昼宵寒暑并明。审死生之分，别同异之迹，节动静之机，以反其性命之宗。所以使人爱养其精神，抚静其魂魄，不以物易己，而坚守虚无之宅者也[2]。

【注释】

①晓寤：领会，理解。

②虚无之宅：指大道的根本。

【原文】

《本经》者，所以明大圣之德，通维初之道，埒略衰世古今之变，以褒先圣之隆盛，而贬末世之曲政也[1]。所以使人黜耳目之聪明，静精神之感动，樽流遁之观，节养性之和，分帝王之操，列小大之差者也[2]。

【注释】

①维初：开初。埒略：略列征兆。曲政：弊政，即腐败之政。

②樽：许慎注："止也。"刘绩《补注》本作"撙"，抑制。流遁：即淫逸放纵之义。操：操守。

【原文】

《主术》者，君人之事也，所以因作任督责，使群臣各尽其能也[1]。明摄权操柄，以制群下；提名责实，考之参伍，所以使人主秉数持要，不妄喜怒也。其数直施而正邪，外私而立公；使百官条通而辐辏，各务其业，人致其功。此主术之明也。

【注释】

①作：王念孙《读书杂志》：今本"作"字即"任"字之误而衍者耳。"因任督责"，谓因任其臣而督责其功也。

【原文】

《缪称》者，破碎道德之论，差次仁义之分，略杂人间之事，总同乎神明之德①。假象取耦，以相譬喻②；断短为节，以应小具。所以曲说攻论，应感而不匮者也③。

【注释】

①破碎：破分，解析。差次：等级次序，顺序安排。总同：聚集、会同。

②假象：借助外物的形象。耦（ǒu）：耦合。譬喻：比喻。

③节：符节。小具：小的预备。曲说：周曲解说。攻：通"工"。攻论，即巧论。应感：应对，感通。匮（kuì）：许慎注："乏。"

【原文】

《齐俗》者，所以一群生之短脩，同九夷之风气，通古今之论，贯万物之理，财制礼义之宜，擘画人事之终始者也①。

【注释】

①群生：一切生物。脩：刘典爵《淮南子韵谱》："脩"当为"长"，盖避淮南王讳改。风气：《文选·〈魏都赋〉》李善注：《淮南子》曰："同九夷之风采。"高诱注："风，俗也；采，事也。"财：通"裁"。财制，裁制。擘（bò）：筹划、处理。

【原文】

《道应》者，揽掇遂事之踪，追观往古之迹，察祸福利害之反，考验乎老、庄之术，而以合得失之势者也①。

【注释】

①揽掇（duō）：选取。掇，拾取。遂事：已经完成的事。察：郑良树《淮南子斠理》："察"上疑当有"明"字。

【原文】

《氾论》者，所以箴缕繓绤之间，櫼楔呿齘之郤也①。接径直施，以推本朴，而兆见得失之变，利病之文，所以使人不妄没于势利，不诱惑于事态，有符晻暎，兼稽时世之变，而与化推移者也②。

【注释】

①箴（zhēn）：缝衣的工具，同"针"。缕：丝线，麻线。箴缕，有缝缀义。繓绤（cài shǎi）：通"傪帴"，即残帛、衣破义。櫼楔（jiān xiē）：木楔。呿齘：牙齿参差不齐。郤（xì）：同"隙"，即间隙。

②接：通"捷"，邪出之路。径：直。施（yí）：邪。文：兆征。晻暎（yǎn nǐ）：马宗霍《淮南旧注参正》："晻暎"连文，盖状日行之貌。日行不失次谓之晻暎。稽：考核。

【原文】

《诠言》者，所以譬类人事之指，解喻治乱之体也①；差择微言之眇，诠以至理之文，而补缝过失之阙者也②。

【注释】

①诠言：阐明事理的言论。

②差（chāi）择：比较，选择。眇：通"妙"，即奥妙义。阙：过失，缺点。

【原文】

《兵略》者，所以明战胜攻取之数，形机之势，诈谲之变，体因循之道，操持后之论也①。所以知战阵分争之非道不行也，知攻取坚守之非德不强也。诚明其意，进退左右无所击危，乘势以为资，清静以为常，避实就虚，若驱群羊，此所以言兵也②。

【注释】

①形机之势：指形成机变的态势。诈谲：欺骗，诡计。"操持后"句：许慎注："持后者，不敢为主而为客也。"持后，即重视后发制人。

②击危：王念孙《读书杂志》："危"与"诡"同。击诡，犹今人违碍也。谓进退左右，无所违碍也。避实就虚：《孙子·虚实》："兵之形，避实而就虚。"

【原文】

《说山》《说林》者，所以窍窕穿凿百事之壅遏，而通行贯扃万物之窒塞者也①。假譬取象，异类殊形，以领理人之意，懈堕结细，说捍抟囷，而以明事埒事者也②。

【注释】

①窍窕：有贯通之义。穿凿：穿通。壅遏：阻塞。贯扃：贯通。窒（zhì）塞：堵塞。

②领理：领会，理解。懈堕：解脱。结细：即纽结。王念孙《读书杂志》："细"当为"纽"，字之误也；纽亦结也。说：通"脱"。捍：王念孙《读书杂志》："捍"当为"择"，字之误也；"择"与"释"同。"脱""释"皆解也。抟囷（tuán qūn）：有卷束义。埒（liè）：即征兆义。"明事埒事"：王念孙《读书杂志》：下"事"字因上"事"字而衍。"明事埒"者，明百事之形埒以示人也。

【原文】

《人间》者，所以观祸福之变，察利害之反，钻脉得失之迹，标举终始之坛也①。分别百事之微，敷陈存亡之机，使人知祸之为福，亡之为得，成之为败，利之为害也。诚喻至意，则有以倾侧偃仰世俗之间，而无伤乎逸贼螫毒者也。

【注释】

①钻脉：推究事理。标：通"熛"（biāo）。《说文》："熛，帜也。"有标志义。标举，即揭示义。坛：疑通"嬗"（shàn），有变化、更替义。

【原文】

《脩务》者，所以为人之于道未淹，昧论未深，见其文辞，反之以清净为常，恬惔为本，则懈随分学，纵欲适情，欲以偷自佚，而塞于大道也。今夫狂者无忧，圣人亦无忧。圣人无忧，和以德也；狂者无忧，不知祸福也。故通而无为也，与塞而无为也同，其无为则通，其所以无为则异。故为之浮称流说，其所以能听，所以使学者孳孳以自几也①。

【注释】

①浮称：虚浮不实的称说。流说：没有根据的言论。孳孳：同"孜孜"，勤勉不懈。几：即差不多义。

【原文】

《泰族》者，横八极，致高崇，上明三光，下和水土，经古今之道，治伦理之序，总万方之指，而归之一本，以经纬治道，纪纲王事。乃原心术，理情性，以馆清平之灵，澄澈神明之精，以与天和相婴薄①。所以览五帝三王，怀天气，抱天心，执中含和，德形于内，以菨凝天地，发起阴阳②；序四时之正流方；绥之斯宁，推之斯行③。乃以陶冶万物，游化群生；唱而和，动而随④；四海之内，一心同归。故景星见，祥风至，黄龙下，凤巢列树，麟止郊野⑤。德不内形，而行其法藉，用制度，神祇弗应，福祥不归，四海弗宾，兆民弗化⑥。故德形于内，治之大本。此《鸿烈》之《泰族》也。

【注释】

①心术：指人的思想意识。馆：有安置、安顿义。澄澈：分别，澄清义。婴：引申为环绕义。薄：即依附义。

②"怀天气，抱天心"：《文子·精诚》有"怀天心，抱地气"之语，可与此相参。菨凝：凝结；菨，疑通"窘"（jiǒng）。发起：开启，启发。

③绥（suí）：安抚。

④游化：流行，感化。

　　⑤景星：西汉时指德星。祥风：吉祥之风。鸣条，风吹树枝发声。

　　⑥藉：通"籍"，典籍。"用制度"：刘绩《补注》本"用"上有"专"字。神祇（qí）：天地之神。天曰神，地曰祇。

【原文】

　　今《易》之《乾》《坤》，足以穷道通意也，八卦可以识吉凶、知祸福矣，然而伏戏为之六十四变，周室增以六爻，所以原测淑清之道，而攗逐万物之祖也①。夫五音之数，不过宫、商、角、徵、羽，然而五弦之琴不可鼓也，必有细大驾和，而后可以成曲。今画龙首，观者不知其何兽也，具其形，则不疑矣。今谓之道则多，谓之物则少；谓之术则博，谓之事则浅，推之以论，则无可言者。所以为学者，固欲致之不言而已也。

　　夫道论至深，故多为之辞，以杼其情；万物至众，故博为之说，以通其意。辞虽坛卷连漫，绞纷远援，所以洮汰涤荡至意，使之无凝竭底滞，卷握而不散也②。夫江、河之腐胔不可胜数，然祭者汲焉，大也③；一杯酒白，蝇渍其中，匹夫弗尝者，小也④。诚通乎二十篇之论，睹凡得要，以通九野，径十门，外天地，捭山川，其于逍遥一世之间，宰匠万物之形，亦优游矣⑤。若然者，挟日月而不桃，润万物而不耗⑥。曼兮洮兮，足以览矣⑦；藐兮浩浩，旷旷兮，可以游矣。

【注释】

　　①《乾》《坤》：《周易》中两个卦名；又六十四卦之名。乾，象征天，阳性；坤，象征地，阴性。八卦：《周易》中的八种符号，名称是乾、坤、震、巽、坎、离、艮、兑。伏戏：古代传说中的部落酋长。相传始作八卦，教民渔猎，以充庖厨。又作庖牺、宓羲等，皆通假。六十四变：即六十四卦。八卦中之两卦相重，则为六十四卦。周室：许慎注："谓文王也。"六爻：《周易》把组成长、短两画叫爻，分阳爻、阴爻。重卦，即由三画到六画，叫六爻。原：推根求源。淑清：有明朗、纯净义。攗逐：穷追，远溯；攗，同"捃"（jùn），拾、取。

　　②坛（zhān）卷：互相牵连。坛，通"邅"，有缠绕义。连漫：散

乱的样子。绞纷：纷纭交缠。远援：遥远，松缓。援，通"缓"。洮汰：有消除、淘汰义。涤荡：洗涤、清除。底滞：停留，闭塞，停滞义。握：掌握。

③腐胔（zì）：腐烂之尸。

④白：即本色、纯粹义。

⑤九野：许慎注："八方中央也。"径（jìng）：与"径"同，经过。十门：许慎注："八方上下也。"捭：离开。宰匠：执掌，主宰。

⑥挟：通"帀"，有环行义。姚（yáo）：许慎注："光也。"孙诒让《札迻》："姚"者，"窕"之借字，即间隙义。耗：消耗。

⑦曼兮：漫布的样子。洮兮：润泽的样子。

【原文】

文王之时，纣为天子，赋敛无度，戮杀无止，康梁沉湎，宫中成市，作为炮格之刑，刳谏者，剔孕妇，天下同心而苦之[①]；文王四世累善，脩德行义，处歧周之间，地方不过百里，天下二垂归之[②]。文王欲以卑弱制强暴，以为天下去残余贼而成王道，故太公之谋生矣[③]。

文王业之而不卒，武王继文王之业，用太公之谋，悉索薄赋，躬擐甲胄，以伐无道而讨不义，誓师牧野，以践天子之位[④]。天下未定，海内未辑，武王欲昭文王之令德，使夷狄各以其贿来贡。辽远未能至，故治三年之丧，殡文王于两楹之间，以俟远方[⑤]。武王立三年而崩，成王在襁褓之中，未能用事。蔡叔、管叔，辅公子禄父，而欲为乱[⑥]。周公继文王之业，持天子之政，以股肱周室，辅翼成王。惧争道之不塞，臣下之危上也，故纵马华山，放牛桃林，败鼓折抱，搢笏而朝，以宁静王室，镇抚诸侯[⑦]。成王既壮，能从政事，周公受封于鲁，以此移风易俗。孔子脩成、康之道，述周公之训，以教七十子。使服其衣冠，脩其篇藉，故儒者之学生焉[⑧]。

【注释】

①康梁：沉溺于淫乐。沉湎：困于酒之义。成市：许慎注："言集者多。"炮格：为铜格，布火于下，置人于上。

②四世：大王、王季、文王、武王凡四世。

③王道：《尚书·洪范》："无偏无党，王道荡荡。"儒家主张，要用"仁政"来进行统治，称为"王道"。余：《道藏》本作"除"。余、除上古同音通假。太公之谋：许慎注："太公为周陈《阴符》兵谋也。"

④业：开始。卒：终。薄：有少量义。赋：古代按田地出兵车、甲士，故称"赋"。悉索薄赋，指倾注全国兵力。躬：亲身。擐（huàn）：即穿义。誓师：出兵时告诫将士。

⑤"殡文王"句：许慎注："殡，大敛也。两楹，堂柱之间。宾主夹之。"

⑥公子禄父：许慎注："纣之兄子，周封之以为殷后，使管、蔡监之。"

⑦"故纵马"二句：华山，即今西岳华山。桃林，在今河南灵宝以西、陕西潼关以东地区。

⑧"故儒者"句：《汉书·艺文志》："儒家者流，祖述尧舜，宪章文武，宗师仲尼。""游文于六经之中，留意于仁义之际。"

【原文】

墨子学儒者之业，受孔子之术，以为其礼烦扰而不悦，厚葬靡财而贫民，服伤生而害事①。故背周道而用夏政。禹之时，天下大水，禹身执蔂臿，以为民先，剔河而道九歧，凿江而通九路，辟五湖而定东海②。当此之时，烧不暇撌，濡不给扢，死陵者葬陵，死泽者葬泽，故节财、薄葬、闲服生焉③。

【注释】

①悦：通"说"（tuò），简易。服：王念孙《读书杂志》："服"上当有"久"字，厚葬、久服相对为文。

②蔂（léi）：同"虆"，盛土笼。臿（chā）：铁锹。剔：疏通。九歧：许慎注："河水播歧为九，以入海也。"九路：许慎注："江水通别为九。"辟五湖：许慎注："使水辟人而相从也。"辟，开通。

③攒（guì）：清除。扢（gǔ）：擦拭。间服：简易之服丧制度。

【原文】

齐桓公之时，天子卑弱，诸侯力征，南夷北狄，交伐中国，中国之不绝如线。齐国之地，东负海而北障河，地狭田少，而民多智巧①。桓公忧中国之患，苦夷狄之乱，欲以存亡继绝，崇天子之位，广文、武之业，故管子之书生焉。

【注释】

①障：阻隔。

【原文】

齐景公内好声色，外好狗马，猎射忘归，好色无辨，作为路寝之台，族铸大钟，撞之庭下，郊雉皆呴，一朝用三千钟赣，梁丘据、子家哙导于左右，故晏子之谏生焉①。

【注释】

①好色：刘家立《淮南内篇集证》：疑"好色"乃"好贤"之误。谓景公知好贤而不能辨别其人，如梁丘据、子家哙与晏子并用，贤愚不分也。作"好色"则义不可通也。辨：辨别。路寝之台：天子、诸侯所居的正室。族：即聚集义。"郊雉"句：呴（gòu），鸟鸣声。"一朝用"句：许慎注："钟，十斛也。赣，赐也。一朝赐郡臣之费三万斛也。"按：钟，六斛四斗曰钟。知注文"十斛"误。赣（gàn）：赐。梁丘据、子家哙：许慎注："二人，景公臣也。"导：导引。"故晏子"句：《汉书·艺文志》"儒家"载《晏子》八篇。

【原文】

晚世之时，六国诸侯，溪异谷别，水绝山隔，各自治其境内，守其分地，握其权柄，擅其政令，下无方伯，上无天子，力征争权，胜者为右，恃连与国，约重致，剖信符，结远援，以守其国家，持其社稷，故纵横脩短生焉①。

【注释】

①方伯：一方诸侯之长。恃（shì）连与国：许慎注："恃性连与之国。"按：连与，联合。"故纵横"句：《汉书·艺文志》"纵横家"有《苏子》三十一篇，《张子》十篇。收纵横十二家，百七篇。脩短，指纵横家的言论和著作。

【原文】

申子者，韩昭釐之左①。韩，晋别国也②。地墝民险，而介于大国之间③。晋国之故礼未灭，韩国之新法重出；先君之令未收，后君之令又下。新故相反，前后相缪，百官背乱，不知所用，故刑名之书生焉。

【注释】

①申子：即申不害（前385？—前337），战国中期法家。韩昭侯八年（前355年）被任为相，直至卒年，使韩国"国治兵强"。韩昭釐（xī）：战国韩昭侯，在位三十年。昭釐，谥号。

②韩：战国七雄之一。开国君主韩景侯，为春秋晋大夫韩武子之后。与赵、魏瓜分晋国，前403年周王室承认其为诸侯。前230年被秦所灭。

③墝（qiāo）：贫瘠。

【原文】

秦国之俗，贪狼强力，寡义而趋利；可威以刑，而不可化以善；可劝以赏，而不可厉以名①。被险而带河，四塞以为固；地利形便，畜积殷富。孝公欲以虎狼之势，而吞诸侯，故商鞅之法生焉②。

【注释】

①厉：通"励"。

②孝公：秦孝公（前381—前338），战国秦君，在位二十三年。任用商鞅，实行变法，使秦国走向富强。"故商鞅"句：《汉书·艺文志》"法家"载《商君》二十九篇。

【原文】

若刘氏之书，观天地之象，通古今之论，权事而立制，度形而施宜，原道之心，合三王之风，以储与扈冶①。玄眇之中，精摇靡览，弃其畛挈，斟其淑静，以统天下，理万物，应变化，通殊类②。非循一迹之路，守一隅之指，拘系牵连于物，而不与世推移也。故置之寻常而不塞，（市）〔布〕之天下而不窕。

【注释】

①"若刘氏之书"句：许慎注："淮南王自谓也。"论：《道藏》本作"事"。"原道"：顾广圻《校淮南子》云："道"下疑当有"德"字，与下句对文也。"以储与"句：许慎注："储与，犹摄业。扈（hù）冶，广大也。"

②精摇：许慎注："楚人谓精进为精摇。"按：即精心进取之义。靡览：览，通"监"。《说文》："览，观也。从见、监，监亦声。"监、览上古同音，即磨炼义。畛挈（zhěn qiè）：许慎注："楚人谓泽浊为畛挈。"按：即垢浊义。淑静：清澈，明净。

参考文献

1.道藏[M].北京：文物出版社，上海：上海书店，天津：天津古籍出版社，1988.

2.道藏辑要[M].成都：巴蜀书社，1985.

3.王溥.淮南鸿烈解[M].明弘治十四年（1501）.

4.刘泖生.淮南鸿烈解[M].上海：上海古籍出版社，1984.

5.朱东光.淮南鸿烈解[M].万历七年（1579）.

6.黄锡禧.淮南鸿烈解[M].中华书局，1985.

7.高诱.淮南子[M].上海：上海古籍出版社，1987.

8.庄逵吉.淮南鸿烈解[M].上海：上海古籍出版社，1985.

9.刘文典.淮南鸿烈集解[M].北京：中华书局，1989.

10.何宁.淮南子集释[M].北京：中华书局，1998.

11.张双棣.淮南子校释（增订本）[M].北京：北京大学出版社，2013.

12.郑良树.淮南子斠理[M].台北：嘉新水泥公司文化基金会，1969.

13.王叔岷.淮南子斠证[M].台北：台湾世界书局，1964.

14.于大成.淮南子论文三种[M].台北：台湾文史哲出版社，1965.

15.于大成.淮南子校释[J].文史哲学报，1974.

16.刘典爵.淮南子韵读[J].中文学刊，2006.

17.王念孙.淮南子韵谱[M].南京：江苏古籍出版社，2000.

18.罗常培，周祖谟.汉魏晋南北朝韵部演变研究[M].北京：科学出版社，1958.

19.吴承仕.经籍旧音辨证[M].北京：中华书局，1986.

20.钱塘.淮南子天文训补注[M]//刘文典.淮南鸿烈集解附.北京：中华书局，1989.

21.王念孙.读书杂志[M].北京：中国书店出版社，1985.

22.顾广圻.校淮南子[M]//王念孙《读书杂志》附.北京：中国书店，1985.

23.汪文台.淮南子校勘记[M].崇光书局刻本.光绪十一年（1885）.

24.俞樾.诸子平议[M].上海：上海书店出版社，1988.

25.刘家立.淮南内篇集证[M].北京：中华书局，1924.

26.吴汝纶.淮南子点勘[M].莲池书社排印本，1921.

27.陶方琦.淮南许注异同诂[M].湘南使院刻本.光绪七年（1881）.

28.陈昌齐.淮南子正误[M].嘉庆间刻本.

29.曾国藩.淮南子读书录[M]//曾国藩全集.沈阳：辽宁民族出版社，1997.

30.章太炎.淮南子札记[M]//章太炎全集.上海：上海人民出版社，1982.

31.孙诒让.札迻[M].北京：中华书局，1989.

32.于鬯.校淮南子[M]//香草续校书.北京：中华书局，1963.

33.吴承仕.淮南旧注校理[M].北京：北京师范大学出版社，1985.

34.马宗霍.淮南旧注参正[M].济南：齐鲁书社，1984.

35.于省吾.淮南子新证[M].北京：中华书局，1962.

36.杨树达.淮南子证闻[M].上海：上海古籍出版社，1985.

37.蒋礼鸿.淮南子校记[M]//怀任斋文集.上海：上海古籍出版社，1968.

38.吴则虞.淮南子书录[M]//文史（第2辑）.北京：中华书局，1962.

39.中法汉学研究所.淮南子通检[M].上海：上海古籍出版社，1986.

40.胡适.淮南王书[M].台北：台湾商务印书馆，1962.

41.仓石武四郎.淮南子考[M]//先秦经籍考（下），北京：商务印书馆，1933.

42.刘文典.三余杂记[M].合肥：黄山书社，1990.

43.刘安，陈广忠.淮南子译注[M].长春：吉林文史出版社，1990.

44.陈广忠.刘安评传（增订本）[M].北京：中国文史出版社，2017.

45.陈广忠.淮南子科技思想（增订本）[M].北京：中国文史出版社，2017.

46.陈广忠.淮南子楚语考[C]//第二届儒道国际学术研讨会：两汉论文集.台北：台湾师范大学出版社，2004.

47.刘安，陈广忠.淮南子（全本全注全译）[M].北京：中华书局，2015.

48.陈广忠.淮南文集[M].北京：中国文史出版社，2014.

49.陈广忠.二十四节气与淮南子[M].北京：中国文史出版社，2018.

50.刘安，陈广忠.淮南子（国学典藏）[M].上海：上海古籍出版社，2017.

51.刘安，陈广忠.淮南子译注[M].上海：上海古籍出版社，2017.

52.丁原植.淮南子与文子考辨[M].台北：万卷楼图书有限公司，1999.

53.王叔岷.跋日本古钞卷子本淮南鸿烈兵略间诂第廿[M]//诸子斠证.台北：台湾世界书局，1964.

54.魏徵等.群书治要[M].上海：上海古籍出版社，1987.

55.马总.意林[M].上海：上海古籍出版社，1987.

56.叶德辉.淮南鸿烈间诂[M]//续修四库全书.上海：上海古籍出版社，2001.

57.马国翰.玉函山房辑佚书[M].上海：上海古籍出版社，1989.

58.孙冯翼.淮南万毕术[M]//问经堂丛书.嘉庆间刊本.

后 记

春秋时代鲁国太史左丘明（前502—前422）在《左传·襄公二十四年》中记载，穆叔曰："大上有立德，其次有立功，其次有立言，虽久不废，此之谓不朽。"

魏国皇帝曹丕（187—226）《典论·论文》中说："盖文章经国之大业，不朽之盛事。"

作为中国古代诸侯、大夫、士，为治国安邦而"立言"，大浪淘沙而"不朽"，无疑是人生的最高理想和追求。淮南王刘安（前179—前122）为华夏和世界做出了三件要事：

第一件，"奇书"《淮南子》的传世。当代学者胡适（1891—1962）在《淮南鸿烈解·序言》中称《淮南子》为"绝代奇书"；近代学者梁启超（1873—1929）在《中国近三百年学术史》中说："《淮南鸿烈》为西汉道家言之渊府，其书博大而有条贯，汉人著述第一流也。"《淮南子》成了西汉黄老道家学派殿后的唯一"不朽"之作。

第二件，二十四节气的研制。2016年11月30日，联合国教科文组织把中国申报的"二十四节气"，列为"非遗名录"。二十四节气的完整、科学的记载，出自《淮南子·天文训》："两维之间九十一度十六分度之五，而斗日行一度，十五日为一节，以生二十四时之变。"二十四节气是根据太阳、月亮、北斗斗柄、二十八宿度数、地球等的运行规律，而制定出的永恒不变的历法。汉武帝建元二年（前139年），淮南王刘安将其奉献给朝廷。汉武帝太初元年（前104年），其被编入太初历，颁行全国，走向亚洲，影响世界。

第三件，豆腐的研制。中国豆腐的发明，出自淮南王刘安。最早的记载，见于南朝梁代谢绰的《宋拾遗录》："豆腐之术三代前后未闻。此物至汉淮南王亦始传其术于世。"明代药物学家李时珍（1518—1583）《本草纲目》二五卷《谷部》有最为详细的记载："豆腐之法，始于汉淮南王刘安。凡黑豆、黄豆及白豆、泥豆、豌豆、绿豆之类，皆可为之。"豆腐美食，传遍世界。

《庄子·知北游》中说："人生天地之间，若白驹之过隙，忽然而已。"淮南王刘安在政治斗争的腥风血雨中，以58岁的短暂生命，潜心学术研究和科技创新，造福海隅苍生，足以成就"不朽"矣。

1980年金秋时节，我追随学贯中西的曲阜师范大学李毅夫先生，研究文字、音韵、训诂和文献学，又涉猎了天文、历法、阴阳、五行、占卜、古代科技等知识。在阅读罗常培、周祖谟《淮南子韵谱》时，先生说："你是淮南人，你就研究《淮南子》吧！"38年过去，弹指一挥间。夙兴夜寐，奋笔疾书，现在已经出版32部著作，发表90篇论文。其中中华书局出版《全本全注全译淮南子》等4部，上海古籍出版社出版北宋本《淮南子》校点等3部，中国文史出版社出版《刘安评传》（增订本）、《淮南子科技思想》（增订本）、《二十四节气与淮南子》等5部，2017年1月24日《人民日报·海外版》发表《淮南子二十四节气的创立》一文。

国家兴盛，文化繁荣，悠悠五千年中华文化，正在发扬光大。作为中国传统文化的研究者，更要继往开来，砥砺前行。

2019年3月25日

于安徽大学草野居